MBA、MPA、MPAcc、MEM

2019 管理类、经济类联考

田然讲写作

田然◎编著

北京航空航天大学出版社
BEIHANG UNIVERSITY PRESS

内 容 简 介

本书严格按照管理类、经济类专业硕士研究生入学联考综合能力考试大纲最新精神编写,浓缩了作者的核心教学精华和速效备考思路。"论证有效性分析"部分总结了核心做题技巧(读—找—选—析—写)和考试题型分类(5 类 8 种),给出了最近 10 余年的 14 套最经典真题及其详解。"论说文"部分沿三大主线展开:一、审题立意的八大原则、PAY 公式、命题五大趋势、跑题四大根源、观点分析四条军规;二、写作结构的四种经典模板、三种思辨模板和独创的"随心配"结构思维;三、写作素材的 40 个常考话题的 100 多个精编鲜活事例。

本书汇集 7 篇考生真实试卷,独家还原考场阅卷规则;随书奉送超长的配套教学视频——相当于培训机构 1280 元的系统班课程,高清真人录制,扫码免费观看;考生添加微信公众号"田然考研"更可报名集训课程,收听素材讲解音频,参加学习打卡团,获得免费作文点评。

本书是作者精益求精、匠心打造的备考宝典,是考生冲刺写作高分的最佳选择。

图书在版编目(CIP)数据

2019 管理类、经济类联考田然讲写作 / 田然编著
. -- 北京 : 北京航空航天大学出版社,2018.4
ISBN 978 - 7 - 5124 - 2682 - 5

Ⅰ.①2… Ⅱ.①田… Ⅲ.①汉语—写作—研究生—
入学考试—自学参考资料 Ⅳ.①H15

中国版本图书馆 CIP 数据核字(2018)第 052116 号

2019 管理类、经济类联考田然讲写作
田 然 编著
责任编辑 江小珍 周华玲 张 凌
*
北京航空航天大学出版社出版发行

北京市海淀区学院路 37 号(邮编 100191) http://www.buaapress.com.cn
发行部电话:(010)82317024 传真:(010)82328026
读者信箱:shentao@buaa.edu.cn 邮购电话:(010)82316936
保定市中画美凯印刷有限公司印装 各地书店经销
*
开本:787×1 092 1/16 印张:19.5 字数:427 千字
2018 年 3 月第 1 版 2018 年 3 月第 1 次印刷 印数:20 000 册
ISBN 978 - 7 - 5124 - 2682 - 5 定价:45.80 元

前言1：一书在手　自助通关

写作本书有两个初衷：一是从学生的角度，大家需要简单、实用的写作辅导书；二是从老师的角度，作者希望将多年教学精华传递出来，帮助更多考生。毕竟，不是每位考生都报写作辅导班，但每位考生都需要写作辅导书。

考生拥有本书后，可以通过田然老师打造的**精品图书、配套微课、写作课程、批改服务**"四位一体"学习矩阵，安心完成写作学习。具体而言，本书的学习矩阵具有以下四大功能：

功能一：精品图书，全程聚焦技巧

本书凝聚老师多年的心血，堪称辅导书中的精品。写作辅导书最容易泛泛而论，但落到实处时又缺乏实用内容。本书所有章节都以实用技巧为核心，清单如下：

论证有效性分析：

一、考试试题分为八大题型，对应给出答题模板和背诵范例，使考生可从容下笔；

二、做题技巧分为五步解题，读、找、选、析、写，全程提升做题能力。

论说文：

一、审题立意有八大原则和 PAY 公式，扼制跑题风险；

二、模板套路有六大结构，并独创"随心配"结构，彻底摆脱模板难题；

三、文笔提升有 6 种论证方法、6 种语言技巧、15 年真题范文；

四、写作素材有 40 个热点话题和常考关系，提供 100 多则素材。

功能二：配套微课，高清真人免费

本书在核心章节附赠 10 集视频微课，高清录制，匠心打造，精准配套。读者扫描书中的二维码，回复数字即可观看。配套微课不是以点缀为目的，而是以足够考生自学为标准，相当于"买辅导书赠辅导班"，微课时长和质量业内领先，被考生称为"业界良心"。拥有本书相当于拥有一个移动课堂，可随时、随需收看配套讲解，将原本枯燥的写作学习变成轻松、生动的学习过程。

功能三：写作课程，满足全部需求

田然老师深耕写作学科，所以能够做深、做精，满足写作备考需要。关注微信公众号"田然考研"即可报名课程，全年核心班型授课计划如下：

时　间	班　型	特　点	预计单价
5—8月	题源精读班，写作系统传授班	精读题源报刊，系统讲解知识	免费
9—11月	写作1对1批改班	业内写作批改第一选择；先学再改，边学边改；细心负责，反复修改	780元
11—12月	写作审题特训营	针对跑题风险，对准审题痛点，拒绝跑题二战	398元
11—12月	考前押题大招课	业内报名人数领先的押题课，历届口口相传，人人必看	298元

功能四：备考服务，全程贴心陪伴

1. 每年5月起，微信公众号"田然考研"都开设写作学习专栏，发布写作素材、经典范文、习作点评、素材讲解等，全程跟随，令考生写作无忧。

2. 每年8月起，开设写作训练营，领读《田然讲写作》，读者可免费入营。田然老师亲自领读并讲解全书，按周布置学习任务，解答学习疑问，检查学习作业，带领考生重温以前"踏实跟着老师走"的感觉，考生只要安心跟随，就能学好写作！

3. 每年9月起，微信公众号"田然考研"开通"每日素材讲解"专栏，每日推送写作主题讲解音频，使考生跟着讲解，就能轻松掌握话题精髓，不费力气记住素材。

可以说，进入田然老师打造的"四位一体"写作学习矩阵，考生学习写作就无须再东奔西走，各种需求再也不用愁。

本书除具有以上四大功能外，还有以下三大特色：

特色一：独家复盘试卷，展现真实评分秘密

本书第一章第三节和第七章第三节收录考场试卷复写作文和对应小分成绩，还原考场真实评分规则，业内唯一。经过较大样本分析，结合考试大纲要求，本书为考生指出最真实的阅卷规则和非常管用的应考技巧。所以，本书知识体系完全经过了实战检验，没有模糊无用的内容，全是清晰可用的快速拿分技巧。

特色二：全书使用真题，备考拒绝兜圈绕弯

许多辅导书出于种种利益考虑，分为教材册和真题册两本。教材册里无真题，真题册里无教程。这就导致研习教材册时根本触碰不到真题，始终在做各种各样的自编题。这就

像买了一筐苹果，不吃好苹果，而先吃烂苹果。难道要等吃坏了胃，再吃好苹果？如果全程复习都用自编题，那么所学技巧如何与真题衔接？

事实上，写作学习完全可以直接使用真题。通过真题，在建立技巧体系之初就一次性达到匹配考试的目的，让每一次演练都为真正上考场服务。不用真题等于拉着考生兜圈绕弯。田然老师可以少卖一本真题集的书，但不能浪费考生的宝贵时间。

特色三：田然写作书系，充分满足备考所需

这些年辅导考生写作，田然老师只有一个原则："考生需要什么，我就做什么"。所以，"田然讲写作"逐渐由一本书变成了一个书系。本书系由三本书构成：

《田然讲写作》，作为全程核心教材，涵盖所有技巧和历年真题。

《田然讲写作·素材范文宝典》，作为论说文素材和范文的补充图书；针对考生普遍素材储备不足、没时间搜集整理素材的痛点，精选主题，提供充足的素材。

《田然讲写作·写作字帖》，针对考生对字迹的担忧和苦恼，推出写作字帖帮考生快速改善字迹。字帖专门为管理类、经济类联考考生设计书写内容，考生可在练字的同时记忆写作素材，收到一举两得的效果，坚持练习30天即可明显改善字迹。

老师的期待是——首先，大家都能考上理想的院校；其次，大家最后能说："这是本好书，这是个好老师"，那我就满足了；最后，如果大家觉得这本书好，可以告诉身边的研友。每个人都会感谢给自己带来宝贵信息的人。

祝天下考生顺利实现考学梦想！

微信公众号
扫码开启

新浪微博
扫码互动

爱你们的　田然老师

2018 年 3 月

前言 2：到底该如何对待写作
——兼论写作全程复习规划

一、写作备考的三大特点

写作这门科目跟数学、逻辑等以客观题为主的考试不同，有其自身特点，笔者教课时间越长，这种感受越明显，也就越希望广大考生知道备考写作科目的三个重要特点："见效快""无痛苦""不反弹"。

"见效快"指的是写作科目最容易看到学习效果，因为都是基于母语基础的解题和写作技巧，不像英语需要长期积累；也不像数学、逻辑，要依靠思维功底，写作本质是天道酬勤，有付出最容易有回报，而且是短期付出，快速回报，只要听懂写作技巧，再辅以练习，提分最快。

"无痛苦"指的是写作科目不像英语，要反反复复背单词；也不像数学，要一遍一遍背公式；更不像逻辑，要绕来绕去捉迷藏。写作科目技巧简单，听完就会，会就能用，只是一定还要辅以适量练习。所以写作学习起来没有痛苦，相对最轻松，不会学不明白。只要给予重视，人人都能有大幅提高。

"不反弹"指的是写作复习提高后不会出现明显的成绩回落或者时高时低的不稳定现象。常有考生抱怨：数学、逻辑平时复习还可以，但临考发挥不稳定；英语本来单词背了不少，但是一旦不背忘得很快。也就是说，这些科目成绩的提升可能不稳定，会经常出现反复。写作科目备考所提分数通常较为稳定，所有提高在考试时都能够实实在在地发挥出来，成绩提高后通常可以稳定到考试时不回落。

二、写作备考五大叮嘱

1. 务必重视写作，切莫放弃复习

许多考生，尤其 MBA 考生，感觉时间紧张，英语、数学复习任务繁重，因此忽略写作复习。实际上，各门科目都应相对均匀地分配复习精力，不能只复习某些科目。写作所需复习时间最短，短期见效最快，到后期，英语、数学、逻辑的复习边际贡献很小。如果偏科，数学、英语提升不了几分，而写作却在大把地失分（例如忽视审题训练导致作文跑题），实在得不偿失。

扫描回复 01
看复习规划指导

2. 复习务必趁早，切莫动手太晚

许多考生误以为联考写作就是高考作文，或者听信"最后学习一个月就可以"的谣言，轻视备考，动手较晚，到真正模考时才发现完全不是这么回事，临时又找不到好方法和好老师，最终只能坐以待毙。其实，无论读者何时看到本书，都可以从中找到相应的学习方法和应考技巧。早复习可以扎实使用全书，晚复习应该抓住核心章节。无论如何都不要轻言放弃，尤其是，放弃哪科都不该放弃写作。

3. 课程精听精学，切莫只搜不学

写作学习切忌朝秦暮楚，跟住一位老师即可。写作属于主观考试，不像其他科目有标准答案。笔者手头有市面上几乎所有的写作书籍，深知不同写作老师在教学体系、写作技巧、范文素材等方面差异甚大，图书质量参差不齐，个别书籍甚至还有明显误导。很多考生乐于收集写作资料和名师课程，对比不同老师的讲法。但考生大多是首次接触联考写作考试，无法分辨老师讲解的优劣对错，老师讲的不一致时，他们就会变得无所适从，反受其害。建议考生在初步对比判断后，锁定适合自己风格的老师，以一位为主，最多再以一位为辅，不可再多，真正跟住老师学到真本事。

4. 重视方法技巧，切莫只顾努力

有些考生误以为写作没有技巧，只要大量背、大量写就可以，其实不然。写作不但有方法，而且是最讲究方法的考试。方法对，事半功倍；方法错，原地踏步。例如，论证有效性分析不是随意反驳，而是有固定的八大类型和答题模板；论说文审题有八大原则和 PAY 公式、结构，有成型模板还有"随心配"秘籍，近年出题也有明显的趋势（观点分析型和思辨关系型试题）。只要考生重视方法，再辅以认真训练，就能收到事半功倍的效果。对比之下，英语再有技巧也要词汇量足够，数学再有方法也要计算准确；而写作基于母语，其他障碍少，一旦经过训练掌握了方法，其提分的可能性、稳定性最大。

5. 落实必要练笔，切莫光听不写

还有许多考生以为写作只要听懂即可，虽重视方法，但忽视真正动笔训练。这跟第4点所提及的考生形成两个极端，都是不对的。考生须知写作不是听懂意思即可，而是要自己最终在考场上独立写作。没有真正动笔达到训练数量，任谁也写不出来。为什么我们从小学习作文时，老师就要求我们反复练笔？因为写作说到底要靠自己动笔，否则一切都只是空中楼阁。

三、写作备考全程复习规划

写作备考全程复习规划

月　份	复习指南	本阶段配套课程
5—8月	1. 通读本书,初步学习写作,了解考试; 2. 扫码收看配套课程,书课互动提升学习效果; 3. 关注"田然考研"微信公众号,尽快加入写作备考QQ群或微信群。 时间建议:每周复习1次,每次2小时	**题源精读班** 5月开启,连续12讲
9—11月	**论证有效性分析** 1. 精研2014—2018年试题,诊断、测试、提升; 2. 吃透"八大题型"并按类训练破解; 3. 掌握"五步解题"法,学会全部实用技巧; 4. 做完2010年以来的试题,达到基本题量。 **论说文** 1. 精研审题八大原则、PAY公式,精研1月联考试题、练习10月联考试题; 2. 吃透写作模板,掌握"随心配"思维; 3. 研读范文和素材,不断积累重复; 4. 考前独立写作大小作文各5篇以上。 时间建议:每周复习2次,每次2小时	**课程+批改+审题特训** 1. 8月起,开设系统班课程; 2. 8月起,开设写作训练营,免费入营,每周布置学习任务,检查作业,解答疑问; 3. 9月起,开设一对一写作批改班,批改作文,专属答疑,收获实质效果; 4. 11月起,开设审题特训营,专攻跑题痛点,拒绝二战。
12月	1. 最后任务是考前冲刺。老师每年根据全年热点和渠道信息,在考前圈定若干考试概率较高的话题,反复带领考生复习。此时切忌闭门造车,热点串讲必须听。 2. 最后还要反复复习写作素材。本书已精选写作素材,并全部复制到公众号,可碎片化背诵。 时间建议:抓住零散时间、空隙时间复习	**押题大招课** 为帮考生突击过线,12月初开设含考前押题的大招课,一课解决问题,已连续多年押中真题

爱你们的　田然老师

2018年3月

目　　录

先导章　直击大纲　展示真题

第一节　考试大纲直击 ································· 1

第二节　写作真题展示 ································· 2

上篇　论证有效性分析

第一章　考试全解　阅卷复盘

第一节　考试基本概述 ································· 5

第二节　考试深度解析 ································· 8

第三节　考场试卷再现 ································· 12

第四节　精进提升策略 ································· 20

第二章　认识论证　夯实基础

第一节　什么是论证 ································· 22

第二节　什么是论据 ································· 27

第三节　什么是论证过程 ································· 29

第四节　什么是论证结构 ································· 32

第三章　五类八题　归纳破解

第一节　八大题型总体概述 ································· 34

第二节　八大题型分类详解 ································· 36

第三节　八大题型区分辨析 ································· 48

第四节　八大题型进阶模板 ································· 49

第四章　五步解题　手到擒来

第一节　五步解题技法概述 ································· 54

第二节　五步法之一——读 ································· 55

第三节　五步法之二——找 ································· 59

第四节　五步法之三——选 ································· 63

第五节　五步法之四——析 ································· 67

第六节　五步法之五——写 ································· 73

第五章　真题精练　应试点拨

第一节　真题评价及练习建议 ………………………………………… 76

第二节　管理类联考历年真题 ………………………………………… 79

第三节　MBA 联考和 10 月联考历年真题 …………………………… 101

第四节　实战归来再谈论证 …………………………………………… 113

第六章　试题归类　万变归宗

第一节　题型总结 ……………………………………………………… 117

第二节　概念混淆 ……………………………………………………… 118

第三节　论据不成立 …………………………………………………… 121

第四节　推断不出 ……………………………………………………… 122

第五节　条件缺失 ……………………………………………………… 127

第六节　自相矛盾 ……………………………………………………… 129

第七节　以偏概全 ……………………………………………………… 130

第八节　非此即彼 ……………………………………………………… 131

第九节　类比不当 ……………………………………………………… 132

第十节　绝对致错 ……………………………………………………… 133

下篇　论说文

第七章　考试解析　阅卷复盘

第一节　文体背景介绍 ………………………………………………… 139

第二节　考试深度解析 ………………………………………………… 142

第三节　考场试卷再现 ………………………………………………… 147

第四节　命题规律趋势 ………………………………………………… 153

第五节　精进提升策略 ………………………………………………… 157

第八章　审题立意　命题规律

第一节　审题原则方法 ………………………………………………… 159

第二节　审题真题精讲 ………………………………………………… 166

第三节　审题精练反思 ………………………………………………… 180

第九章　谋篇布局　写作模板

第一节　经典写作结构 ………………………………………………… 195

第二节　思辨专用结构 ………………………………………………… 202

第三节　独创主打结构 ………………………………………………… 205

第四节　作文标题写法 ………………………………………………… 211

第五节　首尾中间写法 ┈┈┈┈┈┈┈┈┈┈┈┈┈┈┈┈┈┈ 214

第六节　提纲与批改技巧 ┈┈┈┈┈┈┈┈┈┈┈┈┈┈┈┈ 220

第十章　关系型题　专项破解

第一节　思辨关系型试题洞悉 ┈┈┈┈┈┈┈┈┈┈┈┈ 223

第二节　思辨关系型话题对策 ┈┈┈┈┈┈┈┈┈┈┈┈ 225

第三节　观点分析型话题解析 ┈┈┈┈┈┈┈┈┈┈┈┈ 228

第十一章　论证方法　语言锤炼

第一节　论证方法 ┈┈┈┈┈┈┈┈┈┈┈┈┈┈┈┈┈┈┈ 232

第二节　语言锤炼 ┈┈┈┈┈┈┈┈┈┈┈┈┈┈┈┈┈┈┈ 239

第十二章　真题范文　深度剖析

第十三章　写作素材　充足便捷

第一节　核心话题类 ┈┈┈┈┈┈┈┈┈┈┈┈┈┈┈┈┈ 266

第二节　思辨关系类 ┈┈┈┈┈┈┈┈┈┈┈┈┈┈┈┈┈ 278

附　录

附录1　常见标点符号的使用规则 ┈┈┈┈┈┈┈┈┈ 293

附录2　管理类联考答题卡写作稿纸样式 ┈┈┈┈┈┈ 295

第一节　考试大纲直击

一、管理类联考（199）考试大纲（写作部分原文）

综合能力考试中的写作部分主要考查考生的分析论证能力和文字表达能力，通过论证有效性分析和论说文两种形式来测试。

1. 论证有效性分析

论证有效性分析试题的题干为一段有缺陷的论证，要求考生分析其中存在的问题，选择若干要点，评论该论证的有效性。

本类试题的分析要点是：论证中的概念是否明确，判断是否准确，推理是否严密，论证是否充分等。

文章要求分析得当，理由充分，结构严谨，语言得体。

2. 论说文

论说文的考试形式有两种：命题作文、基于文字材料的自由命题作文。每次考试为其中一种形式。要求考生在准确、全面地理解题意的基础上，对命题或材料所给观点进行分析，表明自己的观点并加以论证。

文章要求思想健康，观点明确，论据充足，论证严密，结构合理，语言流畅。

二、经济类联考（396）考试大纲（写作部分原文）

综合能力考试中的写作部分主要考查考生的分析论证能力和文字表达能力，通过论证有效性分析和论说文两种形式来测试。

1. 论证有效性分析

论证有效性分析试题的题干为一段有缺陷的论证，要求考生分析其中存在的缺陷与漏洞，选择若干要点，围绕论证中的缺陷或漏洞，分析和评述论证的有效性。

论证有效性分析的一般要点是：概念特别是核心概念的界定和使用是否准确并前后一致，有无明显的逻辑错误，论证的论据是否支持结论，论据成立的条件是否充分等。

文章根据分析评论的内容、论证程度、文章结构及语言表达给分。要求内容合理、论证有力、结构严谨、条理清楚、语言流畅。

2. 论说文

论说文的考试形式有两种：命题作文、基于文字材料的自由命题作文。每次考试为其中一种形式。要求考生在准确、全面地理解题意的基础上,对题目所给观点或命题进行分析,表明自己的态度、观点并加以论证。文章要求思想健康,观点明确,材料充实,结构严谨完整,条理清楚、语言流畅。

第二节　写作真题展示

56. 论证有效性分析:分析下述论证中存在的缺陷和漏洞,选择若干要点,写一篇600字左右的文章,对该论证的有效性进行分析和评论。(论证有效性分析的一般要点是:概念特别是核心概念的界定和使用是否准确并前后一致,有无各种明显的逻辑错误,论证的论据是否成立并支持结论,结论成立的条件是否充分等等。)

哈佛大学教授本杰明·史华慈(Benjamin L Schwartz)在20世纪末指出,开始席卷一切的物质主义潮流将极大地冲击人类社会固有的价值观念,造成人类精神世界的空虚,这一论点值得商榷。

首先,按照唯物主义物质决定精神的基本原理,精神是物质在人类头脑中的反映。因此,物质丰富只会充实精神世界,物质主义潮流不可能造成人类精神世界的空虚。

其次,后物质主义理论认为:个人基本的物质生活条件一旦得到满足,就会把注意点转移到非物质方面。物质生活丰裕的人,往往会更注重精神生活,追求社会公平、个人尊严等等。

还有,最近一项对某高校大学生的抽样调查表明,有69%的人认为物质生活丰富可以丰富人的精神生活,有22%的人认为物质生活和精神生活没有什么关系,只有9%的人认为物质生活丰富反而会降低人的精神追求。

总之,物质决定精神,社会物质生活水平的提高会促进人类精神世界的发展,担心物质生活的丰富会冲击人类的精神世界,这是杞人忧天罢了。

57. 论说文:根据下述材料,写一篇700字左右的论说文,题目自拟。

有人说,机器人应该帮助人类完成一些繁琐的工作,而不是取代人类。技术的发展会夺取一些人低端的工作岗位,同时也会创造出更高端更舒适的工作岗位,例如历史上铁路的出现让挑夫消失,但同时创造了千百万铁路工人的岗位。人工智能技术的变革,同样会推动人类社会的发展与进步。有人却不以为然。

上篇 论证有效性分析

第一章　考试全解　阅卷复盘

第二章　认识论证　夯实基础

第三章　五类八题　归纳破解

第四章　五步解题　手到擒来

第五章　真题精练　应试点拨

第六章　试题归类　万变归宗

复习建议

　　本书最佳学习方法为:在阅读本书时同步关注"田然考研"微信公众号,跟随田然老师"写作训练营"。作者亲自免费带领读者啃书、做题、答疑、提升。每年8—11月连开四期(公众号回复关键字"训练营"了解详情)。

　　读者若自学,可按以下步骤进行:

　　第一步:阅读第一章、第二章,了解考试特点、阅卷规则、学习策略、基础知识。

　　第二步:精研第三章的"八大题型",领会题型解读,掌握识别技巧、答题公式、题型辨析。初学时应熟练抄写掌握"过关模板",学习后期可研习"进阶模板",尝试灵活变化。

　　第三步:精研第四章的"五步解题",掌握阅读技巧、找点要领、选点原则、答题公式、行文套路这五大步骤。掌握第四章后可以做题。

　　第四步:精练第五章"历年真题",尤其是第二节中2010年以来的真题应格外重视,每题反复做三遍,务必透彻掌握,要求按30分钟计时做题。真题有限,务必珍惜。此外,建议通过作文批改快速提升,可同学组队互批或报名田然老师"写作1对1批改班"(公众号回复关键字"批改班"了解详情)。

　　第五步:参阅第六章"分类题库",专攻练习时暴露的薄弱环节。

第一节　考试基本概述

一、考试背景

对于多数中国学生来说,论证有效性分析考试是在面临研究生管理类、经济类联考时才首次遇到的。该考试借鉴美国 GMAT 考试部分题型,要求考生分析一篇论证性文章,分析其中存在的论证缺陷,指出缺陷位置及缺陷原因。该考试只需要分析原文论证缺陷即可,不需要考生表达自己的观点和看法。

由于中国学生普遍不熟悉这个考试,建议本书读者认真研究考试规则,彻底吃透考试题型和答题套路。可以说,掌握了考试规则,也就基本解决了复习工作。对于考生来说,该考试不难,只是不熟而已。如果说,备考论说文就像重新交往中学的老朋友,那么备考论证有效性分析就像认识职场的新同事。

论证有效性分析作为研究生入学考试管理类、经济类联考试题,意在通过考查考生的推理、分析、表达能力,来判断考生是否具备攻读管理类、经济类硕士研究生的思维能力。

论证有效性分析应该说是在数学、逻辑、写作等各个联考科目中最有实践意义的。考生从中能够补充许多社会必需、职场实用的论证、推理分析能力和表达能力,对提升思维品质、提升辨识能力大有裨益。

论证有效性分析考试的原型——“批判性思维”多年来始终是美国高等学府的本科必修课程之一,对于打好高等教育求学基础很有帮助。它不仅应成为考试科目,更应成为高等教育课程。美国许多高校都有这门课程,但国内高校尚未普遍开设。因此,建议考生把这门考试的备考当作研究生课程的先导课,当作一门课程来学习,耐下性子,清走浮躁,认真对待,老师相信,你的收获将远大于预期。

二、形式介绍

1. 题目出现位置

研究生管理类、经济类联考综合科目共设三门考试:数学、逻辑、写作。写作又分为论证有效性分析和论说文两个部分。所以,论证有效性分析考试出现在数学、逻辑之后,论说文之前,在倒数第二个题目位置,题号为第 56 题。

2. 试题基本要素

论证有效性分析考试通常要求考生阅读一篇 450~500 字的试题材料,阅读后分析其中存在的论证缺陷,然后手写一篇 600 字左右的作文。试题满分 30 分。考生阅读材料及答题时间建议在 25~30 分钟。建议做题时间分配如下:

(1)3 分钟阅读试题材料;

(2)5 分钟分析材料的论证缺陷;

(3)22 分钟书写 600 字作文。

为什么这样分配呢?根据测试,成人手写 600 字平均耗时在 22 分钟左右,再加上阅读、分析所需时间,建议考试时准备 30 分钟。整个综合考试时间非常紧张,没有磨蹭、犹豫的时间,考生必须熟练、快速地"解决战斗"。

三、考查文体

联考写作的两个题目——论证有效性分析和论说文的考查文体都是说理文体。说理文体可以分为三种类型:立论文、驳论文、评论文,见表 1-1。联考写作考查立论文和评论文,不考驳论文。立论文即论说文,评论文即论证有效性分析。

1. 立论文

立论文,中学称为议论文,西方称为说理文,联考称为论说文,这三者实质基本相同。其实,当初 MBA 联考把该试题命名为论说文,原意是考查议论文或说明文。不过,十余年来都是在考议论文,也没有考过说明文。所以,这里的论说文直接对应议论文即可。事实上,2001 年及以前的 MBA 联考都使用"议论文"作为称谓。论说文是通过对某个话题提出明确论点,提供充足论据,运用多种论证方式加以证明,达到使读者接受、认可、行动效果的过程。

2. 驳论文

驳论文的核心是反驳对方观点,有时也提出自己的观点,但还是以反驳为主。驳论文要求通过撰写文章,证明他人文章的观点有误,既可以直接反驳结论,也可以通过反驳论据和论证过程达到反驳结论的效果。

也就是说,驳论文不是必须分析对方观点错误的原因,直接驳倒对方观点亦可。这是驳论文与评论文的区别。驳论文的目的是驳倒对方的结论,手段可以是质疑论证过程的质量,也可以是直接反驳对方的观点,总之目的是驳倒结论。而评论文(论证有效性分析)的目标和手段都是只分析论证过程的质量,聚焦于分析论证过程缺陷,而非针对结论,最终也只是提及结论是否成立或存疑,从不直接反驳结论。

3. 评论文

评论文,即论证有效性分析考试,多数国内学生此前从未接触过。它要求考生阅读试题材料,客观分析这篇论证文章存在的论证缺陷,分析这些缺陷的问题性质。论证有效性分析旨在通过分析对方论证的缺陷,指出对方的结论不可信,而非直接反驳或证明对方的结论错误,这是有本质不同的。做个比喻,论证有效性分析就像医生,重在诊断对方的病因,指出问题,分析性质。驳论文像检察官,重在证明对方有罪,既提供证据,又主动控诉。

驳论文是站在"对立"角度的,是对手关系。评论文(论证有效性分析)是站在"审视"角度的,是客观诊断关系。所以,在论证有效性分析考试中考生不需加入自己的观点,也不需反驳对方的观点,只要客观分析对方论证过程的几个缺陷,指出原文证明论点的过程中存在的问题,指出结论不可信即可。至于该信什么,什么才是正确的,不是论证有效性分析的使命。如果考生没有分析原文论证过程,而是着力反驳对方观点,抒发自己对观点的看法,那么就搞错了文体性质,将评论文写成了驳论文。此处建立正确的理解对后面整个备考事半功倍。

4. 论证有效性分析与论说文的对比

联考写作考试的两篇作文,性质上属于正好相反的关系。论证有效性分析是给考生一篇论说文,请考生指出其中论证过程的缺陷;论说文是让考生自己写一篇论说文,理论上说又可以再让其他人做论证有效性分析。仔细想想,两者关系挺有意思,有些像中学语文阅读与写作的关系。所以,我们可以概括:论证有效性分析是"命题人论证,考生分析",论说文是"考生论证,阅卷人分析(判分)"。对这两个考试的本质,有一个恰当而重要的定论:

论证有效性分析考试的意义是通过训练这门技能,不让我们被错误的论证所说服;论说文考试的意义是通过训练这门技能,让我们用正确的论证说服别人。

表 1 - 1　立论文、驳论文、评论文的异同

	立论文 (论说文试题)	驳论文 (联考不考查)	评论文 (论证有效性分析试题)
行文目的	说服对方	驳倒对方	分析对方论证的缺陷
行文顺序	1. 提出自己的观点 2. 用事例和论述证明	1. 直接反驳对方的结论或通过分析对方论证过程的缺陷反驳结论; 2. 提出自己的观点并用事例和论述证明	既不反驳结论(仅质疑),也不提出自己的观点,只是理性客观地分析原文的论证缺陷位置和原因

四、管理类联考与经济类联考的异同

管理类联考和经济类联考写作科目考试形式相同,都是论证有效性分析与论说文两个试题。从《考试大纲》中的表述看,考查形式、考试要求、得分要点亦几乎完全相同。因此,无论管理类联考考生,还是经济类联考考生,都可以使用本书复习,都可以通用本书试题和技巧。两者的不同点有以下三个方面:

(1)考试分值不同。管理类联考的论证有效性分析 30 分、论说文 35 分,合计 65 分;经济类联考的论证有效性分析 20 分、论说文 20 分,合计 40 分。

（2）论说文字数要求不同。管理类联考要求论说文 700 字,经济类联考要求论说文 600 字。论证有效性分析字数要求相同。

（3）经济类联考论说文近年经常考查社会或时事热点,这是管理类联考论说文较少涉及的命题范围,故本书也未涉及。经济类联考考生应单独补充此类内容。请经济类联考考生关注"田然考研"微信公众号,考前老师将总结归纳热点话题。

鉴于经济类联考试题较少,建议经济类联考考生多使用管理类联考试题练习。两个考试在试题、技巧方面都是通用的,唯独经济类联考论说文应补充对时事热点的分析练习。请经济类联考考生先使用本书,然后使用《田然经综历年真题》。

五、管理类联考（1 月考试）与在职联考（10 月考试）的异同

研究生管理类联考（1 月考试）正式名称为"全国硕士研究生统一入学考试",专为秋季入学的双证学生设置（既有学历证,又有学位证,既包含全日制,也包含非全日制）;在职联考（10 月考试）正式名称为"在职人员攻读硕士专业学位全国联考",专为春季入学的单证学生设置（没有学历证,只有学位证）。根据教育部的统一安排,2016 年起不再组织 10 月考试,将其并入 1 月考试。从 2017 年首次合并后考试的试题来看,考试仍然完全沿用了 1 月联考命题的思路。

由于 1 月考试和 10 月考试在试题形式上完全相同,在命题思路上基本相同,因此两类考生可以通用本书中的试题和答题技巧。1 月考试考生应以历年 1 月真题为主,但也不应忽视 10 月真题的补充价值。

作者在写作本书时充分吸纳了 10 月考试的优秀题目。无论论证有效性分析,还是论说文,都将 1 月考试试题作为精讲、精练题目,将 10 月考试试题经过精选后,作为补充练习习题。考生应当充分利用好两类试题,更好地提升自身成绩。

另外,"1 月考试"是沿用以前的称谓,以前考试在每年 1 月进行,现在已提前到前一年的 12 月底进行。本书按照业内通行做法,仍将其称为 1 月考试。

第二节　考试深度解析

找全考试指导原则才能全面地破解考试。论证有效性分析共有三套指导精神,它们是破解考试的"秘籍"。全面分析研究三者要求,才能最好地指导备考。它们分别位于以下三个位置,本节将详细解析:

（1）《考试大纲》"考查内容";

（2）《考试大纲》"评分标准";

（3）试题题干括号内提示文字。

一、《考试大纲》深度解析

【大纲原文】

> 论证有效性分析试题的题干为一段有缺陷的论证,要求考生分析其中存在的问题,选择若干要点,评论该论证的有效性。
>
> 本类试题的分析要点是:论证中的概念是否明确,判断是否准确,推理是否严密,论证是否充分等。
>
> 文章要求分析得当,理由充分,结构严谨,语言得体。

【大纲解析】

《考试大纲》非常重要。一门考试,有了大纲,才有了规范;掌握了大纲,才掌握了"正道"。《考试大纲》对考查内容的描述共有三句话,第一句讲这是怎样的考试;第二句讲这个考试的答题要点在哪里;第三句讲用什么标准评判文章。

扫描回复 02
看大纲深度解析

(1)"论证有效性分析试题的题干为一段有缺陷的论证"。

这句话说明,试卷上的试题材料已经设置了若干处有缺陷的论证。但要注意,原文含有有缺陷的论证,但不意味着全文都是有缺陷的论证,也有正确的论证。这就要求考生寻找和识别有缺陷的论证,放过正确论证。

这个识别需要考生在考场上自行完成。如果识别错误,即以对为错,或以错为对,那么整个点的分数都将全部失去,因为找错分析对象,后面怎么分析也都不会正确。正确地寻找有缺陷的论证是最重要、最基础的能力。作者将在本书第四章第三节详细讲解寻找、判别论证缺陷的方法。

(2)"要求考生分析其中存在的问题"。

大纲的上一句说题干是有缺陷的论证。那么请记住,考生需要分析的问题就是论证缺陷问题,而不是其他问题,即并非观点问题、语言问题、专业知识问题等。

许多考生不了解这个要求,围绕原文文字、观点反复挑错,造成结果跟答案南辕北辙。其中要害就是:考试仅要求分析论证缺陷,而非任意有异议的内容。也就是说,不要把这个考试理解为"大家来找茬"。

具体说,既然不是语言问题、观点问题、专业知识问题,那么,考生就不能因为语言不严谨、不规范而认定为错;不能因为观点不和而认定为错,不能因为专业叙述可能有瑕疵或不准确而认定为错。同样重要的是,反过来,也不能因为认同原文观点就认为其论证是对的,论证错而结论对是可以发生的(2012 年真题第 5 段)。观点正确和论证过程正确是两回事。我们要寻找的核心是论证、论证、论证,重要的事情说三遍,而非讨论观点、校正语言、讨论专业问题。考生要把火眼金睛用来寻找和辨认"论证"。关于论证的基础知识将在第二章详细介绍,考生务必搞清楚"什么是论证"。理解"论证"这个概念真的很重要,就像建造大厦的地基,地基不牢、地动山摇。

(3)"选择若干要点,评论该论证的有效性"。

这句涉及选点数量问题。历年考试通常会在原文设置6~7处论证缺陷,虽然《考试大纲》并未直接说寻找几处,但根据600字的篇幅,可以寻找4~5点,相对的,寻找4点是主流选择。

为什么是4点呢?对于600字来说,选择5点作答字数较多,较难施展;选择3点作答字数绰余且无法全面体现考生的论证分析能力。因此,寻找4点作答是最合适的,个别时候可以写5点,相应利弊和适用条件在第四章第四节有详细阐述。

《考试大纲》所说"评论该论证的有效性"是指考生不要讨论观点或论证的对错性、真实性,而仅分析论证对推导结论的有效性。这一点呼应着上面所说的考生不要纠结结论对错、语言对错、专业对错,而要分析论证是否有效推导结论。这就是考试称为"有效性"分析的原因。

(4)"本类试题的分析要点是:论证中的概念是否明确,判断是否准确,推理是否严密,论证是否充分等"。

本句实质是命题人在告知缺陷类型和命题思路。《考试大纲》提示我们,原文可能存在四种缺陷。但由于此处的试题分类艰涩难懂,反观试题题干也有对考题类型的介绍,而且简单易懂。所以,我们将以后面"题干提示"的题型分类方法为准。本书将在第三章详细总结各种题型,并帮助考生各个击破。

(5)"文章要求分析得当,理由充分,结构严谨,语言得体"。

本句指出写作要求。可以看出,不仅要找对,还要分析对,这里的"理由充分"指的是不能单纯指出缺陷,还必须通过分析使得指出的这个缺陷令人信服。关于结构严谨,语言得体的写作要求,本书将在第四章讲解。

二、"评分标准"深度解析

【评分标准原文】

(1)根据分析评论的内容给分,占16分。

(2)按论证程度、文章结构与语言表达给分,占14分。分四类卷给分:

一类卷(12~14分):分析论证有力,结构严谨,条理清楚,语言精练流畅。

二类卷(8~11分):分析论证较有力,结构较严谨,条理较清楚,语句较通顺,有少量语病。

三类卷(4~7分):尚有分析论证,结构不够完整,语言欠连贯,语病较多。

四类卷(0~3分):明显偏离题意,内容空洞,条理不清,语句不通。

(3)每3个错别字扣1分,重复的不计,至多扣2分。

(4)书面不整洁,标点不正确,酌情扣1~2分。

【评分标准解析】

从评分标准可以看出,论证有效性分析30分实际由两个部分构成:

第一部分"根据分析评论的内容给分"实质是找点所占分数,16 分对应 4 点,找对 1 点可得 4 分。当然如果找错 1 点,那么相应至少要扣掉 4 分(找点错误必然对应分析内容亦无法正确)。

第二部分"按论证程度、文章结构与语言表达给分"实质是书写表达所占分数。其所占 14 分被分为四档。根据文章分析是否深入、有力,语言是否流畅,按照对应档次给出分数。

【田然估分秘籍】

以上是《考试大纲》给出的评分规则,实际使用很不方便。为方便考生估分,笔者根据多年教学经验,设计出一套简易、准确的估分方法,可称为《论证有效性分析简易估分表》。该方法经过了多年真实考场复盘检验,可靠、实用,估分非常准确,该方法如下:

第一步:判断找点对错,找对 4 个点,起评分 22 分;找对 3 个点,也就是找错 1 点,起评分 18 分;找对 2 个点,也就是找错 2 个点,起评分 14 分。

第二步:判断分析水平(不按每点单独评判,只对全文整体评判),找对各点,分析有力给 2~4 分;找对各点有的分析深刻,有的分析浅显给 0~2 分;全文分析浅显此部分给 0 分;特别的,若有分析错误倒扣 2~4 分。

> **田然敲黑板**
> "简易估分表"准确实用,作为实际估分准则

使用以上方法,只需两步就可以准确评分,在实战中此法可以作为《考试大纲》评分标准的简易替代法(见表 1-2)。

表 1-2 论证有效性分析常见得分表

	分析深刻	分析一般	分析有误
找对 4 点	25+	22+	20+
找对 3 点	20+	18+	16+
找对 2 点	16+	14+	12+

注:25+代表 25 分及以上,其余同理。

三、"试题题干"深度解析

【考试题干】

56. 论证有效性分析:分析下述论证中存在的缺陷和漏洞,选择若干要点,写一篇 600 字左右的文章,对该论证的有效性进行分析和评论。(论证有效性分析的一般要点是:概念特别是核心概念的界定和使用是否准确并前后一致,有无各种明显的逻辑错误,论证的论据是否成立并支持结论,结论成立的条件是否充分等等。)

【深度解析】

许多课程和书籍只讲到《考试大纲》和评分标准,未讲到试题题干中的作答提示(即上文括号中画线的文字)的重要作用,其实,命题和答题的所有秘籍都隐藏在这个题干提示里,千万不能忽视。许多不了解其中原委的老师和考生都以为这是套话,长期视而不见。但是,本书读者看到这里都要知道其重要性。我们恰从这里入手,通过这个捷径直达技巧顶峰。

题干提示文字出现在试题要求之后的括号内并且年年出现。这是因为国内考生通常在联考前未考过这种题型,没有提示就会回答得五花八门。故每年在题干后面都附上解释。根据这段文字提示,论证缺陷可以分为五个类型,也就形成本书给出的"五类八个"题型体系。这五种类型分别是:

(1)概念特别是核心概念的界定和使用是否准确并前后一致。

这句话代表概念类题型。正所谓文以载道,论证是通过文字承载的,如果论证中概念不清晰,那么一切论证就像隔空打架,无法有结果。所以,第一类论证缺陷就是概念问题。

(2)有无各种明显的逻辑错误。

这句话代表逻辑类题型。逻辑问题比较多,常见的包括自相矛盾、不当类比、非此即彼、以偏概全等。这些具体形式并非每年同时出现,往往是出现其中的 1~2 种。

(3)论证的论据是否成立并支持结论。

这句话代表着两种情况、两个题型。论据是论证的前提和基础,因此分析论证需要单独重点考查论据是否成立和是否支持结论。如果论据不成立就对应第三类:"论据不成立"题型;如果论据虽然成立但不能支持结论,那么就对应第四类:"推断不出"题型。

(4)结论成立的条件是否充分等。

这句话代表"条件缺失"题型,通常指结论的成立依赖许多条件,原文只提到部分条件,忽视其他条件,所以无法必然保证原结论成立。

笔者将在第三章详细讲解这四句话所指的五类题型。此处最重要的是要知道题干括号里的这段提示非常重要,是我们复习的方向,在考场上是我们做题的助手。如果考生在考场上忘记各个题型,一定要记得再看看这段提示,自然就都能想起来了。

第三节　考场试卷再现

一、2016 年论证有效性分析原题①

56. 论证有效性分析:分析下述论证中存在的缺陷和漏洞,选择若干要点,写一篇 600

---

① 复盘工作从 2015 年到 2018 年每年持续。2016 年这 4 篇文章典型,分数梯度好,故继续用作复盘代表。

字左右的文章,对该论证的有效性进行分析和评论。(论证有效性分析的一般要点是:概念特别是核心概念的界定和使用是否准确并前后一致,有无各种明显的逻辑错误,论证的论据是否成立并支持结论,结论成立的条件是否充分等。)

现在人们常谈论大学毕业就业难的问题,其实大学生的就业并不难。根据国家统计局的数据,2012 年我国劳动年龄人口比 2011 年减少了 345 万,这说明我国劳动力的供应从过剩变成了短缺。据报道,近年长三角等地区频频出现"用工荒"现象,2015 年第二季度我国岗位空缺与求职人数的比率均为 1.06,表明劳动力市场需求大于供给。因此,我国的大学生其实还是供不应求的。

还有,一个人受教育程度越高,他的整体素质也就越高,适应能力就越强,当然也就越容易就业。大学生显然比其他社会群体更容易就业,再说大学生就业难就没有道理了。

实际上,一部分大学生就业难,是因为其所学专业与市场需求不相适应或对就业岗位的要求过高。因此,只要根据市场需求调整高校专业设置,对大学生进行就业教育以改变他们的就业观念,鼓励大学生自主创业,大学生就业难问题将不复存在。

总之,大学生的就业并不是什么问题,我们大可不必为此顾虑重重。

二、考场重现与得分揭秘

表 1-3 至表 1-6 中展示的案例都是考生当日复写的考场作文,相似度超过 90%。同时本书对应收录了该考生的手写字迹和成绩截图,读者可以看到原汁原味的试卷复盘。下面展示 4 份有代表性的复写考卷。

表 1-3　试卷重现 1:优秀

考生分数:25 分	字迹来源:平日习作

一篇似是而非的论证

上述材料通过相关分析得出的有关论证,其论证过程是值得商榷的。

首先,由 2012 年我国劳动力人口同比减少推不出我国劳动力的供应由过剩变成短缺。劳动力人口是可供劳动的总人口数,而劳动力供应则是相对于需求的相对数,绝对数减少不能说明相对数的情况,因为需求存在变化。此外,劳动力供应过剩情况缓减不代表劳动力就短缺,也可以是充分就业,此处犯了非此即彼的错误。

其次,由劳动力市场需求大于供给,无法说明我国大学生是供不应求。劳动力市场需求是劳动力的总需求,劳动力市场是多层次市场,大学生就业只是劳动力市场中的一个层次。两者是整体与局部的关系。整体具有的特征,局部未必具有。无法由劳动力市场需求来说明大学生供不应求。

再次,由一个人受教育程度越高,整体素质高,适应能力越强,就越容易就业来说明大学生就业难没有道理是不妥当的。整体素质是多方面素质,受教育程度只是其中一个方面。此外,整体素质高,适应能力强也无法说明越容易就业,就业还要考察适配度等方面的情况,不是只是看素质和适应能力。因此,该推论有误,以此为论据来说明大学就业也就是不当的,何况,大学生之上还有博士等更高的受教育群体。

最后,由只要根据市场需要调整专业设置,进行就业教育,鼓励自主创业推不出就能解决大学生就业难题。大学生就业难是多方面的,该举措只是解决大学生就业难的有利条件而不是充要条件,并不能直接推出结论,而且,该说法也与上文一部分大学生就业难的原因说明相矛盾,解决一部分就业的问题,不代表就能解决所有就业难的问题。

综上所述,该论证存在诸多漏洞,其论证值得商榷。

从第 1 点可看出考生逻辑思维能力较强,不过虽是高分作文,但是本点论述稍显啰嗦,而且非此即彼不对。所以有被扣分,否则分数更高。

第 2 点完全正确,本点正确者很多,但是能用"局部与整体关系"一针见血地指明的考生很少,表述准确鲜明使得该作文脱颖而出获得高分。

第 3 点寻找和分析均正确。考生通过"此外""因此""而且"等词语的使用展现其论述的并列关系、因果推导关系,体现文章条理清晰。

第 4 点寻找和分析均正确。"有利条件"与"充要条件"的说法展现其逻辑功底。

可以看出,本篇试卷获得25分的高分理所应当。

续表 1－3

田然老师试卷点评

本文4个点找点都正确,而且分析都正确,起评分为22分。该考生多得3分,达到25分,其原因如下:

首先,该考生严格按照田然老师所教的"引—评—析"三步式回答,答题规范。许多考生找点也对,但就是答题不规矩,没有按照规范套路答题,影响分数。规范套路可以帮助阅卷者迅速识别考卷对错,深受阅卷者认同。请大家重视本书第三章所讲的答题套路(答题模板)。

其次,该考生本身分析能力较强,分析表述更深刻。从第1点、第2点可以看出其回答问题不但指出错误原因,还试图给错误以更深刻定性(绝对-相对,整体-部分等),虽然有的分类未必准确,但是可见其思维能力。

答题正确且规范,分析表述深刻,使得其从全部答对基础分22分之上又有加分,达到25分,名列当年收集的30余份试卷的第1名。

本篇的美中不足之处在于标题、开头、结尾等处理较为简单,标题只使用万能式,开头、结尾内容单薄。如果这三处再丰富到位,应该可以得到28分左右。因此可以看出,如果学好论证有效性分析,优秀试卷(25~26分)可以比普通试卷(15~16分)单从论证有效性分析方面就高出10分。

表 1－4　试卷重现 2:较好

考生分数:22分	字迹来源:模考试卷
第四部分第56题	22
第四部分第57题	14

大学生就业真的不难吗

文中作者通过系列分析,试图证明大学生就业难并不是什么问题,但其论证有效性存在诸多问题,分析如下:

首先，劳动人口减少 345 万并不能说明劳动力供应变为供不应求，因为决定劳动力供应情况的指标包括劳动人口和劳动岗位两个方面，仅从劳动人口下降，直接得出变为供不应求的结论是不妥当的。比如，如果劳动人口减少了 345 万，而同时劳动岗位减少了 500 万个，那么依然是供大于求的现象。

其次，劳动力市场供大于求，并不能推出大学毕业生供不应求。因为组成劳动力市场的因素有很多，比如博士生、技术工人等，假如在 100 个岗位里需求博士生 20 名、技术工人 70 名、大学毕业生 10 名，而同时有 15 名博士、20 名技术工人、50 名大学毕业生，则总体上虽然需求大于供应，但在细分领域，大学生仍然是供大于求的。

再有，一个人的受教育程度高，并不能证明其综合素质高，适应能力强。受教育程度仅是影响综合素质和适应能力的一个因素，其影响有限。比如当下社会热议的复旦大学投毒案的主角，能在复旦读书，受教育程度不可谓不高，但其综合素质和适应能力显然是相当低的。

最后，调整高校课程设置，开展就业教育，鼓励创业，都是解决就业难的方法，但并不能说做到这些就完全可以解决问题。就业问题是一个复杂的系统问题，还受到外部经济环境、产业结构等因素的影响。直接得出可以完全解决问题的结论显然过于武断。

综上所述，原文在文章的论证过程中仍存在很多缺陷，其有效性仍需加强。

田然老师试卷点评

本篇寻找的 4 个点都是正确的，如果分析亦都正确，那么按照上篇所说，起评分为 22 分。果然其达到了 22 分。

但是，为什么没有更高呢？因为该考生分析不够深入。答题首先要找对，其次还要分析对，再次还要分析深入。该考生做到了前两步：找对、分析对。但本文用举例替代了说理分析。这些举例不能算作分析，没有触及论证缺陷本质。相比上篇每个点都分析到缺陷本质，本篇分析略浅显。举例方式固然通俗易懂，但毕竟不是对缺陷的深入分析，只是举证，不如分析透彻。故本文止步于 22 分。

当然，2016 年普遍分数偏高，若在其他年份，22 分已然是高分。其实，22 分所要求的"寻找全对、分析全对"并不容易达到。2016 年试题偏容易。本书的读者还是不能轻敌，应该以全找对和全分析对为主要目标，以 22 分作为主要目标。

表1-5 试卷重现3：合格

考生论说文分数：19分	字迹来源：平日习作
第四部分第56题	19
第四部分第57题	12.5

从古至今，教育都是大国重视的治国之策，无论国内国外在制定治国方针时，都会涉及教育。可见，只有教育才能使多种纷繁的民族统一与团结起来，使众体更具有一致性。

一段有失偏颇的论证

上述材料，通过一系列论证分析，试图证明大学生就业并不困难的观点。然而其分析存在诸多漏洞，先分析如下：

首先，从劳动力减少不能推出劳动力需求从"过剩"变为"缺乏"。劳动力多并不代表过剩，少了也并不意味就缺乏。况且，虽然劳动力减少了，但有可能本来基数就很大，减少以后仍旧可以满足市场需求，并不存在缺乏现象。因此，单纯从减少的数字就说劳动力从过剩变为缺乏值得商榷。

第二，通过空缺职位与求职人数的比值无法推出大学生供不应求。求职者中不光包含大学生，还有其他群体，比如农民工、硕士生、博士生或其他转岗人员，空缺职位多于求职人数，不能就得出大学生求职不困难，更不能就说供不应求。再者，空缺职位也不一定都由求职者来满足，这两者并非一一对应，有些企业的空缺职位只接受内部调动，根本不需要占用求职者数量。因此，仅通过空缺职位与求职者比例就得出大学生供不应求太过草率。

第三，受教育程度高、素质高等不能推出大学生比其他群体更容易就业。作者将受教育程度高、素质高的人类比为大学生，显然不当。受教育程度高、素质高的人不仅仅有大学生，还有硕士生、博士生、教授等等。从受教育程度高、素质高的人容易就业，就说大学生也容易就业太过偏颇。其次，受教育程度高、素质高的人，也不一定就越容易就业。我们经常看到农民工招不到人，但大学生待业的情况，农民工教育程度不高，但也可以是容易就业的群体，可见这个推断有误。

第四，只要调整专业，改变大学生观念，鼓励创业，就能解决大学生就业难的问题也过于绝对。大学生就业难是一个复杂的社会问题，除了上述的制约因素以外，还受当时劳动力市场、整个社会的经济环境等外因制约，所以，即使调整专业，改变就业观念，鼓励创业，也不能保证问题得以解决。

综上所述，材料想要得出大学生就业并不困难的结论还存在以上纰漏，仍需进一步严谨论证。

田然老师试卷点评

该考生获得 19 分,其实 4 点都已经找对,其丢分原因是第 2 点、第 3 点出现分析错误,并非寻找错误,所以从 22 分扣减 3 分,得到 19 分。

(22 分是 4 点全找对、全分析对。这里分析有半数有误,理应扣减 3 分。其实本卷再给低点,17~18 分亦可。)

在第 2 点中,考生讲到空缺岗位未必由求职者满足,这显然偏离题意。劳动市场发布的空缺岗位,当然已经是在企业内部调动调配之外的需求。只有这些需求才会对社会公布,才会统计到空缺岗位里,所以考生的判断分析出现错误。

在第 3 点中,考生"教育程度高、素质高的人类比为大学生,显然不当"的表述把错误类型引向"不当类比"。这错误地解释了原文的错误。真实的错误原因是"推断不出",而非"类比不当",这里面根本没有类比,故将其视为类比是错误的。

所以,虽然考生 4 点都找对,但是分析错了其中 2 点,故只得到 19 分。通常来说考生难免找错 1 点或者分析错 1~2 点,故 19 分应认为是合格考卷分数。

表 1-6　试卷重现 4:不合格

考生论说文分数:16 分	字迹来源:模考试卷
第四部分第56题	16
第四部分第57题	16.5

且慢草率下结论

现今大学生就业并不是什么问题吗?作者试图给出一个正面的回答。然而,其论证过程存在颇多不合理之处,现分析如下:

首先,论述者从"长三角地区""2015 年二季度"的就业数据,推出"我国大学生供不应求的结论",这是值得商榷的。长三角、二季度的数据,只是一个不充分的例子,并不能从中得到一个具有普适性的结论,来说明我国在全国范围内、长期均处于大学生供不应求的情况。因此,作者尚需补充更多的证据。

续表 1-6

其次,论述者认为,"受教育程度越高",则"整体素质越高,适应能力越强",这是过于武断的。事实上,伴随着受教育程度的提高,有些学生与社会接触减少,其整体素质与适应能力,恰恰相反呈现出下降的趋势,近年来许多高材生的恶性刑事案件就是很好的例证。作者在此,显然忽视了这个相反现象的存在。

再次,作者在"适应能力强"的前提下,试图得到"大学生更容易就业"的结论,这是有失偏颇的。适应能力,并不是大学生成功就业的主要原因;就业更多地取决于如是否有工作经验、相关背景等更重要的元素。作者在此忽略了这些更重要的原因,其论证尚需更多的证据。

最后,作者认为,"就业难"是来源于"专业设置",这是难以让人信服的。事实上,除了专业对口这一次要原因,成功就业更多地来自于诸如是否有工作经验等因素。此外,作者认为"鼓励大学生就业"则"就业难问题将不复存在,显然在此主观臆断了所有大学生创业都能够成功。这同样是过于轻率的,作者需要补充更多的证据来说明此问题。

综上所述,从论证者的论据中,并不能够必然推出现今大学生就业不存在什么问题。论证者尚需补充更多的证据来得出这个结论。

田然老师试卷点评

在通常年份,16分应属于中下水平,2016年试题偏容易,16分只能排名末尾。

本文第2点、第3点本质对应考卷同一个采分点,但考生分成两点写,那么写得再好也只能得到一次分数,等于放弃整整一个点的找点分数和分析分数!(全文一共才要找4个点。)其次,考生第1点判定是论据的瑕疵,其实有所偏误。本句核心并非论据瑕疵,本句问题不大,而该段另外两句才有问题——减少不能推出不足,整体不能推出部分。

所以,该考生第1点的找和析本来就勉强得分,第2、第3两点又撞车,本身是同一点。故两处一小一大两个失误使其只得到16分。

三、独家阅卷揭秘结论

第1点,阅卷给分方面,通过复盘看出,阅卷者判卷虽快,但是给分很准,没有随意给分现象。因此,考生应当端正态度、切忌取巧,跟住老师,踏实复习。

第2点,评分规则方面,答题总共需要找4个点,全部找对且分析对,起评分为22分,找错1点或者析错1~2点,起评分为18分,找错2点或者析错2~3点,起评分14分。这跟本书前面所教的简易评分法完全一致。

第3点,答题目标方面,考生首先要找点正确,其次要分析正确,最后要分析深刻。找点正确是基础和保障,找点不对的话,其余的都免谈。接着,分析正确是备考主要强化对象,考生凭感觉也许能找对点,但想要分析对则必须加以学习、练习才行。至于分析深刻,这跟思维能力有关,实现难度较大,笔者在教学上不做过多要求,即能分析全对是主要强化对象。

第 4 点,此外,还要注意卷面字迹。字迹难以辨认必然对得分有较大影响。虽然字迹在大纲表述里只占 1~2 分,但是阅卷者也是人,需要批阅成千上万份试卷且批阅时也无人紧密监督。因此阅卷者看到字迹潦草,草草浏览就随便给个偏低的分数,也不是不可能。所以,宁愿写作写得慢一点,也不要潦草。而放慢速度、保证字迹首先需要有充足的答题时间。所以,这就提示我们,不要让数学、逻辑挤占写作的时间。要想给写作留足时间,就要严格执行这条策略:"3 个科目,每科 1 小时,谁也不要挤占谁"。

第四节　精进提升策略

一、考试难点及解决对策

结合笔者多年的教学经验来看,考生通常有以下三个问题,或者说三个难点:

1. 考题陌生

论证有效性分析跟通常所见的语文、数学、逻辑、英语不同,对于多数国人来讲,是读书十几年来第一次遇到。考生前几次做题可能对照参考答案,发现"驴唇不对马嘴",完全不在一个频道。这就是由于不了解考试,不了解答题套路造成的。

解决对策:可通过学习本书,跟住田然老师学习技巧体系得以解决。

2. 时间紧张

600 字、22 分钟,这个时间和字数要求,考生只能答题时不停歇、不回头地奋笔疾书才能勉强完成,下笔时几乎没有时间的思考,只能以匆忙写完为第一位。如果平时没有扎实的训练就很难完成。许多考生由于忽视写作,10 月以前几乎没有动笔写过作文,直到 10 月末参加各类模拟考试才知道时间如此紧张,才知道写作也不是"省油的灯"。但此时各个科目的冲刺接踵而至,导致考生应接不暇、捉襟见肘。

解决对策:只能靠多练习。考生不但要研习掌握本书所有应试技巧,还要悉数练习第五章的历年真题,并辅以模拟试题检测。

3. 缺乏套路

考生凭语感或经验,通常可大致判断原文问题句所在,但真要落到卷面作答时经常发现"说不利落"。这就是因为缺乏答题模板、答题套路。阅卷人按考生作答给分,没有最后的作答套路,还是无法走到终点。

解决对策:本书总结常考的八大题型,对应给出答题模板,并附带答题范例。考生应反复研读、揣摩,甚至强背第三章给出的答题模板并在做题练习时反复应用,达到娴熟程度。

只要下点功夫，论证有效性分析对于大家来说就不难。可以说，论证有效性分析是陌生，但不难；论说文是熟悉，但不易。

二、论证有效性分析学习建议

第一步：夯实基础。阅读第二章"论证基础"，掌握论证分析基础知识。

第二步：掌握技巧。技巧是应试的法宝。技巧分为两条主线、八大题型和解题五步法。研习第三章"五类八题"，掌握八大题型破解要点及答题模板，这是考试题型；研习第四章"五步解题"，掌握解题的五个步骤及每步技巧要点，这是解题方法。技巧方面，无论是求过线考生还是求高分考生均无差别，都需要掌握。

第三步：做题练习。练习是提升的阶梯。使用第五章"历年真题"实践所学技巧，提升实战能力。先阅读第一节，掌握历年真题价值分布。接着，重点研习第二节2010年以来的1月管理类联考真题，这些试题质量和拟真最好。然后，其余第三节真题作为补充练习。求过线考生应精研完成全部第二节真题，求高分考生应精研完成全部第二、三节真题，两类考生主要是题量要求不同。

第四步：补缺突破。通过订正、总结历年真题，发现自身经常出错的短板题型。通过本书独有的第六章"题型归类"，找到对应题型钻研到底，针对性地补齐自身短板，反复强化突破，这是求高分类考生的必修课。

第二章 认识论证 夯实基础

工欲善其事,必先利其器。论证有效性分析考试,跟数学考试、逻辑考试类似,背后有其学科背景和知识体系。这门学科叫批判性思维。如果追溯的话,批判性思维属于逻辑学专业的子学科。如果考生在复习过程中对其产生兴趣,可以寻找相关书籍阅读。这里推荐其中四本较好的书籍:

> 1.《批判性思维教程》,谷振诣、刘壮虎著,北京大学出版社;
> 2.《批判性思维原理和方法:走向新的认知和实践》,董毓著,高等教育出版社;
> 3.《明亮的对话:公共说理十八讲》,徐贲著,中信出版社;
> 4.《好好讲道理》,(美)戴默著,刀尔登、黄琳译,浙江大学出版社。

《批判性思维教程》是国内批判性思维课程的经典教材,是多所大学里这门课程的教科书。作者谷振诣教授是国内优秀的批判性思维方面的专家。书中列举的事例素材更加贴近中国学生。《批判性思维原理和方法:走向新的认知和实践》的作者董毓教授是世界范围内批判性思维最优秀的华人专家,任教于加拿大高校,师从世界最顶尖的批判性思维大师。书中举例素材以国外文章选段为多,离中国学生距离稍远,书中内容的难度亦更大,但也更有专业深度。

考生有时间的话,建议在备考前或者入学后能够读一读上述教材,了解批判性思维这门学问。对于短期应考和没有时间的同学,本章是对考试可能涉及的所有背景知识的介绍和总结。换句话说,如果仅为应考,吃透本章内容则暂时不需要阅读专门教材。

毫不夸张地说,很多考生甚至老师由于不了解论证,所以复习备考时使蛮力,学习几个月下来,越学越蒙,觉得论证有效性分析答题标准似乎很混乱,自己有时候对,有时候错,根本没有答题的把握。其实这是没有搞懂考试的最基本问题——"什么是论证"造成的。所以,大家要用心阅读本章。只有从根上搞明白最重要的基础概念,后面才能顺风顺水。

论证由三部分组成,即论据、论证过程和结论。本章第一节讲清什么是论证。第二节讲清什么是论据,也就是什么是支持论证的理由。第三节讲清论证过程,这个环节是试题的重要出处,占到题数的一半。第四节讲清论证结构,此处并非考试考查的要点。

明白什么是论证并不容易,如果能深入理解什么是论证,那么参加这个考试几乎手到擒来。记住这句话:这个考试分数有多高,一半取决于是否了解一个最基本的问题——什么是论证。

第一节 什么是论证

这个考试叫论证有效性分析,顾名思义,是考查对"论证"的"有效性"的"分析"。那么,什么是"论证"呢? 它长什么样子?

一、什么是论证

论证最经典而简短的定义:论证是给出理由来证明所提观点的说服方式。这是对论证最简单、也最本质的定义,请大家记住它。

这个定义告诉我们,如果想说服别人,就必须给出理由,否则就不能算是"论证"的说服方式(说服方式有多种,论证是其中之一)。所以,有理由才有论证,反过来说,有论证就必然需要说话者给出理由。理由与论证,两者是充分且必要的条件关系。

论证的本质并非仅仅传递信息,还要去说服对方接受所提观点。举个例子,假设生活中你在排队买早点时,身边有个"路人甲"说:

"我们让那个女的先买吧。"

陌生人"路人甲"的提议传递了他的观点。但是你愿意接受吗? 你可能不愿意接受,因为你正期盼着热腾腾的包子呢。但是,这时候他补充说:

"你看,那个女的是个孕妇。"

你眼神扫过去,果然,身后的年轻女子挺着刚刚隆起的小肚子,正焦急地向前张望着。知道这一点后,你愉快地说:

"姑娘,排我们前面吧。"

为什么你的态度会有快速的转变呢? 因为"路人甲"对他所提的观点(让某女插队)给出了理由(某女是孕妇),他的理由对所提观点的"论证"说服了你。

"路人甲"的两句话如果顺序倒过来,就是个最简单的论证:

有个女的是孕妇,所以我们应该让她优先买,排在我们前面。

这样有理由支撑所提观点的说服方式,就是论证。如果没有那个理由,"路人甲"想要说服你,就需要改用其他方式,例如命令、威胁、请求等等,而当他选择给出理由这种说服方式,那么他就是使用了"论证"这种理性的说服方式。由可信理由和合理推断得出结论,说服他人的形式称为论证。

相对地,命令、威胁、请求,这些也是说服方式,也可以产生说服他人的效果。但显然,这些都不是诉诸理性的说服方式,因此我们将它们称为非理性的说服方式。

在阅读与聆听、沟通与对话等思维活动中,面对他人所提出的论证,积极的思考者会根据论证中是否有可靠的理由、规范的推理过程来决定这个论证是否"有效",是否应该接受论证者的结论。这个过程,就是对"论证"的"有效性"的"分析",称为"论证有效性分析"。论证的理由成立、推理合理,那么论证就是有效的;反之,就是无效的。可见,论证有效性分析并不是分析原文观点、语言、立场,而是分析其论证。

在考试所给文字材料中,所有单个句子都可以称为陈述。其中,如果一个句子能够表达理由,另一个句子能够表达结论,二者有支撑和推导关系,那么这两个句子合起来就被称为论证,如图 2 - 1 所示。理由又被称为论据、前提;结论又被称为主张、观点(本书中这些称谓意义相同,请考生知晓)。

图 2-1 论证中的两大因素

因此,做题有个大道至简的秘诀:考生要寻找的论证不可能是单句,只有两句话才能构成理由+结论,才有可能是论证。单句通常要么是理由,要么是结论,要么两者都不是。论证通常是由两句甚至多句话组成的。因此,考生如果明白这一点,做题时就不应该对原文某个单句费尽心思,强加罪名。单句通常不是考试答题对象。只有两个单句合成为论证时,才可能是我们的做题对象。

那么,有考生问:"如果有个单句所述观点我不认同,或者很明显不对呢?"如果有不认同的观点,可以加紧搜寻其前后句是否有理由支撑它。如果有,就可以把两句合起来当作论证进行分析,注意是两句合起来看,不能孤立地分析原单句;如果没有,即使观点不认同,考生也应该放过此句。因为如果没有理由,就构不成论证;构不成论证,就不是我们论证有效性分析考试的做题对象。此点甚为重要,请考生牢记。

至于考生所谓的"明显不对的句子",情况有多种,通常是由于不熟悉考试导致的,这需要纠正,少数是早年考题有单句犯了绝对化错误导致的。2010 年 MBA 联考并入管理类联考后,现今已不再有此种题型。故而,考生不必担心"如果有明显不对的句子我管不管呢?"这个大可放心,现今考题没有非论证且明显观点不对的句子,命题人出题时已经特意避开,以防止出现有争议的考题。

二、为什么学习论证

为什么考试要设置这样一个试题呢?如果我们放大讨论范围看,论证本质上属于沟通,沟通可以有以下几种作用,或者称为目的:

一是传递信息,比如"帮我把水拿过来""女孩子都喜欢甜言蜜语"等。这些语言传递了一些信息,告诉你"是什么"或"怎么做"等信息。

二是倾诉感情。比如一个小伙子失恋了,跟哥们倾诉,可能喝了好几瓶酒,倾诉了好几个小时。如果仅为传递信息,仅是告诉哥们失恋这个消息,那么很快就能说完。为什么要说好几个小时呢?沟通者显然是在倾诉感情。所以,沟通不但为了传递信息,还有倾诉感情、沟通感情的作用。

三是劳动协作。沟通还有协调劳动的作用。比如工人在劳动的时候会喊劳动号子"嘿呦、嘿呦",人们齐步走的时候会喊"1、2、1"。这些也是语言沟通所起到的常见作用。

四是说服接受。人们沟通时经常带有特定目的,例如需要让别人接受某个观点。营销时,我们需要说服客户购买我们的产品;汇报工作时,我们有时需要影响领导同意我们的观点;亲子沟通时,我们希望孩子听我们的话……

不难发现，上述这四点都是沟通的作用，但第四点不再是简单的信息传递、情感传递，而是涵盖了更多理性思考和说服的目的，其复杂度、难度都更大，也需要最强的思维能力，在实际工作生活中的意义也更大。这是研究生应该聚焦的问题。再细想下去，我们通常都是如何说服别人接受的呢？常见的方式有以下几种：

一是威胁。这种方式简单粗暴，比如你对孩子说"如果不承认错误，我就揍你"。这时，威胁起到了说服孩子承认错误的效果。对于威胁者，这种说服是基于武力优势的，而非理性思考和表达。

二是命令。此类说服多出现于领导对下属、长辈对晚辈，例如"这项工作必须本周内完成"。这时命令使得说服的过程显得多余。请仔细回忆一下，领导交代工作时是不是通常都是只有目标、时效以及如何做，但极少告诉下属为什么要这样做呢？因为这个为什么的思维过程其实就是论证，只是人家是领导，你是下属，不需要通过向你论证来说服你，直接命令你做就好了。这种命令是基于某种权力，也不是从道理上说服你。

三是请求。当我们没有武力和权力，也不占理，只是想请他人帮忙的时候，我们通常会发出请求，希望说服对方。这种情况也很常见，例如某次田然老师走在商场里，有小妹走过来说："哥哥能不能帮我填张表，有任务，拜托……"这种说服是基于寻求同情，当然有时也带有论证的模样，比如上例，就含有论证"因为我有任务，所以请您帮忙"。这个也可以算作论证。但是，这个请求如果实现，也不是因为论证多么有力，所以达到了目的，而是基于同情的心理，本质上还是属于诉诸感情的说服方式。

四是讲理。这才是我们要重点讲解的论证的说服方式。说服接受的四种方式，前三种都可以归纳为"非说理"方式，而第四种我们将其定性为通过说理从而达到说服效果的方式，如图2-2所示。通过说理方式的说服，不靠武力、不靠权威、不靠感情而只靠讲道理。通过讲道理，给理由，以理服人。这是读者行走在社会中，工作于职场中必须掌握的通行技能，也是开展管理工作必备的技能。这个说理，专业术语就叫"论证"。论证就是在说理，说理本身就是论证。

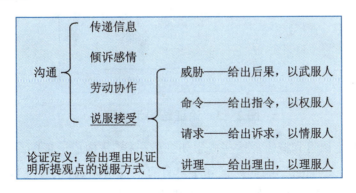

图2-2　说服接受的常见方式

这种以理服人的说服、沟通方式在商业中非常常见。例如，企业需要说服同行和上下游商业伙伴合作,说服监管者同意,说服媒体相信,说服消费者认可;领导需要说服下属认同,下属需要说服上司同意等等。在商业社会里,很难通过命令解决问题,更不可能靠威胁。市场经济,没有你家还有别家;也不可能全都靠感情说事。一次两次靠感情还可以,商业合作不可能全都靠感情。

所以,在商业和管理过程中,说服别人是高频的沟通需要。四种说服方式中主要方式还是说理方式(论证),即给出可信的理由和规范的推理证明所提观点,使对方并非因为权力、感情而是因为道理本身而认可这个结论,这就是论证。

说到这里考生就会明白,为什么报考管理类、经济类专业硕士学位研究生要考查论证有效性分析——是为了测试考生是否具备一定的分析和论证能力。这些能力是理性沟通的基础,是成为优秀管理者的基础。这是在测试考生是否具备经管类研究生的培养价值。

准备这门考试不仅是为了过关,还可以帮助我们了解论证,提高思维能力。考生亦可以把论证有效性分析备考过程当作一堂管理沟通课。学会论证与说服,本身就是管理沟通课重要的内容之一。目前国内管理类、经济类研究生学习阶段,多数高校尚未开设这门课程。所以读者仅能在备考的短暂阶段接触说理论证思维能力训练。因此,笔者才说这门考试是各科中对考生帮助最大、学习意义最大的科目。很多人不了解考试背后深层的学习价值,但笔者希望本书读者知晓这个意义。建议大家:第一,把备考过程当作学习过程,接触全新的思维视角;第二,考前或考后找时间适当涉猎该领域,提升自身沟通软技能。

三、什么构成论证

论证由三要素构成:理由、论证过程、结论。理由又叫论据,论证过程又叫推理过程、论证方法,结论又叫主张、论点、观点。由于论证是靠理由和论证过程完成证明和推断,故后面重点对此两者做专门介绍。

考试中无论出现了什么样的试题材料,其论证结构简单来说都是如图 2-3 所示的结构,即原文给出若干组理由,证明若干组结论。这些结论又用来证明全文总结论。

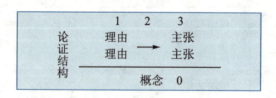

图 2-3 论证结构示意图

首先,论证基于语言和概念。这些概念如细胞一样,是构成论证的最小要素。各种各样的概念充斥在全文的论证句、非论证句中。只有概念清晰、准确才能保证论证有效,所以,概念的清晰、一致是构成有效论证的重要基础。

其次,文章有开头和结尾,开头句、结尾句通常不含有论证。开头句通常是背景介绍,也叫引论;结尾句通常是回顾,也叫结论。开头句、结尾句一般很少设置论证缺陷,所以考试时通常放过开头句、结尾句。

　　然后,引论、结论之外,就是论证的主体——本论。本论部分往往不是一个论证,而是给出几段文字,含有几组理由和结论,每一个"理由+推理→结论"都构成一个论证。试题材料将出现多个这样的论证。其中有正确的,也就是有效的论证;也有错误的,也就是无效的论证。我们的任务就是寻找其中无效的论证,加以识别和分析,并写成文章来表达。

第二节　什么是论据

　　理由又称为论据,是支持主张的一个或一组陈述,是支持某一主张的基石,对论证的好与坏有着直接的、决定性的影响。论证的好与坏取决于理由是否坚实,以及理由对主张的支持是否有力。前者在评估理由,后者在评估推理过程。事实上,推理过程仅有几种而已,生活中大量的论证评估,其实是在评估理由(论据)。

　　此处接触到"论据"概念,下文中主要使用"论据"这个称谓。论据有两大类型,一种是事实论据,另一种是道理论据,这在中学语文中曾经反复出现过。事实论据较为简单,包括:客观事实、统计数据等。运用事实论据时,只要所述事实正确,论据就没有问题,我们需要继续关注其推理过程;道理论据较为复杂。道理论据包括科学定理、价值准则、专家意见等多种多样的情况。运用道理论据时,需要仔细查验该道理论据是否正确、成立。

　　首先,田然老师列举两个带有事实论据的论证来帮助大家理解:

　　人长着两只眼睛,两只耳朵,一张嘴巴,就是要人多看、多听、少说话。

　　这个论证的结论是"人应该多看、多听、少说话"。读者可能会赞同结论吧。但是,是否赞同结论对于论证有效性分析并不重要,分析的重点在于论据和论证过程。分析论证,首先看论据,其次看论证过程。

　　这个论证的论据是哪个陈述呢? 应该是前半部分陈述——"人长着两只眼睛,两只耳朵,一张嘴巴"。这半句就是论证的论据。它是否正确呢? 它是正确的。这个叙述对客观事实的描述是正确的。那么这个论据就是正确的。

　　论据正确,接下来就要看论证过程。这个论证过程正确吗? 不正确。其问题在于论据和结论之间缺乏关联性,即虽然理由正确,但无法支持结论。那么结论也就无法从这个论据中推断出来(这不意味着结论不正确,只能说明正确与否尚不足以判断)。人应该多看、多听、少说话,显然不是由于人的五官构成决定的吧。

　　所以,这个论证有误,属于有缺陷的论证,它并非错在论据,而是错在论证过程。原文把客观事实牵强地作为论据,以推断不相关的结论,实在不妥。请注意,原文的论据和结论之间并没有用"所以"这样的词汇。但论证并不是机械地以有无连接词判断的。请记住这句话:实质有推理关系的两个陈述就能构成论证。两者之间多数时候有连接词,但并非必需。下面再举一个稍难些的事实论据:

座上又一人应声问曰:"曹操虽挟天子以令诸侯,犹是相国曹参之后。刘豫州虽云中山靖王苗裔,却无可稽考,眼见只是织席贩屦之夫耳,何足与曹操抗衡哉!"孔明视之,乃陆绩也。孔明笑曰:"公非袁术座间怀桔之陆郎乎? 请安坐,听吾一言:曹操既为曹相国之后,则世为汉臣矣;今乃专权肆横,欺凌君父,是不惟无君,亦且蔑祖,不惟汉室之乱臣,亦曹氏之贼子也。刘豫州堂堂帝胄,当今皇帝,按谱赐爵,何云无可稽考? 且高祖起身亭长,而终有天下;织席贩屦,又何足为辱乎? 公小儿之见,不足与高士共语!"陆绩语塞。

这是《三国演义》诸葛亮舌战群儒的片段。东吴陆绩的论证结论是"刘备不足以与曹操抗衡"。他的论据是曹操是相国曹参之后,而刘备自称中山靖王苗裔却无从稽考。面对这个论证。如果读者是诸葛亮,是反驳论据,还是反驳论证过程呢? 如果不反驳论据,论据若是事实,即曹操根正苗红,刘备假借旗号,那么这个论证后面还怎么反驳呢?

聪明的诸葛亮敏锐地发现陆绩所提论据有误,果断地对其论据给予反驳——"当今皇帝,按谱赐爵,何云无可稽考?"诸葛亮通过指出正确的事实,击破对方事实论据,论据即破,其论证顿时便站不住脚了。诸葛亮的反驳何其快哉。

大家小时候肯定都读过《三国演义》,但是想必没有从论证角度做过分析。可见,多学知识,知道论证分析这门技术,有助于我们更深入地看待问题,这何尝不是一种快乐呢?

下面举一个道理论据的例子来帮助理解:

(道理论据,2014年真题)同时,以制衡与监督为原则所设计的企业管理制度还有一个固有特点,即能保证其实施的有效性,因为环环相扣的监督机制能确保企业内部各级管理者无法敷衍塞责。万一有人敷衍塞责,也会受到这一机制的制约而得到纠正。

这里的下画线句是一个论证,其特点是颠倒了顺序,论据在后,结论在前。它的论据是个道理论据——"环环相扣的监督机制能确保企业内部各级管理者无法敷衍塞责"。显然这不能算事实,那么应该是道理论据。

这个道理论据对不对呢? 监督机制只要严密,就能保证被监督者无法敷衍塞责吗? 制度是否完善从来就不是实施是否有效的充分条件。即使制度再完善,没有认真的执行、必要的惩戒,也无法保证实施的效果。所以这个道理论据本身并不正确。这个道理论据不正确,自然也就无法推断出相应的结论。这就是道理论据有误的例子。道理论据不是某个事实,其有误指的是道理论据不合乎逻辑或者站不住脚,这样的道理论据不能成为有效的论据,进而也就无法构成有效的论证。

在考试中,考生不必特别区分某个论据到底是事实论据,还是道理论据。只要是论据,考生就要分析其是否符合事实(事实论据),自身是否成立(道理论据)。只有合理的论据,再加上正确的推理过程,才能有效推出结论。关于论据的具体做题技巧,后面的章节中将有讲解。通过本节,考生了解与论据有关的基础知识即可。

第三节　什么是论证过程

论据类型只有两类,但是具体的论据千差万别。论证过程的种类就比论据多,其中常见的有四种。这四种在考试中将反复出现。考生如果掌握,对考试答题将有很大的辅助作用。

作为考试的"论证有效性分析"与标准意义的"批判性思维"在常见、常用论证过程类型上具有不少差异。为保留学科知识体系全貌,这里按照其学科原型"批判性思维"的知识体系展开讲解。故本节所讲的知识超出了考试要求的范围。但作为基础,建议大家熟悉,毕竟命题人随时可以提升考试难度,启用更多考法。因此,基础知识学习适当超前也有必要。

一、举例论证

举例论证常见的错误表现形式有:特例概括、样本过少、以偏概全等,其共同特征是以不具有代表性的样本作为根据,概括出一类对象的总体都具有某种属性的结论。基于这一共同特征,通常也统称这类谬误为轻率概括。举例论证在现有联考写作试题中较少出现,但是不排除可能作为命题进化的重要备选方向。因为在生活、职场等实用场景中举例论证使用频繁。所以考生应该熟悉。下面举几个笔者原创的比较好玩的例子:

1998 年,马化腾 5 人凑了 50 万元创办腾讯,没买房;1998 年,史玉柱借 50 万元搞脑白金,没买房;1999 年,丁磊用 50 万元创办 163,没买房;1999 年,陈天桥炒股赚了 50 万元,创办盛大,没买房;1999 年,马云等 18 人凑了 50 万元,注册阿里巴巴,没买房。如果当年他们用 50 万元买房,现在可能贷款都没还完!所以,年轻人不要只盯着买房而要投资梦想。

在这个例子里,这些人创业成功了,但还有更多的人在创业路上失败,还有更多人是普通人,需要过普通人的生活,需要买房给媳妇家里一个交代,需要尽快安居才能乐业。这个论证过程是举例论证。由于列举的是个别现象,以此推断出所有年轻人适用的结论,显然是以偏概全,或者称为轻率概括。这些极特殊的个体,怎么能代表所有人呢?再来看一个例子:

张国荣、黄秋生、苏有朋、黄渤、谢霆锋都是处女座,所以处女座男生都可以成为著名歌手。田然老师也是处女座。所以,田然老师也能成为著名歌手。

这个例子里列举的几位歌手真的都是处女座,但推不出所有处女座男生都可以成为歌手,而且还是著名歌手,这明显是以偏概全。如果还要推断同是处女座的田然老师也可以成为歌手,那么可以叫"以偏概偏"。虽然这个论证听起来让田然老师很舒服,但毕竟论证有误,老师还是要清醒。说句题外话,我们学习论证分析,就是要加强事理分析、识别能力,帮助我们在生活中、工作中游刃有余,拥有正确认知,采取正确行动。

中国人说汉语，日本人说日语，韩国人说韩语，英国人说英语，法国人说法语，德国人说德语，西班牙人说西班牙语，葡萄牙人说葡萄牙语，意大利人说意大利语，荷兰人说荷兰语，所以所有国家的人都说本国语言。所以澳大利亚人说澳大利亚语。

这个例子也是同样的道理。生活中即使观察过再多事实，也不表示其推断就是正确的。因为所有举例论证，说话者都只看到某些个例，不可能穷举所有事例。所以这样的举例概括难免犯轻率概括、以偏概全的错误。

二、类比(比喻)论证

严格意义说，类比不能算论证，更像还是举例。因为类比某种东西，不就是特殊的举例吗？所以，学术上虽然讨论类比(比喻)论证，但都把它当做论证的辅助方法，而非标准的方法。类比论证在联考写作中有考查，由于考生普遍正确率很高，导致区分度不大，故近几年出题频率已经很低。

《人大代表谈流量清零：鸡腿吃不完不能退吧》

2014年03月07日22:16来源：新华社

【广东移动总经理：吃不完的鸡腿总不能退回去吧？】套餐内流量到月底清零引热议，未用完流量转入下月呼声不断。全国人大代表、中国移动广东公司总经理钟天华7日回应说："套餐内流量月底清零是运营商的通行做法，打个比方说，在肯德基买了全家桶套餐，吃不完的鸡腿总不能退回去吧？"

对应肯德基的退鸡腿，移动用户并没有要求退套餐、退钱，只是希望不要清零。一边是退鸡腿、退钱，一边仅是希望不要清零。这位老总用前者作为类比，试图证明后者不可行，显然两者类比不当。最讽刺的是，肯德基的鸡腿吃不完就是可以打包带走的，相当于移动流量用不完可以结转，而中国移动恰恰做不到这一点。该老总举这个例子不但没有帮助，反而替对方找了可供类比的对象。

更深一步说，肯德基鸡腿不但可以带走，还可以多个朋友共同分享，而移动流量只能自己用。如果要类比，中国移动不是更加凸显短处么？是不是该开个剩余流量赠送功能呢？如果真要把剩余流量清零这个做法类比成肯德基的鸡腿，那就是更为爆炸的好玩故事，更加凸显流量清零的霸道。

你在肯德基点了全家桶，没吃完，剩下一个鸡腿(类似套餐流量没用完)，然后你到前台跟服务员说，大姐，您看，咱这剩下个鸡腿，多浪费啊，也没响应"光盘"号召啊，我想打包带回去(类似流量不清零)，行吗？肯德基的大姐如果是中国移动出来的，会这样说：

"肯定不行啦！你不仅不能带走，而且必须在60分钟内吃完，而且必须是自己亲自吃完，还不能让别人帮着吃完！你要是在这个时间点内吃不完，抱歉，你这个鸡腿，又是我们肯德基的了……"

读者看完可能会莞尔一笑。以上这个情景，就是把流量清零类比到肯德基鸡腿的效果。显然，大家都觉得两者不可比，那么移动领导为什么不考虑类比是否恰当就主动对比呢？当然，后面这个段子只是网友调侃的说法。不过，这个例子告诉我们，类比论证一定要找确实可比的事物，不能乱找，否则就会像这位老总那样，尴尬地犯了类比不当的论证错误。

三、统计论证

统计论证的可靠性主要取决于样本是否有代表性。只有从能够代表总体的样本出发，才能得到关于总体的可靠结论。但是，怎样才能使样本具有代表性呢？通常从样本的容量和样本与总体的相关性两方面来保证样本的代表性。联考写作中统计论证很少出题。如果命题人想要增加试题难度，可以考虑加入统计论证。

"在美国与西班牙作战期间，纽约市民的死亡率是1.6%，而美国海军的死亡率仅为0.9%。欢迎广大青年加入海军，美国海军的死亡率比纽约市民的死亡率还要低。"

这是美国海军曾经的征兵广告。但是其中的统计论证有误。1.6%和0.9%是不可比的。因为各自所概括的总体性质有很大的差异。纽约市民中有婴幼儿、老年人和各式各样的病人，而美国海军士兵都是通过体检选拔出来的身强体壮、生命力旺盛的年轻人。所以，其死亡率低于市民群体，并不能说明其生存环境安全。由于这两个统计的对象不同，也就是统计的总体不同，所以两个统计不可比。

(2005－10真题)显然，那些认为洋快餐不利于健康的观点是站不住脚的。该公司去年在100家洋快餐店内进行了大量问卷调查，结果显示，超过90%的中国消费者认为食用洋快餐对于个人的营养均衡有帮助。

100家洋快餐店的调查不能说明"认为洋快餐不利于健康站不住脚"。该调查在洋快餐店进行，调查样本选择存在偏差。进店消费的群体更倾向于认可洋快餐，不认可洋快餐的群体显然很可能不会进店消费，进而无法参与调查。调查样本的偏差将导致结果的偏差。

四、因果论证

因果论证就是给出理由，这个理由通常不是观察到的事例或数据，否则就变成了举例论证、类比论证、统计论证等形式。这个理由通常跟结论都是独立的陈述语句。作者认为这两个陈述有较强的关联。有时表现为充分或必要条件，有时表现为前者是导致后者的因果关系。这样的逻辑推理思维过程称为因果论证。因果论证可以说是当前联考写作命题的主体。下面先看两个例子：

闪电总是先于雷鸣而出现，所以闪电引起了雷鸣。

(2014－01)再者，由于制衡原则的核心是权力的平衡，而企业管理的权力又是企业运营的动力与起点，因此权力的平衡就可以使整个企业运营保持平衡。

第一个例子中，闪电出现得早并不能成为闪电引起雷鸣的理由。我们不能通过时间先后看出两者的因果关系。所以这个因果论证有误。它错把时间先后顺序作为因果关系。

第二个例子中，企业运营平衡由诸多要素决定，比如市场需求状况、竞争环境状况等。这些因素和权力平衡一样，都是影响企业运营平衡的因素。原文把权力平衡作为运营平衡的充分条件，设置为充分条件关系，显然忽视了其他因素。除非能把所有影响企业运营平衡的因素说全，保证它们都平衡，否则很难从列举因素的方式推出企业运营可以保持平衡的结论。

第四节　什么是论证结构

论证结构有许多种，较为常见的是单推、分推、合推三种。考试并不会在论证结构上为难考生。所以，考生只要知道三种基本的结构即可。我们通过下面的例子把它们"一网打尽"。

你现在忙各种事情，不好好复习写作，那你这门考试就不会获得好的分数，分析和写作能力也不会得到提高。再加上别的科目你也没复习，最终联考就没法考过分数线，你就无法被学校录取。

这是一个常见的论证，我们把它拆解，看看其中的论证结构，如图 2-4 所示。

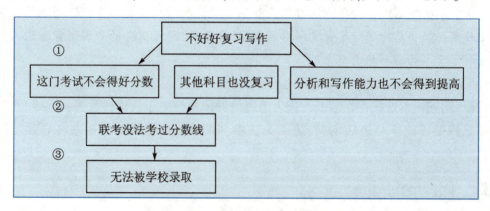

图 2-4　拆解后的论证结构

其中，过程①叫分推，就是一个论据推出多个结论的形式；过程②叫合推，就是多个论据推出一个结论的形式；过程③叫单推，就是一个论据推出一个结论的形式。

论证有效性分析考试的绝大多数论证结构属于单推，结构上简单得很。纵观近十几年，考题几乎从未在论证结构上设伏或为难考生，也没有以论证结构作为考查重点。考生只要了解这三种基本结构即可。个别辅导书将论证结构讲得过难，不能说不好，只是并非考试所需。

结构上唯一要注意的是，论证结构在顺序上并非必然的理由在前，结论在后，也有可能颠倒顺序。这时要能够认识、识别。还有，如果遇到分推或合推，考生要能够辨别，找准理由是谁、结论是谁。我们举几个例子讲解：

（2014 真题）同时，以制衡与监督为原则所设计的企业管理制度还有一个固有特点，即能保证其实施的有效性，<u>因为</u>环环相扣的监督机制能确保企业内部各级管理者无法敷衍塞责。

此处，我们在划分成分时会发现，连接词"因为"很明显。其引出了作者提供的论据。所以，本段后半句是论据，而前半句是结论，顺序正好是反着的。这种情况在考试中偶有发生，考生应该掌握。

（2008-10 真题）自古道"忠孝难以两全"。岳飞抗击金兵，常年征战沙场，未能在母亲膝下尽孝，却成千古传颂的英雄。反观《二十四孝》里的那些孝子，有哪个成就了名垂青史的功业？孔繁森撇下老母，远离家乡，公而忘私，殉职边疆，显然未尽孝道，但你能指责他是个不合格的官员吗？

这里，作者的结论是"忠孝难以两全"。这个结论出现在论据的前面，也是先结论，后论据。本段作者列举三个事例，第一个事例岳飞和第三个事例孔繁森是正面证明其结论的事例。第二个事例《二十四孝》是反面证明其结论的事例。第一个与第三个构成"合推"。但是作者叙述时在这两个事例中间夹杂了一个反面事例，形成较为复杂的论证结构（正例—反例—正例）。我们要认识到这两个正面论据的合推关系，把这两个论据并列分析。本段参考答案为：

该推断的论据不当，岳飞和孔繁森因公没有尽孝并非没有孝心，而是难有孝行，不能因为没有孝行而定义为不孝。既然论据有误，也就无法据此反驳"孝"应当作为衡量官员的标准。

综上所述，我们对待论证结构和成分顺序应做到：第一，要知道基本概念，有三种类型：单推、合推、分推；第二，不能把它复杂化，不要被绕得头晕脑胀，试题的结构都简单清晰；第三，要知道考试中偶尔会出现顺序颠倒的情况；第四，考生有时需要对叙述语言和顺序做简单处理。

第一节　八大题型总体概述

一、考试题型分类方法

论证有效性分析试题要求考生分析有缺陷或漏洞的论证。也就是说，考生只需分析错误的论证如何出错，而不需要分析正确的论证如何正确（本书中论证缺陷、论证错误两个称谓含义相同）。要想分析有缺陷的论证，必然要先知道这样的论证都有哪些，又如何识别，进而如何作答。这就涉及缺陷类型、识别技巧、模板公式三块核心内容。那么，掌握常见缺陷类型，就是掌握主要考试题型。

缺陷类型有两种分类方法：

第一种，根据论证要素分类。根据前面的知识，论证是由论据、论证过程、结论等三要素组成的，并由前两者推导出结论。结论是被推导者，它本身无论对错，都不属于论证缺陷。那么，缺陷也就发生在前两者身上。这两者正确，则可以推出结论，论证正确。这两者有一个或者两个都错误，则不能推出结论，论证有缺陷或漏洞。当然，还得考虑到，论证是建立在概念和判断之上的。因此，分析对象还要包括概念。综上所述，缺陷类型应该包括概念、论据、论证过程以及其他等四大类型。

第二种，根据考试题干提示分类。本书在前面讲到，命题人考虑到论证有效性分析考题形式对很多考生来说比较陌生，所以，试题题干每年都会出现如下的提示性文字（即括号中的文字）：

> 56. 论证有效性分析：分析下述论证中存在的缺陷和漏洞，选择若干要点，写一篇600字左右的文章，对该论证的有效性进行分析和评论。（论证有效性分析的一般要点是：概念特别是核心概念的界定和使用是否准确并前后一致，有无各种明显的逻辑错误，论证的论据是否成立并支持结论，结论成立的条件是否充分等。）

这段提示性文字极其重要，但未被大多数老师和考生重视。其实，恰是在这段文字中，命题人直白地告诉我们缺陷类型。根据笔者对历年考题的深入研究，命题人在实际命题中恰恰是严格地遵照了这段文字来命题，历年考题均涵盖在这个提示范围内，均可以按照这五句话来分类。题干文字作为官方划定的试题类型，对于我们来说就是最科学的分类方法。因此，本书使用这个分类方法划分考试题型，共分为五个类型下的八种题型，简称"五

扫码回复03
看八大题型详解

类八题",见表 3 - 1 所列。

表 3 - 1　论证有效性分析题型分类表

论证要素分类法	题干提示分类法(五类)	考试题型(八题)
概念	1. "概念特别是核心概念的界定和使用是否准确并前后一致"	概念混淆
论据	2. "论证的论据是否成立"	论据不成立
论证过程	3. "论证的论据是否支持结论"	推断不出
	4. "结论成立的条件是否充分"	条件缺失
其他	5. "有无各种明显的逻辑错误"	自相矛盾、以偏概全 非此即彼、类比不当

二、分类方法解读说明

此处先对各个题型做分类描述,做题技巧及答题模板将在下节详细解读。

第一,论证要素中的"概念"对应题干提示为"概念特别是核心概念的界定和使用是否准确并前后一致",它可以属于第一个类型,其下有一个具体题型——"概念混淆"。

第二,论证要素中的"论据"对应题干提示为"论证的论据是否成立",它属于第二个类型,其下亦只有一个题型——"论据不成立"。对该题型,部分辅导书籍未予讲解。实际上,该题型确实存在,而且出题频率不低,不应忽略。只是该题型难度略大,判断不准的话就容易失分。笔者经反复考虑,决定在本书中进行讲解,以让尖子生可以冲击高分,但也会提示其答题风险,求稳的考生可适当放弃。

论证要素中的"论证过程"对应的题干提示为两句话,分别对应两个类型:

第三,题干提示"论证的论据是否支持结论",它属于第三个类型,针对论据(前提)与结论(论点)完全无关的情况,对应一个题型——"推断不出",或者简称"推不出",可以理解为原推断前后两部分并无必然关联。有的老师称为"因果无关"或"主观臆断"。但从批判性思维学科专业角度,称为"推断不出"更加准确和全面。

第四,题干提示"结论成立的条件是否充分",它属于第四个类型,针对论据(前提)与结论(论点)部分有关但不充足的情况,对应一个题型——"条件缺失",可以理解为结论的成立需要该前提,但仅有该前提,还不足以推断结论,即前提只是结论的"必要条件"。有的老师称为"忽略他因",亦可。

需要重点说明的是,为什么同为有关论证过程的缺陷类型,却要分成两个题型呢?这恰是本书按照考题官方提示而确定的题型分类方法能够帮助考生获得高分的原因所在。从 2010 年 MBA 联考并入管理类联考后,关于论证过程的考查变得更为细致。MBA 联考阶段,考生可以笼统回答为"XX 推不出 YY"。而在现今管理类联考阶段,对于前提能够支持但仅部分支持结论的情况,考生不能仅笼统地说"推不出",还要进一步指出这是"结论成立的条件不充分",即细化为"条件缺失"类型。现阶段,这两种题型在《考试大纲》参考答案中,已经鲜明地采用了不同的文字套路。故在考试的指挥棒下,为有效应试,本书将论证过程具体地分为这两种题型。

第五,题干提示"有无各种明显的逻辑错误"属于比较特殊的一句话,它对应第五个类型。这句题干提示按照论证要素分类的话是无法对应归属的。这句话更像命题人兜底的做法——即使命题超越常见范围,也可以归为"明显的逻辑错误",也解释得通,也没有超纲。

实际上,"逻辑错误"可以列举的种类少则十几种,多则几十种。所以,"明显的逻辑错误"这句提示最显著的特点是它没有确定的复习范围。《考试大纲》写作部分也没有明确指出哪些类型叫做"明显的逻辑错误"。不过,笔者通过深入研究历年命题发现,近几年出现的"逻辑错误"其实经常重复,逐渐已形成某种范围,只是官方并未列明。其实"逻辑错误"类的数量不多,主要为四种。因此,"明显的逻辑错误"这个类型下,对应四个具体题型。

综上所述,虽然可以有两种题型分类方法,考虑应试为先,本书实际按照第二种,也就是按照"考试题干提示"进行分类。考试题干提示一共五句话,对应五种类型。前四种类型,一种类型一个题型。第五种类型,一种类型四个题型。所以,合称"五类八题"。

"五类八题"作为题型分类,是论证有效性分析备考最关键的内容,考生务必高度重视,充分掌握。这部分技巧掌握水平,直接决定最终得分。

第二节　八大题型分类详解

一、概念混淆

【题型解读】

概念是论证的基础。没有意思明确、前后统一的概念,论证就如同沙滩中的城堡,再精心也不牢固。因此,分析论证首先要从分析概念入手,检查概念界定是否准确,前后含义是否一致。概念问题可以细分为许多具体情况,比如概念混淆、概念偷换、概念定义模糊或使用偏差等等。这些都有不同含义,也在各种辅导书籍中被纷繁列举。但实际考试并不会考到如此精确的地步,例如不会出现考生指出"概念混淆"就不得分,指出"概念偷换"才得分的情况。所以,为提高学习效率,以应试有效为纲,我们将其统称为"概念混淆"。

【考试频率】

"概念混淆"几乎每年出现 1 次,出题频率稳定。

【寻找技巧】

"概念混淆"有些年份容易识别,例如 2018 年、2015 年、2014 年;有些年份不易识别,例如 2017 年、2011 年。考生若通读后找不到,应回头再读全文,重点斟酌核心概念。通常"混淆概念"设置在核心概念身上。

【典型例题】

(2014-01)另外,从本质上来说,<u>权力平衡就是权力平等</u>,因此这一制度本身蕴含着平等观念。平等观念一旦成为企业的管理理念,必将促成企业内部的和谐与稳定。

【过关模板①】

"……"与"——"概念不同,不能混淆。"……"指的是 XXXX,"——"指的是 YYYY。两者看似相近,实质差异很大,不能简单等同。

【答题范例】

"<u>权力平衡</u>"与"<u>权力平等</u>"概念不同,不能混淆。"<u>权力平衡</u>"指的是<u>权力相互制约以达到平衡状态</u>;"<u>权力平等</u>"指的是<u>权力大小相同,没有提到制约含义</u>。两者看似相近,实则差异很大,不能简单等同。

【即学即练②】

甲:"科学无国界"是广为流传的谬误,如果科学真的无国界,为什么外国制药公司会起诉中国企业侵犯其知识产权?

_____

_____

_____

"科学"与"知识产权"概念不同,不能混淆。"科学"是普遍的客观规律,"知识产权"是科学研究的成果,是受法律保护的智力劳动成果。保护知识产权并不是科学是否有国界的依据。两者看似相近,实质差异很大,不能简单等同。

二、论据不成立

【题型解读】

论据非常重要。论据的<u>正确性、相关性</u>直接影响论证的有效性。"论据不成立"指论据本身错误,无法成立。一个错误的论据,即使配上正确的论证过程也不能推导出正确的结论,就像冰箱里的菜坏了,即使再会烹调,也不能做成美味佳肴。"论据不成立"有两种情况:第一,事实论据不成立,指该事实并不真实,典型试题出现在 2012 年、2017 年;第二,道理论据不成立,指该道理不合乎常理或不可被接受(经常是过于绝对),或在文中已被证

---

① 过关模板属于基本模板,初期应认真研习、模仿,打好基础;熟练后可灵活作答,不必拘泥。

② 建议考生先在横线上作答,再看答案订正,并重新抄一遍加深记忆。

明不能成立,典型试题出现在 2014 年、2015 年。

"论据不成立"是根据题干提示语缩写的称谓。笔者研究考试大纲历年参考答案发现,考试答案通常使用"该理由不能成立"这个说法,建议考生同样使用。

"论据不成立"题型难度略大,求稳的考生不必强求,考试可予舍弃。

【考试频率】

"论据不成立"多数年份出现,出题频率较稳定。

【寻找技巧】

想找到"论据不成立",关键是阅读时划清所有论证的成分,正确标记所有论据并逐个分析,审慎判定是否成立,尤其是分清到底是论据不成立,还是论证过程不成立。没有把握时,可以放过。

【典型例题】

(2014-01)同时,以制衡与监督为原则所设计的企业管理制度还有一个固有特点,即能保证其实施的有效性,因为环环相扣的监督机制能确保企业内部各级管理者无法敷衍塞责。万一有人敷衍塞责,也会受到这一机制的制约而得到纠正。

【过关模板】

由"……"不能推出"——"。"……"这个理由 XXXX(叙述理由的问题)。因此,该理由不能成立,不能推出"——"。

【答题范例】

由"环环相扣的监督机制能保证无法敷衍塞责"不能推出"监督与制衡制度有保证实施有效性的特点"。"确保无法敷衍塞责"这个理由的"确保"比较绝对,仅凭监督还不能达到确保的效果,还需要诸多手段相互配合。因此,该理由不能成立,不能推出"保证实施有效性的特点"。

【即学即练】

众所周知,爱因斯坦提出的相对论颠覆了人类关于宇宙和自然的常识性观念。不管是狭义相对论还是广义相对论,都揭示了宇宙间事物运动中普遍存在的相对性。既然宇宙间万物的运动都是相对的,那么我们观察问题时也应该采用相对的方法,如变换视角等等。

_____

_____

_____

"爱因斯坦的相对论揭示宇宙万物运动的相对性"这个理由不符合事实。爱因斯坦的相对论是研究质量速度关系的时空理论,把爱因斯坦的相对论理解为宇宙间事物运动中普遍存在的相对性,是对相对论的误解,该理由不能成立。因此无法推断出我们观察问题应该采用相对的方法。

三、推断不出

【题型解读】

"推断不出"指论据无法推出结论或无法必然保证结论成立。有人称其为"主观臆断"或"因果无关",都是指这类前后缺乏必然关联的缺陷类型。不过统称"推断不出"更加普适。具体而言,考试中常考以下四种形式:

(1) 前后无关,指前提和结论没有关联,例如,"田老师是好老师,所以他是好老公",这里,前提和结论没有关联,好老师可以是坏老公,好老公也可以不是老师。典型真题出现在 2016 年、2015 年。

(2) 过度推断,指前提和结论虽有关联,前提对得出结论确有帮助,但原文夸大了前提的作用,过早肯定了结论,实质上前提不足以保证结论。例如,"今天我起晚了,所以我会迟到。"这里,"起晚了"确实很可能"会迟到",但也不必然,过早断定"会迟到"不妥。典型真题出现在 2018 年、2017 年、2016 年。

(3) 或有他果(不必然推理),指前提可能得到结果 A,也可能得到结果 B,结果有多种可能性,因此不宜认为前提必然带来某种结果。本点跟过度推断很像,都强调或然性,但两者又有不同。本点更强调结果有多种可能性,过度推理更强调下结论过早。

(4) 滑坡谬误,指在一个连续性推断中,每个前提都不能保证结论成立,再经连续推断后,就变得更不足信。例如,"少了一颗铁钉,掉了一个马掌,摔了一匹马,跌了一位将军,输了一场仗,亡了一个国,所以,打马掌的铁匠是亡国贼"。以上各个推断之间确实有些许联系,但无必然关联,且经多次连推后,前提对结论的影响持续削弱。因此,以这样不断挖掘关联就得出最初前提导致最终结论的做法颇为荒谬。这种谬误在逻辑学里的专业名称叫做滑坡谬误。典型真题出现在 2016 年、2015 年。

总的来说,第 2、3 种比较像,这两者又跟第 1 种、第 4 种有一定区别。如果学有余力,能准确认定四个小类更好;否则,认定到"推断不出"层级亦可。

【考试频率】

"推断不出"多数年份出现,有些年份与"条件缺失"二者只出其一,有些年份则同时出现。

【寻找技巧】

在论据确实成立且论据完全不是结论成立所需条件时,判定为"推断不出"。否则前者为"论据不成立",后者为"条件缺失"。这三者易混淆,应注意分辨。

【典型例题】

(2016-01)据报道,近年长三角等地区频频出现"用工荒"现象,2015 年第二季度我国岗位空缺与求职人数的比率均为 1.06,表明劳动力市场需求大于供给。因此,我国的大学生其实还是供不应求的。

【过关模板】

由"……"不能推出"——",两者之间没有必然关系。(此处具体试题具体分析无法推出的原因)。所以,由"……"不能推出"——"。

【答题范例】

由"劳动力市场需求大于供给"不能推出"大学生供不应求"。大学生只是劳动力市场的部分人群,由整体需求大于供给的性质推不出某个部分是否供不应求。

【即学即练】

据国家统计局的数据,2012 年我国劳动年龄人口比 2011 年减少了 345 万,这说明我国劳动力的供应从过剩变成了短缺。

_____

_____

由"2012 年劳动年龄人口减少了 345 万"不能推出"劳动力的供应从过剩变成了短缺"。劳动年龄人口减少代表数量有所下降,但只有知道需求是多少,并与需求比较才知道这个下降是否造成短缺,仅从下降看不出变成短缺。

四、条件缺失

【题型解读】

"条件缺失"非常重要,还可以叫做"条件不充分""忽略他因"。这三个称谓都可以使用。"条件缺失"指如果前后两句的推断要想成立,结论句还需要现有前提句以外的其他条件作为共同支持,才能保证结论成立。如果忽略那些条件,现有前提条件就不能必然保证结论。例如,"田老师教得好,所以他是好老师"。教得好固然是好老师的必要条件,但条件仍不充分,还要看人品、耐心等多方面条件,仅从教学好推定不出是好老师。

特殊情况下,"条件缺失"表现为"误设充分条件",特征是原文带有充分条件的连接词("只要……就""只要……那么""一旦……就"等等)。例如,"只要学好英语,联考就能过线"。学好英语固然重要,但并非全部。这里原文用了"只要……就",即认定为前提可独自决定结论,此时可判定为"误设充分条件"。所以说,"误设充分条件"是"条件缺失"的极端情况。

【考试频率】

"条件缺失"几乎每年出现,出题频率稳定,个别年份还不止一次,是考试主要的论证缺陷之一。

【寻找技巧】

近几年的条件缺失都考查"误设充分条件",实质上考查这种极端情况属于简单考法,近几年的试题通常伴有"只要……就……"这样明显的连接词,一有这个连接词,就要想到

"条件缺失"。

【典型例题】

（2014-01）既然任何人都不能滥用权力，而且所有环节都在可控范围之内，那么企业的经营就不可能产生失误。

【过关模板】

由"……"不能推出"——"。作者忽视了其他条件，"——"还取决于 XXXX 等诸多条件。这些条件都可以影响"——"，因此，仅从"……"就想推出"——"过于草率。

【答题范例】

由"任何人都不能滥用权力，所有环节都可控"不能推出"企业就能避免失误"。作者忽视了其他条件。企业运营失误与否还取决于市场判断、财务健康等诸多条件。这些条件都可能影响企业经营。因此，仅从权力角度就想推出企业不产生失误过于草率。

【即学即练】

再者，由于制衡原则的核心是权力的平衡，而企业管理的权力又是企业运营的动力与起点，因此权力的平衡就可以使整个企业运营保持平衡。

_____

_____

_____

由"制衡原则的核心是权力的平衡，而企业管理的权力又是企业运营的动力与起点"不能推出"权力的平衡就可以使整个企业运营保持平衡"。作者忽视了其他条件。整个企业的运营平衡，除了权力平衡，还需要人力资源、文化价值观等诸多方面的平衡。这些条件对企业运营平衡都有影响。

五、自相矛盾

【题型解读】

既然论证的目的是说服对方，那么论证里无论论据、解释、陈述、结论等都不能出现自相矛盾的情况，否则等于不攻自破。这种自相矛盾有时是陈述与陈述，有时是结论与结论，但对于论证文章，无论在哪里，都不能自相矛盾。

【考试频率】

"自相矛盾"每 1~2 年出现 1 次。

【寻找技巧】

自相矛盾有时容易寻找，例如 2014 年、2015 年；有时不易寻找，例如 2016 年。若通读后找不到，可心中带着搜寻"自相矛盾"的明确目标重读原文，做一次针对性搜寻，进行前后对照式阅读，搜寻可能的矛盾表述。

【典型例题】

（2014-01）同时，以制衡与监督为原则所设计的企业管理制度还有一个固有特点，即能保证其实施的有效性,因为环环相扣的监督机制能确保企业内部各级管理者<u>无法敷衍塞责</u>。<u>万一有人敷衍塞责</u>,也会受到这一机制的制约而得到纠正。

【过关模板】

前文说"……"后文说"——"。两个陈述存在矛盾。(因为 XXXX)。如果"……",那么就不会"——",所以两个叙述有自相矛盾之处。

【答题范例】

前文说"<u>监督机制能确保企业内部各级管理者无法敷衍塞责</u>",后文说"<u>万一有人敷衍塞责</u>",两个陈述存在矛盾。因为<u>如果无法敷衍塞责,那么逻辑上也就不可能有万一</u>,所以两个叙述有自相矛盾之处。

【即学即练】

总之,我们应该合理定位政府在经济运行中的作用。政府要有所为,有所不为。政府应该管好民生问题。至于生产过剩或生产不足,应该让市场自动调节,政府不必干预。

_____

_____

_____

前文说"政府应管好民生问题",后文说"生产不足或生产过剩,政府不必干预"。两个陈述存在矛盾之处。因为,生产本身就与民生息息相关,管理生产也是管好民生的一部分。原文两个陈述显然自相矛盾。

六、以偏概全

【题型解读】

以偏概全,又称为"以例循规",即以个别事例或现象,草率地推断某种规律性的普遍结论。由于该事例或现象可能是偶然或局部情况,导致以此推断普遍结论并不恰当。"盲人摸象"就是"以偏概全"最经典的故事。

【考试频率】

"以偏概全"每 1~2 年出现一次。

【寻找技巧】

应注意区分"以偏概全"与"条件缺失",应在确认为部分推断整体时认定"以偏概全"。如果是从部分条件/因素推断某个结论,则可能是"条件缺失"(下节专门讲解区别)。

【典型例题】

(2015－01)据报道,近年长三角等地区频频出现"用工荒"现象,2015 年第二季度我国岗位空缺与求职人数的比率均为 1.06,表明劳动力市场需求大于供给。

【过关模板】

由"……"的事例/现象,不能归纳出"——"的结论。"……"仅是个别/偶然/部分的情况/事例,还有许多不同情况/事例,仅以个别/小部分/局部事例就试图得出普遍结论显然草率。

【答题范例】

由长三角地区出现用工荒的现象,不能归纳出我国劳动力市场需求大于供给的结论。长三角地区可能仅代表局部现象,还有许多不同地区的情况。仅以局部现象就试图得出普遍结论显然草率。

【即学即练】

我们的祖先是类人猿,而类人猿正像大熊猫、华南虎、藏羚羊、扬子鳄乃至银杏、水杉、五针松等等一样,是整个自然生态中的有机组成部分,那为什么我们自己就不是了呢? 由此可见,人类的问题就是大自然的问题。

山人类是"整个自然生态中的有机组成部分"不能归纳出"人类的问题就是大自然的问题"。因为部分具有的性质,整体未必具有。人类只是大自然的一部分,人类有特定的社会问题,诸如道德问题、文化问题等,这些问题都不是大自然问题,因此无法看出"人类的问题就是大自然的问题"。

七、非此即彼

【题型解读】

"非此即彼"又称"非黑即白",指通过陈述极端情况的不可行,而反推原理的合理性,但事实是不只有这两个极端选项。例如,妈妈说:"你为什么要开这么多灯?"孩子说:"难道您要我摸黑学习吗?"再例如,老公说:"你为什么要买那么贵的包呢?"老婆说:"那我拎个塑料袋子上街,你会有面子吗?"事实是,不开很多灯也可以少开灯,而非一定要摸黑学习;不买昂贵的包,也可以买便宜的包,还可以拎环保布袋,不是非得拎塑料袋上街。开很多灯与不开灯,昂贵包与塑料袋,这些都不是非此即彼的。这种错误在生活中比较常见。

【考试频率】

"非此即彼"每1~2年出现一次。

【寻找技巧】

"非此即彼"如果出现并不难找,通常是两个极端的表述。

【典型例题】

(2008－01)乙:从科学角度看,现代医学以生物学为基础,而生物学又建立在物理、化学等学科的基础之上。但中医的发展不以这些科学为基础,因此,它与科学不兼容,这样的东西只能是伪科学。

【过关模板】

由"……"不能推出"——"。事物不只有"……"与"——"两个方面,还有 XXXX 等可能/诸多方面,"……"与"——"两者不是非此即彼的关系。

【答题范例】

由"与科学不兼容"不能推出"只能是伪科学"。事物不只有"科学"与"伪科学"两个方面,世界上还有大量的非科学领域,例如音乐、文学、宗教等。因此,与科学不兼容的,也未必就是伪科学,两者不是非此即彼的关系。

【即学即练】

该报告预测,如果中国式快餐在未来没有较大幅度的发展,洋快餐一定会成为中国饮食行业的霸主。

_____

_____

_____

由"中国式快餐在未来没有较大幅度的发展"不能推出"洋快餐一定会成为饮食行业的霸主。"快餐只是占据餐饮市场的部分份额,还有正餐等诸多细分领域,即使中国式快餐发展不大,也不能因此得出洋快餐成为餐饮行业霸主的结论,中国式快餐与洋快餐在餐饮行业不是非此即彼的关系。

八、类比不当

【题型解读】

类比推理就是将不同的两个事物进行比较。广义的类比推理还包括比喻推理。由于类比推理涉及所比事物的性质、情况不同等原因,就会造成两者不可比,这样就会出现类比不当。事实是,自有该考试以来,目前所有考题中出现过的类比推理都是不当的,还没出现过恰当的类比推理,可以说,只要在考题中看到类比就可以大胆地指出类比不当。

【考试频率】

"类比不当"每 3~4 年出现 1 次,近年较少。

【寻找技巧】

"类比不当"识别不难,通常有逻辑连接词或明显的两者比较语气。

【典型例题】

(2012-01)既然宇宙间万物的运动都是相对的,那么我们观察问题时也应该采用相对的方法,如变换视角等等。

【过关模板】

由"……"不能推出"——"。该类比显然并不恰当。"……"是 XXXX,"——"是 YYYY,两者无法机械地联系和类比。

【答题范例】

由"宇宙间万物的运动都是相对的"不能推出"观察问题时也应该采用相对的方法"，该类比显然并不恰当。事物运动的相对性是物理规律，看待问题相对的方法是哲学观点，两者无法机械地联系和类比。

【即学即练】

假如再变换一下视角，从一个更广泛的范围来看，连我们人类自己也是大自然的一个部分。既然我们的祖先是类人猿，而类人猿正像大熊猫、华南虎、藏羚羊、扬子鳄乃至银杏、水杉、五针松等等一样，是整个自然生态中的有机组成部分，那为什么我们自己就不是了呢？

_____

_____

_____

由"类人猿是整个自然生态中的有机组成部分"不能推断出"人类也是整个自然生态中的有机组成部分"。该类比显然并不恰当。因为"祖先"具有的性质，后代未必具有。人类的祖先类人猿属于有机组成部分，不能因此推断人类属于有机组成部分。该结论虽然正确，但是这个过程属于不恰当的类比推理。①

上述 8 类论证有效性分析涉及的主要题型及答题套路如表 3 - 2 所列。

---

① 这里根据题目特点适当改动了模板，以便使用起来更加顺手。考试中，考生可根据题目改动模板，灵活使用。

表3-2 论证有效性分析八大题型答题模板总表

题型	频率	典型试题	答题模板	答题范例
1 概念混淆	几乎必考	另外，从本质上来说，权力平衡就是权力平等，因此这一制度本身蕴含着平等观念	"……"与"——"概念不同，不能混淆。"……"指的是XXXX，"——"指的是YYYY。两者看似相近，实质差异很大，不能够简单等同	"权力平衡"与"权力平等"概念不同，不能混淆。"权力平衡"指的是权力相互制约以达到平衡状态；"权力平等"指的是权力大小相同，约含义。两者看似相近，实则差异很大，不能简单等同
2 论据不成立	几乎必考	同时，以制衡管理为原则所设计的企业有一个固有的特点，即制衡其实施的有效性，因为环环相扣的监督机制能确保企业内部各级管理者无法敷衍塞责	由"……"不能推出"……"这个理由XXXX（叙述理由中的问题）。因此，该理由不能成立，不能推出"……"	由"环环相扣的监督机制能保证能有保证实施无法敷衍塞责"不能推出"监督与制衡制度有保证实施有效性的特点"。"确保无法敷衍塞责"这个理由的"确保"比较绝对，仅凭监督不能达到确保的效果，还需要诸多手段相互配合。因此，该理由不能推出"保证实施有效性的特点"
3 推断不出	几乎必考	据国家统计局的数据2012年我国劳动年龄人口比2011年减少了345万，这说明我国劳动力的供应从过剩变成了短缺	由"……"不能推出"……"，两者之间没有必然关系。（此处具体分析无法推出的原因。）所以，由"……"不能推出"……"	由"2012年劳动年龄人口减少345万"不能推出"劳动力的供应从过剩变成了短缺"。劳动年龄人口减少有所下降，但只有知道人数是多少，与需求量比较才知道这个下降是否造成短缺，仅从下降看不出变短缺
4 条件缺失	几乎必考	既然任何人都不能滥用权力，而且所有环节都在可控范围之内，那么企业的经营就不可能产生失误	由"……"不能推出"……"。作者忽视了其他条件，还取决于XXXX等诸多条件。这些条件都可以影响"……"，因此仅从"……"推出"……"过于草率	由"任何人都不能滥用权力，所有环节都可控"不能推出"企业就能避免失误"。作者忽视了其他条件。企业运营与否还取决于市场判断，财务健康等诸多条件。这些条件都可能影响企业经营，仅从权力角度就想推出企业不会产生失误过于草率

以上四类题型为主要题型，命题比重合计占到四分之三

续表 3-2

题型	频率	典型试题	答题模板	答题范例
5 自相矛盾	近年经常	因为环环相扣的监督机制能确保企业内部各级管理者无万一有人敷衍塞责，也会受到这一机制的制约并得到纠正	前文说"……"后文说"……"两个陈述存在矛盾。（因为 XXXX）如果"……"，那么就不会"……"，两个叙述有自相矛盾之处	前文说"监督机制能确保企业内部各级管理者无法敷衍塞责"，后文说"万一有人敷衍塞责"，两个陈述还存在矛盾。因为如果监督机制能确保管理者无法敷衍塞责，那么逻辑上也就不可能有万一，所以两个叙述有自相矛盾之处
6 以偏概全	近年偶有	据报道，近年长三角地区频频出现"用工荒"现象，2015 年第二季度我国岗位空缺与求职人数取的比率均为 1.06，表明劳动力市场需求大于供给	由"……"的事例/现象，不能归纳出"……"的结论。"……"仅是个别/偶然/部分的情况/事物，还有许多与"……"不同情况/事/偶例，仅以个别/小部分/局部规律显然率	由长三角地区出现"用工荒"的现象，不能归纳出我国劳动力市场需求大于供给的结论。长三角地区可能仅代表局部地区的情况，还有许多不同地区的情况。仅以局部现象就试图得出普遍结论显然草率。
7 非此即彼	近年无	乙：从科学角度看，现代医学以生物学为基础，而生物学又建立在物理、化学等学科的基础之上。但中医的发展又以这些科学为基础，因此，它与科学不兼容，这样的东西只能是伪科学	由"……"不能推出"……"。事物不只有"……"与"……"两个方面，"……"等 XXXX 可能与"……"诸多方面，"……"两者不是非此即彼的关系	由"与科学不兼容"不能推出"只能是伪科学"。事物不只有"科学"与"伪科学"两个方面，世界上还有大量的非科学领域，例如音乐、文学、宗教等。因此，与科学不兼容的，也未必就是科学，两者不是非此即彼的关系
8 类比不当	近年无早年有	既然宇宙间万物的运动都是相对的，那么我们观察同题时也该采用相对的方法，如变换视角等等	由"……"不能推出"观然并不恰当。"……"是 XXXX，"……"是 YYYY，两者无法机械地联系相类比	由"宇宙间万物的运动都是相对的"不能推出"观察同题时也该采用相对的方法"。该类比显然并不恰当。事物运动的相对性是物理规律，看待同题相对的方法是哲学观点，两者无法机械地联系相类比

以上四类题型为补充题型，命题比重合计占到四分之一

第三节　八大题型区分辨析

到复习中后期,考生希望辨析清楚各个错类之间的关系的需求愈发强烈。故本书单独安排本节讲解。初学时考生可先跳过本节,先去做题,做题后再带着疑惑阅读本节,也许会有豁然开朗的畅快。

一、"论据不成立"与"推断不出"辨析

这两者本来应当容易区分,但在教学实践中,笔者发现考生很容易混淆。论证由论据、推理过程、结论三部分组成,论据、推理过程用来证明结论。

"论据不成立"指"论据"有误,即事实论据并非事实或道理论据站不住脚。注意,总之是"论据"出问题,此时无论"推断过程"是否有误,该论证已经不能成立。"推断不出"指论据本身没问题(这就有别于"论据不成立"了),但"推断过程"有误,这样论证也不能成立。相当于"论据不成立"是错误出现在论据环节,"推断不出"是错误出现在论证过程环节。

二、"条件缺失""推断不出""以偏概全"辨析

1. 条件缺失与推断不出的区别

这两者考生最容易混淆。两者的相同点是,两者都是论证三要素论点、论据、论证过程里的论证过程类问题,都是论据推不出结论的问题,所以两者本质相同。两者的不同点是,"推断不出"指前提推断不出结论,或无关,或不必然。"条件缺失"指前提是结论的条件之一,但不全,欠缺其他条件。所以两者的本质一个是没有必然关联,一个是有条件关系,但条件不足。这两个错类各有侧重。

例如,"田老师教课教得好,所以他是好老师",这是"条件缺失",因为想成为好老师,确实至少要教得好,否则免谈,教得好是必要条件,但条件不足,因为好老师还需要其他条件,例如师德好。

再如,"田老师是好老师,所以他是好老公",这是"推断不出",因为两者毫无关联。好老师未必是好老公,好老公也不需要先是好老师,不能说好老师是好老公的必要条件吧,否则普天之下不当老师的男人,都没机会成为好老公了! 所以这是"推断不出"。

有同学说,这么说来,条件缺失也是推断不出啊。对的,请注意,这个问题早在前面已经回答了——两者本质相同,都是论证过程类问题。本质上,可以将条件缺失理解为特殊的推断不出。

那为什么分成两类呢? 这是由于《考试大纲》里将其作为两种不同类型,咱们以应试

拿分为目标,所以才将两者列为两种题型。其实两者是一个本质。考生答题越能准确区分,越能赢得高分。当然,实在遇到难以区分的情况时,也可笼统归为"推断不出"以求稳妥,但多数时候应区别作答。

2. 以偏概全与条件缺失的区别

"以偏概全"指前者是后者的一个部分,二者是包含关系,局部与整体关系。例如,"田老师教得好,所以所有老师都教得好",这是以偏概全,因为它试图以个体情况推断整体情况,田老师与所有老师是局部与整体关系。

"条件缺失"指前者与后者是条件关系,前者是后者成立的条件。注意,这种条件关系并非局部与整体的关系。例如,"田老师教得好,所以他是好老师",这是条件缺失。因为教得好是好老师的前提条件,但还缺其他条件,这是条件与结论的关系。

3. 关于多个类型都像"推断不出"的解答(以偏概全、条件缺失等)

这个问题其实前面已经解答过。读者可以回看第三章开头所说,如果从论证要素分类,"以偏概全""条件缺失""类比不当""非此即彼"等都跟"推断不出"相同,属于推断类缺陷,只不过它们被细化为不同的更精准的类型了而已。

所以,感觉这些都像"推断不出"是没问题的,因为它们本来就是。如果笼统地把它们都说成"推断不出"也没问题。只是这几个类型作答时要点不同、模板不同,如果考生都简化为"推断不出",那么如何进行有针对性的回答呢?如何能拿高分呢?

所以,除非是"裸考",死马当活马医,否则建议考生区分各个类型,不要轻易放松学习要求。只要下点功夫,通常是能够清楚地区分开的。当然,如果在考场上实在拿不准,则可以求稳为上,将其统归为"推断不出"。

第四节　八大题型进阶模板

学习后期,考生对找点、选点已有把握,更希望对下笔作答不断优化,精益求精,避免因模板化跟其他考生重复。这个思路很对,田然老师也急大家所需,因而专设了本节,在原有"过关模板"基础上,对八大题型作答模板给予提升。

既然是进阶模板,自然重意不重形,因此本节不再给公式化套路,而是摘录各类特色写法。考生不应死记硬背原句,否则还是固定模板思维,而应该着重感受这些作答的思维方式,不断揣摩尝试,化为己用。这里需要说明两点:

(1)仅以通过国家线为目标的考生不必研究本节,只掌握"过关模板"即可,因为学得越多越容易乱。

(2)建议初学者先掌握"过关模板",然后跳过本节先做历年真题,有一定积累后再研习本节,这样可起到锦上添花的作用。初学时,考生若强求掌握本节中的诸多变化,反而可能会无所适从。

一、概念混淆

【2015 真题】

生产过剩是市场经济的常见现象。既然如此,那么生产过剩也就是经济运行的客观规律。

【变化写法】

(1) 首先,"常见现象"并不等同于"客观规律",两者界定的范畴不一样:"常见现象"侧重于客观世界的表象,而"客观规律"侧重于事物的本质规律。"常见现象"和"客观规律"两个概念不能混为一谈。

(2) 首先,即使生产过剩属于"常见现象",也不能等同于"客观规律"。有的常见现象属于客观规律,有的则不属于,客观规律也未必都是常见现象。两个概念所指内涵差异很大,不能混淆。

(3) 首先,"生产过剩是市场经济的常见现象"不等于"生产过剩就是经济运行的客观规律"。原文显然混淆了现象与规律的概念。常见现象只是观察到的表象,客观规律是事物现象背后的逻辑和本质。显然,"常见现象"不必然是"客观规律"。这两个概念不能简单等同。

二、论据不成立

【2017 真题】

既然人的本性是好利恶害的,那么在选拔官员时,既没有可能也没有必要去寻求那些不求私利的廉洁之士,因为世界上根本不存在这样的人。

【变化写法】

(1) 其次,"世界上根本不存在这样的人"这个理由不能成立,类似人物确实存在,例如包拯、海瑞等。因此,原文不宜以这个理由作为支持"没有可能也没有必要寻找不求私利的廉洁之士"的论据。

(2) 其次,"世界上根本不存在这样的人"这个理由不能成立,即使人的本性确实"好利恶害",即使"不求私利的廉洁之士"比较少见,但原文判断这样的人"根本不存在"也由于过于绝对并不足信,历史上的包拯、海瑞都是实例,所以以此作为论据显然不合适。

三、推断不出

【2016 真题】

据国家统计局的数据,2012 年我国劳动年龄人口比 2011 年减少了 345 万,这说明我国劳动力的供应从过剩变成了短缺。

【变化写法】

(1) 首先,由"劳动年龄人口减少"不能推出"供应从过剩变成短缺"。减少代表数量下降,但只有知道需求数量,并与需求进行比较,才能知道下降是否造成短缺,仅从下降看不出变成短缺。

(2) 首先,"劳动年龄人口减少"未必就能导致"供应从过剩变成短缺"。减少代表供应数量下降,短缺代表供应比需求数量少,供应下降可能导致短缺,但倘若需求亦同时下降,也可能最终是过剩,两者之间并无必然联系。

(3) 首先,"劳动年龄人口减少"必然导致"供应从过剩变成短缺"吗?前者代表供应下降,如果需求稳定或上升,才能判断"供应从过剩变成短缺",而在需求未知的情况下,不宜草率推断。

(4) 首先,"劳动年龄人口减少"未必就能导致"供应从过剩变成短缺"。作者在没有其他依据前提下就排除了这样一种可能:劳动年龄人口减少,但就业岗位可能也在相应减少,甚至减少更多。若如此,则过剩是否变化尚难论断。

四、条件缺失

【2016 真题】

只要根据市场需求调整高校专业设置,对大学生进行就业教育以改变他们的就业观念,鼓励大学生自主创业,那么大学生就业难问题将不复存在。

【变化写法】

(1) 最后,由"调整专业设置、开展就业教育和鼓励自主创业"不能推出"大学生就业难"问题就能解决。这些措施都是有助于解决问题的措施之一,可以减少就业难问题,但也并非充分条件,无法仅靠这些保证就业难问题一定"不复存在"。

(2) 最后,调整专业、开展就业教育和鼓励创业未必就能解决"大学生就业难"问题。作者显然忽视了其他因素。就业是否顺利还与经济环境、企业需求息息相关,原文只看到学校作为培养方的角度,忽视了企业作为用人方的角度。

(3) 最后,"调整专业设置、开展就业教育和鼓励自主创业"是"大学生就业难问题就能解决"的必要条件,但不能判断只要有了这三项举措就必然"大学生就业难问题不复存在"。作者显然忽视了解决就业难问题的其他条件。学生个人努力、市场需求旺盛等诸多方面都是必须考虑因素。

(4) 最后,只要"调整专业设置、开展就业教育和鼓励自主创业",大学生就业难就"不复存在"了吗?作者显然忽视了其他条件。学校多措并举是很重要,但还应该从宏观考虑教育体制、企业需求等诸多方面。

五、自相矛盾

【2016 真题】

(原文第一段)现在人们常在谈论大学毕业就业难的问题,其实大学生的就业并不难。

(原文第三段)实际上,一部分大学生就业难,是因为其所学专业与市场需求不相适应或对就业岗位的要求过高。

【变化写法】

(1)再次,文章第一段提出"大学生就业并不难",第三段又承认"一部分大学生就业难",然后又说"大学生就业难问题将不复存在",显然反复前后矛盾,观点截然相反。

(2)再次,专业设置与市场不适应和就业期望过高确实造成了一部分大学生就业难,但这个判断跟前文说"大学生就业并不难"自相矛盾。同为作者看法,前后并不一致。

(3)再次,前文说"大学生就业并不难",而文末又提出"一部分大学生就业难",明显前后矛盾。"大学生就业难"与否,这个判断作为本文核心观点,应当前后统一,但它出现了矛盾,因而影响了论证的说服力。

六、以偏概全

【2016 真题】

据报道,近年长三角等地区频频出现"用工荒"现象,2015 年第二季度我国岗位空缺与求职人数的比率均为 1.06,表明劳动力市场需求大于供给。

【变化写法】

(1)其次,局部地区的用工荒未必能够证明劳动力市场需求大于供给。因为这只是局部地区的现象,未必具有代表性,而且"用工荒"未必是大学生群体,也可能只是农民工,因此无法说明总体情况,不宜早下一般性结论。

(2)其次,由"局部地区的用工荒"并不能推断出"劳动力市场需求大于供给"。毕竟长三角只是局部地区,并不能代表全国所有地区的状况。虽有用工荒报道,更有许多求职难报道,不能以部分"用工荒"推断整体需求大于供给。

七、非此即彼

【2008 真题】

但中医的发展不以这些科学为基础,因此,它与科学不兼容,这样的东西只能是伪科学。

【变化写法】

(1)再次,中医难道只存在"科学"和"伪科学"这两种情况吗?此处推断有非此即彼之嫌。即使不是"科学",也无法就此判断为"伪科学"。不只有这两种可能,还存在着"非科学"的人文等领域。这样的简单推断不够严谨。

（2）再次，由"中医不是科学"不能推出"这样的东西只能是伪科学"。因为中医还可以是其他非科学领域，例如文学、历史等领域，而非只有科学和伪科学这两种判断。

八、类比不当

【2012 真题】

既然宇宙间万物的运动都是相对的，那么我们观察问题时也应该采用相对的方法，如变换视角等等。

【变化写法】

（1）由"宇宙间万物的运动都是相对的"不能推出"观察问题时也应该采用相对的方法"，此处显然类比不当。事物运动的相对性无法机械迁移到观察问题应该具有相对性。

（2）"宇宙间万物运动"和"观察问题方法"两者有着很大的不同，不能简单类比，不能仅从"相对"字眼就产生联系，两者有本质上的区别：一个是客观物体运动，一个是人类主观认知。

第一节　五步解题技法概述

"论证有效性分析"试题材料通常是一篇 400~500 字的文章。2018 年试题 387 字、2017 年试题 432 字、2016 年试题 376 字,2015 年试题为 470 字,2014 年试题为 494 字。在文章中,作者会通过若干个论证去推导全文结论,而每个论证又是由论据推导其结论的。这些论证,其中可能部分存在论证缺陷或漏洞。考生要分析其中有缺陷的论证并选择 4~5 点详细分析,而对正确的论证略去不表。面对论证有效性分析试题,考生可将作答过程拆解为五个步骤:

(1) 阅读材料原文(读);

(2) 寻找论证缺陷(找);

(3) 选择作答对象(选);

(4) 形成分析思路(析);

(5) 完成卷面书写(写)。

扫码回复 04
看五步法详解

这五步是考场实际做题步骤。针对每个步骤,本章将分别讲解技巧要点。这五步合称"解题五步法"。

所谓"读",是指拿到试题后,需要通读材料,快速掌握主要内容、全文论点、论证关系,第二节主要讲解快速阅读技巧,快速排除技巧。

所谓"找",是指浏览材料后,逐句细读,分析论证关系,找出论证缺陷。对正确论证应当放过,对缺陷论证应全部予以标记。错过有缺陷的论证和误伤正确的论证同样将失去分数。本章第三节主要讲解精准抓住要点的技巧。

所谓"选",是指材料通常设置 6~7 个缺陷论证,而考生作答时只需要选择其中 4~5 点即可。因此,面对所有找到的缺陷论证,就需要进行取舍。第四节主要讲解取舍原则。

所谓"析",是指针对所选的 4~5 点,恰当充分地分析作答。第五节主要讲解作答套路和高分写法。

所谓"写",是指最终将这 4~5 点作答要点落笔到考卷的书写过程中,涵盖结构、标题、开头、结尾等语段的写作套路,以及全文的字数安排。

"八大题型"属于做题对象,"五步法"属于做题方法。以"五步法"这个正确方法处理"八大题型"这些论证缺陷,可以称作"正确地做正确的事"。八大题型和五步法是论证有效性分析学习的两条主线。掌握五步法即掌握了破解考试的"剑法招式",此后再配合不断做题增加"临敌经验"即可。

五步法中的"找"和"析"是重中之重。"五步法"按照考场实际做题工序设计，是破解考试最高效、实用的技巧体系，请读者务必认真研读。

第二节　五步法之一——读

$$读 \rightarrow 找 \rightarrow 选 \rightarrow 析 \rightarrow 写$$

答题首先要阅读文本、处理文本，找准论证缺陷；其后要挑选和解析论证缺陷；最后才是下笔成文。因此，阅读和处理文本是首先要掌握的应试技能。如何快速、有效地阅读材料呢？

同学们普遍的痛点是阅读原文和分析错误时要么非常迷茫，要么非常痛苦。非常迷茫是因为觉得原文读起来行云流水、头头是道、有理有据，看完不但没有发现什么要反驳的地方，相反还认为原文说得挺有道理；非常痛苦是因为为了找错，读起来举步维艰，觉得这里也别扭，那里也不妥，恨不得对原文中的所有语句都指摘点评、痛批一顿。如前者，承认原文正确吧，害怕错过考点；如后者，到处批判错误吧，又担心是自己想太多。怎么样，大家的痛点是不是被分析得很透彻？那怎么解决呢？

一、阅读方法

为解决以上问题，找全所有缺陷，最完整的做题步骤应该是采取"三遍阅读法"，第一遍"粗读"，第二遍"精读"，第三遍"审读"。当然，考场时间紧张，个人习惯也不同，这只是最理想和最完整的做题方法。每位考生可依据个人习惯酌情应用，结合自身情况确定自己的阅读方法。另外，考生亦可平时练习采取多遍读法，充分训练能力，而到考场采取一遍读法。三遍阅读分工如下：

第一遍速读，有三个任务：①找到全文论点，掌握全文要旨；②画出文中所有连接词和绝对词；③顺手找到1~2处明显问题；见表4-1所列。

第二遍精读，再次从头逐句分析，细抠所有语句，尤其是划过连接词、绝对词的地方，找全所有论证缺陷，见表4-2所列。实际上，这遍精读就是在做第二步"找"的工作。可见，五步法的每个步骤紧密相连。

第三遍审读，第二遍过后很可能还有某些缺陷类型没找到，通常是"概念混淆"或"自相矛盾"，以这两者居多。此时，第三遍审读就是带着明确的任务，专门再细究全文核心概念和主要观点，看是否有"概念混淆"或"自相矛盾"，见表4-3所列。

表 4 - 1　第一遍速读要领

阅读任务	阅读要领	时　间
1. 画出原文中的所有连接词、绝对词； 2. 找出全文论点； 3. 随手找出 1~2 个明显错误	海绵吸收式阅读； 理解原文讲什么； 不细抠、不对抗	1 min

第一遍粗读是对文本的初步处理，一共要做三件事：

第一件事是画出原文中的所有连接词、绝对词。

所谓连接词，常见的有"因为""所以""那么""因此""可以看出""由此可见"等。看到这些词语就要画出来。连接词词语表示该句属于论证，前后分别是论据或结论。通常是论据在前，结论在后，只有"因为"这个词所在的句子是颠倒顺序的。当然，有连接词只能说明是论证，可能是正确论证，亦可能是错误论证，我们只抓错误论证，正确的论证应当放过。第一遍阅读重在画出论证，详细分析留在第二遍阅读。

所谓表述绝对词，常见的有"势必""必将""一定""唯一""毫无疑问/毫无意义"等。相对来说，如果发现绝对词语句，判断就方便许多。有绝对词的语句极易出错。管理类联考十余年来，所有带绝对词语的句子都有错，迄今为止无一例外，只是错因不同而已。因此，考生发现绝对词即可认定该句极有可能有论证缺陷。但具体是什么缺陷，需要具体问题具体分析。绝对词语所在的句子有误，并非错因就是过于绝对，错因可能是"推断不出"，可能是"条件缺失"，可能是"论据不成立"等等。也就是说，绝对词只是暴露了"病症"，而非暴露"病因"，病因还需具体分析。

第二件事是找出全文论点，理解全文主旨。

首先，全文论点要写进最终作答的文章(放在开头、结尾)，所以找到全文论点很重要。其次，找到全文论点有助于帮助我们理解全文主旨，更深刻地看待全文的论证过程和论据使用。

第三件事是可以随手找到 1~2 处明显错误。

命题人考虑试题的区分度，会留下 1~2 处较为简单的论证缺陷在文中。所以，快速阅读时可以找到 1~2 处明显缺陷。找到后将非常有助于考生增强做题信心。当然，既然是粗读，能找到几个不必苛求，面对暂时想不透的语句，不要恋战，不要纠结，要先以熟悉全文，掌握全貌为主要目标。

表 4-2　第二遍精读要领

阅读任务	阅读要领	时　间
1. 找出所有剩余论证缺陷； 2. 在所有缺陷中决定取舍	漏斗式逐句细读； 重在所画连接词、绝对词； 逐句找出剩余缺陷	6 min

第二遍精读是对文本的全面处理，只有一项工作：

从头读原文，全面进入逐句细读、逐句琢磨模式，逐句分析前后句关系、句子成分，分析哪个是论据，哪个是结论，哪句推断哪句等。

表 4-3　第三遍审读要领

阅读任务	阅读要领	时　间
带着专门目的搜寻漏网之鱼； 通常为概念混淆或自相矛盾	注意核心概念，概念混淆往往只出在核心概念； 注意主要观点，注意跨段搜寻，自相矛盾若没找到， 要么没有，要么跨段存在，所以前两遍没看出来	1 min

关于阅读次数，笔者专门在考生中做过调查，阅读一遍、阅读两遍，甚至阅读多遍的考生都有，大家做题方法各不相同。还有许多考生通过复习，逐渐形成自己的"打法"，例如有人读第一遍就画出所有缺陷，读第二遍画掉没把握的点和次要的点；还有人的做法跟本书反过来，第一遍细读而第二遍粗读。看到考生们各自形成自己的套路，笔者其实非常高兴，而且这些方法确实各有妙处。故本书只是先将最完整的"三遍阅读法"教给大家，大家可依据个人情况选择。

笔者建议，平时练习时可以先规范阅读三遍，充分练习到每遍的要点，在考场上可依据所剩时间，灵活调整。而且，阅读几遍不必教条对待。例如，如果已经找足要点，足够作答，自然没必要再读下一遍。反过来，不管读了几遍，如果还没有找到足够多的要点，当然还是要继续读下去。所以，"三遍阅读法"只是阅读分工的代称，告诉大家各次阅读的要点，而不是机械地代表非读几遍。

二、标记符号

关于阅读试题材料，还有一个技巧，就是考生可用符号标记论证缺陷。这样一是可以帮助我们理清句子间的关系；二是回过头动笔时，符号可以帮我们快速回忆，提高速度，节省时间。标记符号可以依据个人习惯而定。如果考生手头没有常用符号，可以使用本书推荐的标记符号。

核心概念词语，我们画圈圈⬭。论据、结论，这些论证成分，我们画直线

"___"。论据与结论之间，我们画箭头"——→"。

这样就可以简单标记，如果是概念混淆，我们就画 ⬭✕，如果是论据不成立，我们就画——✕，如果推断过程有误，我们就画——✕→。

对于符号，要注意两点：一是符号属于辅助性手段，建议备考练习时使用。如果后期已经熟练，可以慢慢淡化或者不用；二是不用担心在考场上是否可以涂画试卷的问题，考试试卷是可以写字和涂画的。

三、实操范例

带着第一遍速读的三项任务（找论点、找连接词和绝对词、找明显缺陷），请考生翻到2014年论证有效性分析真题，实际练习刚刚学到的阅读技能，务必先自己动手练习。练习后，参考下面这个范例。

（建议动手练习后再看下面的答案，试题在第五章第二节）

现代企业管理制度的设计所要遵循的重要原则是权力的制衡与监督。只要有了制衡与监督，企业的成功就有了保证。（全文论点）

所谓制衡，指对企业的管理权进行分解，然后使被分解的权力相互制约以达到平衡，它可以使任何人不能滥用权力；至于监督，指对企业管理进行严密观察，使企业运营的各个环节处于可控范围之内。（随手错误1）既然任何人都不能滥用权力，而且所有环节都在可控范围之内，那么企业的运营就不可能产生失误。

同时，以制衡与监督为原则所设计的企业管理制度还有一个固有特点，即能保证其实施的有效性，因为环环相扣的监督机制能确保企业内部各级管理者无法敷衍塞责。万一有人敷衍塞责，也会受这一机制的制约而得到纠正。

再者，由于制衡原则的核心是权力的平衡，而企业管理的权力又是企业运营的动力与起点，因此权力的平衡就可以使整个企业运营保持平衡。（随手错误2）

另外，从本质上来说，权力平衡就是权力平等，因此这一制度本身蕴含着平等观念。平等观念一旦成为企业的管理理念，必将促成企业内部的和谐与稳定。

由此可见，如果权力的制衡与监督这一管理原则付诸实践，就可以使企业的运营避免失误，确保其管理制度的有效性、日常运营的平衡以及内部的和谐与稳定，这样的企业一定能够成功。

第三节　五步法之二——找

读→**找**→选→析→写

上节已经讲过建议考生做题时阅读三遍：其中第二遍精读就是五步法第二步的"找"。

一、找点要领

【找点要领】

（1）判定是否为"论证"，排除非论证；

（2）判定是否为"缺陷论证"，排除正确论证。

【找点细则】

（1）沉下心逐句分析、排查原文；

（2）逐句判断是"陈述"，还是"论证"。只有带论据、带结论的才是论证。

非论证通常有两类：

① 背景陈述、概念定义、观点解释。这些支持性内容与原文多组论证共同构成一篇完整的文章，但它们本身并不是论证，只是材料介绍话题、情景、专业术语等的辅助内容。这些坚决不找。

② 只有结论而没有论据支撑的观点陈述。论证都带有理由，没有理由的都不是论证。没有给出理由的只是陈述观点，不能够算作论证，不应该批驳。这个考试不是观点分析考试，而是论证分析考试。所以，做题时不要满处寻找观点、批驳观点，而要满处寻找论证、分析论证（区分观点和论证已提示多次，务必记住）。只有孤立观点而没有理由的坚决不找。

排除以上两类非论证内容，剩余的基本都是论证，判定论证时会遇到两种情况：

① 出现常见连接词。带有连接词的，绝大多数是论证。所以，如果有连接词，绝大多数时候我们可以直接锁定该句性质为论证。但反过来说，却并非所有论证都有连接词，只是多数论证有连接词。

② 虽未出现常见连接词，但根据对内容的分析判断为论证。此时形式上虽无连接词，但实质上前后句形成推断和支撑，亦应判断为论证。即论证并非必须有连接词，考生对判定论证也不能简单理解为找连接词。没有连接词的要人工思考判断。通常来说，连接词越多，该套试题找点越简单；反之，越难。

③ 针对已判定的"论证"，根据连接词和前后关系，判断谁当论据，谁当结论，然后通过思考分析，判定该论证是否正确。若正确，同样放过不写；若错误，列为备选答案，等待最后集中取舍。然后，继续向下寻找。

【对不认同句的处理】

考生反映,对于显然正确的孤立观点,一般能够正确判断,不会出错,但若碰到自己不认同的观点,就不知道该怎么办了——"认定为对吧,自己觉得有问题。认定为错吧,老师你不是说,只找论证不找观点吗?该如何是好?"

此时正确的做法是,针对这样的情况,应该提高警惕,搜寻其前后位置是否有论据,而非断然批驳。如果真没有论据,通常真应当放过,即使你对该观点存疑。因为论证有效性分析考试,考生不需要探讨观点或内容的对错。所以,考生即使对观点不认同,分析了观点,而不是分析论证,回答得再好,也不能得分。考试中,无论遇到什么主题,考生都只需找论证,而不用讨论该话题。例如,原文可能讨论经济领域的生产过剩,可能讨论大学生就业难易,可能讨论如何看待中医等。不管什么主题的文章,我们照旧只找论证。

【对不确定句的处理】

做题时必然会遇到没把握的点、不确定的点。此时,建议大家先往下找,最终通盘选择,尽量舍弃没把握的点。这样虽然有错过正确答案的风险,但至少排除了误把正确论证当错误论证的扣分风险。大家一定要时刻切记,论证有效性分析考试是从 6~8 个备选点中寻找 4~5 个点作答。第一,我们有富余点可供舍弃,第二阅卷以正确点计分,也就是无论错过几个点,只要所写都正确,仍然可以得高分。因此,这样的游戏规则下,最佳做法是"宁放过,勿错杀"。放过一个点,还有其他点。错杀一个点,必扣相应分。

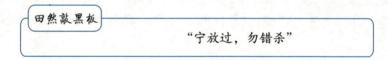

田然敲黑板

"宁放过,勿错杀"

二、利用连接词找点的技巧

连接词对于找点至关重要。因为判断推理关系,与其靠考生主观认定,不如看连接词有依有据。看到特定连接词,基本就可以认定某种推理关系,准确度高,常见连接词有:

(1) 表示前推后(A→B)的连接词:

因此、那么、所以、这说明、表明、由此可见、就;

(2) 表示后推前(B→A)的连接词:

因为、由于、理由是……;

(3) 表示共同推(A+B→C)的连接词:

而、而且。

三、找点范例

下面我们对 2014 年论证有效性分析真题原文按照本节所述寻找步骤,逐句剖析,找齐所有缺陷。此处需要耐心,请考生静心研读。虚线框外楷体字是试题原文,虚线框内仿宋体字是试题解析。

(1)现代企业管理制度的设计所要遵循的重要原则是权力的制衡与监督。(2)只要有了制衡与监督,企业的成功就有了保证。

> (1) 该句属于陈述句,引起全文话题。注意,即使你有管理经验,对该句不认可也不能批判,因为这是孤立的观点句(陈述句),没有给出理由,构不成论证。这是构不成论证的陈述,不能批判,否则就成了观点分析而非论证分析。
>
> (2) 该句是全文论点。往年试题全文论点通常不是寻找对象,也就不含论证缺陷。但本年的这个论点自身也有论证缺陷,显然有条件缺失问题。本点可以算作一个错点,但由于其并非核心缺陷,通常最终选点时可以考虑放弃。

(3)所谓制衡,指对企业的管理权进行分解,然后使被分解的权力相互制约以达到平衡,它可以使任何人不能滥用权力;(4)至于监督,指对企业管理进行严密观察,使企业运营的各个环节处于可控范围之内。(5)既然任何人都不能滥用权力,(6)而且所有环节都在可控范围之内,(7)那么企业的运营就不可能产生失误。

> (3)、(4)这两句属于下定义。多年考试显示,定义普遍不是命题点,所以建议考试时放过定义。如果评论定义,不就又是评价观点而非论证了吗?定义不是论证。
>
> (5)、(6)、(7)这三句构成论证。其中(5)+(6)两句是论据,(7)句是结论,而且有连接词"那么"。该句是论证确凿无误。由于这个论证忽视了影响运营失误与否的其他要素条件,故结论成立不充分,错类为"条件缺失"。

(8)同时,以制衡与监督为原则所设计的企业管理制度还有一个固有特点,(9)即能保证其实施的有效性,(10)因为环环相扣的监督机制能确保企业内部各级管理者无法敷衍塞责。(11)万一有人敷衍塞责,也会因受这一机制的制约而得到纠正。

> 本段是全文最难阅读的段落。考生初读之下没读懂也正常。
>
> (9)句实际是对(8)句的解释,这个固有特点＝实施的有效性。翻译成白话就是:……制度有个自身能保证自身实施有效性的特点。这句单独不能批判,因为还没看到论据,所以不能算论证,只是观点,是作者的看法,要继续阅读观察。(不见兔子不撒鹰,不见鬼子不拉弦,论据就是鬼子,不见论据就不能认定是论证。)
>
> 从(10)句的连接词"因为"可以看出,它是(8)、(9)句的论据,(8)、(9)句这个结论从(10)句中得出,这里存在顺序颠倒,要在"因为"这里画个反向的箭头,前面是结论,后面是论据。这种情况考试中不太多,但不算超纲,需要能够辨别。
>
> (10)句是论据,关于论据我们要审视两点:一、它成立吗?二、它能推出结论吗?这个论据"环环相扣的监督机制能确保企业内部各级管理者无法敷衍塞责"如果成立,似

乎真的可以推出结论"这个制度自身保证自身有效"。但问题是，这个论据不成立啊。监督机制再完善，也不能说"确保"无法敷衍塞责，还需要惩戒等许多配套措施。企业内部即使有监督，就没有部门间推诿、推卸责任现象吗？所以，这个有严密监督就没有敷衍塞责不能成立。由于论据不能成立，无法推出结论。该缺陷归类为"论据不成立"。

（11）句，前文说无法敷衍塞责，本句又说"万一"，那么这两句就存在着矛盾关系，逻辑上仅有一个可以成立，所以出现自相矛盾，属于逻辑错误。

单独句子到底是否可以认定为错？

这里有个难点，本书前面讲"单独陈述句、单独观点"不是不可以批评吗？（10）句可以算陈述或观点吧，怎么又批评了呢？

请注意，孤立的陈述不要找，因为那构不成论证，若找就变味成观点分析了。但是作为论据，这个陈述就承担了论证成分，这样的陈述就要分析了，以后也是这样。请考生分辨清楚，不承担论证成分的陈述句（观点句）不作为分析对象，承担了论证成分的陈述句（观点句）却要作为分析对象，因为已经算作论证，请辨析清楚。

再者，（12）由于制衡原则的核心是权力的平衡，（13）而企业管理的权力又是企业运营的动力与起点，（14）因此权力的平衡就可以使整个企业运营保持平衡。

（12）、（13）两句不能单独批判某句，因为是孤立陈述。

（12）、（13）两句后有连接词"因此"，可以判定它们联合作为论据，推断（14）句。（12）、（13）两句本身并无硬伤，所以论据成立。但是，论据可以支持结论吗？支持不了，因为缺乏其他条件，故缺陷归类为"条件缺失"。

另外，从本质上来说，（15）权力平衡就是权力平等，（16）因此这一制度本身蕴含着平等观念。（17）平等观念一旦成为企业的管理理念，（18）必将促成企业内部的和谐与稳定。

（15）句是强行混淆两个概念，属于"概念混淆"。本年概念混淆出错很明显，但有些年份概念混淆会很不好找。本年概念混淆不必再回读。如果正常精读阶段未发现其他年份的概念问题，由于概念混淆是重要错类，所以还要专为其再次快速回读原文。

由于前句已经概念混淆，所以（15）不能推出（16）。（其实这也是论据不成立，因为（15）句不仅概念混淆，本身还承担着论证中论据的角色。所以，等于（15）句有概念混淆和论据不成立两重错误。但我们做题看错误要抓主错，本处主要是混淆概念，而且本年已有过论据不成立错误，也可以因此推知本处是概念混淆。）

（17）、（18）两句是论证关系，但是论据(17)句无法推断出结论（18）句。此处属于推断不出。注意（18）句有绝对词。做题有个规律，有绝对词的句子往往都不对。

关于用好绝对词语的小技巧

考试原文经常出现绝对词语,例如"必将、绝对、必然、毫无疑问、唯一"等表述。绝对词由于排除其他一切可能,往往会出错。过去十几年试题也有这个规律:所有带绝对词语的语句都不对,通过绝对词找缺陷论证可百发百中。但是,绝对词语具体是哪类错误,还要具体分析,不能只说"原文过于绝对",不能拿指出绝对来替代分析。绝对词语有助于寻找错误,却不能帮助分析错误。考生要擅找绝对词,又不能完全依靠绝对词。

由此可见,(19)如果权力的制衡与监督这一管理原则付诸实践,就可以使企业的运营避免失误,确保其管理制度的有效性、日常运营的平衡以及内部的和谐与稳定,(20)这样的企业一定能够成功。

(19)句中的诸多条件都是推断后句的论据,但是无论多少,这样的归纳论证还是无法穷举所有条件,还是有"条件缺失"的问题。

注意(20)句有绝对词,有绝对词的句子往往都不对。但这个绝对词只是帮我们识别该句可能不对,但不对的原因并非只是叙述绝对。绝对词帮我们识别问题点,我们警惕后,还是要按论证缺陷类型去进行常规判定。

第四节 五步法之三——选

读→找→**选**→析→写

通过上一节的学习,我们能够找到原文全部的论证缺陷。但是写作时只选4~5点作答即可,那么如何选择呢?这就需要学会取舍。

考生经常问:在正确的情况下,选不同的点写是不是得分不同?例如选难点写,是否分数会更高?答案是,选点确实对分数有影响。选择不同难度的点当然体现不同的论证分析能力,分数自然也不同。不过,这一切都是建立在回答正确的基础上。如果因为追求有难度的点而出错,那么分数反而会比选择普通的点更低。

田然老师研究发现,在24分以内,选点对分数影响很小,得分主要不取决于找了哪个点,而取决于找点是否正确,分析是否正确。只要找点对,无论难易,都可以最高得到24分。只有要冲击更高分数的同学才需要考虑选点难易度和全面性。所以,其实考试对选点要求不高,还是要以正确为重。

一、选点原则

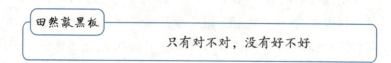

田然敲黑板

只有对不对，没有好不好

（1）追求22~24分（多数考生）选点原则：挑有把握的点，不必考虑其他，即不必考虑是否有难度，是否均衡，是否重复等因素。

大多数考生基础可能不够扎实，能够在考场上正确找点并分析已经很不错了，建议以稳为上，没必要冒险去追求优化选点。田然老师建议90%的考生不要纠结选点难易高下之分，只选有把握的点作答即可。

（2）追求24分以上（少数考生）选点原则：挑不同类型和不同位置的缺陷，保持缺陷类型与位置均衡，可以概括为"不同类、不同处"选点原则。

少数基础较好的考生也希望取得高分，如果在考场上遇到有4个以上有把握的点可供挑选的情况的话，那么确实就有选点策略的问题。最优选点建议涵盖不同缺陷类型，比如概念类、论据类、条件类、推断类、逻辑类等，同时，均匀覆盖原文材料的不同位置，比如全文各部分、各段落都有选点。因为涵盖不同类型可显示考生分析能力强，覆盖更多位置，可显示考生对全文把握准确。

一般来说，满足以上两个原则的选点策略在作答正确的情况下分数更高。但这个标准不强求，还是以稳健拿分为首要目标，不要为了追求优化选点而放弃本来有把握的点，冒险去选择没把握的点。这样可能均衡没实现，反而遗憾丢分。因此，田然老师不同意为搏高分追逐选点策略，而更加推崇另一句话：

对于普通人，选点只有对不对，没有好不好。

二、选点数量

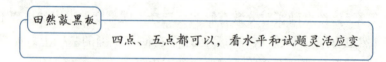

田然敲黑板

四点、五点都可以，看水平和试题灵活应变

许多同学纠结到底写4点还是5点？有的老师说写4点，有的老师又推荐写5点，到底哪个说法对？通常无论是推荐4点还是5点，推荐者都没有说透原因，导致考生无所适从。这里，田然老师给出详细而准确的讲解：

根据《考试大纲》的评分标准，论证有效性分析30分当中，16分是找点分数，14分是表达分数，两者几乎相当。因此，找点和表达不可偏废。两者的关系是，找点是前提，找点对才可能表达对，找点错，表达无论怎么写肯定错，对于这个，考生要先想明白。找4点和找5点这两个选择的利弊如下：

找 5 点比找 4 点多了 1 次找点的机会,但多找 1 点带来的引用原文也会占用分析表达的字数,也就少了几十字的表达空间,表达分数可能降低。相反,找 4 点有更充足的字数清晰地分析表达,能够有更充分的机会挣足分析表达的分数,但也少了 1 次找点的机会。因此,找 4 点还是找 5 点是此消彼长关系,多找了点就只能少分析,少找了点就可以多分析,字数就那么多,甘蔗没有两头甜。

有人说,那我多写点,超一些字数不就解决问题了吗?田然老师不建议这样做。第一,论证有效性分析考试方格只有 700 个,只多出 100 个格,没有多余很多;第二,考试时间非常紧张,按最低线 600 字书写都可能答不完,所谓增加字数只是考前理想化的假设,实践并不可行。

根据考生普遍的能力状况,田然老师建议以找 4 点为主,实战看题而定——如果考试时能够找到有把握的 4 点,那就只找 4 点,其余尽力表达充分。考试中,正确找到 4 点即可得到所有找点分数,其余应尽力争取分析分数。经过充分备考训练后,这种情况属于多数。只有在两种情况下,可以找 5 点:

第一,若该套试题 4 点中有 1 点没把握且备选点中也没有有把握的点替代,则此时可以找 5 点,在找点上增加得分概率。但随后分析字数必受制约,相应得分将变得困难。由于找点是得分基础,点找得不对其他免谈,所以这样做也划算。

第二,若考生比较不善表达,即使经过训练,在找 4 点情况下也总写不满 600 字,那么与其绞尽脑汁凑字数,不如干脆答 5 点。不过考生应知悉,答 5 点并不能掩盖分析能力不足,不会因为多找这 1 点而多得分析分数。故而,平常练习时还应磨炼分析能力,而非上来就告诉自己找 5 点了事。

三、切点原则

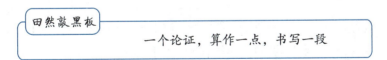

田然敲黑板

一个论证，算作一点，书写一段

学习后期,考生经常会在如何切分错点问题上有疑问,举个典型例子:原文一个自然段,由两句话构成,前一句犯了一种错误,后一句同时犯了两种错误,那么作答时应该写为几点(几段)呢? 答案是应该写为两点,而不能写为三点,因为是两个论证,因为切点要按论证数量切,而不按错误数量切。

最经典的如 2015 年真题:

其次,经济运行是一个动态变化的过程,产品的供求不可能达到绝对的平衡状态 A,因而生产过剩是市场经济的常见现象 B。既然如此,那么生产过剩也就是经济运行的客观规律 C。因此,如果让政府采取措施进行干预 D,那就违背了经济运行的客观规律 E。

这里,A 推 B 明显有误,B 和 C 混淆概念,D 推 E 有待商榷,同时 B 和 C 又作为论据,

推 D 和 E 组成的结论。这里,应该认定:

"A 推 B"应算作一个点,作答时作为一段,因为这是一个论证;

"B 和 C 混淆概念,以致作为后面的论据却不能成立,导致推不出'D 能推 E'这个结论"。这里整个应合起来算作一个点,作为一个自然段作答,因为这整个作为一个论证。

这里要高度注意标下画线的"因此",B 和 C 在它前面是论据,却因混淆概念而论据不成立,D 和 E 虽是推断但基本合理,反而总体上是因为前面的论据不成立而导致整个大论证不成立。针对此点,如果考生将 B 和 C 的混淆概念单独作一点回答,但未提及这个混淆概念对后面的影响,本点虽然能得分但会影响整体分数。因为看待论证缺陷不够透彻,只孤立看到混淆概念,没整体看到其作为论证的论据,只见树木不见森林。

此外,应注意,此处所说的"一个论证,书写一段"的切点原则属于一般性原则。若遇到可以连击的机会,实战中也可以把两个论证合并作答,作为一段,未必非要机械地一个论证一段。

四、作答顺序

(1)应该按照原文顺序从上到下选点和作答,不必考虑将最有把握的点放在最前面,或者将有难度的点放在前面,这样是画蛇添足。阅卷人会从上到下阅读所有点,前面的点的对错都不影响后面的点,不必改变顺序。反倒是按照原文顺序作答给予了阅卷人阅读方便。当然,如果作答时不小心错过了某一点,也不必因为要保持顺序而懊恼,继续补答在后面亦可。

(2)考生不必将相同错误类型的点合并为一段作答,也不必将相同错误类型的点安排为相邻的段落作答,这些都是画蛇添足,只要老实地按原文顺序作答即可。

五、选点难易

一般来说,概念类、论据类、条件类、推断类、逻辑类这五种类型的项目难易程度不同,建议优先挑选和作答简单类型的项目。优先顺序如下图所示:

> **优先顺序**
>
> 首先,条件类/推断类→其次,概念类→再次,逻辑类→最后,论据类

首先,可以选择"条件缺失"和"推断不出",这两者类型容易识别且容易作答,两者加起来一般在考试中出现 2~3 次,建议考生先把握住,作为得分根基。

其次,可以选择"概念混淆"和各种"逻辑错误",前后对照、仔细识别是否有概念混淆,是否有自相矛盾等。概念类、逻辑类每年通常各有 1 个,其共同点是有时不易识别。一旦识别,就比较容易书写,肯定不能放过。

最后，要慎重选择"论据不成立"，由于其难度偏大，考生经常误判，并因此白白失分，把本来正确的论据当作不成立的论据，或者原文本来不是论据，考生却认定为"论据不成立"。这个点通常每年出现1次，建议考生慎重下笔，仅追求过线的考生可以干脆放弃，追求高分的考生也应谨慎选择。

六、实操演练

以下还以2014年1月管理类联考真题为例，看如何取舍各点。请考生首先回到该年试题，自行判断如何选择各点，然后使用下文印证。

首先应该明确取舍原则，即先求稳、再求多样，先选偏简单的条件/推断类，再选偏难的概念类、逻辑类、论据类。具体到2014年试题：

首先，第1点、第4点、第7点都是"条件缺失"，考生可采取最简单的办法：选择这三点，再额外任选一点，即完成四点的选择。这种方法最简单，也最稳当。但由于同一类型选择较多，如果希望冲击24分以上就会受影响。求稳考生可以这样选择，以正确为先。这样，如果各点都分析正确，就能够得到22分，已经不错。

其次，如果想冲击24分以上，还需要在选点上照顾错类周全。那么，第1、4、7点中可选择两点。然后，本年"概念混淆"比较明显，应该入选。接着，本年"推断不出"含有绝对词语，应该说几乎没有找点风险，可以入选。这样，也凑成四个点。

本年的"论据不成立"和"自相矛盾"较难判断，按照前面所讲的选点顺序，通常论据类都放在最后选择，因此本年最终不选"论据不成立"（本书范文选取该点是为了展现作答范例，考生没有把握应该不选）。所以，最终选点结果和顺序是第1点—第4点—第5点—第6点。这样的选择兼顾求稳与求分，应该是比较理想的组合。

希望考生做历年真题时，不但订正答案，参照范文，也揣摩一下选点，对比自己的选点与本书的选点。如有不明白的地方，可以与老师交流。

第五节　五步法之四——析

读→找→选→析→写

一、基本套路

分析套路可以分为四部分：

（1）引用原文（引）；

（2）评定错类（评）；

（3）分析错因（析）；

（4）推导小结（结）。

限于每点 120 字的作答字数，通常可以从这四部分中选择三个作答，当然因题而异、因人而异，四部分都涵盖亦可。如果选三部分，则常见的有两种组合：

（1）引→评→析；

（2）引→析→结。

1．引原文，引要准

【套路讲解】

引用原文的目的在于告诉阅卷者回答哪个点。所以，"引"最重要的是准确，这样阅卷者才好评判。考场阅卷速度很快，"引"如果模糊，那阅卷者可能按错误来处理而扣掉分数。

因此，建议考生少自行概括，多引用原文。引用时可以加引号，也可以不加。原文如果较长，可以适当缩写，去掉非关键词语，但尽量保持语句原貌。这样阅卷人读到原文或原文缩写，自然知道考生在写哪一点。否则考生自己概括，将为阅卷人快速识别造成困难。这里试举一例：

（2014）既然任何人都不能滥用权力，而且所有环节都在可控范围之内，那么企业的经营就不可能产生失误。

不当引用示例（×）：

权力的制衡和监督不能推断企业经营失误与否。

田然老师点评：

该引用高度概括了原文，因原文全文都在讲权力的制衡与监督，高度浓缩后，给阅卷人判断考生到底在写哪一点造成了一定的困难，且原文表述为"不可能失误"，考生更改为"失误与否"，没有必要。无论是高度概括原文，还是更改原文表述，都无必要，建议不要这样做。

照抄引用示例（×）：

由"任何人都不能滥用权力而且所有环节都在可控范围之内"不能推出"企业的经营就不可能产生失误"。

田然老师点评：

这个引用非常完整，但是过长，占用分析字数。考试得分主要靠分析而非引用，故应当精简引用。

缩写引用示例（√）：

由"任何人都不能滥用权力，所有环节都可控"不能推出"企业经营不失误"。

田然老师点评：

这个引用较好。既做到清晰，又做到简洁。缩写引用通常缩写连接词、介词、副词等，可以看到缩写后更清爽，又没改变原意，阅卷人很容易识别。

【套路技法】

引用通常有两种做法：

（1）直接引用，其常见写法是：

"A 不能推出 B""A 未必能推出 B"，"原文通过 A 试图推出 B，但未必可行"，例如：教得好不能推出是好老师，教得好未必能推出是好老师，原文通过教得好试图推出是好老师，但未必可行。

（2）反问引用，常见写法：

"A 能推出 B 吗？事实未必如此/言之过早"，例如：教得好就能推出是好老师吗？事实未必如此。

2. 评错类，评要短

【套路讲解】

"评"代表指出缺陷类型。缺陷类型就是考试题型，是固定的有限几种。本书所授八大题型几乎涵盖全部考试题型，"评"不是任意乱评，本质是对号入座，"评"最要紧的是：不要自己编造，不要拍脑袋，不要靠感觉。

"评"的要领是短促，不要拖沓，直接告诉阅卷人原文的问题是什么。可以说，"引要准"是为了拿找点分，"评要短"是为了拿分析分。要注意，"评"并非必须使用专业词汇。考生可以不写"不当类比"而写"两者类比不恰当"；考生可以不写"以偏概全"，而写"个体推不出总体，局部推不出全部"。总之，不怕使用"大白话"，也不怕用文字表述，但考生不要故弄玄虚，乱用术语。

考生经常有这样的问题——"我把错误原因写得那么清楚，要是写错了，是不是更容易被扣分？如果写模糊点，是不是可能更好？"关于这个问题回答如下：确实，如果写错当然会扣分，这是自然的。但如果模糊处理，阅卷人找不到得分点，通常也会按错误处理，直接扣分，等于模糊和错误是同样的效果。

所以，模糊处理是双刃剑，模糊处理会减少正确时的得分可能，当然也就能减少错误时的扣分可能。如果实在没有把握，可以某些点适当模糊处理，但只限于个别点，不要把模糊处理作为"家常便饭"。

模糊处理的方法是只写 A 不能推出 B，不指出明确错因。那么，这实际上就是走"引→析→结"的作答套路。这个套路就没有"评"。

【套路技法】

八大题型，每个的"评"都有不同的回答要点，作答时务必将这些关键词涵盖在答案中，因为这些词就是所谓的阅卷得分点：

田然敲黑板

没把握时模糊评，
有把握时清晰评，不要都模糊评

（1）概念混淆："概念不同，不能混淆"；

（2）论据不成立："该理由不能成立""不宜作为论据推断……""不能据此推断……"；

（3）推断不出：该错类较特殊，"引""评"天然合一，"引"时写到"A 不能推出 B"，自然涵盖"评"；

（4）条件缺失："作者忽视了其他条件"；

（5）自相矛盾："两者前后矛盾/前后不一"；

（6）以偏概全："个体/局部不能推断总体/整体"；

（7）非此即彼："两者不是非此即彼的关系"；

（8）类比不当："两者类比/该类比并不恰当"。

3. 析错因，析要细

【套路讲解】

"析"代表对本点缺陷进行详细分析。"析"是对"评"的详细解释。考试答题每点大约 120 字左右。其中"引""评"占 60 字，"析"占 60 字，可见"析"相当重要。"析"要细致充分，详细写出认定此点有错的分析过程。

【套路技法】

针对不同题型，"析"的方式不同。第三章第二节已经按照不同题型给出答题公式，那就是不同题型的分析模板。建议考生反复背诵典型套路，在考场上直接套用。这里不再重复，请考生翻回第三章第二节深入研究。

4. 推结果，作小结

【套路讲解】

推结果和作小结是二选一的，都是对"引""析"的补充。推结果是分析原缺陷论证将导致的后果或不合理结论，类似于"归谬法"证明原论证有误。作小结类似于回抠原文，再次重申论证有误，结论存疑。

【套路技法】

"推结果"的示例：

如果教得好就可以是好老师，那难道老师的素养、师德等方面就可以不考虑吗？这样的评价标准是否过于单一？

"作小结"的示例：

由教得好不能推断是好老师（引），好老师需要多方面因素评价，教学、素养、师德需要兼顾，仅有教学好还不够，还缺乏这些条件（析）。因此，不能仅从教得好认定好老师（结）。

5. 完整示例

（1）真题示例：

（2014 真题）既然任何人都不能滥用权力，而且所有环节都在可控范围之内，那么企业的经营就不可能产生失误。

（2）完整作答：

首先，由"任何人都不能滥用权力，所有环节都可控"不能推出"企业经营不失误"（引）。作者忽略了其他条件（评）。运营失误与否还与趋势判断、财务健康等诸多条件有关，这些都能左右企业是否失误（析），仅权力制衡与环节可控还不足以推断能否不失误（结）。

（3）作答点评：

"引"部分，没有随意概括，鉴于原文较长，做了适当缩写。"评"部分，没有机械使用专业词汇，而使用了对应题型的标准评语。"析"部分，按照模板，正确指出了被忽视的条件。"结"部分，作了清晰总结。整个作答可作为标准范例。

【及时解惑】

问：一、本题列举的所缺条件不是这两点可以吗？二、何时小结或不小结？

答：一、可以，列举只要正确，列举其他亦可，没把握还可模糊些，但应尽量列举，若模糊的也拿不准，那就只能不列举。二、看情况。通常没有"析"就小结或者可说的话不多就小结。如果字数快超了，自然不小结。

二、拔高写法

前面讲述的是分析论证缺陷的基本写法，在此基础上，考生若想冲击高分，还需再次提升分析深度。这就需要本点所讲的"让步写法"和"连击写法"。

这两者属于写作学习后期的拔高技巧，考生初看本书时可先略过，做几年真题形成初步认识。进入学习后期时，可在本点上多下功夫，掌握这两种写法，以求锦上添花，与普通考生拉开差距，赢得高分。

1. 让步写法

让步写法是指在分析论证过程中部分承认原论证，既可以是承认前提，也可以是承认中间结论。注意，这种承认通常是部分承认，不会完全承认整个论证。

例 1：（2015 真题）只要生产企业开拓市场，刺激需求，就能扩大销售，生产过剩马上就会化解。

（1）普通写法：开拓市场，刺激需求未必能够扩大销售。

（2）承认论据让步：即使开拓市场，刺激需求也未必能够扩大销售。

（3）承认中间结论让步：开拓市场，刺激需求未必能够扩大销售，即使部分扩大了销售，也不能就此认为生产过剩就能化解。

例2：（2015真题）其次，经济运行是一个动态变化的过程，产品的供求不可能达到绝对的平衡状态，因而生产过剩是市场经济的常见现象。既然如此，那么生产过剩也就是经济运行的客观规律。

（1）普通写法：由"产品供求不可能绝对平衡"不能推出"生产过剩是市场经济的常见现象"。

（2）承认论据让步：即使产品供求不可能绝对平衡，也不能就此认为生产过剩是市场经济的常见现象。

（3）承认中间结论让步：由"产品供求不可能绝对平衡"不能推出"生产过剩是市场经济的常见现象"，即使生产过剩可能是市场经济常见的现象，也不能将其等同于市场经济的客观规律。

承认论据让步更像只是为了形式上委婉一些，实质让步不大。因为让步前说"A 不能推出 B"，这本身也没质疑 A，承认论据让步改说"即使 A 也不能推出 B"，只是形式上委婉一些，实质意义不大。相对地，承认中间结论式让步才属于真正实质性的让步。让步写法主要指这种让步。此外，承认中间结论式让步已属于下面要讲的连击写法。因为在让步中间结论的同时，就在连续分析至少两个论证，故让步中间结论写法和连击写法，两者不分家。

2. 连击写法

连击写法是指连续分析两个或多个论证，或者连续分析一个论证的两处或更多处缺陷。前者可理解为对多个论证的合并攻击，后者可理解为对一个论证的多角度攻击。连击写法能将论证分析得更充分、到位，体现考生更高的分析能力。

例1：（2015真题）只要（A）生产企业开拓市场，刺激需求，就能（B）扩大销售，（C）生产过剩马上就会化解。

连击写法：开拓市场、刺激需求未必能够扩大销售，扩大销售受市场空间、产品质量等多方因素影响，而且，扩大销售也未必能化解生产过剩，因为化解过剩还需要控制生产数量，限产扩销需要同步。况且，化解生产过剩也需要一个周期，不易做到"马上"化解。

这里，我们把原论证所有缺陷"一网打尽"，既连续攻击了 A→B，B→C 两段论证，又多角度攻击了 B→C 的两处缺陷。所以这个例子是同时出现"合并攻击"和"多角度攻击"这两种连击的典型。通过连击指出了三处缺陷（A→B×1，B→C×2），充分体现了考生过人的分析能力，可帮考生赢得更高的分数。

3. 让步连击写法

有时，连击写法又可以跟让步写法合并（通常是跟中间结论式让步合并），形成"让步连击写法"，下面再用让步连击写法把上题写一遍：

让步连击写法：开拓市场，刺激需求未必能够扩大销售，扩大销售受市场空间、产品质量等多方因素影响，而且，即使销售有所扩大也未必能化解生产过剩，因为化解过剩还需要控制生产数量,限产扩销需要同步。况且,即使销售可以化解生产过剩,也需要一个周期,不易做到"马上"化解。

注意,这里连续让步了两次,实际考试中考生可酌情让步,未必要一连击一让步。实际这里一次让步可能更好,两次让步是为了展示这种写法。最后,应注意,让步写法比连击写法适用范围更广泛,因为让步的机会较多,而是否可以连击,除与考生能力有关外,也与原论证本身紧密挂钩——只有原论证有连击空间,才能实现连击。

第六节　五步法之五——写

读→找→选→析→写

论证有效性分析重在考查考生的分析能力,而非遣词造句能力,文章结构和语言文采并非考试要点。文章结构小需要个性和创新,只要按照本书规范套路作答即可。

一、全文架构

首先,全文要有标题,分值为2分,历年都有考生遗漏标题,请交卷前认真检查。标题可以采取后文中提到的三种方法中的一种来拟写。

其次,考试要求写600字,考卷每100字标记一次(可见本书附录二)。剔除题目和转行因素,实际书写字数只有500多个,因此本书范文通常都是500多字。故下面所称每段多少字,实质是多少格。考试时,建议分配方式为:

开头、结尾各60字左右,本书提供固定模板,直接套用即可;

中间每点一段,若找4点,则每段120字左右,若找5点,则每段接近100字。

最后,各段之间以连接词作为段首。具体结构如下:

文章位置	字数/行数	段首连接词
白拟题日	1行	
开头段	60字3行	原文通过……试图论证……
要点1	120字6行	首先/第一
要点2	120字6行	其次/第二
要点3	120字6行	再次/第三
要点4	120字6行	最后/第四
结尾段	60字3行	综上所述

二、标题模板

拟标题有三种方法:

第一种称作质疑式。质疑式是对原文论点进行质疑,进而展开全文。解析为何论点存疑。具体方式是:在原文论点后面加个"吗"字,故江湖人称"后吗式"。

1. 质疑式

(2017 - 01)赏罚就可以治理好臣民吗

(2016 - 01)大学生就业真的不是问题吗

(2015 - 01)生产过剩政府不必干预吗

(2014 - 01)制衡监督就能保证企业的成功吗

2. 判断式

第二种称作判断式。判断式是在标题就告示众人,原文论点尚不能轻易得出,然后撰文陈述论证中存在的问题。这种方式最简单的办法是在全文论点后面加上"言之尚早"四个字,当然,加其他表述亦可。

(2017 - 01)赏罚就可以治理好臣民言之尚早

(2016 - 01)大学生就业并不难言之尚早

(2015 - 01)生产过剩政府不必干预言之尚早

(2014 - 01)监督制衡就能确保企业成功有待商榷

3. 万能式

第三种称作万能式。即无论原文讲述什么,都采取同样的标题。这种标题的优点是不用担心论点找得不对,不用在标题上花心思。缺点是比较平庸,对全文整体赢取高分有制约。以下这些万能标题都可以直接用到考卷上:

似是而非的论证

且慢草率下结论

有失偏颇的论证

注意,质疑式在"吗"字后面建议不加问号(加问号亦不算错)。判断式后面不要有句号或感叹号。所有这三种方式都不需要加书名号。

三、开头模板

开头、结尾并非论证有效性分析的考试重点。本书列举三种开头模板,整体差异不大,考生可以任意选择。第一种是对论证过程的简要概括,然后指出全文论点,较有难度,体现水平亦略高。第二种只说原文是"一系列论证",省去对论证过程的简要概括,然后同样指出全文论点。第三种是概括论证过程和指出全文论点都省略,只剩标准框架,难度最小但也最没内容。建议多数考生使用第二种。此外,这三种模板的后半句可以相互串接,形成更多变化,考生可以自主安排。

(1)上述论证通过＿＿＿＿＿＿＿＿＿＿,得出＿＿＿＿＿＿＿＿＿＿结论。然而,该论证过程因为存在若干问题,值得商榷。

(2)上述论证通过一系列分析,试图论证＿＿＿＿＿＿＿＿＿＿。但是,该论证在论证方法、推理过程中都存在不妥之处,分析如下:

(3)上述论证通过一系列分析,试图论证原作者的结论。但是,该论证在论证方法、推理过程中都存在不妥之处,分析如下:

四、段落模板

中间段落是对各个论证缺陷的分析,直接套用上节中"析"中所讲的各种套路和八大题型的具体模板即可,此处不再赘述段落模板。

五、结尾模板

结尾跟开头模板几乎相同,没有特别之处,直接从以下模板中任选其一使用即可:

(1)综上所述,上述材料在论证"＿＿＿＿＿＿＿＿＿＿"(论点)的结论时存在诸多论证缺陷,要得出该结论还需要更加严谨的论证。

(2)综上所述,上述材料在论证过程中存在诸多论证缺陷,要得出文章结论还需要更加严谨的论证。

六、论点的找法

论证有效性分析作答,标题、开头、结尾都可能涉及全文论点。那么,如何寻找论点呢?

通常来说,真题不会在论点上为难考生,论点通常位置清晰、表述明确。位置清晰是指一般位于文章首段或尾段。表述明确是指原文会总结好全文论点,考生直接使用即可,不需要自己概括。因此,考生不必为寻找论点担忧。

注意,到备考后期,考生会做大量各类辅导机构的写作模考题,根据田然老师的经验,这些模考题往往论点缺失或隐晦,不符合真题思路,因为真题通常不会如此。因此,考生对此类模考题不必较真。当然,还是选择咱们自己的《田然综合模拟冲刺六套卷》进行考前模考更有保障。

> **【及时解惑】**
>
> 问:老师,虽然你这么说,但我还是担心论点找不到或找错,那标题、开头怎么办?
>
> 答:历年考生在考前都会出现这种焦虑,故设此解惑。我已说过,真题通常论点清晰,所以,不要乱吓自己。实在担心就做好打算,在考场上用万能式标题和第三种开头。

第五章 真题精练 应试点拨

本章收录了 2018 年及以前历年 1 月的管理类联考真题,精选了两套价值较大的 10 月在职研究生联考真题。考生应认真使用本章试题,对前面所学知识进行系统训练和巩固。请牢记先做题,后对答案,务必动手练习。

第一节 真题评价及练习建议

一、考试评价

总体来说,管理类、经济类联考的命题水平、命题透明度、阅卷规范程度与中考、高考等有一定差距。主要表现在:

一是试题稳定性一般,某种缺陷类型有时一年集中多次出现,有时又完全不出现;材料字数和缺陷数量有时较多,有时又较少;

二是命题透明度不高,比如高考语文,有详细的考试大纲,有教研员传递官方思路给备考师生,有官方试题解读。管理类、经济类联考,大众既不知道谁命题、谁阅卷,也没有对命题的研讨,官方也没有范文。

好在从 2014 年起,命题越来越规范,材料字数趋于稳定,缺陷设置趋于均衡,原文叙述趋于规范,命题人对批判性思维的理解更为深刻。命题逐渐规范,这对考生有利。

二、命题趋势

试题最大的分水岭是 2010 年前后。2009 年,教育部开始大力推广全日制专业硕士。自 2010 年起,教育部新增了若干个专业硕士专业,"MBA 联考"与相关考试合并,变更为涵盖 MPA、MPAcc、MEM、审计、图书情报、旅游管理等专业在内的"专业硕士学位管理类联考"。这次合并导致该考试出现了较多显著变化。熟知这些变化,对于应对现今考试以及正确看待和利用早年试题都有帮助。

1. 材料长度增加

长度增加使对考生阅读能力的要求也提高了。虽然早年也有较长的文章,但长短不定并以短为主,有的年份试题材料只有不到 300 字。2010 年以后,文章长度增加并稳定在 450～550 字。

2. 缺陷位置分散

随着材料字数增加,原文不再是句句出错。早年试题除含有论证缺陷的语句,很少有多余叙述,几乎句句有错点。2010 年以来,试题材料更加模拟真实生活环境,有缺陷的论证开始夹杂在叙述、解释、定义等各种语言成分和正确的论证当中,对考生寻找、判断的要求也提高了。

3. 类型有增有减

2010 年以后,题型变化可以概括为"三增三减"。新设了"论据不成立""自相矛盾""条件缺失"等三种题型。这些在 2010 年以前是没有的。同时,弱化了"不当类比""不当假设""推断不出"等三种题型。弱化"不当类比"是因为考生经过训练后容易辨别这类题型,使得命题区分度较小;弱化"不当假设"可能是因为考题难度偏大,考生不易掌握;弱化"推断不出"主要是因为早年考查过于频繁,同一年的试题可能反复出现该题型,个别时候出现 3~4 次。现在基本保证每年只出现 1~2 次。

4. 类型设置均衡

早年试题,缺陷类型单调,同一年试题只有 2~3 种缺陷类型,每种出现 1~2 次,有的多达 3~4 次。2010 年以后,缺陷类型设置越来越均衡,类型多达 5~6 种,且倾向于每年每种只出现 1 次,类型设置的全面性、均衡性人人提升。

5. 缺陷数量稳定

早年试题缺陷数量不稳定,有时多、有时少,少的时候全文勉强凑够 4 个点,几乎没有可选余地。2010 年以后,缺陷数量稳定在 6~7 个,既能保证考生有所选择,又不至于因错点过多导致难度降低。

综合来说,考试命题越来越规范,水平越来越高。

三、真题点评

考生应通过阅读试题点评,熟知历年试题优劣,在训练时做到有的放矢,重点练习经典试题,适当放弃偏题、怪题。

2014、2015、2016、2017、2018 年这五年的试题,命题规范、水平较高,最接近当下的命题思路,对复习帮助最大,是咱们复习的重点。请考生认真自测、反复研读、彻底弄懂、常翻常悟这五年的试题。不能只做一遍,而要"二刷""三刷",做多遍,考前还要拿来复习巩固。

2010—2013 年这四年的试题,命题水平稍微逊色,但仍然比较规范,可以作为精练使用,重要性略次。请考生拿出时间,按照考试 30 分钟要求,排除干扰,计时动笔练习,然后订正答案,反思错因,充分利用这几套试题。其中,2010、2012 年试题的质量相对更好。

2006—2009 年这四年的试题就与 2010 年以后的试题有较大差别。故只当作一般性练习使用,不能当作仿真模拟使用。因为材料字数、类型设置已经都有较大变化。其中,2007、2008 年试题的质量较好,2006、2009 年试题的质量稍差。

更早年的试题由于字数远少于现在,类型设置也不同,参考意义较小,故本书不再收录。坦率地说,与其做更早年的真题,还不如做按照最新命题思路研发的模考试题意义大。

另外,本书收录了参考意义较大的 2005 年 10 月、2008 年 10 月在职研究生联考试题,作为考生练习、自测的选择。

按照重要性,历年真题可分为三类,如表 5 - 1 所列:

★★★代表最重要,最有代表性,价值最大;

★★代表跟当下命题思路已有不同,但还是很好的练习题;

★代表虽然是真题,但质量一般,价值较小,建议留在最后使用。

表 5 - 1 论证有效性分析历年真题分类

类　别	星　级	试题年份	使用建议
第一类	★★★	2018、2017、2016、2015、2014	精研试题,反复练、考前练
第二类	★★	2013、2012、2011、2010、2008、2007、2008 - 10、2005 - 10	练习试题,提高实战能力
第三类	★	2009、2006	参阅试题,增加做题阅历

四、使用建议

> 田然敲黑板
>
> 写作备考,先学技巧;直接真题,不必兜圈;最近五年,要"刷"三遍

1. 使用建议

简而言之,一星看、二星做、三星反复做。

三星篇目:先独立测试,再订正,再反复揣摩研究,必须完全搞懂;两星篇目:搞懂三星篇目后,拿两星篇目练习,检验各类题型是否掌握,积累做题经验。通过练习再体会。一星篇目:作为前两类的补充。

2. 做题提醒

看答案前务必动手练习。写作都是中文,看的话谁都会,但未必就能做出来。学习写作最容易沉不下心来。好题很少,所以请倍加珍惜。尤其是三星篇目,仅有几篇,一定要先自测,再对答案,再反复揣摩,不要随意看答案浪费掉。

3. 练习提示

写作备考初期,不建议使用辅导机构的自编试题。尤其那种只有一段话,100～200 字的试题材料。这些自编试题通常不符合考试要求,起不到很好的备考作用。所以,请考生直接使用真题且仅用真题进行练习。

4. 作答字数

本书中的范文通常在 550 字左右。因为考试虽然要求 600 字左右,但那是要求写到考卷上"600 字"标志处。Word 计算字数时未考虑由于分段造成的空白格。所以 Word 里字数 550 字左右其实放到考卷里通常超过 600 字,有的达到 650 字。因此,本书中很多 550 字左右的范文正好符合考试要求。

第二节　管理类联考历年真题

2018 年 1 月真题详解与参考范文

56. 论证有效性分析:分析下述论证中存在的缺陷和漏洞,选择若干要点,写一篇 600 字左右的文章,对该论证的有效性进行分析和评论。(论证有效性分析的一般要点是:概念特别是核心概念的界定和使用是否准确并前后一致,有无各种明显的逻辑错误,论证的论据是否成立并支持结论,结论成立的条件是否充分等。)

哈佛大学教授本杰明·史华慈(Benjamin L Schwartz)在 20 世纪末指出,开始席卷一切的物质主义潮流将极大地冲击人类社会固有的价值观念,造成人类精神世界的空虚,这一论点值得商榷。

首先,按照唯物主义物质决定精神的基本原理,精神是物质在人类头脑中的反映。因此,物质丰富只会充实精神世界,物质主义潮流不可能造成人类精神世界的空虚。

其次,后物质主义理论认为:个人基本的物质生活条件一旦得到满足,就会把注意点转移到非物质方面。物质生活丰裕的人,往往会更注重精神生活,追求社会公平、个人尊严等等。

还有,最近一项对某高校大学生的抽样调查表明,有 69% 的人认为物质生活丰富可以丰富人的精神生活,有 22% 的人认为物质生活和精神生活没有什么关系,只有 9% 的人认为物质生活丰富反而会降低人的精神追求。

总之,物质决定精神,社会物质生活水平的提高会促进人类精神世界的发展,担心物质生活的丰富会冲击人类的精神世界,这是杞人忧天罢了。

【论证框架】

（1）精神是物质的反映→物质丰富只会充实精神→物质主义潮流不可能造成精神空虚；

（2）基本物质满足→注意力转移到非物质→物质丰富更追求精神生活；

（3）某高校调查数据→多数人认为物质丰富精神。

} 物质丰富不会冲击精神世界

【要点全析】

具体缺陷类型见表5-2。

表5-2　2017年1月真题要点全析

序号	名称	分析要点
1	推断不出	由"物质决定精神的基本原理"无法推出"物质丰富只会充实精神世界"。物质对精神的决定性未必只会是充实精神，也可能有副作用，决定性不代表有益性。绝对词"只会"有助于判断
2	混淆概念	"物质"不能等同于"物质主义"，这两个概念差异很大，不能简单等同。因此，物质与精神的关系不能用于推断"物质主义潮流不可能造成人类精神世界的空虚"
3	推断不出	由"个人基本的物质生活条件一旦得到满足"不能推出"就会把注意点转移到非物质方面"。"基本的"物质生活条件之上，人类还很有可能追求更高的物质享受，未必转移到非物质方面
		有同学认为此句属于"后物质主义理论"，不应反驳。但田然老师综合考量后认为可以反驳。第一，该理论不同于唯物主义，权威性有待商榷；第二，该句有明显的绝对性的连接词，很像命题人故意设置的错点；第三，本文可找错误偏少（若错点充裕，稳妥为上，当然可以放弃本点） 有同学问"一旦、就"可否类似"只要、就"，继而认定为"条件缺失"。老师认为有道理但相对"推断不出"更难解释和作答，在考场上应以好表达和稳拿分为上，因此此处认定为"推断不出"更好
4	以偏概全/推断不出	某高校抽样调查结果不能用于说明"物质主义潮流不会造成人类精神世界空虚"。首先，大学生只是部分人群，某高校里的更只是部分大学生，样本不具有代表性。其次，即使有少部分人群如此认为，但看法不等同于事实，不认为会如此不代表不会如此
5	混淆概念	同样说到对精神世界的冲击，文首称"物质主义潮流"，文末谈"物质生活丰富"，这两个概念不同。物质主义偏向对物质的崇拜和过度追求，属主观态度；物质生活丰富可以是人类辛勤创造的理所应当的物质财富，属客观事实，两者岂能简单等同？

【慎找要点】

慎找要点1：物质生活丰裕的人,往往会更注重精神生活,追求社会公平、个人尊严等等。

有的老师和辅导书认为此句为错点。田然老师认为应当放过此点。第一,这是一个陈述句,并非论证句,论证由论据和结论组成,不应该对陈述句作论证分析。第二,该句措辞使用"往往""更注重"等词语,退一步说,即使不作论证分析,只是单纯反驳这个陈述句也不容易,因为原文措辞严谨,如果强行反驳的话,空间很小且很容易强词夺理。

慎找要点2：有的老师如此给出参考答案：什么是物质主义潮流？什么是后物质主义理论,作者没有给出清晰的界定。

首先,这两点应区别对待。田然老师认可从概念界定的角度分析论证,因为这是试题题干提示的主要分析要点之一。不过,"后物质主义"这个概念应该不必界定,因为本文并非主要讨论"后物质主义",此概念只是作者引用的,且文中已经给出其理论内容,不必再界定陈述概念本身。

其次,"物质主义潮流"是本文的核心概念,也确实没有正式界定,考生可以找该点,该点也可能在标准答案中。但考虑"概念界定"历年考查频率较低,且若文中已找过"混淆概念"类型,不建议再找"概念界定"类型,因为这两者可能对应同一个采分点,重复寻找可能对得分无益。

【参考范文】

物质主义会造成精神空虚吗

原文通过论证,试图质疑物质主义会造成精神世界空虚的论断,但是该论证本身存在多处缺陷或漏洞,现分析如下：

首先,由"物质决定精神"无法推出"物质丰富只会充实精神世界"。这种决定性可能导致充实,也可能有副作用,决定性不代表有益性。况且,"物质"不能等同于"物质主义",这两个概念差异很大,不能混淆。因此,物质与精神的关系不能用于推断物质主义与精神世界的关系。

其次,由"个人基本的物质生活条件一旦得到满足"不能推出"就会把注意点转移到非物质方面"。"基本的"物质生活条件之上,人类还很有可能追求更高的物质享受,未必转移到非物质方面,这种转移是或然的,并非必然的。况且,转移到非物质方面不意味着会充实精神世界。

再次,原文某高校抽样调查结果欠缺说服力。第一,大学生只是部分人群,某高校里的更只是部分大学生,这样的调查样本不具有代表性。第二,即使有部分人群认为如此,事实也未必如此,看法不等同于事实。第三,较高比例人群持有某种观点也不能证明这种观点就是正确的,多数人认可的未必就是事实或真理。

最后,同样说到对精神世界的冲击,文首称"物质主义潮流",文末谈"物质生活丰富",这两个概念不同。物质主义偏向对物质的崇拜和过度追求,属主观态度;物质生活丰富可以是人类辛勤创造的理所应当的物质财富,属客观事实,两者岂能简单等同?因此,论证中前后概念就不一致。

综上所述,原文在概念、推断等诸多方面存在不妥之处,如果没有更严谨论证,不宜凭此就断定"物质主义是否造成精神世界空虚"的结论。(625 字)

2017 年 1 月真题详解与参考范文

56. 论证有效性分析:分析下述论证中存在的缺陷和漏洞,选择若干要点,写一篇 600字左右的文章,对该论证的有效性进行分析和评论。(论证有效性分析的一般要点是:概念特别是核心概念的界定和使用是否准确并前后一致,有无各种明显的逻辑错误,论证的论据是否成立并支持结论,结论成立的条件是否充分等。)

如果我们把古代荀子、商鞅、韩非等人的一些主张归纳起来,可以得出如下一套理论:

人的本性是"好荣恶辱,好利恶害"的。所以人们都会追求奖赏,逃避刑罚。因此拥有足够权力的国君只要利用赏罚就可以把臣民治理好了。

既然人的本性是好利恶害的,那么在选拔官员时,既没有可能也没有必要去寻求那些不求私利的廉洁之士,因为世界上根本不存在这样的人。廉政建设的关键其实只在于任用官员之后有效地防止他们以权谋私。

怎样防止官员以权谋私呢?国君通常依靠设置监察官的方法,这种方法其实是不合理的。因为监察官也是人,也是好利恶害的。所以依靠监察官去制止其他官吏以权谋私就是让一部分以权谋私者去制止另一部分人以权谋私。结果只能使他们共谋私利。

既然依靠设置监察官的方法不合理,那么依靠什么呢?可以利用赏罚的方法来促使臣民去监督。谁揭发官员的以权谋私就奖赏谁,谁不揭发官员的以权谋私就惩罚谁,臣民出于好利恶害的本性就会揭发官员的以权谋私。这样,以权谋私的罪恶行为就无法藏身,就是最贪婪的人也不敢以权谋私了。

【论证框架】

（1）本性好荣恶辱,好利恶害→都会追求奖赏,逃避刑罚→只要赏罚就可以把臣民治理好;

（2）人的本性是好利恶害+世界上根本不存在这样的人→没可能也没必要寻求不求私利的廉洁之士;

（3）监察官好利恶害→让一部分以权谋私者去制止另一部分人以权谋私→只能共谋私利→设置监察官的方法无效;

（4）臣民会揭发官员→以权谋私无处藏身。

> 只要利用赏罚就可以把臣民治理好

【要点全析】

具体缺陷类型见表 5－3。

表 5－3　2017 年 1 月真题要点全析

序　号	名　称	分析要点
1	推断不出	人的本性是好利恶害的,但人的本性不能等同于人的行为,由于后天的教育或环境会影响其思想,所以人们未必"都"会追求奖赏、逃避刑罚。绝对词"都"有助于判断
2	条件缺失	由"人们追求赏赐、逃避刑罚"不能推出只要利用赏罚就可以治理好臣民。诚然治理臣民需要赏罚作为条件,但也还需要其他条件。"只要、就"有助于判断,典型的误设充分条件
3	推断不出	由"人的本性是好利恶害的"不能推出"没有可能也没有必要去寻求那些不求私利的廉洁之士"。人的这个本性不能否定存在廉洁之士,也不能否定寻找廉洁之士的必要性
4	论据不成立	(1)原文说世界上不存在"不求私利的廉洁之士",这个论据显然不成立,这样的人还是存在的,包拯、海瑞等历史人物都可作为例证。此外,(2)"廉政建设只在于任用之后防止以权谋私"这个判断太过绝对,也不能成立,因为这直接否定了选人用人环节的价值。任前选拔、任后监督等措施同样重要

① 第 1、2 点可形成连击,第 3、4 点可形成连击,但作答有些难度

② (2)句因缺少连接词又是句号在前,在本题中可有两种解读,既可从道理上理解为论据(本书支持此观点),也可从形式上理解为孤立陈述或前句结论。故有争议,实际作答时可跳过

③ (2)句若按论据解读,则第 4 点的两个论据正好一个对应"没可能",一个对应"没必要",但两个论据均不成立,所以无法得出"没可能也没必要选择廉洁之士"的结论

序　号	名　称	分析要点
5	概念混淆	"好利恶害"属于人的本性,但不等同于"以权谋私"。好利可以是正当之利,"好利恶害"是中性的,"以权谋私"是以错误做法以公权谋私利,是贬义的,两个概念所指内涵差异很大,不能混淆
6	论据不成立	"好利恶害"不等同于"以权谋私",况且监察官受限于职责,未必会共谋私利,说"只能"共谋私利过于绝对,不能以此为论据否定设置监察官的合理性。绝对词"只能"有助于判断
7	推断不出	臣民揭发官员的做法可能有效,但不能推出以权谋私无法藏身以及最贪婪的人也不敢以权谋私。这个判断放大了臣民揭发的作用。即使臣民想揭发他也未必了解情况,有的还可能因为共同利益隐瞒。而且,如果惩治不力或犯罪成本较低,即使有人揭发,还是无法杜绝以权谋私。所以,单以此法不能达到彻底根治的效果

【参考范文】

赏罚就可以治理好臣民吗

原文通过论证,试图说明只要通过赏罚就可以把臣民治理好的结论,但是该论证存在多处缺陷或漏洞,现分析如下:

首先,"本性好荣恶辱,好利恶害"未必能推出"都会追求赏赐、逃避刑罚",即使本性如此也不能等同于行为,何况未必"都会"如此。此外,更不能因此判断"只要赏罚就可以治理好臣民"。作者忽视了其他条件,如宣传、教育等,这些手段也不可或缺。

其次,由"人的本性好利恶害"未必能推出"没可能也没必要寻求廉洁之士",人的本性不能否定寻找廉洁之士的必要性。况且,原文把"世界上不存在廉洁之士"作为依据,该理由显然不成立,包拯、海瑞等都是实例。因此,不能简单认定没可能也没必要寻求廉洁之士。

再次,"好利恶害"属于人的本性,但这不等同于"以权谋私"。好利可以是正当之利,"好利恶害"是中性的。"以权谋私"是以公权谋私利,是贬义的。两个概念内涵差异很大,不宜混淆。故而也就无法断定"只能共谋私利"。因此,也不能推出"设置监察官的方法无效"这个结论。

最后,臣民揭发官员的做法可能有效,但不能推出以权谋私无法藏身以及最贪婪的人也不敢以权谋私。这个判断放大了臣民揭发的作用。即使臣民想揭发他也未必了解情况,有的还可能因为共同利益隐瞒。而且,如果惩治不力或犯罪成本较低,即使有人揭发,还是无法杜绝以权谋私。因此,单以此法不能达到彻底根治的效果。

综上所述,原文在诸多方面存在不妥之处,如果没有更严谨的论证,不宜凭此就断定"只要通过赏罚就可以把臣民治理好"的结论。(604字)

2016年1月真题详解与参考范文

56. 论证有效性分析:分析下述论证中存在的缺陷和漏洞,选择若干要点,写一篇600字左右的文章,对该论证的有效性进行分析和评论。(论证有效性分析的一般要点是:概念特别是核心概念的界定和使用是否准确并前后一致,有无各种明显的逻辑错误,论证的论据是否成立并支持结论,结论成立的条件是否充分等。)

现在人们常谈论大学毕业生就业难的问题,其实大学生的就业并不难。据国家统计局的数据,2012年我国劳动年龄人口比2011年减少了345万,这说明我国劳动力的供应从过剩变成了短缺。据报道,近年长三角等地区频频出现"用工荒"现象,2015年第二季度我国岗位空缺与求职人数的比率均为1.06,表明劳动力市场需求大于供给。因此,我国的大学生其实还是供不应求的。

还有,一个人受教育程度越高,他的整体素质也就越高,适应能力就越强,当然也就越容易就业,大学生显然比其他社会群体更容易就业,再说大学生就业难就没有道理了。

实际上,一部分大学生就业难,是因为其所学专业与市场需求不相适应或对就业岗位的要求过高。因此,只要根据市场需求调整高校专业设置,对大学生进行就业教育以改变他们的就业观念,鼓励大学生自主创业,那么大学生就业难问题将不复存在。

总之,大学生的就业并不是什么问题,我们大可不必为此顾虑重重。

_____

_____

_____

_____

【论证框架】

(1)2012年减少345万→ 劳动力供应从过剩变成短缺;

(2)长三角"用工荒"和岗求比1.06→ 劳动力市场需求大于供给→ 大学生供不应求;

(3)一个人受教育程度越高……→ 大学生更容易就业;

(4)采取……措施→ 就业难不复存在。

大学生就业并不难

【要点全析】

具体缺陷类型见表5-4。

表 5 - 4　2016 年 1 月真题要点全析

序　号	名　称	分析要点
1	推断不出	由劳动年龄人口减少不能推出劳动力供应从过剩变成了短缺。减少代表下降,但不意味着短缺,更无法判断从过剩变成了短缺
2	以偏概全	长三角"用工荒"无法表明劳动力市场需求大于供给。长三角仅是全国部分地区,不能简单代表整体
3	推断不出	由劳动力市场需求大于供给不能推出大学生供不应求。大学生只是劳动力市场里的部分人群,整体需求大于供给的性质推不出某个部分是否供不应求。第 2、3 点可以连击
4	推断不出/滑坡	一个人受教育程度越高不意味着素质越高,适应能力越强,高学历只是高素质的条件之一。同时,由高素质也不能推出适应能力更强和更容易就业。这个连续推断的每个推论都缺乏充分保证,所以以学历推断容易就业有效性不足。这个写法巧在把滑坡拆为两段,减小了写作难度
5	自相矛盾	原文第三段说"实际上,一部分大学生就业难"与前文第一段说"其实大学生的就业并不难"自相矛盾
6	条件缺失	由调整专业设置、开展就业教育和鼓励自主创业不能推出大学生就业难问题就能解决。这些措施都是解决问题的措施之一,有助于减小问题,但也并非充分条件,无法保证问题的解决。对于解决就业问题不是绝对的

【参考范文】

大学生就业不是问题言之尚早

原文通过多方面的论证,试图说明"大学生就业并不难"的结论,但是论证存在多处缺陷或漏洞,分析如下:

首先,由"2012 年劳动年龄人口减少 345 万"不能推出"劳动力的供应从过剩变成了短缺"。劳动年龄人口减少仅代表数量有所下降,但只有知道需求是多少,与需求进行比较才知道下降是否造成短缺,仅从下降看不出变成短缺。

其次,长三角"用工荒"只是局部地区现象,不能由此推断全国劳动力市场需求大于供给。而且,大学生只是劳动力市场的部分人群,即使劳动力市场整体需求大于供给也推不出大学生群体供不应求,因为整体具有的性质,部分未必具有。

再次,一个人受教育程度越高不意味着素质越高,适应能力越强,高学历只是高素质的条件之一。同时,高素质也不能推出适应能力更强和更容易就业。这个连续推论都缺乏充分保证,所以以学历推断容易就业有效性不足。

最后，由"调整专业设置、开展就业教育和鼓励自主创业"不能推出"大学生就业难问题就能解决"。这些措施都是有助于解决问题的措施之一，可以减少就业难问题，但也并非充分条件，无法仅靠这些保证就业难问题一定"不复存在"。

综上所述，原文在诸多方面存在不妥之处，如果没有更严谨的论证，不宜过早下"大学生就业并不难"的结论。（501 字）

2015 年 1 月真题详解与参考范文

56. 论证有效性分析：分析下述论证中存在的缺陷和漏洞，选择若干要点，写一篇 600 字左右的文章，对该论证的有效性进行分析和评论。（论证有效性分析的一般要点是：概念特别是核心概念的界定和使用是否准确并前后一致，有无各种明显的逻辑错误，论证的论据是否成立并支持结论，结论成立的条件是否充分等。）

有一段时间，我国部分行业出现了生产过剩现象。一些经济学家对此忧心忡忡，建议政府采取措施加以应对，以免造成资源浪费，影响国民经济正常运行。这种建议看似有理，其实未必正确。

首先，我国部分行业出现的生产过剩并不是真正的生产过剩。道理很简单，在市场经济条件下，生产过剩实际上只是一种假象。只要生产企业开拓市场，刺激需求，就能扩大销售，生产过剩马上就会化解。退一步说，即使出现了真正的生产过剩，市场本身也会进行自动调节。

其次，经济运行是一个动态变化的过程，产品的供求不可能达到绝对的平衡状态，因而生产过剩是市场经济的常见现象。既然如此，那么生产过剩也就是经济运行的客观规律。因此，如果让政府采取措施进行干预，那就违背了经济运行的客观规律。

再说，生产过剩总比生产不足好。如果政府的干预使生产过剩变成了生产不足，问题就会更大。因为生产过剩未必会造成浪费，反而可以因此增加物资储备以应对不时之需。如果生产不足，就势必造成供不应求的现象，让人们重新去过缺衣少食的日子，那就会影响社会的和谐稳定。

总之，我们应该合理定位政府在经济运行中的作用。政府要有所为，有所不为。政府应该管好民生问题。至于生产过剩或生产不足，应该让市场自动调节，政府不必干预。

_____

_____

_____

_____

【论证框架】

（1）开拓市场就能化解过剩→ 过剩并非真正的过剩；

（2）不可能绝对平衡→ 过剩是常见现象→过剩是客观规律→ 政府干预就违背市场规律；

（3）过剩未必不好；不足后果严重→过剩总比不足好；

（4）政府应该管好民生，有所不为→ 政府不必干预过剩。

政府不必干预生产过剩

【要点全析】

具体缺陷类型见表 5 – 5。

表 5 – 5 2015 年 1 月真题要点全析

序　号	名　称	分析要点
1	条件缺失	由"开拓市场，刺激需求"不能推出"生产过剩马上就会化解"。忽视其他条件，化解过剩还与市场饱和度、控制生产量等诸多因素有关，况且化解过剩需要周期，不能"马上"化解
2	概念混淆	前面说生产过剩"不是真正的生产过剩"，后面又说"出现了真正的生产过剩"；既说"生产过剩只是假象"，又说"生产过剩是市场经济的常见现象"。到底什么是生产过剩？本文核心概念不清晰、不一致。本点有难度，作答可不选
3	推断不出	由"供求不能绝对平衡"不能推出"生产过剩是常见现象"。不平衡是时多时少，但过剩通常指过多到某个量级，产生危害，因此，不平衡常见未必过剩常见
4	概念混淆	生产过剩是"常见现象"等同于就是"客观规律"，原文显然混淆了现象与规律的概念

问：市场经济和经济运行是混淆概念吗？

答：不是。混淆概念应该是核心概念内涵实质不同，而这里只是表达字样差异。注意，混淆概念要从意思判断，而非对比文字是否一模一样

| 5 | 论据不成立 | 原文通过把"生产过剩"混淆为"客观规律"并作为前提，从而论证"政府干涉生产过剩就是违背客观规律"这个结论。但是这个前提因为出现了混淆概念，现象≠规律，故论据也就不成立，不能推出后面的结论。这是混淆概念导致的论据不成立，这种手法经常出现，属"并发症"，正好连击 |

序　号	名　称	分析要点
6	论据不成立	生产过剩是指超出正常消费和正常储备需求之外的部分。产品滞销和库存积压不能够理想化地认为就是物资储备。该理由不能成立,不能用于推断"过剩比不足好"
7	推断不出/滑坡	生产不足也未必推出供不应求,因为该产品的需求状况不得而知,况且生产不足还可能有替代品,所以更加未必供不应求;再者,该产品未必是衣或食,所以未必缺衣少食。因此,也就未必影响社会的和谐稳定。所以,该推断所得出的结论也就不能作为恰当的论据。绝对词"势必"有助于判断

问1:这两点好难看出咋办? 只看出滑坡可以只写滑坡吗?

答1:这两点确有难度,不好找又不好写,可考虑放弃。可以把滑坡单独当成一点作答。

问2:"如果政府的干预使生产过剩变成了生产不足,问题就会更大。"这句是非此即彼吗?

答2:不是。这里只是假设过剩变不足,问题更大,是可以的。假设会变不足不等于认为就会变不足。如果原文表述为"如果政府干预,那么过剩就会变成不足",就是非此即彼,可认真体会差别

序　号	名　称	分析要点
8	自相矛盾	"政府应管好民生"没错,但推不出"生产不足或生产过剩,政府不必干预"的结论。工业生产本身就与民生息息相关,管理生产过剩也是管好民生的一部分,原文显然自相矛盾

【参考范文】

生产过剩不能听之任之

原文通过对生产过剩问题的分析,得出"生产不足或生产过剩,应该让市场自动调节,政府不必干预"的结论。该论证在诸多方面存在不妥之处,分析如下:

首先,"开拓市场,刺激需求"未必能够"扩大销售",这还取决于市场需求。而且,即使销售有所扩大也未必能"过剩马上化解"。作者忽略了其他条件。化解过剩不但与需求有关,还与供给有关,不但要扩大销售,还要限制生产。况且还要考虑化解的周期,难保"马上"化解。

其次,由供求不能绝对平衡不能推出生产过剩是常见现象。不平衡指的是生产相对需求可能时多时少,这都属于正常经济现象,但生产过剩通常指生产过多达到某个量级,造成经济发展危害。因此,不平衡常见未必生产过剩常见。

再次,"生产过剩是市场经济的常见现象"不等于"生产过剩就是经济运行的客观规律"。原文显然混淆了现象与规律的概念。常见现象只是观察到的表象,客观规律是事物现象背后的逻辑和本质。显然,"常见现象"不必然是"客观规律"。这两个概念不能简单等同。因此,也就不能推出政府干预生产过剩违背客观规律。

最后,"政府应管好民生问题"没错,但是由该观点不能推出"生产不足或生产过剩,政府不必干预"的结论。因为,生产本身就与民生息息相关,生产也是民生的一部分,原文两个陈述自相矛盾。

可见,原文论证在多方面均存在缺陷,因此想要得到"政府不必干预生产过剩"的结论,还需要更加严谨的论证。(575 字)

2014 年 1 月真题详解与参考范文

56. 论证有效性分析:分析下述论证中存在的缺陷和漏洞,选择若干要点,写一篇 600 字左右的文章,对该论证的有效性进行分析和评论。(论证有效性分析的一般要点是:概念特别是核心概念的界定和使用是否准确并前后一致,有无各种明显的逻辑错误,论证的论据是否成立并支持结论,结论成立的条件是否充分等。)

现代企业管理制度的设计所要遵循的重要原则是权力的制衡与监督。只要有了制衡与监督,企业的成功就有了保证。

所谓制衡,指对企业的管理权进行分解,然后使被分解的权力相互制约以达到平衡,它可以使任何人不能滥用权力;至于监督,指对企业管理进行严密观察,使企业运营的各个环节处于可控范围之内。既然任何人都不能滥用权力,而且所有环节都在可控范围之内,那么企业的运营就不可能产生失误。

同时,以制衡与监督为原则所设计的企业管理制度还有一个固有特点,即能保证其实施的有效性,因为环环相扣的监督机制能确保企业内部各级管理者无法敷衍塞责。万一有人敷衍塞责,也会受这一机制的制约而得到纠正。

再者,由于制衡原则的核心是权力的平衡,而企业管理的权力又是企业运营的动力与起点,因此权力的平衡就可以使整个企业运营保持平衡。

另外,从本质上来说,权力平衡就是权力平等,因此这一制度本身蕴含着平等观念。平等观念一旦成为企业的管理理念,必将促成企业内部的和谐与稳定。

由此可见,如果权力的制衡与监督这一管理原则付诸实践,就可以使企业的运营避免失误,确保其管理制度的有效性、日常运营的平衡以及内部的和谐与稳定,这样的企业一定能够成功。

【论证框架】

(1) 权力制衡可以使企业运营避免失误;

(2) 制衡与监督原则可以确保自身实施的有效性;

(3) 权力平衡可以使企业运营保持平衡;

(4) 权力平衡可以促成企业内部和谐稳定。

只要有了监督与制衡,企业的成功就有了保证

【要点全析】

具体缺陷类型见表 5-6。

表 5-6　2014 年 1 月真题要点全析

序　号	名　称	分析要点
1	条件缺失	由任何人都不能滥用权力,所有环节都在可控范围之内,不能推出企业能避免失误。作者忽略了其他因素。失误与否还取决于财务安排、市场判断等其他方面
2	论据不成立	"监督机制能确保企业内部各级管理者无法敷衍塞责。"该判断过于绝对,不能成为论据,因而无法证明以制衡与监督为原则所设计的企业管理制度能保证实施的有效性
3	自相矛盾	前文说"监督机制能确保企业内部各级管理者无法敷衍塞责",后文说"万一有人敷衍塞责",先后表述自相矛盾
4	条件缺失	企业管理权力的平衡未必能使整个企业运营平衡。整个企业运营平衡,除企业管理权力平衡之外,还取决于其他条件
5	概念混淆	"平衡"和"平等"概念不同,权力平衡不等同于权力平等,平衡是指均衡,平等是指相等,两个概念不能混淆
6	推断不出	平等观念不必然促成企业内部和谐稳定,原文判断过于绝对,平等有时又是和谐的不利因素
7	条件缺失	企业运营不失误、管理制度有效、日常运营平衡以及内部和谐稳定,还不足以保证企业一定能够成功,企业的成功不仅取决于企业的内部因素,还取决于市场等外部因素

【参考范文】

制衡与监督就能保证企业成功吗

原文通过分析监督和制衡的作用,得出"如果权力的制衡与监督付诸实践,企业一定能够成功"的结论。原文论证在诸多方面存在问题,论证的有效性较低,分析如下:

首先,由"任何人都不能滥用权力,所有环节都可控"不能推出"企业就能避免失误"。作者忽视了其他条件。企业运营失误与否还与市场判断、财务健康等诸多条件有关。这些

因素都能左右企业是否失误。因此,仅从权力角度就想确保企业不产生失误过于草率。

其次,"环环相扣的监督机制能确保企业内部的各级管理者无法敷衍塞责"这个判断不够准确,无法作为合适的论据。因为监督机制仅是内部管理的起点,除了机制外,还需要惩戒措施等多种配合手段。所以单纯靠机制无法达到确保的效果。因此,该论据不成立,无法推出"保证实施的有效性"这个结论。

再次,前文说"监督机制能确保企业内部各级管理者无法敷衍塞责。"而后文说"万一有人敷衍塞责"。这两个判断自相矛盾。既然无法敷衍塞责就不会有万一的可能。如果有万一,那么也就无法谈"确保无法敷衍塞责"。

最后,"平衡"和"平等"概念不同,权力平衡并非就是权力平等。权力平衡代表力量均衡,有可能是多方联合与另一方保持力量均衡。但是,权力平等代表大小相同、相等。两者看似相近,但是内涵不同,不能混淆。因此,也就无法推出制度本身蕴含着平等的观念。

由此可见,原文在诸多方面存在缺陷,因此想要得到企业成功的美好愿望,还需要更加严谨的论证。(582 字)

2013 年 1 月真题详解与参考范文

56. 论证有效性分析:分析下述论证中存在的缺陷和漏洞,选择若干要点,写一篇 600 字左右的文章,对该论证的有效性进行分析和评论。(论证有效性分析的一般要点是:概念特别是核心概念的界定和使用是否准确并前后一致,有无各种明显的逻辑错误,论证的论据是否成立并支持结论,结论成立的条件是否充分等。)

一个国家的文化在国际上的影响力是该国软实力的重要组成部分。由于软实力是评判一个国家国际地位的要素之一,所以如何增强软实力就成了各国政府高度关注的重大问题。

其实,这一类题不难解决。既然一个国家的文化在国际上的影响力是该国软实力的重要组成部分,那么,要增强软实力,只需搞好本国的文化建设并向世人展示就可以了。

文化有两个特性,一个是普同性,一个是特异性。所谓普同性,是指不同背景的文化具有相似的伦理道德和价值观念,如东方文化和西方文化都肯定善行,否定恶行;所谓特异性,是指不同背景的文化具有不同的思想意识和行为方式,如西方文化崇尚个人价值,东方文化固守集体意识。正因为文化具有普同性,所以一国文化就一定会被他国所接受;正因为文化具有特异性,所以一国文化就一定会被他国所关注。无论是接受还是关注,都体现了该国文化影响力的扩大,也即表明了该国软实力的增强。

文艺作品当然也具有文化的本质属性。一篇小说、一出歌剧、一部电影等等,虽然一般以故事情节、人物形象、语言特色等艺术要素取胜,但在这些作品中,也往往肯定了一种生活方式,宣扬了一种价值观念。这种生活方式和价值观念不管是普同的还是特异的,都会被他国所接受或关注,都能产生文化影响力。由此可见,只要创作更多的具有本国文化特色的文艺作品,那么文化影响力的扩大就是毫无疑义的,而国家的软实力也必将同步增强。

_____

_____

_____

_____

【要点全析】

具体缺陷类型见表 5 - 7。

表 5 - 7　2013 年 1 月真题要点全析

序　号	名　称	分析要点
1	条件缺失	"文化在国际上的影响力"作为组成部分,只是软实力的局部。软实力还包括政治、经济等诸多方面,局部的提升不意味着整体的提升
2	推断不出	由"普同性"不能推出"一定会被接受"。由"特异性"不能推出"一定会关注"。"普同性""特异性"是否产生原义所说的结果只有可能性,没有必然性
3	推断不出/滑坡	由关注或接受无法推导出文化影响力的扩大,也更证明不了软实力的增强。这个连续推断的成立条件并不充分
4	概念混淆	第四段"这种生活方式和价值观念不管是普同的还是特异的,都会被他国所接受或关注,都能产生文化影响力"。该句显示,能够产生文化影响力的是"生活方式和价值观念"。但下句"只要创作更多的具有本国文化特色的文艺作品,那么文化影响力的扩大就是毫无疑义的",这句显示,能够产生文化影响力的是"文艺作品"。那么,带来文化影响力的到底是"文艺作品",还是文艺作品含有的"生活方式和价值观念"?原文混淆了这对概念
5	条件缺失	创作更多文艺作品可能只是扩大文化影响力的一个有利但非充分条件,除了创作,还有传播,除了文艺作品,还有文化的其他组成形式。仅通过创作文艺作品未必能够保证扩大文化影响力。而且,扩大文化影响力也很可能只是增强国家软实力的必要但非充分条件,未必能保证增强国家软实力

【参考范文】

文化建设就能增强国家软实力吗

上述材料通过一系列论证,指出增强国家软实力的一些方法,并得出"要增强软实力,只需搞好本国的文化建设并向世人展示"的结论。然而其论证过程存在以下几点缺陷:

93

首先,由文化影响力是软实力的重要组成部分不能推出增强软实力只需搞好本国的文化建设并向世人展示就可以。文化只是软实力的组成部分,或者说必要条件,搞好文化建设只是所需条件之一,原文忽视了其他条件。

其次,由"普同性"不能推出"一定会被接受"。由"特异性"不能推出"一定会关注"。是否接受和关注只有可能性,没有必然性。而且,由接受和关注无法推导出文化影响力的扩大,也更证明不了软实力的增强。这个连续推断每一步的成立条件都不充分。

再次,原文第四段对能够产生文化影响力的因素先说是文艺作品含有的"生活方式和价值观念",然后下句又说是"文艺作品"扩大文化影响力。那么,到底是两者中的哪个产生文化影响力呢?原文混淆了"生活方式和价值观念"与"文艺作品"这两个概念。

最后,创作更多文艺作品可能只是扩大文化影响力的一个有利但非充分条件,除了创作,还有传播,除了文艺作品,还有文化的其他组成形式。仅通过创作文艺作品未必能够保证扩大文化影响力。而且,扩大文化影响力也很可能只是增强国家软实力的必要但非充分条件,未必能保证增强国家软实力。

综上所述,原论证存在诸多不足,并不能有效地证明其关于如何增强国家软实力的方法是有效的,其论证是欠缺说服力的。(568 字)

2012 年 1 月真题详解与参考范文

56. 论证有效性分析:分析下述论证中存在的缺陷和漏洞,选择若干要点,写一篇 600 字左右的文章,对该论证的有效性进行分析和评论。(论证有效性分析的一般要点是:概念特别是核心概念的界定和使用是否准确并前后一致,有无各种明显的逻辑错误,论证的论据是否成立并支持结论,结论成立的条件是否充分等。)

地球的气候变化已经成为当代世界关注的热点。这一问题看似复杂,其实简单。只要我们运用科学原理——如爱因斯坦的相对论——去对待,也许就会找到解决这一问题的方法。

众所周知,爱因斯坦提出的相对论颠覆了人类关于宇宙和自然的常识性观念。不管是狭义相对论还是广义相对论,都揭示了宇宙间事物运动中普遍存在的相对性。

既然宇宙间万物的运动都是相对的,那么我们观察问题时也应该采用相对的方法,如变换视角等等。

假如我们变换视角去看一些问题,也许会得出和一般常识完全不同的观点。例如,我们称之为灾害的那些自然现象,包括海啸、地震、台风、暴雨等等。其实也是大自然本身的一般现象而已,从大自然的视角来看,无所谓灾害不灾害。只是当它损害了人类利益,危及了人类生存的时候,从人类的视角来看,我们才称之为灾害。

假如再变换一下视角,从一个更广泛的范围来看,连我们人类自己也是大自然的一个部分。既然我们的祖先是类人猿,而类人猿正像大熊猫、华南虎、藏羚羊、扬子鳄乃至银杏、水杉、五针松等等一样,是整个自然生态中的有机组成部分,那为什么我们自己就不是了呢?

由此可见,人类的问题就是大自然的问题,即使人类在某一时刻部分地改变了气候,也还是整个大自然系统中的一个自然问题,自然问题自然会解决,人类不必过于干涉。

【要点全析】

具体缺陷类型见表 5-8。

表 5-8 2012 年 1 月真题要点全析

序 号	名 称	分析要点
1	论据不成立	爱因斯坦的相对论是研究时空关系的基本理论,不是研究运动相对性的。该论据事实有误,不能作为合适的论据
2	类比不当	由"宇宙间万物的运动都是相对的"不能推出"观察问题时也应该采用相对的方法",这显然类比不当。第 1、2 点可以连击
3	偏离论题	从大自然的角度否认自然灾害显然与人类关注的气候问题不是同一个问题,偏离了论题。对于自然界不是灾害,但是对人类来说气候变化带来的自然现象仍然属于灾害。原文跳出主题的论证无助于证明,不能作为论据。此题型历年仅出现过一次,故未予立类,看懂即可
4	类比不当	由"类人猿是整个自然生态中的有机组成部分"不能推出"人类也是整个自然生态中的有机组成部分"。因为祖先具有的性质,后代未必具有,属于不当类比。本点经典,结论对但过程错
5	以偏概全	由人类是"整个自然生态中的有机组成部分"不能归纳出"人类的问题就是大自然的问题"。因为,部分具有的性质,整体未必具有。人类只是大自然的一部分,人类有特定的社会问题,诸如道德问题、文化问题等,这些问题都不是大自然的问题
6	概念混淆	通常所说的"人类"是相对于"自然"的概念,我们所指的大自然是相对于人类社会而言的,不能把自然和人类社会混为一谈
7	自相矛盾	既然人类是自然的一部分,那么原文说自然的问题由自然解决那就是也包括由人类来解决,这与"人类不必过多干涉"的结论自相矛盾

【参考范文】

一段有缺陷的论证

上述材料通过论证,得出面对气候变化"自然问题自然会解决,人类不必过多干预"的结论。然而该论证在诸多方面存在着缺陷,分析如下:

首先,"相对论"是关于时空和引力的基本理论,把"相对论"理解为揭示"相对性"是对相对论的误解,因此不宜作为论证依据。而且,从"宇宙间万物的运动都是相对的"不能推出"观察问题时也应该采用相对的方法",此处类比不当,事物运动的相对性无法机械迁移到观察问题应该具有相对性。

其次,虽然人类的祖先类人猿是"自然生态的有机组成部分",但类人猿与现代人类的性质已经不同,祖先具有的性质,现代人类未必一定具有。因此,通过类人猿无法推导到人类。纵然人类确实是自然的有机组成部分,也不能依靠"类人猿类比现代人类"这样的推导过程得出这个结论。

再次,由人类是"整个自然生态中的有机组成部分"不能归纳出"人类的问题就是大自然的问题"。因为,部分具有的性质,整体未必具有。人类只是大自然的一部分,人类有特定的社会问题,诸如道德问题、文化问题等,这些问题都不是大自然的问题,因此无法看出"人类的问题就是大自然的问题"。

最后,"自然的问题自然会解决,人类不必过多干涉"与论证者此前的结论自相矛盾。如果"人类的问题就是大自然的问题",那么人类作为自然的一部分,同样要参与解决自然问题,显然与结论"人类不必过多干涉"自相矛盾。

综上所述,该论证存在诸多不足,是欠说服力的,并不能有效证明原结论。(588 字)

2011 年 1 月真题详解与参考范文

56. 论证有效性分析:分析下述论证中存在的缺陷和漏洞,选择若干要点,写一篇 600 字左右的文章,对该论证的有效性进行分析和评论。(论证有效性分析的一般要点是:概念特别是核心概念的界定和使用是否准确并前后一致,有无各种明显的逻辑错误,论证的论据是否成立并支持结论,结论成立的条件是否充分等。)

如果你要从股市中赚钱,就必须低价买进股票,高价卖出股票,这是人人都明白的基本道理。但是问题的关键在于如何判断股票价值的高低。只有正确的判断股价的高低,上述的基本道理才有意义,否则就毫无实用价值。

股价的高低是一个相对的概念,只有通过比较才能显现。一般来说,要正确判断某一股票的价格高低,唯一的途径就是看它的历史表现。但是有人在判断当前某一股票的高低时,不注重股票的历史表现,而只注重股票今后的走势,这是一种危险的行为,因为股票的历史表现是一种客观事实,客观事实具有无可争辩的确定性;股票的今后走势只是一种主观预测,主观预测具有极大的不确定性。我们怎么可以只凭主观预测而不顾客观事实呢?

再说,股价未来的走势充满各种变数,它的涨和跌不是必然的,而是或然的。我们只能借助概率进行预测。假如宏观经济、市场态势和个股表现均好,它的上涨概率就大;假如宏观经济、市场态势和个股表现均不好,它的上涨概率就小;假如宏观经济、市场态势和个股表现不相一致,它的上涨概率就需要酌情而定。

由此可见,要从股市获取利益,第一是要掌握股价涨跌的概率;第二还是要掌握股价涨跌的概率;第三也还是要掌握股价涨跌的概率。掌握了股价涨跌的概率,你就能赚钱;否则,你就会赔钱。

_____

_____

_____

【要点全析】

具体缺陷类型见表 5-9。

表 5-9　2011 年 1 月真题要点全析

序　号	名　称	分析要点
1	概念混淆	前文的股价高低与后文的股价涨跌是两个概念,文章的概念使用前后不一致
2	条件缺失	历史表现只是判断某一股价高低的依据之一,而不是唯一的依据,其他还包括财务状况、未来前景等重要因素,原文忽视了这些其他因素
3	自相矛盾	原文说股价"只能借助概率进行预测",这与上文判断股价"唯一的途径是看历史表现"自相矛盾。另外,这里"综合考虑宏观经济、市场态势与个股表现"的综合因素论,又与先前所说"只能根据其历史表现(即个股表现)进行判断"的单一因素论自相矛盾
4	推断不出	"掌握了股价涨跌的概率,你就能赚钱",该推断不恰当。知道涨跌概率不意味着控制涨跌事实结果,还是无法保证是涨是跌,所以还是无法确保赚钱

【慎找要点】

如果你要从股市中赚钱,就必须低价买进股票,高价卖出股票,这是人人都明白的基本道理。

有的同学和辅导书认为这句话不对,认为赚钱未必都靠低买高卖,还可以通过分红等方式赚钱。这种思考不对。这还是反驳原文的思维。考试考什么?分析论证是否有缺陷,而非从专业上或学术上分析问题本身。这句话是论证吗?不是。因为它既不做论据,也不做结论,只是一句陈述。那么这个句子就不是考试对象,就应当放过。如果你还是见到可疑就下笔,那么你就还是没摸到这个考试的门,思维方式还是讨论话题,而非讨论论证。

更何况,认为靠分红可以赚钱本身就是错的。股票分红是要除权的,也就是股价要降低,无非是把你持有的市值落袋为现金而已,只是你的钱从股份换为现金,相当于从你的左兜换到右兜,实际上这个过程中你并未赚钱,只是得到现金,落袋为安了而已。但这不是最重要的,因为咱们强调过,考试不考专业知识,你知不知道这个知识都没事。你放过此句不应该因为这个原因,最应该的原因就是这句话不是论证。这只是顺手提到的投资常识。

【参考范文】

一段有失偏颇的股票投资论

上述材料通过一系列论证,得出"判断股价高低只能看它的历史表现,掌握股价涨跌概率就能赚钱"等结论,但其论证存在以下几点缺陷:

首先,原文开篇讲到"要从股市中赚钱,就必须低价买进,高价卖出",原文结尾又讲到"掌握了股价涨跌的概率,你就能赚钱,否则你就会赔钱"。显然,股价的高低和涨跌是两个不同的概念。高低是相对的位置,涨跌是变化的方向,原文核心概念前后不一致。

其次,原文说"正确判断某一股票的价格高低,唯一的途径就是看它的历史表现",显然是不太严谨的。股票价格是公司经营状况、所在行业、宏观政策、国际环境等多种因素影响的结果,历史表现仅是判断股价高低的因素之一,而不是唯一。历史表现好不意味着将来表现一定好。

再次,文中的"我们只能借助概率进行预测"与前面的"只能通过历史表现判断"自相矛盾。后面认为股票价格涨跌需要综合宏观经济、市场态势与个股表现等进行预测,前面认为判断股价高低"唯一的途径就是看它的历史表现"。前后两种观点显然矛盾。

最后,"掌握了股价涨跌的概率,你就能赚钱",推断不恰当。掌握了股价涨跌的概率有可能赚钱,但也可能赔钱。因为知道涨跌概率不意味着控制涨跌事实结果,还是无法保证是涨是跌,所以还是无法确保赚钱。

综上所述,上述论证存在诸多不足之处,并不能有效地证明其结论。论证者若要证明其结论,尚需给出更有力的论证。(559 字)

2010 年 1 月真题详解与参考范文

56. 论证有效性分析:分析下述论证中存在的缺陷和漏洞,选择若干要点,写一篇 600字左右的文章,对该论证的有效性进行分析和评论。(论证有效性分析的一般要点是:概念特别是核心概念的界定和使用是否准确并前后一致,有无各种明显的逻辑错误,论证的论据是否成立并支持结论,结论成立的条件是否充分等。)

美国学者弗里德曼的《世界是平的》一书认为,全球化对当代人类社会的思想、经济、政治和文化等领域产生了深刻影响。全球化抹去了各国的疆界,使世界从立体变成平面,也就是说,世界各国之间的社会发展差距正在日益缩小。

"世界是平的"这一观点,是基于近几十年信息传播技术迅猛发展的状况而提出的。

互联网的普及、软件的创新使海量信息迅速扩散到世界各地。由于世界是平的,穷国可以和富国一样在同一平台上接受同样的最新信息。这样就大大促进了穷国的经济发展,从而改善了它们的国际地位。

事实也是如此,所谓"金砖四国"国际声望的上升,无不得益于他们的经济成就,无不得益于互联网技术的发展。特别是中国经济的起飞,中国在世界上的崛起,无疑也依靠了互联网技术的普及,同时也可作为"世界是平的"这一观点的有力佐证。

毋庸置疑,信息传播技术革命还远未结束,互联网技术将会有更大发展,人类社会将有更惊人的变化。可以预言,由于信息技术的迅猛发展,世界的经济格局与政治格局将会发生巨大的变化,世界最不发达的国家和最发达的国家之间再也不会让人有天壤之别的感觉,非洲大陆将会成为另一个北美。同样也可以预言,由于中国信息技术发展迅猛,中国和世界一样,也会从立体变为平面,中国东西部之间的经济鸿沟将被填平,中国西部的崛起指日可待。

【要点全析】

具体缺陷类型见表5-10。

表5-10　2010年1月真题要点全析

序　号	名　称	分析要点
1	论据存疑	原文用弗里德曼书中的观点推断世界各国的发展差距正在日益缩小。该论证的论据是美国学者的一家之言,它作为论据缺乏充分的有效性,无法从一人之言看出已成事实。本点较特殊,这种论据存疑只出现过一次,故看懂即可
2	推断不出	由"全球化抹去了各国的疆界"无法推出"世界各国发展差距正在日益缩小"。全球化未必就能缩小差距,还可能扩大差距,发达国家的竞争优势可能因为全球化更加凸显
3	推断不出	由"穷国和富国可以同样接收最新信息"不能推断出"大大促进各国经济发展,改善国际地位。"接收信息不等于利用信息,不等于实际促进经济发展。原文缺乏充分依据,可能过度放大了信息技术的作用

续表 5－10

序　号	名　称	分析要点
4	条件缺失	金砖四国发展和中国经济起飞可能不仅归因于互联网技术的发展普及，改革开放、人口红利可能是更重要的原因。因此，若另有其他核心因素，则这些事件未必能如原文所说是"'世界是平的'观点的有力佐证"，进而也就未必能看出"信息技术还将能给世界经济政治格局带来巨大变化"
5	条件缺失	要改变世界上最不发达国家和中国西部的现状，需要现代信息技术，还需要其他条件。原文只谈信息技术就说西部崛起指日可待，由于忽视其他条件未免不足为信
6	类比不当	中国国情与世界情况不完全相同，因此说中国和世界一样，这样的简单类比和等同是不恰当的。因此，中国东西部的差距能否改变，有待进一步论证。第5、6点可以连击

【慎找要点】

有同学这样回答："原文用到互联网技术、信息传播技术、信息技术，这些概念有所混淆"。

该点并不正确。注意，判定混淆概念有几个必要条件：一要确实属于概念（可见 2008 年试题），二要概念的内涵确实不同，三要达到实质干扰论证的程度，如果只是措辞不同，不干扰论证，那么即使换个词也未必是混淆概念。不能把混淆概念理解为字面上玩"找不同"游戏。这里，三个概念含义基本相同且不影响论证，不应认为是混淆概念。

【参考范文】

信息技术真的有如此大的作用吗

原文通过诸多方面的论述，得出了非洲大陆将会成为另一个北美，中国西部的崛起也指日可待的结论。然而，原文的论证存在明显不足，分析如下：

首先，由"全球化抹去了各国的疆界"无法推出"世界各国发展差距正在日益缩小"。发达国家相对发展中国家在经济竞争中显然具有明显优势，全球化可能反而加剧各国之间的不公平，导致差距更加扩大，不能必然看出差距日益缩小。

其次，由"穷国和富国可以同样接收最新信息"不能推断出"大大促进各国经济发展，改善国际地位"。接收信息不等于利用信息，不等于实际促进经济发展。原文缺乏充分依据，可能过度放大了信息技术的作用。

再次，金砖四国发展和中国经济起飞可能不仅归因于互联网技术的发展普及，改革开放、人口红利可能是更重要的原因。原文忽略了这些因素，那么用中国来佐证"世界是平的"的观点就有待商榷,进而也就未必能看出"信息技术还将能给世界经济政治格局带来巨大变化"。

最后,要改变世界上最不发达国家和中国西部的现状,需要现代信息技术,还需要其他条件,原文只谈信息技术,忽视其他条件,未免不足为信。此外,中国国情与世界情况未尽相同,因此说中国和世界一样,这样的简单类比和等同是不恰当的。因此,中国东西部的差距能否改变,有待进一步论证。

综上所述,作者通过一系列关于"世界是平的"的论述,认为世界和中国内部经济差距会缩小,这无异于建立一座既无横梁又无支架的楼阁幻影,经不起理性的推敲。(592字)

第三节　MBA联考和10月联考历年真题

以下试题与现在的命题思路有所不同,考生会发现,此前学习的有些类型例如"论据不成立""自相矛盾"等都没出现,这是因为有些类型是管理类联考新增的,早年MBA联考或十月联考试题没有。这些试题可作为一般性补充练习。

2009年1月真题详解与参考范文

论证有效性分析:

分析下述论证中存在的缺陷和漏洞,选择若干要点,写一篇600字左右的文章,对该论证的有效性进行分析和评论。(论证有效性分析的一般要点是:概念特别是核心概念的界定和使用是否准确并前后一致,有无各种明显的逻辑错误,论证的论据是否成立并支持结论,结论成立的条件是否充分等。)

1000是100的十倍,但是当分母大到上百亿的时候,作为分子的这两数的差别就失去了意义。在知识经济时代,任何人所掌握的知识,都只是沧海一粟,这使得在培养与选拔人才时,知识尺度已变得毫无意义。

现代网络技术可以使你在最短的时间里查询你所需要的任何知识信息,有的大学毕业生因此感叹何必要为学习各种知识数年寒窗,这并非无道理。传授知识不应当成为教育,特别是高等教育的功能。学习知识需要记忆。记忆能力,是浅层次的大脑功能。人们在思维方面的差异,不是在于能记住什么,而在于能提出什么。教育的真正目标,是培养批判性思维与创造性思维能力。知识与此种能力之间并没有实质性联系,否则难以解释,与爱因斯坦具有相同知识背景的人有的是,为什么唯独他发现了相对论。硕士、博士等知识头衔的实际价值正在遭受有识之士的质疑,就是这个道理。

"知识就是力量"这个曾经号召了几代人的口号,正在成为空洞的历史回声,这其实是时代的进步。

_____

_____

_____

_____

【要点全析】

具体缺陷类型见表 5 - 11。

表 5 - 11　2009 年 1 月真题要点全析

序　号	名　称	分析要点
1	类比不当	原文列举数字的例子与掌握知识不应简单类比。数字差异在扩大后失去意义并不意味着知识信息扩大后掌握的知识没有意义,两者没有任何类比的基础,无法做出类比的推断
2	推断不出	由"所掌握的知识是沧海一粟"推不出"知识尺度毫无意义"。知识是否有意义不是看每个人掌握的知识相对于世界上总知识的多少,所以知识爆炸导致知识总量增加未必改变知识的意义
3	推断不出	"现代网络技术可以短时间获取知识"无法用来质疑"何必要为学习各种知识寒窗苦读"。网络技术只是查询工具,能够查到知识不代表懂得知识和会使用知识
4	推断不出	由"唯独爱因斯坦发现了相对论"不能推出"知识与能力没有实质性联系"。爱因斯坦的发明只能证明知识并非充分条件,所以并非每个有知识的人都有重大发明。但知识通常至少是发明的必要条件。"唯独爱因斯坦发明"更多可能是因为他除了具有知识,还具有创造力强等其他重要因素,而这些因素可能非常稀缺,因此并非知识不重要
5	推断不出	由"知识头衔的实际价值"受到质疑不能推出"知识与能力没有实质性联系"。头衔受质疑,质疑的是求学浮躁,缺乏扎实的学术培养,质疑的是硕博教育是否能传授知识和能力,而不是质疑知识与能力之间的关系

【及时解惑】

问：老师,感觉这一年试题跟前面的试题都很不一样啊?

答：是的。本年试题跟前后年份的风格都有不同,而且跟现今出题的风格亦不同。这主要表现为两点,一,连接词非常少;二,反驳分析难以脱离质疑陈述本身。练习一篇连接词少的试题并非坏事,可锻炼大家面对这种试题的能力。但陈述本身有诸多存疑之处这种命题方式不太符合现今的思路,估计再难出现。故本年试题只需参照即可,不作为重点。

【慎找要点】

"知识就是力量"这个曾经号召了几代人的口号,正在成为空洞的历史回声,这其实是时代的进步。

这句话看着太不顺眼,很多同学想挑错。但是要注意,找点原则已强调,不能依据好恶和是否同意原观点而判定正误。考试不是要我们决定是否认可某个观点,而是要我们判断某个论证是否充分有效。所以即使一个观点再"可恨",我们也要同样用"是否为论证"这个标准先判断它,是论证再考虑是否正确,不是论证则应当直接放过而不是乢反驳它。

【参考范文】

知识真的不是力量吗

上文通过分析知识经济时代知识作用的改变,得出"知识就是力量"这个口号已经过时的结论。然而其论证过程是存在漏洞的,具体分析如下:

首先,原文列举数字的例子与掌握知识不应简单类比。数字差异在扩大后失去意义并不意味着知识信息扩大后掌握的知识没有意义,两者没有任何类比的基础,无法做出类比的推断。

其次,由"所掌握的知识是沧海一粟"推不出"知识尺度毫无意义"。知识是否有意义不是看每个人掌握的知识相对于世界上总知识的多少,每个人掌握的知识即使相对总量少,但还是能有作用和意义,知识总量增加未必改变知识的意义。

再次,"现代网络技术可以短时间获取知识"无法用来质疑"何必要为学习各种知识寒窗苦读"。网络技术只是查询工具,能够查到知识不代表懂得知识和能够使用知识,而教育的更大意义在于教会人使用知识。网络方便了知识获取,却未必能取代教育的意义。

最后,由"唯独爱因斯坦发现了相对论"不能推出"知识与能力没有实质性联系"。爱因斯坦的发明只能证明知识并非充分条件,所以并非每个有知识的人都有重大发明。但知识通常至少是发明的必要条件。"唯独爱因斯坦发明"更多可能是因为他除了具有知识,还具有创造力强等其他重要因素,而这些因素可能非常稀缺,因此并非知识不重要。

综上所述,论证者否定"知识就是力量"的相关论证是存在缺陷的,若要证明其结论,还需给出更有力的论证。(558 字)

2008 年 1 月真题详解与参考范文

论证有效性分析:

分析下述论证中存在的缺陷和漏洞,选择若干要点,写一篇 600 字左右的文章,对该论证的有效性进行分析和评论。(论证有效性分析的一般要点是:概念特别是核心概念的界定和使用是否准确并前后一致,有无各种明显的逻辑错误,论证的论据是否成立并支持结论,结论成立的条件是否充分等。)

甲:有人以中医不能被西方人普遍接受为理由,否定中医的科学性,我不赞同。西方人不能普遍接受中医是因为他们不理解中国的传统文化。

乙:世界上有不同的文化,但科学标准是相同的。科学研究的对象是普适的自然规律,因此,科学没有国界,科学的发展不受民族或文化因素的影响。将中医的科学地位不为西方科学界认可归咎于西方人不了解中国文化,是荒唐的。

甲:"科学无国界"是广为流传的谬误,如果科学真的无国界,为什么外国制药公司会诉讼中国企业侵犯其知识产权?

乙:从科学角度看,现代医学以生物学为基础,而生物学又建立在物理、化学等学科的基础之上。但中医的发展不以这些科学为基础,因此,它与科学不兼容,这样的东西只能是伪科学。

甲:中医有几千年的历史了,治好了那么多人,怎么可能是伪科学?人们为什么崇尚科学?是因为科学对人类有用。既然中医对人类有用,凭什么说它不是科学?西医自然有长于中医的地方,但中医同样有长于西医之处。中医体现了对人体完整系统的把握,强调整体观念,系统思维,这是西医所欠缺的。

乙:我去医院看西医,人家用现代科技手段从头到脚给我检查一遍,怎么能说没有整体观念、系统思维呢?中医在中国居于主导地位的时候,中国人的平均寿命在古代和近代都只有三十岁左右;现代中国人平均寿命提高到七十岁左右,完全是拜现代医学之赐。

_____

_____

_____

【要点全析】

具体缺陷类型见表 5－12。

表 5－12　2008 年 1 月真题要点全析

序　号	名　称	分析要点
1	推断不出	研究对象是普适的,但是作为研究主体的人类毕竟存在于不同的文化和信仰下,因此从研究对象的性质看不出研究主体的性质
2	概念混淆	"科学"与"知识产权"是两个概念,"科学"无国界并非"知识产权"无国界,原文混淆了这两个概念
3	推断不出	物理、化学、生物学并不能代表所有科学,所以不以这三种科学为基础,也不能断定为不与科学兼容
4	非此即彼	与科学不兼容,不能判断就是伪科学。两者不是非此即彼的关系,还有大量的非科学领域,例如音乐、文学、宗教等
5	推断不出	科学对人类有用,中医也对人类有用,但仅凭这个共同点说明不了两者的关系,无法得出中医就是科学。牛奶和牛肉都对人类有用,但是牛奶不是牛肉
6	推断不出	从头到脚检查说的是全面性。整体观念和系统思维强调事物的联系。从头到脚检查只能说明做到了面面俱到,是否有内在联系无法判断

问:"从头到脚检查一遍"和"整体观念、系统思维"属于混淆概念吗?

答:能认定为混淆概念至少原文应该是两组概念,历年真题的混淆概念其原文本身都是概念性词语。这里的原文真的称不上是两组概念,所以,不宜认定为混淆概念,而认定为"推断不出"更为合适

| 7 | 条件缺失 | 平均寿命的提高原因很多,战争减少、粮食增产、引进西医都是原因。所谓的"完全拜现代医学所赐"显然绝对和片面 |

注:本点属于单一性归因而导致的条件缺失,与 2010 年试题"判定股价高低唯一看历史表现"类似,都属于早年的出题方式,近年很少出现

【及时解惑】

问:老师,本题要分甲乙写吗?要支持哪方吗?

答:本年是唯一使用对话形式作为试题材料的年份。这种形式在以后再次出现的可能性较小。如果是对话,不需要站在甲、乙任何一方的立场上反驳对方,而应客观分析双方各自的论证缺陷。也就是不拉偏手、不站队,谁错就分析谁。同时,哪边分析几点也没有强制要求,也不需要把同一方的论证缺陷放在一起作答。

【慎找要点】

慎找要点 1：西方人不能普遍接受中医是因为他们不理解中国的传统文化。

每年课堂上都有同学要找本句，认为西方人不理解中医有其他原因。请看，原文认为不接受的原因是 A，你认为不对且觉得原因是 B。请问：这到底是论证分析，还是观点分析？这不是又回到观点分析上了吗？由此可见，固有的见到不认同的观点就挑错的思维是不是很顽固呢？原文论证的顺序还原后为"西方人不理解中国传统文化，所以不能普遍接受中医"。这个论证没有什么问题，中医跟中国传统文化有关，不理解传统文化当然不能接受中医。这个论证没有什么毛病。

慎找要点 2：中医体现了对人体完整系统的把握，强调整体观念，系统思维，这是西医所欠缺的。

有同学认为应该反驳"中医体现了整体观念、系统思维，这是西医所欠缺的"。尤其是学医的同学有意见，如鲠在喉，不吐不快——"凭什么这么说西医啊？"这就不小心又掉入陷阱了。别忘了，这是论证分析，不是观点站队。一方观点即使错，没有论证过程，也不能随意批驳（除非这句错误作为其他论证的论据，那就是"论据不成立"，否则不能轻易批驳单陈述句）。这种句子就是"勾引句"，"勾引"考生犯错。

【参考范文】

有失偏颇的中医科学性之辩

上述材料中，甲、乙双方针对"中医的科学性"进行了唇枪舌剑的辩论，试图证明自己的观点正确，但是双方的论证都存在缺陷，具体分析如下：

首先，"科学"无国界并非"知识产权"无国界，原文混淆了这两个概念。科学是普遍的客观规律，而知识产权是科学研究的成果，是受法律保护的人类智力劳动成果。知识产权并不是科学是否有国界的依据。因此，即使知识产权有国界也不意味着科学有国界。

其次，由"中医的发展不以物理、化学、生物等科学为基础"不能推出"与科学不兼容"，更不能推出"只能是伪科学"。物理、化学、生物不是判断科学的全部标准。况且，事物不只有科学的与伪科学的，不是非此即彼的关系，还有大量的非科学领域，例如音乐、文学、宗教等。

再次，由"从头到脚检查"不能推出"具有整体观念和系统思维"。"从头到脚"体现检查的全面性。"整体观念和系统思维"强调事物的联系和思维方式。"从头到脚检查"只能说明检查做到了面面俱到，推断不出是否有整体性、系统性关联。

最后，将平均寿命延长完全归因于现代医学的发展是过于片面的。人均寿命的增长显然原因众多，战争减少、粮食增产，引进西医等因素都不容忽视。原文试图只从一个条件解释这一问题，无法做到客观、准确。

综上所述，在整个辩论过程中，甲、乙双方均未能给出有效的论证，他们的论证过程都存在着漏洞。若想证明各自的观点，尚需更有力的论证。（569 字）

2007 年 1 月真题详解与参考范文

论证有效性分析：

分析下述论证中存在的缺陷和漏洞，选择若干要点，写一篇 600 字左右的文章，对该论证的有效性进行分析和评论。（论证有效性分析的一般要点是：概念特别是核心概念的界定和使用是否准确并前后一致，有无各种明显的逻辑错误，论证的论据是否成立并支持结论，结论成立的条件是否充分等。）

每年的诺贝尔奖，特别是诺贝尔经济学奖公布后，都会在中国引起很大反响。诺贝尔经济学奖的得主是当之无愧的真正的经济学家。他们的研究成果都经过了实践的检验，为人类社会发展，特别是经济发展做出了杰出的贡献。每当看到诺贝尔经济学奖被西方人包揽，很多国人在羡慕之余，更期盼中国人有朝一日能够得到这一奖项。

然而，我们不得不面对的现状却是，中国的经济学还远远没有走到经济科学的门口，中国真正意义上的经济学家，最多不超过五个。

真正的经济学家需要坚持理性的精神。马克思·韦伯说，现代化的核心精神就是理性化，没有理性主义就不可能有现代化。中国的经济学要向现代科学方向发展，必须把理性主义作为基本的框架。而中国经济学界太热闹了，什么人都可以说自己是个经济学家，什么问题他们都敢谈。有的经济学家今天评股市，明天讲汇率，争论不休，莫衷一是。有的经济学家热衷于担任一些大型公司的董事，或在电视上频频上镜，怎么可能做严肃的经济学研究？

经济学和物理学、数学一样，所论的都是非常专业化的问题。只有远离现实的诱惑，潜心于书斋，认真钻研学问，才可能成为真正意义上的经济学家，中国经济学家离这个境界太远了。在中国的经济学家中，你能找到为不同产业代言的人，西方从事经济学研究最优秀的人不是这样的，这样的人在西方只能受投资银行的雇佣，从事产业经济学的研究。

一个真正的经济学家，首先要把经济学当作一门科学来对待，必须保证学术研究的独立性和严肃性，必须保持与"官场"和"商场"的距离，否则，不可能在经济学领域做出独立的研究成果。

说"中国真正意义上的经济学家，最多不超过五个"，听起来刻薄，但只要去看一看国际上经济学界那些最重要的学术刊物，有多少文章是来自中国国内的经济学家，就会知道这还是比较客观和宽容的一种评价。

【要点全析】

具体缺陷类型见表 5 – 13。

表 5 – 13　2007 年 1 月真题要点全析

序　号	名　称	分析要点
1	概念模糊	"真正意义上的经济学家"概念界定模糊,诺贝尔奖得主是真正的经济学家,不能推出反之就不是。所以真正的经济学家概念缺乏准确衡量标准
2	推断不出	由"国内经济学家频繁上镜"不能推出"不能做严肃的经济学研究",也不能说明缺乏"坚持理性的精神"。热闹是对行为的评价,严肃是对态度的评价,理性是对思维的评价,三者并无必然联系,热闹不意味着不严肃、不理性
3	类比不当	由"经济学与物理、数学一样都是专业化问题"无法推出"只有远离现实,潜心于书斋,才能成为真正意义上的经济学家"
4	推断不出	由真正的经济学家需要保持学术研究的独立性和严肃性,无法看出必须保持与"官场""商场"的距离。独立并非孤立,不是毫无联系,而是避免利益影响观点
5	自相矛盾	由在国际经济学最重要刊物上发表学术著作多少不能推出中国真正意义上的经济学家的多少。因为文章开头作者已经阐明真正意义上的经济学家的定义是"研究成果经过了实践的检验,为人类社会发展,特别是经济发展做出了杰出的贡献。"这个标准显然与发表文章多少这个标准相违背,作者显然自相矛盾

【参考范文】

中国缺少真正意义上的经济学家吗

上述材料通过对国内经济学家的分析,试图得出"中国真正意义上的经济学家不超过五个"的结论。但是,该论证在论证方法、推理过程中都存在不妥之处,现分析如下:

首先,"真正意义上的经济学家"概念界定模糊,由诺贝尔奖得主是真正的经济学家,不能推出未得此奖的经济学家就不是真正的经济学家。这个概念缺乏明确的衡量标准,所以也就难以界定到底有几个。

其次,由"国内经济学家经常发表观点,担任董事,频繁上镜"不能推出"不能做严肃的经济学研究",也不能说明缺乏"坚持理性的精神"。热闹是对行为的评价,严肃是对态度的评价,理性是对思维的评价,三者并无必然联系,热闹不意味着不严肃、不理性。

再次,由"经济学与物理、数学一样都是专业化问题"无法推出"只有远离现实,潜心于书斋,才能成为真正意义上的经济学家。"物理、数学是自然科学,经济学是实践性很强的社会科学,它与社会生活息息相关,很难脱离现实研究。拿物理、数学与经济学对比显然类比不当。

最后,由真正的经济学家需要保持学术研究的独立性和严肃性,无法看出必须保持与"官场""商场"的距离。保持独立并非孤立,不是毫无联系,尤其经济学是社会学科,应该避免利益影响观点,而非保持距离。

综上所述,论证者无法对"中国真正的经济学家至多不超过五个"的结论进行有效论证,因此观点是值得商榷的。(545字)

2008年10月真题详解与参考范文

论证有效性分析:

分析下述论证中存在的缺陷和漏洞,选择若干要点,写一篇600字左右的文章,对该论证的有效性进行分析和评论。(论证有效性分析的一般要点是:概念特别是核心概念的界定和使用是否准确并前后一致,有无各种明显的逻辑错误,论证的论据是否成立并支持结论,结论成立的条件是否充分等。)

有人提出,应当把"孝"作为选拔官员的一项标准,理由是,一个没有孝心,连自己的父母都不孝顺的人,怎么能忠诚地为国家和社会尽职尽责呢?我不赞同这种观点。现在已经是21世纪了,我们的思想意识怎么能停留在封建时代呢?选拔官员要考察其"德、勤、能、绩",我赞同应当把"德"作为首要标准。然而,对一个官员来说最重要的是公德而不是私德。"孝"只是一种私德而已。选拔和评价官员,偏重私德而忽视公德,显然是舍本逐末。什么是公德?一言以蔽之,就是忠诚职守,在封建社会是忠于君主,现在则是忠于国家。自古道"忠孝难以两全"。岳飞抗击金兵,常年征战沙场,未能在母亲膝下尽孝,却成千古传颂的英雄。反观《二十四孝》里的那些孝子,有哪个成就了名垂青史的功业?孔繁森撇下老母,远离家乡,公而忘私,殉职边疆,显然未尽孝道,但你能指责他是个不合格的官员吗?俗话说"人无完人",如果在选拔官员中拘泥于小节而不注意大局,就会把许多胸怀鸿鹄之志的精英拒之门外,而让那些守望燕雀小巢的庸才占据领导岗位。

_____

_____

_____

_____

【要点全析】

具体缺陷类型见表5-14。

表 5－14　2008 年 10 月真题要点全析

序　号	名　称	分析要点
1	推断不出	主张"应当把孝作为选拔官员的一项标准",不意味着"思想意识停留在封建时代。"孝不是封建时代独有的,是否推崇孝道也不是判断所处时代的依据
2	非此即彼	主张"应当把孝作为选拔官员的一项标准",不意味着"偏重私德而忽视公德",把"孝"纳入标准不意味着偏重"孝",也不意味着重视一方面就必然忽视另一方面。公德、私德不是非此即彼的关系
3	概念混淆	岳飞的例子已经把选拔官员的概念混淆为判定英雄的概念。《二十四孝》中的孝子涉及的名垂青史问题也不是选拔官员问题
4	论据不成立	孝心与孝行是两个概念。岳飞与孔繁森因公务在外无法在父母身边尽孝,是没能尽到孝行,而非没有孝心,故而并非"不孝"的事例。所以,岳飞和孔繁森并非恰当的论据
5	推断不出	即使《二十四孝》中提到的孝子都没有建立功业,也只能说明有的(也就是该书中的)孝子没有建立功业,不能说明从古至今所有的孝子都无法建立功业。更何况没有名垂青史的功业不意味着他们其中如果有从政之人,那些人就不是合格官员
6	不当假设	"将'孝'作为选拔标准,就会把许多怀有鸿鹄之志的精英拒之门外,而让守望燕雀小巢的庸才占据领导岗位"。这种论证背后的假设是不孝之人多数是"怀鸿鹄之志的精英",孝子往往是"守望燕雀小巢的庸才"。这样的隐含假设是有失偏颇的

【参考范文】

"孝"不应作为选拔官员的标准吗

上述材料中论证者反驳把"孝"作为选拔官员的一项标准的观点。乍看有理,但细细推敲后不难发现其中存在诸多纰漏,分析如下:

首先,主张"应当把'孝'作为选拔官员的一项标准"并不意味着"思想意识停留在封建时代"。"孝"并不是封建时代独有的行为典范,而是我们中华民族流传千年的传统美德,是无论身处何时何地都应该遵守的行为准则,是否推崇孝道不是判断所处时代的依据。

其次,主张"应当把孝作为选拔官员的一项标准",不意味着"偏重私德而忽视公德"。把"孝"作为标准之一不意味着对其的偏重,公德、私德不是非此即彼的关系,不意味着纳入孝道就忽视公德,两者完全可以共同存在。由此得来的"逐"中之"舍"的说法显然是无中生有。

再次,孝心与孝行是两个概念。岳飞与孔繁森因公务在外无法在父母身边尽孝,是没能尽到孝行,而非没有孝心,故而两人并非"不孝"。所以,岳飞和孔繁森并非恰当的论据,不能证明孝并非选拔官员的标准。

最后,即使《二十四孝》中提到的孝子都没有建立功业,也只能说明书中孝子没有建立功业,不能说明从古至今所有的孝子都无法建立功业。更何况没有名垂青史的功业不意味着他们其中如果有从政之人,那些人就不是合格官员。所以原文的推断并不恰当。

综上所述,上述论证存在着许多不足之处,并不能有效地支持其关于不应该把"孝"作为选拔官员的标准这一结论。(556 字)

2005 年 10 月真题详解与参考范文

论证有效性分析:

分析下述论证中存在的缺陷和漏洞,选择若干要点,写一篇 600 字左右的文章,对该论证的有效性进行分析和评论。(论证有效性分析的一般要点是:概念特别是核心概念的界定和使用是否准确并前后一致,有无各种明显的逻辑错误,论证的论据是否成立并支持结论,结论成立的条件是否允分等。)

某管理咨询公司最近公布了一份洋快餐行业发展情况的分析报告,对洋快餐在中国的发展趋势给出了相当乐观的预判。

该报告指出,过去 5 年中,洋快餐在大城市中的网点数每年以 40% 的惊人速度增长,而在中国广大的中小城市和乡镇还有广阔的市场成长空间;照此速度发展下去,预计在未来 10 年,洋快餐在中国饮食行业的市场占有率将超过 20%,成为中国百姓饮食的重要选择。

饮食行业某些人士认为,从营养角度看,长期食用洋快餐对人体健康不利,洋快餐的快速增长会因此受到制约。但该报告指出,洋快餐在中国受到广大消费者,特别是少年儿童消费群体的喜爱。显然,那些认为洋快餐不利于健康的观点是站不住脚的。该公司去年在 100 家洋快餐店内进行了大量问卷调查,结果显示,超过 90% 的中国消费者认为食用洋快餐对于个人的营养均衡有帮助。而当已经喜爱上洋快餐的未成年人在未来成为更有消费能力的成年群体之后,洋快餐的市场需求将会大幅度跃升。

洋快餐长期稳定的产品组合以及产品和服务的标准化迎合了消费者希望获得无差异食品和服务的需要,这也是洋快餐快速发展的重要优势。

该报告预测,如果中国式快餐在未来没有较大幅度的发展,洋快餐一定会成为中国饮食行业的霸主。

【要点全析】

具体缺陷类型见表 5 - 15。

表 5 - 15　2005 年 10 月真题要点全析

序　号	名　称	分析要点
1	推断不出/概念混淆	由网点数的增长和还有市场空间不能推断未来 10 年的市场占有率。网点数增长和市场占有率概念不同。前者代表投入增加且属于增量,后者代表消费者认可且属于存量。显然投入不能等同于认可,而且增量不宜推断存量。更何况,由过去未必能推断未来,因此很难准确判断 10 年后的情形
2	推断不出	由"洋快餐受到中国广大消费者,特别是少年儿童消费群体的喜爱"不能推出"认为洋快餐不利于健康站不住脚"。消费者的喜爱是消费群体的主观偏好,不能代替洋快餐是否有利于健康的客观事实,尤其很大程度上是少年儿童的喜爱
3	样本偏差	100 家洋快餐店的调查也不能说明"认为洋快餐不利于健康站不住脚"。该调查在洋快餐店进行,调查样本选择存在偏差。进店消费的群体更倾向于认可洋快餐,不认可洋快餐的群体很可能不会进店消费进而参与调查。因此调查样本偏差将导致结论偏差
4	推断不出	已经喜爱上洋快餐的未成年人在成年后不一定能够提升洋快餐的市场需求。未成年人长大后,口味偏好、选择标准都可能发生变化,不能以现在机械地推断未来
5	非此即彼	由"中国式快餐没有较大发展"不能推出"洋快餐一定会成为饮食行业的霸主"。显然,这不是非此即彼的关系,况且快餐也只是占据了餐饮市场的部分份额。即使中式快餐没有较大发展对洋快餐有利,也不能因此得出洋快餐成为餐饮行业霸主的结论

【参考范文】

洋快餐能成为饮食行业的霸主吗

上述咨询公司通过对洋快餐在本土市场发展状况的分析和预测,认为"洋快餐一定会成为中国饮食行业的霸主"。该推理过程过于草率,其论证有失偏颇,分析如下:

首先,由网点数的增长和还有市场空间不能推断未来 10 年的市场占有率。网点数增长和市场占有率概念不同。前者代表投入增加且属于增量,后者代表消费者认可且属于存量。显然投入不能等同于认可,而且增量不宜推断存量。更何况,由过去未必能推断未来,因此很难准确判断 10 年后的情形。

其次,由100家洋快餐店的调查结果不能推出"认为洋快餐不利于健康站不住脚。"该调查在洋快餐店进行,调查样本选择存在偏差。进店消费的群体更倾向于认可洋快餐,所以该理由并不恰当。何况,消费者群体的判断属于主观看法,不能替代客观的科学研究,无法得出是否利于健康的科学论断。

再次,已经喜爱上洋快餐的未成年人在成年后不一定能够提升洋快餐的市场需求。未成年人长大后,口味偏好、选择标准都可能发生变化,不能以现在机械地推断未来。成年后收入在变化,为什么选择就不会变化呢?

最后,由"中国式快餐在未来没有较大幅度的发展"不能推出"洋快餐一定会成为饮食行业霸主。"显然,这不是非此即彼的关系,况且快餐也只是占据了餐饮市场的部分份额。即使中式快餐没有较大发展对洋快餐有利,也不能因此得出洋快餐成为餐饮行业霸主的结论。

综上所述,上述材料认为"洋快餐一定会成为中国饮食行业的霸主"的结论未免有些草率,尚不足信。(580字)

第四节 实战归来再谈论证

教这门课几年后,笔者慢慢感觉到,很多时候不说分析技巧,单说本书第二章第一节"什么是论证"这个问题就有很多人没有搞清楚。这里面包括学生,也包括一些辅导老师。很多时候,考生跟着老师一路复习下来,越学越懵,考题越做越错,很多考生就不禁要问:论证有效性分析到底有没有分析标准?

一言以蔽之,这还是没有理解最基本的问题——"什么是论证"。这就像你要去机场接人,都已经出发了,却连要接谁都还不知道。本节再次带读者回到原点、回到核心,探讨"论证"这个概念。之所以将这一环节放在所有真题之后,是希望考生真正做到"百战归来再看论证",能够与田然老师共同从试题层面走向学问层面,从现象层面走到本质层面,从战术层面走到战略层面。

一、非论证的陷阱

在《考试大纲》分析里,笔者说过以下这段话,现在要把这段话展开并举例。考生要实现论证分析能力的突破,就要保证确实深刻理解这段话。

"考试要你找的是论证的问题,而非观点的问题、语言的问题、专业的问题。那么,你就不能因为观点不合你口味而认定为错,不能因为语言不严谨、不规范而认定为错,不能因为专业叙述可能有瑕疵或不准确而认定为错。同样重要的是,你也不能因为你认同其观点就认同其论证。

考试要找的核心是论证,而非讨论观点、校正语言、讨论专业问题,考生切记要把所有注意力用来寻找论证。

1. 你不能因为观点不合你口味而认定为错

下面看几段话,这些话可能都比较刺耳,考生容易冲动地认为其有错误,但这个冲动只是来源于这些观点可能不合你的口味罢了。

(2011-01)如果你要从股市中赚钱,就必须低价买进股票,高价卖出股票,这是人人都明白的基本道理。但是问题的关键在于如何判断股票价值的高低。只有正确的判断股价的高低,上述的基本道理才有意义,否则就毫无实用价值。

(2009-01)"知识就是力量"这个曾经号召了几代人的口号,正在成为空洞的历史回声,这其实是时代的进步。

(2008-01)甲:有人以中医不能被西方人普遍接受为理由,否定中医的科学性,我不赞同。西方人不能普遍接受中医是因为他们不理解中国的传统文化。

(2003-01)把几只蜜蜂和苍蝇放进一只平放的玻璃瓶,使瓶底对着光亮处,瓶口对着暗处。结果,有目标地朝着光亮拼命扑腾的蜜蜂最终衰竭而死,而无目的地乱窜的苍蝇竟都溜出了细口瓶颈逃生。是什么葬送了蜜蜂?是它对既定方向的执着,是它对趋光习性这一规则的遵循。

这四段文字中论述的观点考生可能都看着不爽,很可能冲动地想反驳或者甚至提出自己的见解。但由于这些话只是原作者表达的观点,并未给出相应理由,故而不能构成论证,不在论证分析要讨论的范围之内。所以,即使考生从观点角度认为其不对,也不能从论证角度认定其不对。如果在考卷上作答,还是会扣分。

所以,考生切记,当原文没有给出理由,陈述还未构成论证时,便不能成为论证分析对象,不应予以批驳,否则就是误认论证,把非论证当作论证,这必然不对。

2. 你不能因为语言不严谨、不规范而认定为错

我们平常说到辩论,经常会指摘对方语言的漏洞。但论证分析考试,考生与命题人不是辩论的对手。考生的任务不是驳倒命题人,而是分析命题人材料的论证漏洞并理性、准确、友善地指出。所以,这不是挑语言漏洞的考试。

(2003-01)是什么葬送了蜜蜂?是它对既定方向的执着,是它对趋光习性这一规则的遵循。

有考生这样分析本例:"原文有缺陷,蜜蜂的死不是对既定方向的执着,而是对既定原则的执着,执着的是原则不是方向,如果光的方向变了蜜蜂也会改向"。这位考生说得对不对呢?太对了。但他这个评论是在做论证有效性分析吗?不是。他这是在找语言的漏洞,是在做文字的校对,而非论证的分析,故不能得分。

3. 你不能因为专业叙述有瑕疵或不准确而认定为错

考试文章涉及经济、管理、人文等许多领域。很多带有一定的学科背景。这些考试所用的背景和话题只是用来承载考题的载体,考试并非要讨论问题本身。而是让考生分析原

文论证。所以,考生不要揪着学科问题探讨,这不是分析商业案例。

(2014-01)所谓制衡,指对企业的管理权进行分解,然后使被分解的权力相互制约以达到平衡。

有同学回答本题时说:"不对,制衡并非一定出现在分解权力时,例如力量相当的不同主体也可以构成制衡,并非都是同一主体分解后进行制衡"。这位同学说得对吗?可能对,而且他看待制衡问题很有见解。但这是论证有效性分析吗?不是。那么这一点他只能得零分。

4. 同样重要的是,你不能因为认同其观点就认同其论证

很多时候,观点正确未必论证正确,很可能观点是正确的,但论证过程犯了逻辑错误。这反而可能是最危险的陷阱。

(2012-01)假如再变换一下视角,从一个更广泛的范围来看,连我们人类自己也是大自然的一个部分。既然我们的祖先是类人猿,而类人猿正像大熊猫、华南虎、藏羚羊、扬子鳄乃至银杏、水杉、五针松等等一样,是整个自然生态中的有机组成部分,那为什么我们自己就不是了呢?

(2007-01)中国的经济学要向现代科学方向发展,必须把理性主义作为基本的框架。而中国经济学界太热闹了,什么人都可以说自己是个经济学家,什么问题他们都敢谈。有的经济学家今天评股市,明天讲汇率,争论不休,莫衷一是。有的经济学家热衷于担任一些大型公司的董事,或在电视上频频上镜,怎么可能做严肃的经济学研究?

这两年的试题很典型,其观点都让我们很认同。读者肯定认同"人类是大自然的一部分",估计也认同"现在的经济学界太热闹了"。但即使认同其观点,也不能放过对论证过程展开分析。事实上,以上两段论证都有问题。

第一段犯了"不当类比"的谬误。它的结论是人类是大自然的一部分。这没错,但其得到这个结论的过程是把人类与类人猿类比,然后说类人猿属于自然,所以人类也属于自然。这个类比是不恰当的。

第二段犯了"概念混淆"的谬误。我们可能对某些经济学家"走穴"都有些忿然,但这个感情色彩不能带到考试中。原文以"热闹"论证"不严肃",概念有所混淆,热闹是否必然不严肃、不理性呢?这显然有瑕疵。

所以,分析论证不能感情用事,不能凭个人好恶和看法,而必须使用论证分析的专业方法,按步骤对概念、论据、论证过程开展分析。不能因为反对观点而反对论证,也不能因为同意观点而同意论证。这个搞清楚了,这个考试就通了。

二、论证分析到底是什么

"论证分析"概念可以与"观点反驳"概念进行对比,两者差异很大又容易混淆。如果概括考生最初认识"论证有效性分析"时所存在的共性问题,那就是:

"考生都错把论证分析当成是任意反驳自己不同意的地方。"

是啊。多少考生做题时读到哪个句子不爽，就认定有错；读到什么观点不同意，又认定有错；读到哪个说法觉得有问题或说得不全面、不合适，还认定有错。大家是不是在做原文的对手，充满着敌意，随时要"击倒对方"呢？

> **田然敲黑板**
>
> 论证分析是诊断过程，而非推倒观点

其实这是最大的误解。"论证有效性分析"不是充满敌意的过程，恰恰相反，"论证有效性分析"充满着严谨和善意。田然老师认为："论证有效性分析"的分析者与原作者不是敌对关系，不是打击关系，不是反驳关系。两个人的关系应该是这样的：

阅读者相信不应随意认同他人的任何观点（谨慎性思维品质），所以对原作者论证其结论的各个论证过程给予细致、中立的分析，论证对就认定对，论证错就对错误进行分析和评论，指出错误，解释清楚，进而在分析论证后决定是否信任原作者的结论，若论证有缺陷，则不信任结论。整个过程都聚焦论证，而非聚焦议题本身。如果让田然老师说"什么是论证有效性分析"，我会说：

论证分析不是挑刺，而是诊断；不要做"警察"，而要做"医生"。

所以，考生不要带着"敌意"和"挑剔"的心理，不要让自己进入辩驳状态，而要像侦探一样，试图找出结论与理由之间的关系链条，分析其是否合理，如果其中有缺漏，那么就中肯地指出问题。

到这里，论证有效性分析的学习阶段暂告结束。考生应分析学习效果，检测自己是否熟悉做题五步法技巧，是否熟悉常见的八大题型。针对各种类型的错误，下一章将集合汇总。考生可针对薄弱题型，利用下一章继续强化。

第六章　试题归类　万变归宗

第一节　题型总结

一、题型统计

本节将 2007—2018 年论证有效性分析试题按题型汇总,见表 6－1。表头数字代表原题顺序位置。通过本表可以总览历年试题,作为学习检索导图。

表 6－1　论证有效性分析论证缺陷清单

序号 年份	1	2	3	4	5	6	7/8
2018	推断不出	概念混淆	推断不出	以偏概全 推断不出	概念混淆		
2017	推断不出	条件缺失	推断不出	论据不立	概念混淆	论据不立	推断不出
2016	推断不出	以偏概全	推断不出	推断滑坡	自相矛盾	条件缺失	
2015	条件缺失	概念混淆	推断不出	概念混淆	论据不立	论据不立	推断滑坡 自相矛盾
2014	条件缺失	论据不立	自相矛盾	条件缺失	概念混淆	推断不出	条件缺失
2013	条件缺失	推断不出	推断滑坡	概念混淆	条件缺失		
2012	论据不立	类比不当	偏离论题	类比不当	以偏概全	概念混淆	自相矛盾
2011	概念混淆	条件缺失	自相矛盾	推断不出			
2010	论据存疑	推断不出	推断不出	条件缺失	条件缺失	类比不当	
2009	类比不当	推断不出	推断不出	推断不出	推断不出		
2008	推断不出	概念混淆	推断不出	非此即彼	推断不出	推断不出	条件缺失
2007	概念模糊	推断不出	类比不当	推断不出	自相矛盾		

二、题库用法

接下来本章各节将逐类汇总每个题型历年所有试题,点评题型要点,强调解题对策。本章题型题库与第三章的区别联系:前文意在讲解题型,本章意在汇总每个题型所有试题,形成题库。前文首先讲述各类题型,并给出答题模板和一个真题范例,供大家学习掌握各个题型后练习历年真题。本章按照不同类型,汇总收集所有历年试题,便于训练真题发现薄弱环节后,有针对性地强化训练,实现各个击破。这样的体例安排就是让考生先从第三章学习题型模板,第五章使用真题检验提升,发现薄弱环节,本章强化巩固。

另外注意:本章各节给出的是"作答要点",即解题思路,而不是标准答案。标准答案还是以第三章给出的模板套路为准,那里给出了标准段落,通常比这里的"作答要点"表述更完整。本章因为是题库,为保持篇幅合理,所以给出的"作答要点"都是简要的解题思路,不是标准规范答案,请考生了解。

第二节 概念混淆

【2018 试题】

首先,按照唯物主义物质决定精神的基本原理,精神是物质在人类头脑中的反映。因此,物质丰富只会充实精神世界,物质主义潮流不可能造成人类精神世界的空虚。

"物质"不能等同于"物质主义",这两个概念差异很大,不能简单等同。因此,物质与精神的关系不能用于推断"物质主义潮流不可能造成人类精神世界的空虚"。

总之,物质决定精神,社会物质生活水平的提高会促进人类精神世界的发展,担心物质生活的丰富会冲击人类的精神世界,这是杞人忧天罢了。

同样说到对精神世界的冲击,文首称"物质主义潮流",文末谈"物质生活丰富",这两个概念不同。物质主义偏向对物质的崇拜和过度追求,属主观态度;物质生活丰富可以是人类辛勤创造的理所应当的物质财富,属客观事实,两者岂能简单等同?

【2017 试题】

因为监察官也是人,也是好利恶害的,所以依靠监察官去制止其他官吏以权谋私就是让一部分以权谋私者去制止另一部分人以权谋私。结果只能使他们共谋私利。

"好利恶害"属于人的本性,但不等同于"以权谋私"。好利可以是正当之利,"好利恶害"是中性的,"以权谋私"是以错误做法以公权谋私利,是贬义的,两个概念所指内涵差异很大,不能混淆。

【2015 试题】

生产过剩是市场经济的常见现象,既然如此,那么生产过剩就是经济运行的客观规律。

"生产过剩是市场经济的常见现象"不等于生产过剩就是经济运行的"客观规律"。原文显然混淆了现象与规律的概念。现象只是观察到的表象,规律是事物现象背后的逻辑。显然,"现象"与"规律"两个概念,不能简单等同。

【2014 试题】

另外,从本质上来说,权力平衡就是权力平等,因此这一制度本身蕴含着平等观念。平等观念一旦成为企业的管理理念,必将促成企业内部的和谐与稳定。

"平衡"和"平等"概念不同,权力平衡并非就是权力平等。权力平衡代表力量均衡,有可能是多方联合与另一方保持力量均衡。但是,权力平等代表大小相同。两者看似相近,但是内涵不同,不能混淆,因此,也就无法推出制度本身蕴含着平等的观念。

【2013 试题】

文化有两个特性,一个是普同性,一个是特异性。

文艺作品当然也具有文化的本质属性。一篇小说、一出歌剧、一部电影等,虽然一般以故事情节、人物形象、语言特色等艺术要素取胜,但在这些作品中,也往往肯定了一种生活方式,宣扬了一种价值观念。这种生活方式和价值观念不管是普同的还是特异的,都会被他国所接受或关注,都能产生文化影响力。

第四段"这种生活方式和价值观念不管是普同的还是特异的,都会被他国所接受或关注,都能产生文化影响力"。该句显示,能够产生文化影响力的是"生活方式和价值观念"。但下句"只要创作更多的具有本国文化特色的文艺作品,那么文化影响力的扩大就是毫无疑义的",这句显示,能够产生文化影响力的是"文艺作品"。那么,带来文化影响力的到底是"文艺作品",还是文艺作品含有的"生活方式和价值观念"?原文混淆了这对概念。

【2011 试题】

如果你要从股市中赚钱,就必须低价买进股票,高价卖出股票,这是人人都明白的基本道理。

再说,股价的未来走势充满各种变数,它的涨和跌不是必然的,而是或然的。

由此可见,要从股市获取利益,第一是要掌握股价涨跌的概率;第二还是要掌握股价涨跌的概率;第三也还是要掌握股价涨跌的概率。掌握了股价涨跌的概率,你就能赚钱;否则,你就会赔钱。

股价的高低和涨跌是两个不同的概念。高低是相对的位置,涨跌是价格运动的方向,原文对核心概念的界定和使用前后发生不一致。

【2008 试题】

甲:"科学无国界"是广为流传的谬误,如果科学真的无国界,为什么外国制药公司会诉讼中国企业侵犯其知识产权?

"科学"与"知识产权"是两个概念,"科学"无国界并非"知识产权"无国界。原文混淆了这两个概念。科学是普遍的客观规律,知识产权是科学研究的成果,是受法律保护的人类智力劳动成果。知识产权保护并不是科学是否有国界的依据。

【2007 试题】

然而,我们不得不面对的现状却是,中国的经济学还远远没有走到经济科学的门口,中国真正意义上的经济学家,最多不超过五个。

"真正意义上的经济学家"概念界定模糊,诺贝尔奖得主是真正的经济学家不能推出反之就不是。因为真正意义上的经济学家缺乏衡量标准,所以全文论证在概念上有缺陷。

（此题是概念界定模糊、不清晰，这与概念混淆有所不同，但是十余年间仅出现过 1 次，故本书在概念类讲授中以概念混淆为主。）

【2006 试题】

中国、俄罗斯等国作为合作伙伴，也被邀请参与 A350 飞机的研发与生产过程，其中，中国将承担 A350 飞机 5% 的设计和制造工作。这意味着未来空中客车公司每销售 100 架 A350 飞机，就将有 5 架由中国制造。

参与 5% 的设计制造不能推出这意味着 100 架中有 5 架由中国生产。5% 仅是整体中很小的部分，而生产 5 架飞机意味着有独立的设计制造能力，这是不同的概念。

【2004 试题】

目前，国内约有一千家专业公关公司。去年，规模最大的十家本土公关公司的年营业收入平均增长 30%，而规模最大的十家外资公关公司的年营业收入平均增长 15%；本土公关公司的利润率平均为 20%，外资公司为 15%。十大本土公关公司的平均雇员人数是十大外资公关公司的 10%。可见，本土公关公司利润水平高，收益能力强，员工的工作效率高，具有明显的优势。

营业收入和利润水平是不同的概念，增长速度和利润规模也是不同的概念。

【2008－10 试题】

有人提出，应当把"孝"作为选拔官员的一项标准，理由是，一个没有孝心，连自己父母都不孝顺的人，怎么能忠诚地为国家和社会尽职尽责呢？……自古道："忠孝难以两全"。岳飞抗击金兵，常年征战沙场，未能在母亲膝下尽孝，却成千古传颂的英雄。反观《二十四孝》里的那些孝子，有哪个成就了名垂青史的功业？孔繁森撇下老母，远离家乡，公而忘私，殉职边疆，显然未尽孝道，但你能指责他是个不合格的官员吗？

孝心与孝行是不同的概念。通常所指"孝"作为标准到底应该按孝心还是按孝行判断没有界定，原文"孝"的概念并不清晰。把岳飞、孔繁森无法在身边尽孝说成不孝，也是对通常所讲"孝"这个概念的混淆。

【2005－10 试题】

该报告指出，过去 5 年中，洋快餐在大城市中的网点数每年以 40% 的惊人速度增长，而在中国广大的中小城市和乡镇还有广阔的市场成长空间；照此速度发展下去，预计在未来 10 年，洋快餐在中国饮食行业的市场占有率将超过 20%，成为中国百姓饮食的重要选择。

该报告预测，如果中国式快餐在未来没有较大幅度的发展，洋快餐一定会成为中国饮食行业的霸主。

"网点数"不能代表市场份额，网点数能够代表投入，市场份额代表消费者的认可和结果，显然投入不代表收获。另外，"快餐"和"餐饮"概念不同，快餐只是餐饮的部分范畴。原文在前后两处有概念混淆。

第三节 论据不成立

【2017 试题】

既然人的本性是好利恶害的,那么在选拔官员时,既没有可能也没有必要去寻求那些不求私利的廉洁之士,因为世界上根本不存在这样的人。廉政建设的关键其实只在于任用官员之后有效地防止他们以权谋私。

原文说世界上不存在"不求私利的廉洁之士",这个论据显然不成立,这样的人还是存在的,包拯、海瑞等历史人物都可作为例证。此外,"廉政建设只在于任用之后防止其以权谋私"这个判断太过绝对,也不能成立,因为这直接否定了选人用人环节的价值。任前选拔、任后监督等措施同样重要。

怎样防止官员以权谋私呢? 国君通常依靠设置监察官的方法,这种方法其实是不合理的。因为监察官也是人,也是好利恶害的。所以依靠监察官去制止其他官吏以权谋私就是让一部分以权谋私者去制止另一部分人以权谋私。结果只能使他们共谋私利。

"好利恶害"不等同于"以权谋私",况且监察官受限于职责,未必会共谋私利,说"只能"共谋私利过于绝对,不能以此为论据否定设置监察官的合理性。

【2015 试题】

其次,经济运行是一个动态变化的过程,产品的供求不可能达到绝对平衡状态,因而生产过剩是市场经济的常见现象。既然如此,那么生产过剩就是经济运行的客观规律,因此如果让政府采取措施进行干预,那就违背了经济运行的客观规律。

原文通过把"生产过剩"混淆为"客观规律"并作为前提,从而论证"政府干涉生产过剩就是违背客观规律"这个结论。但是这个前提因为出现混淆概念,现象≠规律,故论据也就不成立,不能推出原结论。

再说,生产过剩总比生产不足好。如果政府的干预使生产过剩变成了生产不足,问题就会更大。因为生产过剩未必会造成浪费,反而可以因此增加物资储备以应对不时之需。如果生产不足,就势必造成供不应求的现象,让人们重新去过缺衣少食的日子,那就会影响社会的和谐稳定。

生产过剩是超出正常消费和储备需求外的部分。这些产品滞销、库存积压不能够理想化地认为就是物资储备。该理由不能成立,不能用于推断"过剩比不足好"。同时,生产不足也未必推出供不应求,因为该产品的需求状况不得而知,况且生产不足还可能有替代品,所以更加未必供不应求;再者,该产品未必是衣或食,所以未必缺衣少食。因此,也就未必影响社会和谐稳定。所以,该推断所得结论也就不能作为恰当的论据①。

【2014 试题】

同时,以制衡与监督为原则所设计的企业管理制度还有一个固有特点,即能保证其实施的有效性,因为环环相扣的监督机制能确保企业内部各级管理者无法敷衍塞责。万一有人敷衍塞责,也会受到这一机制的制约而得到纠正。

"监督机制能确保企业内部各级管理者无法敷衍塞责。"该判断过于绝对,不能成为论据,因而无法证明以制衡与监督为原则所设计的企业管理制度能保证实施的有效性。

【2012 试题】

众所周知,爱因斯坦提出的相对论颠覆了人类关于宇宙和自然的常识性观念。不管是狭义相对论还是广义相对论,都揭示了宇宙间事物运动中普遍存在的相对性。既然宇宙间万物的运动都是相对的,那么我们观察问题时也应该采用相对的方法,如变换视角等。

把爱因斯坦的相对论理解为宇宙间事物运动中普遍存在的相对性,是对相对论的误解,不能作为论据。因此无法推断出我们观察问题应该采用相对的方法。

【2008 - 10 试题】

岳飞抗击金兵,常年征战沙场,未能在母亲膝下尽孝,却成千古传颂的英雄。反观《二十四孝》里的那些孝子,有哪个成就了名垂青史的功业?孔繁森撇下老母,远离家乡,公而忘私,殉职边疆,显然未尽孝道,但你能指责他是个不合格的官员吗?

岳飞和孔繁森的例子不足以作为选拔官员可以没有"孝"这个标准的论据。因为岳飞和孔繁森不是不孝,两人没有尽孝行但并非不孝。因此这个论据本身站不住脚。

(考生可以发现,2012 年之前几乎没有 1 月联考真题出现过论据不成立。这是因为该题型是 2010 年 MBA 联考并入管理类联考后出现的新题型,故早年还是 MBA 联考时的试题没有该类型错误,但是 10 月联考早年即出现过该题型。)

第四节　推断不出

【2018 试题】

首先,按照唯物主义物质决定精神的基本原理,精神是物质在人类头脑中的反映。因此,物质丰富只会充实精神世界,物质主义潮流不可能造成人类精神世界的空虚。

"物质决定精神的基本原理"无法推出"物质丰富只会充实精神世界"。物质对精神的决定性未必只会是充实精神,也可能有副作用,决定性不代表有益性。

其次,后物质主义理论认为:个人基本的物质生活条件一旦得到满足,就会把注意点

---

① 该题在考试中作为一个点作答字数超限,故要么舍弃,要么作为两点。但作为两点占点偏多而且不易表述清晰,故真题答题中放弃使用此点。

转移到非物质方面。

"个人基本的物质生活条件一旦得到满足"不能推出"就会把注意点转移到非物质方面"。"基本的"物质生活条件之上,人类还很有可能追求更高的物质享受,未必转移到非物质方面。

【2017 试题】

人的本性是"好荣恶辱,好利恶害"的。所以人们都会追求奖赏,逃避刑罚。

人的本性是好利恶害的,但人的本性不能等同于人的行为,由于后天的教育或环境会影响其思想,所以人们未必"都"会追求奖赏、逃避刑罚。

既然人的本性是好利恶害的,那么在选拔官员时,既没有可能也没有必要去寻求那些不求私利的廉洁之士,因为世界上根本不存在这样的人。

"人的本性是好利恶害的"不能推出"没有可能也没有必要去寻求那些不求私利的廉洁之士"。人的这个本性不能否定存在廉洁之士,也不能否定寻找廉洁之士的必要性。

谁揭发官员的以权谋私就奖赏准,谁不揭发官员的以权谋私就惩罚谁,臣民出于好利恶害的本性就会揭发官员的以权谋私。这样,以权谋私的罪恶行为就无法藏身,就是最贪婪的人也不敢以权谋私了。

臣民揭发官员的做法可能有效,但不能推出以权谋私无法藏身以及最贪婪的人也不敢以权谋私。这个判断放大了臣民揭发的作用,单有此法并不能产生根治以权谋私的效果。臣民的信息可能不足,专业可能不够。所以,这个推断原结论是推不出的。

【2016 试题】

据国家统计局数据,2012 年我国劳动年龄人口比 2011 年减少了 345 万,这说明我国劳动力的供应从过剩变成了短缺。

由劳动年龄人口减少不能推出劳动力供应从过剩变成了短缺。减少代表下降,但不意味着短缺,更无法判断从过剩变成了短缺。

据报道,近年长三角等地区频频出现"用工荒"现象,2015 年第二季度我国岗位空缺与求职人数的比率均为 1.06,表明劳动力市场需求大于供给。因此,我国的大学生其实还是供不应求的。

长三角用工荒和全国岗位数据推不出大学生供不应求。长三角"用工荒"对象主要是农民工,而非大学生,看不出大学生供不应求。此外,大学生只是劳动力的部分人群,整体市场需求大于供给,看不出大学生这个小群体供不应求。

还有,一个人受教育程度越高,他的整体素质也就越高,适应能力就越强,当然也就越容易就业,大学生显然比其他社会群体更容易就业,再说大学生就业难就没有道理了。

一个人受教育程度越高不意味着素质越高、适应能力越强,高学历、高素质与适应能力无法简单地联系、推测;而且,"其他社会群体"称谓涵盖广泛,还有比大学生学历更高的人群。此外,原文先说一个人,再说大学生群体,个体身上的规律推不到集体身上。

【2015 试题】

其次，经济运行是一个动态变化的过程，产品的供求不可能达到绝对的平衡状态，因而生产过剩是市场经济的常见现象。

"供求不能绝对平衡"不能推出"生产过剩是常见现象"。不平衡是时多时少，但过剩通常指过多到某个量级，产生危害，因此，不平衡常见未必过剩常见。

【2014 试题】

另外，从本质上来说，权力平衡就是权力平等，因此这一制度本身蕴含着平等观念。平等观念一旦成为企业的管理理念，必将促成企业内部的和谐与稳定。

平等观念不必然促成企业内部和谐稳定，原文判断过于绝对。平等与和谐没有必然内在的联系。平等有时还是和谐的不利因素。

【2013 试题】

正因为文化具有普同性，所以一国文化就一定会被他国所接受；正因为文化具有特异性，所以一国文化就一定会被他国所关注。无论是接受还是关注，都体现了该国文化影响力的扩大，也即表明了该国软实力的增强。

"普同性"不能推出"一定会被接受"。"特异性"不能推出"一定会关注"。是否接受和关注只有可能性，没有必然性；而且，接受和关注无法推导出文化影响力的扩大，也更证明不了软实力的增强。这个连续推断每一步的成立条件都不充分。

这种生活方式和价值观念不管是普同的还是特异的，都会被他国所接受或关注，都能产生文化影响力。

文艺作品宣扬的生活方式和价值观念，不能推出"都会被他国所接受或关注"，不能推出"都能产生文化影响力"。这个推断缺乏必然关联。

【2012 试题】

既然我们的祖先是类人猿，而类人猿正像大熊猫、华南虎、藏羚羊、扬子鳄乃至银杏、水杉、五针松等一样，是整个自然生态中的有机组成部分，那为什么我们自己就不是了呢？

由此可见，人类的问题就是大自然的问题……

由人类是"整个自然生态中的有机组成部分"推不出"人类的问题就是大自然的问题"。因为部分具有的性质，整体未必具有。人类有的问题是大自然没有的。（部分具有的性质整体未必具有；反之，整体具有的性质部分未必具有。例如 2016 年考题说全国劳动力岗位需求大于供给，但这无法推断出大学生群体供不应求，全国是整体，大学生是部分。整体的性质未必是部分的性质，2012 年试题与 2016 年试题遥相呼应。）

【2011 试题】

由此可见，要从股市获取利益，第一是要掌握股价涨跌的概率；第二还是要掌握股价涨跌的概率；第三也还是要掌握股价涨跌的概率。掌握了股价涨跌的概率，你就能赚钱；否则，你就会赔钱。

"掌握了股价涨跌的概率，你就能赚钱"，该推断不恰当。知道涨跌概率不意味着控制涨跌事实结果,还是无法保证是涨是跌,所以还是无法确保赚钱。

【2010 试题】

全球化抹去了各国的疆界,使世界从立体变成平面,也就是说,世界各国之间的社会发展差距正在日益缩小。

"全球化抹去了各国的疆界"未必能推出"世界各国发展差距正在日益缩小"。全球化未必就能缩小差距,还可能扩大差距,发达国家的竞争优势可能因为全球化更加凸显。

由于世界是平的,穷国可以和富国一样在同一平台上接受同样的最新信息。这样就大大促进了穷国的经济发展,从而改善了它们的国际地位。

"穷国和富国可以同样接收最新信息"不能推断出"大大促进各国经济发展,改善国际地位"。接收信息不等于利用信息,不等于实际促进经济发展。原文缺乏充分依据,可能过度放大了信息技术的作用。

【2009 试题】

在知识经济时代,任何人所掌握的知识,都只是沧海一粟,这使得在培养与选拔人才时,知识尺度已变得毫无意义。

知识是否有意义不是看每个人掌握的知识相对于世界上总知识的多少,所以知识爆炸导致知识总量增加未必改变知识的意义。

现代网络技术可以使你在最短的时间里查询你所需要的任何知识信息,有的大学毕业生因此感叹何必要为学习各种知识数年寒窗,这并非无道理。

网络技术只是查询工具,能够查到知识不代表懂得知识和使用知识。

知识与此种能力之间并没有实质性联系,否则难以解释,与爱因斯坦具有相同知识背景的人有的是,为什么唯独他发现了相对论。硕士、博士等知识头衔的实际价值正在遭受有识之士的质疑,就是这个道理。

爱因斯坦的发明只能证明知识并非充分条件,所以并非每个有知识的人都有重大发明。但知识通常至少是发明的必要条件。"唯独爱因斯坦发明"更多可能是因为他除了具有知识外,还有创造力强等其他重要因素,而这些因素可能非常稀缺,因此并非知识并不重要。

头衔受质疑,质疑的是求学浮躁,缺乏扎实的学术培养,质疑的是硕博教育是否能传授知识和能力,而不是质疑知识与能力之间的关系。

【2008 试题】

科学研究的对象是普适的自然规律,因此,科学没有国界,科学的发展不受民族或文化因素的影响。

"科学研究的对象是普适的自然规律"推不出"科学的发展不受民族或文化因素的影响"。研究对象是普适的,但是作为研究主体的人类毕竟存在于不同的文化和信仰中,因此从研究对象的性质看不出研究主体的性质。

从科学角度看,现代医学以生物学为基础,而生物学又建立在物理、化学等学科的基础之上。但中医的发展不以这些科学为基础,因此,它与科学不兼容。

物理、化学、生物学并不能代表所有科学,所以不以这三种科学为基础,也不能断定为不与科学兼容。

人们为什么崇尚科学?是因为科学对人类有用。既然中医对人类有用,凭什么说它不是科学?

科学对人类有用,中医也对人类有用,但是仅凭这个共同点说明不了两者的关系,无法得出中医就是科学。牛奶和牛肉都对人类有用,但是牛奶不是牛肉。

我去医院看西医,人家用现代科技手段从头到脚给我检查一遍,怎么能说没有整体观念、系统思维呢?

从头到脚的检查不能推出具有整体观念和系统思维。从头到脚的检查说的是全面性。整体观念和系统思维强调事物的联系。从头到脚检查只能说明做到了面面俱到,是否有内在联系无法判断。

【2007 试题】

真正的经济学家需要坚持理性的精神……而中国经济学界太热闹了,什么人都可以说自己是个经济学家,什么问题他们都敢谈。有的经济学家今天评股市、明天讲汇率,争论不休,莫衷一是。有的经济学家热衷于担任一些大型公司的董事,或在电视上频频上镜,怎么可能做严肃的经济学研究?

"国内经济学家经常发表观点,担任董事,频繁上镜"不能推出"不能做严肃的经济学研究",也不能说明缺乏"坚持理性的精神"。热闹是对外在行为的评价,严肃是对态度的评价,理性是对内在思维的评价,三者并无必然联系,热闹不意味着不严肃、不理性。

一个真正的经济学家,首先要把经济学当作一门科学来对待,必须保证学术研究的独立性和严肃性,必须保持与"官场"和"商场"的距离,否则,就不可能在经济学领域做出独立的研究成果。

需要"保持学术研究的独立性和严肃性"无法看出必须保持与"官场""商场"的距离。独立并非孤立,不是毫无联系,而是避免利益影响观点。

【2008-10 试题】

有人提出,应当把"孝"作为选拔官员的一项标准,理由是,一个没有孝心,连自己父母都不孝顺的人,怎么能忠诚地为国家和社会尽职尽责呢?我不赞同这种观点。现在已经是21 世纪了,我们的思想意识怎么能停留在封建时代呢?

主张"应当把孝作为选拔官员的一项标准",不意味着"思想意识停留在封建时代"。孝不是封建时代独有的,是否推崇孝道也不是判断所处时代的依据。

【2005-10 试题】

该报告指出,过去 5 年中,洋快餐在中国大城市中的网点数每年以 40%的惊人速度增长,而在中小城市和乡镇还有广阔的市场成长空间;照此速度发展下去,预计在未来 10 年,洋快餐在中国饮食行业的市场占有率将超过 20%,成为中国百姓饮食的重要选择。

"过去5年洋快餐在中国大城市中的网点数以惊人的速度增长"不能推出"未来10年仍将快速发展,成为中国百姓饮食的重要选择"。大城市和乡镇在饮食需求、消费能力和偏好上均存在诸多不同,不能简单地把大城市的发展速度复制到中小城市和乡镇。所以,后者虽然有很大的空间,但是未必有很大的发展。

但该报告指出,洋快餐在中国受到广大消费者,特别是少年儿童消费群体的喜爱。显然,那些认为洋快餐不利健康的观点是站不住脚的。该公司去年在100家洋快餐店内进行了大量问卷调查,结果显示,超过90%的中国消费者认为食用洋快餐对于个人的营养均衡有帮助。而当已经喜爱上洋快餐的未成年人在未来成为更有消费能力的成年群体之后,洋快餐的市场需求将会大幅度跃升。

"洋快餐受到中国广大消费者,特别是少年儿童消费群体的喜爱"不能推出"洋快餐不利健康的观点是站不住脚的"。消费者的喜爱是消费群体的主观偏好,不能代替洋快餐是否有利健康的客观事实,尤其是当很大程度上是少年儿童的喜爱时。

已经喜爱上洋快餐的未成年人在成年后不一定能够提升洋快餐市场需求。未成年人长大后,口味偏好、选择标准都很可能发生变化,不能以现在机械地推断未来。未成年人收入在变化,为何选择就不会变化呢?

第五节　条件缺失

【2017 试题】

拥有足够权力的国君只要利用赏罚就可以把臣民治理好了。

人们追求赏赐、逃避刑罚不能推出只要利用赏罚就可以治理好臣民。诚然治理臣民需要赏罚作为条件,但也还需要其他条件。

【2016 试题】

实际上,一部分大学生就业难,是因为其所学专业与市场需求不相适应或对就业岗位的要求过高。因此,只要根据市场需求调整高校专业设置,对大学生进行就业教育以改变他们的就业观念,鼓励大学生自主创业,那么大学生就业难问题将不复存在。

调整专业设置、开展就业教育和鼓励自主创业不能推出大学生就业难问题就能解决。这些措施都是解决问题的措施之一,有助于减少问题,但也并非充分条件,无法保证问题的解决。对于解决就业问题不是绝对的。

【2015 试题】

只要生产企业开拓市场,刺激需求,就能扩大销售,生产过剩就会化解。

"开拓市场,刺激需求"未必能"扩大销售",即使销售有所扩大,生产过剩也不可能"马上就会化解"。因为,市场需求的多少不是随意的,不是无限的。需求增加也不是随时的。

【2014 试题】

所谓制衡,指对企业的管理权进行分解,然后使被分解的权力相互制约以达到平衡。它可以使任何人不能滥用权力;至于监督,指对企业管理进行严密观察,使企业运营的各个环节处于可控范围之内。既然任何人都不能滥用权力,而且所有环节都在可控范围之内,那么企业的经营就不可能产生失误。

"任何人都不能滥用权力,而且所有环节都在可控范围之内"不能推出"企业的运营就不可能产生失误"。以上两点是企业内部管理因素。但企业运营失误与否还取决于管理水平、财务安排、市场判断等其他方面,原文忽略了这些因素。

再者,由于制衡原则的核心是权力的平衡,而企业管理的权力又是企业运营的动力与起点,因此权力的平衡就可以使整个企业运营保持平衡。

企业管理权力的平衡未必能使整个企业运营平衡。整个企业的运营平衡,除了企业管理权力的平衡这一重要条件之外,还取决于其他条件。

由此可见,如果权力的制衡与监督这一管理原则付诸实践,就可以使企业的运营避免失误,确保其管理制度的有效性、日常运营的平衡以及内部的和谐与稳定,这样的企业一定能成功。

企业运营不失误、管理制度有效、日常运营平衡以及内部和谐稳定,这些还不足以保证企业一定能够成功,因为企业的成功不仅取决于企业的内部因素,还取决于市场等企业的外部因素。

【2013 试题】

其实,这一问题不难解决。既然一个国家的文化在国际上的影响力是该国软实力的重要组成部分,那么,要增强软实力,只需搞好本国的文化建设并向世人展示就可以了。

创作更多的文艺作品可能只是扩大文化影响力的一个有利但非充分条件,除了创作,还有传播;除了文艺作品,还有文化的其他组成形式。仅创作更多的文艺作品未必能够保证扩大文化影响力;而且,扩大文化影响力也很可能只是增强国家软实力的必要但非充分条件,未必能保证增强国家软实力。

【2011 试题】

股价的高低是一个相对的概念,只有通过比较才能显现。一般来说,要正确判断某一股票的价格高低,唯一的途径就是看它的历史表现。

历史表现只是判断某一股价高低的依据之一,而不是唯一的依据,其他还包括财务状况、未来前景等重要因素,原文忽视了这些其他因素。

【2010 试题】

事实也是如此,所谓"金砖四国"国际声望的上升,无不得益于他们的经济成就,无不得益于互联网技术的发展。特别是中国经济的起飞,中国在世界上的崛起,无疑也依靠了互联网技术的普及,同时也可作为"世界是平的"这一观点的有力佐证。

金砖四国发展和中国经济起飞可能不仅归因于互联网技术的发展普及,其实改革开放、人口红利可能是更重要的原因。因此,若另有其他核心因素,则这些事件未必能如原文所说是"'世界是平的'观点的有力佐证",进而也就未必能看出"信息技术还将能给世界经济政治格局带来巨大变化"。

可以预言,由于信息技术的迅猛发展,世界的经济格局与政治格局将会发生巨大的变化,世界最不发达的国家和最发达的国家之间再也不会让人有天壤之别的感觉,非洲大陆将会成为另一个北美。同样也可以预言,由于中国信息技术发展迅猛,中国和世界一样,也会从立体变为平面,中国东西部之间的经济鸿沟将被填平,中国西部的崛起指日可待。

要改变世界上最不发达国家和中国西部的现状,需要现代信息技术,还需要具备其他条件,原文只谈信息技术就说西部崛起指日可待,由于忽视其他条件因而不足以采信。

【2008 试题】

中医在中国居于主导地位的时候,中国人的平均寿命在古代和近代都只有三十岁左右;现代中国人平均寿命提高到七十岁左右,完全是拜现代医学之赐。

平均寿命的提高原因很多,战争减少、粮食增产、引进西医都是原因。所谓的"完全拜现代医学所赐"显然绝对和片面。

第六节　自相矛盾

【2016 试题】

现在人们常在谈论大学毕业就业难的问题,其实大学生的就业并不难。

实际上,一部分大学生就业难,是因为其所学专业与市场需求不相适应或对就业岗位的要求过高。

"其实大学生的就业并不难"与"实际上,一部分大学生就业难"自相矛盾。

【2015 试题】

总之我们应该合理定位政府在经济运行中的作用,政府要有所为,有所不为。政府应管好民生问题,至于生产不足或生产过剩,应该让市场自动调节,政府不必干预。

"政府应管好民生问题"没错,但是推不出"生产不足或生产过剩,政府不必干预"的结论。因为,工业生产本身就与民生息息相关,管理生产过剩也是管好民生的一部分,原文显然逻辑自相矛盾。

【2014 试题】

同时,以制衡与监督为原则所设计的企业管理制度还有一个固有特点,即能保证其实施的有效性,因为环环相扣的监督机制能确保企业内部各级管理者无法敷衍塞责。万一有人敷衍塞责,也会受到这一机制的制约而得到纠正。

"监督机制能确保企业内部各级管理者无法敷衍塞责"。事实上,即使有了监督机制,也不能确保所有管理者不敷衍塞责。后文说"万一有人敷衍塞责",与该判断自相矛盾。

【2012 试题】

由此可见，人类的问题就是大自然的问题，即使人类在某一时刻部分地改变了气候，也还是整个大自然系统中的一个自然问题，自然问题自然会解决，人类不必过于干涉。

既然人类是自然的部分，那么原文说自然的问题由自然解决那就是也包括由人类来解决，这与"人类不必过多干涉"的结论自相矛盾。

【2011 试题】

一般来说，要正确判断一支股票的高低，唯一的途径就是看它的历史表现。

我们只能借助概率进行预测。假如宏观经济、市场态势和个人股表现均好，它的上涨概率就大。

原文说股价"只能借助概率进行预测"，这与上文判断股价"唯一的途径是看历史表现"自相矛盾。另外，这里"综合考虑宏观经济、市场态势与个股表现"的综合因素论，又与先前所说"只能根据其历史表现(即个股表现)进行判断"的单一因素论自相矛盾。

【2007 试题】

诺贝尔经济学奖的得主是当之无愧的真正的经济学家。他们的研究成果都经过了实践的检验，为人类社会发展，特别是经济发展做出了杰出的贡献。

说"中国真正意义上的经济学家，最多不超过五个"，听起来刻薄，但只要去看一看国际上经济学界那些最重要的学术刊物，有多少文章是来自中国的经济学家，就会知道这还是比较客观和宽容的一种评价。

在国际经济学最重要刊物上发表学术著作多少不能推出中国真正意义上的经济学家的多少。因为文章开头作者已经阐明真正意义上的经济学家的定义是"研究成果经过了实践的检验，为人类社会发展，特别是经济发展做出了杰出的贡献"，这个标准显然与发表文章多少这个标准相违背，作者显然自相矛盾。

第七节 以偏概全

【2018 试题】

还有，最近一项对某高校大学生的抽样调查表明，有 69% 的人认为物质生活丰富可以丰富人的精神生活，有 22% 的人认为物质生活和精神生活没有什么关系，只有 9% 的人认为物质生活丰富反而会降低人的精神追求。

某高校抽样调查结果不能用于说明"物质主义潮流不会造成人类精神世界空虚"。首先，大学生只是部分人群，某高校更只是部分大学生，样本不具有代表性。其次，即使有少部分人群如此认为，但看法不等同于事实，不认为会如此不代表不会如此。

【2016 试题】

据报道，近年长三角等地区频频出现"用工荒"现象，2015 年第二季度我国岗位空缺与求职人数的比率均为 1.06,表明劳动力市场需求大于供给。

长三角"用工荒"无法表明劳动力市场需求大于供给。长三角仅是全国部分地区,不能简单代表整体。

【2012 试题】

假如再变换一下视角,从一个更广泛的范围来看,连我们人类自己也是大自然的一个部分……

由此可见,人类的问题就是大自然的问题。

由人类是"整个自然生态中的有机组成部分"不能归纳出"人类的问题就是大自然的问题"。因为,部分具有的性质,整体未必具有。人类只是大自然的一部分,人类有特定的社会问题,诸如道德问题、文化问题等,这些问题都不是大自然的问题。

第八节　非此即彼

【2008 试题】

它与科学不兼容,这样的东西只能是伪科学。

科学与伪科学不是非此即彼的关系,世界上还有大量的非科学领域,例如音乐、文学、宗教等。

【2003 试题】

蜜蜂实验告诉我们,在充满不确定性的经营环境中,企业需要的不是朝着既定方向的执着努力,而是在随机试错的过程中寻求生路;不是对规则的遵循,而是对规则的突破。在一个经常变化的世界里,混乱的行动比有序的衰亡好得多。

对规则的突破并不意味着不遵循任何规则,在突破旧规则的同时,要创建并遵循新规则。企业面对经营环境的不确定性不能机械地遵循规则,这个正确的观点被偷换为企业面对经营环境的不确定性不遵循任何规则。

在一个经常变化的世界里,混乱的行动所得到的结果和有序的努力所导致的衰亡并不是两种仅有的选择。不能为了避免有序的努力可能导致的衰亡而提倡混乱的行动。

【2008 - 10 试题】

选拔官员要考查其"德、勤、能、绩",我赞同应当把"德"作为首要标准。然而,对一个官员来说最重要的是公德而不是私德。"孝"只是一种私德而已。选拔和评价官员,偏重私德而忽视公德,显然是舍本逐末。

主张"应当把孝作为选拔官员的一项标准",不意味着"偏重私德而忽视公德",把"孝"纳入标准不意味着偏重"孝",也不意味着重视一方面就必然忽视另一方面。公德、私德不是非此即彼的关系。

该报告预测,如果中国式快餐在未来没有较大幅度的发展,洋快餐一定会成为中国饮食行业的霸主。

"中国式快餐在未来没有较大幅度的发展"不能推出"洋快餐一定会成为饮食行业霸主"。显然,中国式快餐与洋快餐不是非此即彼的关系,况且快餐也只是能够占据餐饮市场的部分份额,即使洋快餐有所发展,也不能因此得出其一定会成为餐饮行业霸主的结论。

第九节　类比不当

【2012 试题】

既然宇宙间万物的运动都是相对的,那么我们观察问题时也应该采用相对的方法,如变换视角等。

由"宇宙间万物的运动都是相对的"不能推出"观察问题时也应该采用相对的方法",该类比显然并不恰当。事物运动的相对性无法机械地迁移到观察问题应该具有相对性。

假如再变换一下视角,从一个更广泛的范围来看,连我们人类自己也是大自然的一个部分。既然我们的祖先是类人猿,而类人猿正像大熊猫、华南虎、藏羚羊、扬子鳄乃至银杏、水杉、五针松等一样,是整个自然生态中的有机组成部分,那为什么我们自己就不是了呢?

类人猿是整个自然生态中的有机组成部分,不能由此推断出人类也是整个自然生态中的有机组成部分,因为"祖先"具有的性质,后代未必具有。人类的祖先类人猿属于有机组成部分,不能因此推断人类属于有机组成部分。该结论虽然正确,但是这个过程属于不恰当的类比推理。

【2010 试题】

同样也可以预言,由于中国信息技术发展迅猛,中国和世界一样,也会从立体变为平面,中国东西部之间的经济鸿沟将被填平,中国西部的崛起指日可待。

中国国情与世界情况未尽相同,说中国和世界一样,这样的简单类比是不恰当的。因此,中国东西部的差距能否改变,有待进一步论证。

【2009 试题】

1000 是 100 的十倍,但是当分母大到上百亿的时候,作为分子的这两数的差别就失去了意义。在知识经济时代,任何人所掌握的知识,都只是沧海一粟,这使得在培养与选拔人才时,知识尺度已变得毫无意义。

原文列举数字的例子与掌握知识不应简单类比。数字差异在扩大后失去意义并不意味着知识信息扩大后知识没有意义,两者没有任何类比的基础,无法做出类比的推断。

【2007 试题】

经济学和物理学、数学一样,所论的都是非常专业化的问题。只有远离现实的诱惑,潜心于书斋,认真钻研学问,才可能成为真正意义上的经济学家,中国经济学家离这个境界太远了。

"经济学与物理、数学一样都是专业化问题",无法推出"只有远离现实,潜心于书斋,才能成为真正意义上的经济学家"。物理、数学是自然学科,经济学是社会学科,这样类比不恰当。也正因为经济学是社会学科,才必须要贴近现实,对实践有用。

第十节　绝对致错

试题材料出现绝对化的表述语句通常涵盖着论证缺陷。我们可以统称为绝对导致的错误。不过,"绝对致错"本身并非考试题型,只是我们发现错误的极佳助手。所以,本节将历年出现过的带有绝对表述的语句归纳起来,使考生方便地看出由于绝对表述带来的论证缺陷。

此处额外对绝对语句稍作讲解:为什么绝对化的表述都不正确呢?因为这个考试的论证多数属于归纳论证,而非演绎论证。归纳论证的结论多数并非必然成立,而是一种合理、合情的推断。所以,论证中很难做出必然的推断。那么,反过来说,如果有绝对化、必然化的推断,则该句出错的概率就非常大。

事实上,过去十多年联考写作试题凡是有绝对词语的句子,其所在句都有各种各样的问题,可以总结为"凡是绝对的,都是不对的"。但绝对化本身并非论证缺陷,以下括号内标识的才是具体缺陷类型。

【2018 试题】

首先,按照唯物主义物质决定精神的基本原理,精神是物质在人类头脑中的反映。因此,物质丰富只会充实精神世界。

(推断不出)"物质决定精神的基本原理"无法推出"物质丰富只会充实精神世界"。物质对精神的决定性未必只会是充实精神,也可能有副作用,决定性不代表有益性。

【2017 试题】

人的本性是"好荣恶辱,好利恶害"的。所以人们都会追求奖赏,逃避刑罚。

(论据不成立)人的本性是好利恶害的,但人的本性不能等同于人的行为,由于后天的教育或环境会影响其思想,所以人们未必"都"会追求奖赏、逃避刑罚。

因为监察官也是人,也是好利恶害的。所以依靠监察官去制止其他官吏以权谋私就是让一部分以权谋私者去制止另一部分人以权谋私。结果只能使他们共谋私利。

(论据不成立)"好利恶害"不等同于"以权谋私",况且监察官受限于职责,未必会共谋私利,说"只能"共谋私利过于绝对,不能以此为论据,否定设置监察官的合理性。

既然人的本性是好利恶害的,那么在选拔官员时,既没有可能也没有必要去寻求那些不求私利的廉洁之士,因为世界上根本不存在这样的人。

(论据不成立)原文说世界上不存在"不求私利的廉洁之士",这个论据显然不成立,这样的人还是存在的,包拯、海瑞等历史人物都可作为例证。

【2015 试题】

再说生产过剩总比生产不足好,如果政府的干预使生产过剩变成了生产不足,问题就会更大,因为生产过剩未必会造成浪费,反而会增加物资储备以应不时之需,而如果生产不足就势必造成供不应求的现象,让人们重新去过缺衣少食的日子,那就会影响社会的和谐稳定。

(论据不成立)"生产不足势必造成供不应求的现象,重新过缺衣少食的日子",该判断显然缺乏依据且过于绝对,无法作为合理的理由,因此无法得出"生产不足影响社会和谐稳定"的结论。

【2014 试题】

另外,从本质上来说,权力平衡就是权力平等,因此这一制度本身蕴含着平等观念。平等观念一旦成为企业的管理理念,必将促成企业内部的和谐与稳定。

(推断不出)平等观念不必然促成企业内部和谐稳定,原文判断过于绝对,事实上平等有时又是和谐的不利因素。

【2013 试题】

正因为文化具有普同性,所以一国文化就一定会被他国所接受;正因为文化具有特异性,所以一国文化就一定会被他国所关注。无论是接受还是关注,都体现了该国文化影响力的扩大,也即表明了该国软实力的增强。

(推断不出)"普同性"不能推出"一国文化就一定会被他国所接受"。"特异性"不能推出"一国文化一定会被他国所关注"。原文的判断过于草率和绝对。"普同性""特异性"是否能产生原文所说的结果,只有可能性,没有必然性。

由此可见,只要创作更多的具有本国文化特色的文艺作品,那么文化影响力的扩大就是毫无疑义的,而国家的软实力也必将同步增强。

(条件缺失)文艺作品的影响力的扩大与国家软实力的增强不一定同步,因为国家软实力的增强还受制于其他条件。"同步增强"的论断不准确。

【2011 试题】

股价的高低是一个相对的概念,只有通过比较才能显现。一般来说,要正确判断一支股票的高低,唯一的途径就是看它的历史表现。

(条件缺失)"要正确判断某一股票的价格高低,唯一的途径就是看它的历史表现"。历史表现只是判断某一股价高低的依据之一,而不是唯一的依据,其他还包括财务状况、未来前景等重要因素,原文忽视了这些其他因素,对股价的认识是偏颇的。

由此可见,要从股市获取利益,第一是要掌握股价涨跌的概率;第二还是要掌握股价涨跌的概率;第三也还是要掌握股价涨跌的概率。掌握了股价涨跌的概率,你就能赚钱;否则,你就会赔钱。

（推断不出）"掌握了股价涨跌的概率,你就能赚钱",该判断过于绝对。掌握了股价涨跌的概率有可能赚钱,但也可能赔钱。因为知道涨跌概率不意味着相应地也知道某概率的涨跌幅度,例如小概率的暴跌也能造成大损失,大概率的上涨也可能只有微盈利,所以是否最终赚钱并非绝对。

【2009 试题】

1000 是 100 的十倍,但是当分母大到上百亿的时候,作为分子的这两数的差别就失去了意义。在知识经济时代,任何人所掌握的知识,都只是沧海一粟,这使得在培养与选拔人才时,知识尺度已变得毫无意义。

（类比不当）诚然"知识经济时代,任何人掌握的知识都是沧海一粟",但是无法凭此推断出"选拔人才时,知识尺度已毫无意义"。纵然知识的多少已不再是决定因素,但是知识本身仍是培养和选拔人才的重要目标,也是选拔人才的尺度之一。原文过于绝对。

【2008 试题】

乙:我去医院看西医,人家用现代科技手段从头到脚给我检查一遍,怎么能说没有整体观念、系统思维呢? 中医在中国居于主导地位的时候,中国人的平均寿命在古代和近代都只有三十岁左右;现代中国人平均寿命提高到七十岁左右,完全是拜现代医学所赐。

（条件缺失）平均寿命的提高原因有很多,战争减少、粮食增产、引进西医都是原因。所谓的"完全拜现代医学所赐"过于绝对和片面。

【2006 试题】

由此可以看出,在经济全球化的时代,参与国际合作将带来双赢的结果,这也是提高我国技术水平和产业国际竞争力的必由之路。

（推断不出）国际合作未必是提高我国技术水平和产业国际竞争力的必由之路,原文判断过于绝对,缺乏依据。提升我国技术水平和产业国际竞争力的方法很多,例如自主创新、引进人才等,国际合作应该仅是途径之一。

下 篇
论说文

第七章　考试解析　阅卷复盘
第八章　审题立意　命题规律
第九章　谋篇布局　写作模板
第十章　关系型题　专项破解
第十一章　论证方法　语言锤炼
第十二章　真题范文　深度剖析
第十三章　写作素材　充足便捷

复习建议

本书最佳学习方法为:在阅读本书时同步关注"田然考研"微信公众号,跟随田然老师"写作训练营",作者亲自免费带领读者啃书、做题、答疑、提升。每年8~11月连开四期(公众号回复关键字"训练营"了解详情)。

读者若自学,可按以下步骤:

第一步:阅读第七章"考试解析",了解考试特点、与高考的异同,通过独家考卷复盘掌握评分规则,尤其重点研习"命题规律",进而对应掌握正确的学习方法。

第二步:精研第八章"审题立意",掌握"审题八大原则"以及"PAY公式",进而练习第二节真题,反复体会,再无跑题烦忧。接着,自测第三节真题,务必认真反思跑题想偏的原因、症结,修正思维误差。如果觉得审题确有困难,可选报"审题特训营"(公众号回复关键字"审题特训营"了解详情)。

第三步:精研第九章,掌握各类结构模板,尤其是田然独创的"随心配"思维模式;精研第十章,掌握"思辨关系型"破解之道和近年热点的"观点分析型"试题应对策略;接着,精研第十二章,仔细揣摩范文的优秀之处,加以借鉴、化为己用。此外,若学有余力,可阅读第十一章,提升语言和论证力度。

第四步:背诵第十三章写作素材,主要记住事例梗概和意义,必要时辅以抄写、朗读等方法以加深记忆。建议记忆时采取反复、多次的做法。

第五步:结合全书动手写作。万事开头难,但写作非写不可,不写都是空谈。MBA考生建议至少写5篇并批改,MPAcc考生建议至少写10篇并批改。可同学组队互批或报名田然老师"写作1对1批改班"(公众号回复关键字"批改班"了解详情)。

第六步:持续阅读积累。写作重在阅读输入和思考转化,多读才能有的写。读者若想领先他人一步,建议选择《田然讲写作·素材范文宝典》。该书为本书配套书籍,增补150篇经典范文及500则鲜活素材,MPAcc考生必备,MBA考生选配。此外,写作考试字迹对分数有3~5分的影响,考生若字迹不佳,可能拖累分数,可选择《田然讲写作·写作字帖》。该字体选择经典段落和范文作为练字书写内容,可以边练字边积累素材,一举两得。

第七章　考试解析　阅卷复盘

第一节　文体背景介绍

一、论说文的含义

论说文,感觉像新事物、新文体,其实只是老文体的新名词。论说文可以大致理解为中学议论文。论,代表议论;说,代表说明。论说文是议论事理、阐述观点、说服他人的文体。论说文议论的对象是"事理",说服的对象是"他人"。所以,对论说文的直接理解可以是针对事理、发表议论、力求说服他人的文章。

二、论说文考试与其他考试的区别

1. 联考论说文与高考议论文的区别

论说文从本质说即是高考议论文。两者相同之处甚多,核心都是"说理"——阐述道理,说服他人。但两者又不宜简单等同。简单等同将使考生陷入误区。两者有以下三点重要区别:

(1) 考查话题不同

高考议论文涉及话题广泛,包括人生、文化、社会、处世、思辨等诸多方面,既有做人、做事类话题,又有文化、社会类话题,代表话题有"生命、欣赏、宽容、谦虚",等等。

管理类联考主要围绕两类话题,一类围绕两种观点或两种关系,前者称为观点分析型试题,后者称为思辨关系型试题;另一类围绕某些单个话题,通常为某些领导力素质。

经济类联考主要围绕两类话题:一是时事热点或正反观点,如是否应该延迟退休、是否应该为穷人提供福利;二是同管理类联考相似,围绕某个领导力素质,如勇气、踏实等。简单说,两者话题重合度很低,高考很多话题,管理类、经济类联考根本不考,例如谦虚、宽容等做人有关的道理以及文化类的话题等。

因此,建议考生不要选择高考辅导书,尤其不要用"高中生论点论据大全"这类的书,背了白背,浪费时间。关于写作素材积累,MBA 等追求过线的在职考生可用本书第十三章写作素材,足够通过国家线之用;MPAcc 等追求高分的在校考生,就应把准备做足,可再使用与本书配套的《素材范文宝典》,该书针对联考,将常考话题一网打尽,每年考题基本不出该书范围。

(2) 素材内容不同

高中阶段,处于语文学习核心期,每周有大量的语文课。所以我们能看到,高考高分作文都是旁征博引、出口成章,佳句信手拈来,好词层出不穷。但是,那样的文章是在有特定的"知识输入"的时期才写得出来的。

联考阶段,无论是毕业多年的 MBA 考生,还是正在本科阶段的 MPAcc 考生,都已经多年不碰语文,文学素养匮乏。此时已经不可能再大量使用名言、古代事例、文学事例等。相反,此时我们应该发挥接触社会多、接触企业和管理实际多的特点,通过多样化的事例使文章充实。联考对于论据并不要求特定领域,名言、文学、历史可以,那么商业、企业、体育、人物等这些方面也可以。所以,两个考试写出来的文章,所用论据差别较大。

(3) 语言要求不同

很多考生有个重大误区,以为论说文写作需要拼语言功力,这是大错特错的。

高考议论文,大量满分作文是所谓的"议论散文",通过堆砌优美文字和文学素材,以给阅卷人留下文学底蕴深厚的印象。这是我国高考作文的异化现象,不是议论文常态和本质。

联考论说文,不要求优美而华丽的语言,也不要求丰富的文学储备。《考试大纲》只要求"语言通顺"。语言功底好固然更佳,也有助于获取高分。但这个好指的是语言简练、严谨、概括,而非优美、华丽、精彩。所以,考生务必收起追求华丽语言的臆测,搞清楚论说文的说理本质,通过简练、客观、朴实的语言,把道理说清楚,不要进入追求华丽语言的误区。那些所谓的美文通常因为文体不清,导致得分很低。

2. 论说文与论证有效性分析的区别

分析议论型文章有三种:立论型、驳论型、评论型。

论证有效性分析,属于评论型文章,只要说明对方论证缺陷即可。论说文属于立论型文章,需要阐述自己的独立观点并加以论说。

所以,论证有效性分析不需要出现自己的观点,只要指出原文论证缺陷即可,不用对指出的缺陷提供例子支撑,也不需要阐述对该话题的个人看法。而论说文需要提出自己的观点并通过列举事例等论据,加以论证、说明。所以,论说文既要有观点,又要有证明。简单说,"论证有效性分析"考试相当于分析一篇别人的论说文里的漏洞;"论说文"考试相当于自己写出来一篇论说文。无论哪个,都不能写成驳论文。

3. 联考论说文与公务员考试申论的区别

高考议论文、研究生管理类/经济类联考论说文、公务员考试申论可并称为议论文文体在中国的三大考试。其中申论更偏重社会话题、公共政策和时事热点,需要引述政治、经济、管理、文化等许多社会科学知识、道理进行论述,是更具有现实性的议论文考试,而且字数要求远超论说文。考生参加申论考试必须具有充足的公共管理、政治、经济等领域的政策和知识储备。而研究生管理类、经济类联考论说文不要求具备任何特定知识背景,命题时就要求任何专业的考生都能够公平应试。

研究生管理类、经济类联考论说文更加聚焦于抽象道理的探讨和阐述。虽然很多时候题干材料来自社会时事，但考生所写文章并不要求与时事或政治、公共政策、社会管理等相联系，也就是题干虽然偶尔是时事，但考生只要论述背后的相关道理即可，并不需要全文议论此事（例如2009年考题涉及三鹿奶粉事件，但考生只要论述诚信等话题即可，并不需要全文议论该事件；若是申论考试，就要论述针对该事件，作为政府相关部门应当怎样做、怎样管）。

所以，申论考试非常偏重公共管理领域的话题，而论说文考试更加偏重考查普遍道理本身的说理。

三、论说文必备的背景知识

在论说文复习中，本书会带领考生建立完善的备考技能体系，包括审题法则、结构模板、论证方法等。首先，还是要回忆一下中学学过的论题与论点的区别及议论文三要素（论点、论据、论证方法），回忆关于议论文的基本常识。

1. 论 题

论题，指的是论说文论述、证明的话题。考试的论题普遍不会直接给出，需要考生通过审题过程加以识别、归纳出来。论题与论点属于两个概念。论题只是话题，属于中性，并不包含作者观点。而论点是作者个人通过文字表达的观点、态度。例如2015年考题"为富与为仁"，这是论题。考生针对这个论题可以给出不同论点，无论是"富仁兼得"，还是"富仁矛盾"，都属于论点。只是两个论点有对有错，前者适宜，后者偏颇。本书后面还将用到论题与论点两个词，考生要能区别，也就是说，论题是话题，论点是对话题的个人观点。

2. 论 点

论点，是论说文全文的核心观点、总观点。论点句是考生鲜明阐述全文核心观点的语句。论点句必须是陈述句，不能是祈使句、反问句等；必须是观点鲜明的语句，支持A或支持B，亦或支持AB兼得，必须明确，不能模棱两可、似是而非。论说文论点句建议考生放置在首段尾句。此处放置论点句属于议论文写作传统规范，方便阅卷者识别，而且有助于考生行文时提醒自己，做到全文围绕该论点展开，不要偏题。

论点又分为"中心论点"和"分论点"。中心论点是全文的核心论点、总论点；分论点是为展开论述设置的分支论点。分论点应当为中心论点服务。写作时若要形成分论点式作文，建议设置为三个分论点。分论点过少，不足以形成鲜明的分论点式结构；分论点过多，则受限于700字的字数要求很难充分展开论述。

3. 论 据

论据，指的是证明论点的依据、理由。在论证有效性分析考试中，这个概念早已出现过。论据又分为事实论据和道理论据。事实论据可以理解为人物、企业、故事等事例，既可以来自古代、现代、中国、外国等各类出处，也可以来自文学、历史、企业、管理等各个领域；

道理论据可以理解为公式定理、名言谚语等人们普遍认可、接受的道理。论说文不但要有议论性语言，还要有充分的论据。

请注意，很多考生问：写作是否可以只论述、不举例（通常因为脑中空空、无例可举）？回答是：不可以。《考试大纲》有"论据充足"的要求，考生必须使用论据佐证自己的观点。当然论据储备不足可以少加论据，但不能在学习之初就建立错误的观念，认为论说文可以不加论据，进而毫不储备论据，这是不对的。

4. 论证方法

论证方法，指的是开展论证的方法，也可以称作论证过程。论证方法普遍被考生所忽视。有人误解论说文为"提出观点+堆砌事例"的"1+1"式结构。其实论说文应该是"提出观点+列举事例+议论分析"的"1+1+1"式结构。这个"议论分析"的套路和方法即为论证方法。

我们在中学时代普遍学习过四种论证方法：引证法、例证法、喻证法、正反对比论证法。这四种方法仍然是联考论说文的主要论证方法。除此之外，本书还添加了因果论证法和假设论证法两种常用、好用的方法。具体请见第十一章。

第二节　考试深度解析

一、考试基本信息

论说文考试要求考生首先阅读命题人所给题目或文字材料。若为题目，考生可在理解题目意思的基础上直接动笔写作，称为"命题作文"；若为材料，考生则需要分析归纳文字材料内容，提炼核心含义，以核心含义作为文章论点动笔写作，称为"基于文字材料的自由命题作文"。

考试参考用时 30 分钟，字数不少于 700 字。30 分钟的时间分配建议为：材料审题 3 分钟，构思提纲 2 分钟，动笔写作 25 分钟。

由于大多数考生在数学、逻辑两个科目普遍超时，到写作时仅剩 50 分钟左右，而论证有效性分析答题时间亦很难缩短，至少花去 25 分钟，故平均留给论说文的时间仅有 25 分钟左右。每年大约有 1/3 的考生因为没有时间，写不完 700 字。这是个"细思极恐"的比例。所以请考生在学习之初即知道，该考试最重要的是"快和对"，而不是"好和全"。

二、《考试大纲》解读

> 论说文的考试形式有两种:命题作文、基于文字材料的自由命题作文。每次考试为其中一种形式。要求考生在准确、全面地理解题意的基础上,对命题或材料所给观点进行分析,表明自己的观点并加以论证。
>
> 文章要求思想健康,观点明确,论据充足,论证严密,结构合理,语言流畅。

论说文《考试大纲》共 4 句话:

第 1~2 句介绍考试性质,两类作文形式,每年出现一种;

第 3 句说明行文要求,包括对审题的要求(准确、全面);对分析题干的要求(对命题或材料所给观点进行分析);对文章内容的要求(表明自己的观点并加以论证)。

第 4 句提出写作要求、评分原则(后面还有具体标准),共有六项:思想健康,观点明确,论据充足,论证严密,结构合理,语言流畅。

扫码回复 05
看大纲深度解析

以上四句话共同构成论说文《考试大纲》的三个方面,下面详细解读。

一、考试形式

论说文的考试形式有两种:命题作文、基于文字材料的自由命题作文。每次考试为其中一种形式。

"命题作文"指的是命题者直接给出写作主题的形式。

如果题干要求为"以……为题",则为给出题目作文。这类试题,考生连题目都不需要拟,直接提出论点即可,写作时直接使用该题目。其代表为 2009 年"以'由三鹿奶粉事件所想到的'为题,写一篇 700 字左右的论说文",这年试题所有考生的题目都应当是这一个——"由三鹿奶粉事件所想到的"。

如果题干要求为"以……为议题"或"以……为话题",则为给出话题作文。这类试题,考生在规定话题范围内,自拟题目、自定论点,展开论述。其代表为 2008 年"请以'原则'与'原则上'为议题写一篇论说文,题目自拟"。

不过,在过去十余年中,命题作文仅有这两道题,故考生遇到命题作文的概率较小,其余全是另一种——基于文字材料的自由命题作文。

"基于文字材料的自由命题作文"实质就是中学常说的"材料作文"。命题人说得如此"啰嗦"是为考生更好地理解考试要求——基于材料、自由命题。这包括考生自己决定写什么话题和拟什么题目。也就是,材料作文只给出材料,对材料应该写什么话题(主题)并未提示。同样的材料,不同考生会写出不同的主题。例如 2013 年试题材料,既可以写"合作",也可以写"竞争与合作",也可以写"双赢",还可以写"企业应积极应对变化"。

这些主题可能有对有错,亦可能都正确,要具体试题具体分析,通常每年不止一种正确立意,考生所写主题只要在其中即可,并非必须写哪个话题才正确。故后面会看到,同一年试题本书将给出不同的主题和论点。但是,每次试题材料对应的正确话题毕竟只有较少的几个,如果考生不幸对材料理解偏差,出现跑题,那么无疑只能被判定为跑题作文,得分"腰斩"。

材料作文是考试主体,过去十余年的 1 月和 10 月联考共有二十多个题目,超过 90% 为材料作文。所以,材料作文是备考重点。考生需要学会面对不规定话题的文字材料独立审题,找到正确话题——这就是审题,也是考试最有难度且最具风险的环节。

二、要求考生准确、全面地理解题意

可以看到,准确、全面地理解题意是基础。所谓基础就是根基,如果没有正确理解题意,那么写作再好亦无用处。审题立意正确,写得再一般,最终亦可得到 18～20 分①;审题跑题,写得再出色,10～12 分就是归宿。这一前一后相差 10 分。而且,审题立意和写作模板、范文、论据不同。后者是固定的,考生可以背诵。前者只能考前接受本书或各种辅导的培训,虽然可以带着审题技巧上考场,但是毕竟无法提前锁定,只能临敌应变。不过,本书所讲审题原则和审题 PAY 法则对于审题极有帮助,可以最大限度地防止跑题。

三、对命题或材料所给观点进行分析

除理解题意外,考试还要求对命题或材料所给观点进行分析。此处被许多人忽视,提醒大家注意。所谓对命题或材料所给观点进行分析,就是要求我们紧扣材料写作,无论在开头、结尾,还是在文章其他位置,必须出现对于材料的分析、评判、看法等,而不能脱离材料,不能全文没有对材料的分析回应。通常建议这个分析可以在首段开篇即出现,然后全文再多次回扣提及。总之,全文必须是对材料的分析议论,紧密议论材料话题,而不能自说自话,仅仅跟材料沾边。

这个要求每年都提,但还是有很多考生不够重视。例如,2017 年考题针对一个企业经营策略的选择。选择保守固然有问题但安稳,选择创新固然前景大但冒险,这该怎么办?结果很多考生抛弃这个案例,孤立地谈"创新多么好、多么有意义"等,完全没有结合企业当时的两难状况,这就等于偏题,甚至跑题,通常会被扣掉 5～10 分。所以,行文必须紧扣材料,议论分析材料所涉及的问题,而非看懂材料后天马行空。同样,2018 年考题材料使用人工智能技术作为背景,但考题本质是要考生探讨这个技术带来的利弊。如果考生看到"人工智能"就大谈特谈其意义和价值,那么就等于将一个辩证话题,偷换为对一个技术的意义的解读,思维考查成绩大幅下降,明显属于偏题。

---

① 2017 年起,管理类联考实行分省阅卷,各省判分尺度把控不一,阅卷严格的地区俗称旱区,阅卷宽松的地区俗称水区。全书分数均指旱区得分,水区得分不同程度更高。

因此，论说文考试写作务必紧密围绕材料，务必紧密议论分析考题本身，而非生拉硬拽，引向考前准备好的作文，一定不能这样做，这样几乎都会被阅卷人发现，判为跑题。

四、表明自己的观点并加以论证

"表明自己观点"与前句"对所给观点进行分析"形成相互补充。也就是说，我们不能仅就事论事，不能题目给个问题或现象，考生仅是评论该问题或现象。而是要将基于对问题或现象的评论，引申到考生自己提出的观点上来。例如，2018 年试题抛来人工智能技术利弊的问题，我们要对其利在哪、弊在哪进行解读，这些是基础。但更重要的是，考生必须有自己的观点，你觉得利弊哪个大，利弊哪个是主流？这个观点才是文章的真正重心，而这个观点就是要解决和回答那个问题或现象的。

此外，考试大纲要求，仅有鲜明的观点还不行，还要"加以论证"。什么是"加以论证"呢？就是通过举例子、引名言、析因果等各种分析方法，使他人能够认可、相信你提出的观点，也就是能够自圆其说，能够有推导逻辑，能够有理有据。例如，2018 年试题，如果认为利大于弊，那么就该全文进行分析，解释为什么利大于弊，最终达到令阅卷人认可该观点的目的。

五、文章要求思想健康，观点明确，论据充足，论证严密，结构合理，语言流畅

《考试大纲》第 4 句是对作文的要求，也是评分标准的来源。共有 6 点：

思想健康，要求考生不宜阐述不当言论或偏激观点，应当以普适的观点、价值观、逻辑作为文章内核。该点基本所有考生都能做到。

观点明确，再次重申，考生必须提出自己的观点。本书建议提出观点的位置固定在首段末尾句。任意放置论点可能造成观点明确但未被阅卷人发现的情况。这明确的观点其实不仅要明确，还要正确。本书第八章讲练审题立意。

论据充足，要求考生不能通篇说理，需要能够列举论据佐证。论据可以是名人名言，可以是故事事例。故事事例既可以是古代事例，亦可以是现代事例；既可以是人生故事，亦可以是管理案例。本点几乎难倒大部分考生，因为大家被夹裹在现代社会的物质大潮下，知识储备凋敝殆尽，论述说理还行，说到举例子就普遍头脑空空。储备论据是需要常抓不懈的工作。本书第十三章有上百则论据供考生使用。

论证严密，要求考生不能是简单的歌颂、鼓吹、阐释，而是要分析其适用的前提、使用的范围、与其他道理的区别和联系。例如说到"勤奋"，我们应当论述勤奋的作用和价值，但是想论证严密的话，就不能一味鼓吹勤奋的作用，还要说明勤奋的局限。例如"当然，勤奋也并非是万能的，还需要正确的方向，持久的积累……"。只有这样客观、理性、全面地看待问题，才能做到论证严密。论证严密也可以理解为生活中说话滴水不漏、严谨中肯。本书第十一章讲论证方法。

结构合理，要求考生行文具备基本的议论文规范结构。请注意，考试并未要求结构精

巧或规定要求某种结构,仅仅要求结构合理。所以,考生只要从本书所给结构模板中选择顺手的使用即可,并不需要在结构上标新立异。本书第九章着重讲结构模板。

语言流畅,要求考生具备基本的语言功底,但仅要求流畅,并未要求文采或精美。这里再次重申:论说文并非比拼优美的语言,并非要写出多么帅气的文章。论说文语言要求"理性、简练、流畅、有力"。可能很多同学听后舒了一口气,原来语言要求没那么高,事实就是如此。本书第十一章讲语言锤炼。

三、评分标准解读

《考试大纲》评分标准原文如下:

> (1) 按照内容、结构、语言三项综合评分。
>
> 一类卷(30~35分):立意深刻,中心突出,结构完整,行文流畅。
>
> 二类卷(24~29分):中心明确,结构较完整,层次较清楚,语句通顺。
>
> 三类卷(18~23分):中心基本明确,结构尚完整,语句较通顺,有少量语病。
>
> 四类卷(11~17分):中心不太明确,结构不够完整,语句不通顺,语病较多。
>
> 五类卷(10分以下):偏离题意,结构残缺,层次混乱,语句不通。
>
> (2) 漏拟题目扣2分。
>
> (3) 每3个错别字扣1分,重复的不计,至多扣2分。
>
> (4) 书面不整洁,标点不正确,酌情扣1~2分。

我们发现,此处有评分标准,而上文考试大纲似乎也提到过对文章的要求。事实上,这两处内容确实都是命题人对文章的要求,我们的文章要接受这两部分要求的"双重管理"。这两者都在《考试大纲》中,只不过位置不同。

所以,正确地研究考试评分标准应综合《考试大纲》这两处表述形成最终的写作标准。上文提过6点要求("文章要求思想健康,观点明确,论据充足,论证严密,结构合理,语言流畅")。此处以内容、结构、语言三方面为主并划分为具体档次。根据对两者的综合分析以及笔者多年研究阅卷的经验,高分作文应该包含以下六个要素:

(1) 观点明确;

(2) 紧扣考题;

(3) 结构合理;

(4) 语言流畅;

(5) 论据充足;

(6) 论证严密。

这6点,就是结合了整个考试大纲要求的评分原则,考生写作应以这6点作为努力方向。此外,通过"评分标准"可以知道,考试还有三处含分值位置应当注意,分别是标题含2分、错别字含2分、卷面含2分。所以提醒大家应考时检查标题,不写错别字,保持卷面整洁。

四、字迹影响解析

写作与数学、逻辑最大的不同,在于阅卷者人工阅卷,答卷者手工书写答题。作文成绩依赖于内容,内容依赖于字迹。阅卷者先看到考生的字迹,再判断考生的内容。所以,字迹既影响阅卷者的效率,又影响阅卷者的心情和对考生的判断。

一个人的字迹与素养相关,这是社会大众的共识,阅卷者也不例外。所以,阅卷者会潜在认为工整、规范的字迹,代表书写者具有较高的素养。蜷缩、潦草、扭曲的字迹,会给阅卷者留下不好的印象;偶尔遇到极差的字迹,阅卷者心里会想"字这么差,文章也好不到哪里去!"这并非偏见,而是每个人意识里的惯性判断。阅卷者并不认识考生,除了文章内容,只能通过字迹辅助对考生加以判断。作为资深写作老师,笔者多年来亲自参与模考阅卷,对此深有体会。

虽然考纲列明字迹对分数的影响为 1~2 分,但实际上,影响分数由阅卷者实际掌握,根据多年复盘,字迹对作文可能产生 3~5 分的影响;对于较差字迹,影响分数更多。这个分值并不小。因此,考生务必对字迹高度重视。

有的考生担心字迹定型,练不出来。其实这是一个误解。事实是,短期想把字迹变得精美确有难度,但咱们的目的是纠正字迹,达到工整、清晰的效果,这经过短期突击,可以实现。改善字迹,最快速的办法还是临摹字帖。因此,笔者推出了《田然写作字帖》。这本字帖所用文字均是考生必须掌握的精彩段落和经典范文以及高频考题写作素材。边练字边记忆,达到一石二鸟、事半功倍的效果。

对于在职考生、追求过线考生(MBA 为主),笔者认为不必练字,备考时间紧张,应先抓主干、先补短板。对于在校考生、追求高分考生(MPAcc、审计、图书情报为主),既然时间允许,而且竞争激烈、每分必争,建议在备考前半段集中练字,提升字迹,备考后半段间歇练字,作为调剂。在备考后期大家分数接近时,提升字迹带来的 3~5 分并不少,建议考生充分重视。

第三节　考场试卷再现

田然老师每年邀请学生考后复盘管理类联考写作答卷,用来分析和研究阅卷动向,掌握当年最准确的评分标准。这件事,在业内唯有笔者在做,也坚持了多年。

2017 年开始,管理类联考改为分省阅卷,即各省独立选拔和培训阅卷教师,独立拟定阅卷细则,独立开展阅卷。这就造成了从理论上各省写作给分尺度难免不一。而实际上,各省不仅尺度不一,而且是差别严重。典型的水区如辽宁、广东,写作分数普遍给到 50~60 分。就算 50 分都属于低分,达到 55~60 分才属于正常分。相反,典型的旱区如北京、上海,写作分数普遍给到 30~35 分。35 分已经不错,40 分就属于少有的高分了。这就是说,旱区尖子的写作分数还达不到水区差生的分数水平。当然,更多的省份是介于水旱之间,形成从大水、小水、小旱到大旱的梯队。

而在 2016 年及以前,管理类联考阅卷始终在北京、上海两地交替进行,而且两地在分省阅卷后,仍然保持着原有的给分尺度,只是相对水区,给分偏低,成为了旱区,其实这个旱区标准,才是原本的写作阅卷标准。因此,我们认为,北京、上海地区的给分标准更具有参考性和连贯性。下面的阅卷复盘展示的是北京地区的试卷和分数。各个水区,可以此为基础加上 10~20 分。

> 田然敲黑板
>
> 全书所提到的所有分数
> 均指北京、上海等旱区得分

一、2018 年论说文试题

57. 论说文:根据下述材料,写一篇 700 字左右的论说文,题目自拟。

有人说,机器人应该帮助人类完成一些繁琐的工作,而不是取代人类。技术的发展会夺取一些人低端的工作岗位,同时也会创造出更高端、更舒适的工作岗位,例如历史上铁路的出现让挑夫消失,但同时创造了千百万铁路工人的岗位。人工智能技术的变革,同样会推动人类社会的发展与进步。有人却不以为然。

二、2018 年论说文立意

2018 年试题令大多数考生措手不及,因为试题联系了当下社会热点:人工智能;而且该热点并非某个具体事件,具体事件也算好分析,而这次联系的是整个社会性的、产业性的发展趋势。这样宏大的主题,大多数学生就把握不准,无从下手或乱写一气。

(1)正确立意——人工智能虽有短期影响,但利大于弊,应积极迎接变化。此类主题旱区得分在 20 分以上。

(2)偏题立意——技术变革促发展、科技让生活更美好、社会发展离不开技术变革。此类主题旱区得分在 14~18 分。

(3)跑题立意——其他无关主题或仅看似相关实则无关主题,例如“我们应跟住时代,跟随技术革新进步”等。此类主题旱区得分在 10~12 分。

三、考卷得分原因点评

以下展示的案例,均是考生本人当日复写的考场作文,相似度超过 90%并且对应收录其手写字迹和成绩截图。以下将展现 3 份有代表性的复写考卷,分别为合格考卷、偏题考卷、跑题考卷,见表 7-1 至表 7-3。

表7-1 试卷重现1：合格

考生论说文分数：21分	考生字迹来源：平日习作

第四部分第56题	23.5
第四部分第57题	21.0

> 如何培养公德心？首先，新闻媒体应发挥"喉舌"的作用，宣传每件具有公德心的好人好事，号召公民进行学习。其次，加强社会法制建设工作，划清公与私的界限。对社会资源的蛀虫进行严惩。最后，公民自己应秉持热心之心。

拥抱人工智能

时代的发展引发了国人对人工智能的讨论，有人觉得人工智能的出现会减少那些低端、繁琐的工作，有人认为这是时代发展的产物，应该积极拥抱新鲜事物。人工智能虽然会减少一部分的工作数量，但仍应该积极拥抱人工智能。

什么是人工智能？人工智能不止局限于机器人，任何被人所遥控的电子设备，能帮助到人们提高工作效率的，并与电子打交道的都是人工智能的范畴。所以不是所有的人工智能都会抢夺人的工作机会。

为什么不用担心人工智能会抢夺人的工作机会？首先，人工智能淘汰的是低端与繁琐的工作机会，但并没有淘汰从事低端工作的那些人，他们仍有机会与渠道提高自己的实力与技能，进而从事更有含金量的工作。其次，人工智能的出现也会带动与技术、研发相关的工作岗位数量上升，从而又向社会释放了一定的工作岗位。还有，万科作为房地产的龙头企业，它已经投放了大量机器人到厂房管理等岗位上，但是仍有大量房地产销售的工作需要人才来做销售。可见，还是要积极拥抱人工智能。

如何应对人工智能的来临，更好地拥抱人工智能？首先，政府要加强引导，对可能因此下岗的人进行技能培训，提供给他们二次学习的机会。其次，无论是与机器人争夺工作的员工还是企业主，都不要惧怕新时代的来临。企业主要利用好时代赋予的机会，提高工作效率。员工要不断充实自己，迎危机而上。

综上，人工智能始终是时代变革的产物，不以人们的悲喜而出现和退场，人们只能调整自己、充实自己，这也是一种较好的迎接人工智能的姿态。

田然老师点评

读者可能会觉得这篇文章读起来一般,但 21 分确实是京沪等旱区的高分作文。考场时间极为紧张,审题又偏难,能够写成这样,已经殊为不易。

本文胜在准确地把握了正确审题立意,不像大多数学生以为正确立意是歌颂技术变革的好处,而是找到了正确立意——剖析到底该如何看待人工智能问题。同时,本文结构规范,观点看法合理,再加上审题正确,给正确立意的起评分也就不足为奇。

本文若想得到 24~25 分的高分,就必须写出更加深刻的看待人工智能利弊问题的专业观点,而且论证手法和论证语言要更加有力。但考生不是专家,考场时间紧张,这两点较难做到,故通常不再苛求。

由此亦可见,审题是第一位的,审题准确,虽然只得到个起评分,却成为了当年的高分作文(绝大多数作文或偏题或跑题)。

表 7 – 2 试卷重现 2:偏题

考生论说文分数:14 分	考生字迹来源:平日习作

第四部分	36.0
第四部分第56题	22.0
第四部分第57题	14.0

> 当然,技术变革不意味着人类在技术面前无法掌控。人类可以控制技术变革的发展方向,使其为人类服务。像人工智能这类技术变革,使其更好地将人类从简单重复的劳动中解放出来,真正促进人类社会朝正确方向发展。

社会发展离不开技术变革

技术变革是人类社会发展的必然结果。尽管有人持不同意见,但不可否认的是,技术变革促进了人类生产和生活方式发生了巨大的变化。由此可见:社会发展离不开技术变革。

技术变革能促进社会生产力的发展。工业革命以来,技术促进了人类社会发生了翻天覆地的变化,从之前的电灯,到现在的电脑,这些技术变革都促进了人类社会生产和生活方式发生变化。技术变革是推动人类社会进步的源泉。

　　反之,如果不注重技术变革,只能造成社会的固步自封。离开了技术变革,就无法跟上社会发展的步伐。清朝末年,一味地闭关锁国,盲目排外,不注重技术变革,使得中国受到了各国列强的野蛮侵略。由此可见,不注重技术变革,只能落后挨打。

　　那么,如何才能推动技术变革呢? 首先,国家要鼓励创新,注重人才的培养。人才是技术变革的动力和源泉,国家注重人才的培养,才能为技术变革提供智力保证。其次,国家要完善相关的法律法规,注重对科研成果的保护。保护好技术研发的成果,为人工智能这类的技术变革提供法律保障。再次,科研工作人员要注重合作,一个人的智力是有限的,只有不断地促进合作,才能汲取各方面的智慧,最终促进技术进步。

　　当然,技术变革不意味着人类在技术面前无法掌控。人类可以控制技术变革发展的方向,使其为人类服务,将人类从简单重复的劳动中解放出来。让人工智能这类技术变革,在人类可以控制的范围内发展。只有这样,才能真正促进技术变革朝着正确方向发展。

　　综上所述,技术变革能够促进人类社会的发展。人类可以控制技术变革的发展方向,从人才、法律和合作等角度努力,让人工智能真正为人类社会发展做出贡献。

田然老师点评

　　本文结构规范,尤其字迹工整,可为什么只有 14 分呢?

　　原因在于审题立意偏差。本文虽然材料是人工智能,但核心并非探讨人工智能的意义,而是探讨人工智能带来的利弊影响,要分析利弊后果及如何看待。但是考生把试题误当作阐述人工智能多么多么有意义,多么多么伟大,变理性分析为单纯赞歌,也就偏离了试题精髓,这是偏题的主要因素。另外,试题材料主题为人工智能,而非技术变革,考生更改扩大了作文对象,也是偏题的次要因素。

表 7－3　试卷重现 3：跑题

考生论说文分数：10.5 分	考生字迹来源：平日习作

第四部分	33.0
第四部分第56题	22.5
第四部分第57题	10.5

与社会发展共同进步

随着社会的进步和科技的不断发展,人类智能也越来越贴近我们的生活。在这个大趋势下,一部分人认为科技改变生活,还有一部分人安于现状,害怕未来被机器人所取代。要想更好地在社会立足,我们需要保持不断进取,与社会共同进步。这样我们才不会被时代所淘汰,让我们保持不断进取。

保持不断进取需要自信。自信心是一种积极的情感,能让我们保持必胜的信念。有了自信,才能让我们不断进取;有了自信才能让我们在艰苦的环境中保持必胜的信念;有了自信才能让我们不断攀登科学的高峰。只有这样,我们才能在科技不断进步发展的今天不断进取。

保持不断进取需要钻研精神。任何事情的成功都需要钻研精神。我们需要保持"摒弃浮躁,宁静致远"的淡泊,我们需要"精益求精,追求卓越"的极致,我们需要"脚踏实地,专注于一"的专注。只有如此,我们才能不断地钻研自己所处的领域,让自己有一技之长,能够在竞争激烈、人工智能走来的今天立于不败之地。如今科技越来越进步,经济越来越发展,人们却走入了"短、平、快"的思维怪圈,过于追求"短、平、快"所带来的即时利益,让市场上充斥着大量粗制滥造物品。这就是因为沉不下心来做事情所导致的。因而,我们需要保持专注,不断进取。

与社会共同进步还需要树立我们的目标。有了目标,我们就有了前进的方向;有了目标,我们就能够朝着目标不断前进;有了目标,我们才能保持不断进取,最终到达胜利的彼岸,摘得胜利的果实。只有这样,我们才不用害怕人工智能的发展,因为我们有自己前进的方向,并且人工智能还能帮助我们进一步达成梦想,实现梦想。

让我们与社会共同进步。

田然老师点评

本文 10.5 分属于跑题分数,跑题作文通常为 10~12 分。

本文主题为探讨人工智能趋势所带来的利弊影响,作者偷换成人工智能技术革新下,"我们"应该保持进取、不断学习。这显然是披着原题的外衣,写着考前准备好的励志性语料。第二段显然在套"自信"话题,第三段显然在套"匠心"话题,第四段显然在套"理想"话题。切记,阅卷老师很聪明,能够一眼识别,故本文判为跑题作文,只给 10.5 分,可以说一篇作文就几乎决定了无缘名校。

另外,考生字迹歪曲凌乱,令人不忍卒读,严重影响得分。若考生字迹问题严重,应尽早使用《田然写作字帖》矫正字迹。

第四节 命题规律趋势

论说文与论证有效性分析有较大差别：论证有效性分析重在学会套路，题目出哪个领域话题并不要紧。无论是出哪个领域的话题，论证缺陷类型都限制在特定范围内。但是，论说文既要重视写作套路（模板），还要重视命题规律，考试主题对写作成绩有直接影响。我们要论述 700 字，如果对话题熟悉，写作难度就大幅下降。所以，分析论说文命题规律，知晓常考话题范围意义重大。

一、五大命题规律趋势

1. 试题三大类型，主题共有六十

试题根据本质属性，可分为三大类型：

（1）观点分析型。试题会出现正反两种观点、选择或情形，正反两面各有好处，也各有弊端，需要考生分析阐述利弊，发表见解。有时，考生还必须做出二选一的选择，若骑墙不选或选错，都属偏题，将大幅拉低分数。

扫码回复 06
看命题规律趋势

（2）思辨关系型。试题会出现两个带有辩证对立性关系的话题，例如坚守与变通、为富与为仁、继承与创新等。这两者并非两个方案的利弊对比，而是带有辩证关联的、对立统一的关系，需要考生分析关系内涵，发表见解。跟观点分析型试题的区别是，此类试题通常不需要考生选边站队，但其实分析难度会更大。

（3）单题论证型。试题会通过材料阐述一个案例、现象或问题，要求从中总结出最关键的一个主题词展开论述。例如理想、远见、创新等。需要考生论述为什么、怎么办等。

近年，单题论证型次数减少，以观点分析型和思辨关系型为主。

但无论哪种类型试题，背后都是具体的主题的组合。例如"创新"主题。如果试题设置一个案例，不冒风险可能没有前途，但冒风险可能损失的选择情景给考生，那就是观点分析型试题，但本质是考查"创新"与"风险"话题。如果试题设置一个故事，阐释"继承"与"创新"，那就是思辨关系型试题，但还是考查"创新"主题。最后，试题也可以最简单地讲一个企业发展的故事，单纯考查"创新"主题。那么，常考主题有多少个呢？

通过对历年试题的分析及对考试本质的研究，田然老师归纳了 60 个最常考查的主题，其中 30 个单一主题、30 个思辨主题。经过多年实践，只要掌握了这 60 个常考主题，90% 以上覆盖考试试题，近几年试题都没超出田然老师这个范围。限于篇幅，本书无法涵盖全部 60 个主题的写作素材，将通过本书配套书籍——《素材范文宝典》，带考生积累全部 60 个

主题的写作素材和经典范文。

2. 材料不断变化,主题反复出现,甚至杀个回马枪

考生务必树立一个意识,分清"试题材料"和"试题主题"。比如,2018 年试题,人工智能是"试题材料",对其利弊的分析是"考试主题"。比如,2016 年试题,亚里士多德的名言是"试题材料",多样性与一致性的辩证关系是"考试主题"。材料是载体,会不断变化,但主题是核心,却有大致范围,反复出现。

例如,同样考查分析利弊,2018 年试题用了当下最热的人工智能,2017 年试题用了一个企业情景,2014 年试题用了孔雀择偶的自然界现象,2005 年试题用了二战丘吉尔的故事。四个试题,材料完全不同,但无非都是两个选择,各有好处,也各有弊端;各有机会,也各有风险。所以,考生不要被迷惑于材料,只有透过现象看本质,看到这四年同样的考查观点分析,才能抓住考题本质。

有的考生问,某个主题考过了,还考吗?答案是,还考!而且可能第二年立即就考,杀个回马枪。比如 2014 年刚考过观点分析,2017 年就又考,不仅如此,2018 年立即再考。这样的设置,类似于反押题。同样,2006 年考查企业要有长远眼光,2017 年仍然考企业的长远眼光。2010 年考学者应脚踏实地,2012 年立即再考学者应该专注踏实,主题几乎相同。所以,考生千万不要说,某某主题刚考过,不用准备了。这是大错特错的。凡是田然老师指定的 60 个话题,都需认真准备。考生不要以不成熟的判断能力预测考题。

3. 分析思辨增加,单纯歌颂减少

研究 2014 年以来的五次考试,可以发现都未出现单纯论证某个主题的试题,而是反复考查思辨关系或观点分析。这透露出考试从考表达向考思维方向发展,着重考查思维能力和分析能力。这就意味着考生单纯背背材料,单方面歌颂歌颂某些品质(原则、专注)的写作时代一去不复返了。那么如何应对呢?第一,加强审题训练,把审题立意提到空前高度。第二,平时注意培养分析习惯,针对新闻事件、企业案例,试着自己展开分析,提升分析能力。

田然敲黑板

近年来,观点分析型和思辨关系型考题大幅增加

4. 套作空间减小,临场现写主流

早年试题,若想在考场上去套一篇准备好的作文,还是有空间的,命题人对套作的防范意识也不强。但是近年来,试题越来越具体化,话题限定性越来越强,试题通常为某个案例或某个具体关系,不再单考查"创新",而考查"风险与创新";不再单考查"利弊",而考查"科技变革的利弊"。这样针对性越强,考前准备的套作发挥的可能性越低。这意味着什么呢?第一,重视写作,摒弃考前准备好几篇去套的想法。第二,尊重考题,不要拿到考题

后先想怎么套,而要努力想怎么写。尽管可以部分段落或语句套用平日作文,但"就题论题"的现场式写作应成为主流,泛泛而谈或生搬硬套应坚决摒弃。

5. 立意并非唯一,分数却有高下

审题立意是否有唯一正确答案呢?事实是每年都有正确答案,但未必年年唯一。看表7-4可发现,有的年份合适的立意只有一个,所有考生几乎只能围绕该立意写作,而有的年份甚至可以有3~4个可用立意,只是这些立意水平高低不同,在旱区合格立意以20分起评,优秀立意以23分起评。但优秀立意常有风险,故考场审题立意建议以稳妥和好写两者兼顾为上,不要盲目追求最佳立意。

表7-4 管理类联考论说文材料/话题统计

年 份	试题材料	本质主题	合格立意/优秀立意
2018	人工智能带来的 发展与问题	利与弊	辨清利弊,迎接变革
2017	企业经营方向 面临二选一	求稳与冒险	勇于创新; 着眼长远决策; 经营应敢冒风险
2016	亚里士多德 城邦名言	一致性与多样性	重视事物的多样性; 一致性基础上的多样性
2015	"为富不仁、为仁 不富"古语	利与义	富仁兼取
2014	雌孔雀择偶	利与弊	重视事物两面性; 一分为二看问题; 抓住问题要点
2013	飞机厂商不断 寻求合作	合作	懂得合作, 主动应变
2012	十力语要	学者浮躁	专注于事业
2011	人才拔尖与冒尖	拔尖与冒尖	大力发掘冒尖人才, 人才应主动冒尖
2010	学者功利化现象	学者品质	追求真理应脚踏实地
2009	三鹿奶粉事件	(未指定)	诚信经营, 经商有道

续表 7-4

年　份	试题材料	本质主题	合格立意/优秀立意
2008	执行原则走样 变为原则上	原则与原则上	牢守原则,拒绝原则上
2007	探险家司各脱冒险 探索南极的故事	理想与危险	敢为人先, 勇于探索, 追求人生意义
2006	东山和尚打井, 西山和尚挑水	思维和眼光长短	创新 远虑
2005	丘吉尔面临保 城市,还是保密码 的选择	利与弊	权衡利弊 勇于抉择
2004	三个工人做 事态度不同	看法决定态度	看法决定态度

二、历年试题统计

我们可以通过统计分析过去十余年联考试题,寻找其中的规律。从试题三大类型角度,可以看到历年类型分布,见表 7-5。虽然总数上利弊型、思辨型各占 4 次,单题型占 7 次,但后者均出现在早年。近年试题以前者为主,着重考查思考能力。

表 7-5　管理类联考论说文题型统计

年　份	观点分析型	思辨关系型	单题论证型
2018	人工智能利弊		
2017	求稳冒险利弊		
2016		多样性与一致性	
2015		为富与为仁	
2014	健康安全利弊		
2013			合作
2012			专注
2011	拔尖与冒尖		
2010			脚踏实地

续表 7-5

年　份	观点分析型	思辨关系型	单题论证型
2009			诚信
2008			原则
2007			理想
2006			远见
2005	利弊两相权衡		
2004			态度
合计	5	2	8

从试题材料和背后主题，我们可以看到，过去十余年，年年材料不同，但背后的考查主题多有相似。这告诉我们，按材料准备碰中机会渺茫；但按主题准备，覆盖几率并不小。

第五节　精进提升策略

论说文相对论证有效性分析，更加无从下手，故再单独安排一节，讲解如何备考，考生可按本节规划学习。

俗话说"打蛇打七寸"，根据多年教学经验和众多考生的前车之鉴看，论说文看似复杂，无非要解决三座大山，或者叫三个痛点：

（1）审题审跑题；

（2）下笔没套路；

（3）内容没的写。

那么如何解决这三点呢？下面给出备考策略正道——正确的学习方法。

1．审题审跑题

针对审题跑题问题，考生应当反复研究本书"第八章 审题立意"：

第一步：精研第八章第一节，认真研究审题八大原则和 PAY 法则。

第二步：精研第八章第二节，按照书中顺序，先以过去 10 余年的 1 月管理类联考真题应用八大原则和 PAY 法则练习，自测自学，边用边揣摩，加深印象。

第三步：精练第八章第三节，拿出不受打扰的专用时间，独立作答过去历年 10 月在职联考真题，对照答案，查找不足；分析自身是否存在常犯审题陷阱。

第四步：这些题毕竟有限，通常考生还会觉得没把握，担心审题跑题，希望多练审题。审题这件事，确实折磨考生多年，田然老师今年拟开设"审题特训营"，专门解决审题大难题,考生可关注微信公众号"田然考研"。

> 田然敲黑板
>
> 审题务必高度重视,是否过线在此一举

2. 下笔没套路

本书给出多种写作套路,考生要从中择取适合自己的套路熟练掌握,利用各种模考加以验证应用,成为自身熟练掌握的兵器。建议学习步骤如下:

第一步:精研第九章第一节和第二节,熟知各大结构和思辨关系结构,这些是基础。

第二步:精研第九章第三节,掌握咱们的独家主打结构:"随心配"。因为"随心配"属于田然原创,别家没有,故请反复认真研习。研习掌握后,可在水平层次上高出其他考生一个层级。这是田然弟子该享受的福利。

第三步:阅读第九章第四节和第五节,掌握文章标题、开头、结尾和主段的常用写法。

第四步:阅读第九章第六节,养成写提纲的习惯,再次提示,提纲很重要,平时动笔写提纲,比写全文节约复习时间,可以多练更多题目。此外,作文想提高必须靠反复修改,考生可根据第九章第六节所列批改标准,逐条对照修改自己的作文,至少可以改出合格作文。合格意味着,在审题不偏不跑情况下,至少可得 18 分以上。在此基础上,如果还希望专业老师批改作文,可报名田然 1 对 1 写作批改班,每年 8 月起招生,具体关注微信公众号"田然考研"消息。

3. 内容没的写

很多考生最大的头疼是"无话可说,无事可写"。建议按以下方法复习:

第一步:反复阅读本书第十三章写作素材。此处 40 个话题属于最核心、最高频的考试话题,所有考生必须掌握。

第二步:关注微信公众号"田然考研",下半年陆续推送各类新鲜写作素材。背素材如同背单词,要利用零敲碎打的时间,其吸收效果好于拿出大块时间。

第三步:在掌握本书第十三章核心话题基础上,建议 MPAcc 等需要高分考生,使用本书配套的《素材范文宝典》。该书会在本书 20 余篇范文、100 多则素材的基础上,再收录 150 篇范文、500 则素材,满足全年用量。写作属于输出,若想提高,首要是增加范文和素材的输入。MBA 等考生若时间有限,可先着重掌握好本书第十三章。

第八章　审题立意　命题规律

第一节　审题原则方法

一、审题立意的重要性

审题立意关乎写作成败,关乎整个考试成败。相对于数学、逻辑做错个别题的风险,写作跑题将对整个考试产生系统性风险。

如果审题正确,起评分至少18分(共35分),大多数在20分上下;如果审题跑题,那么对不起,论说文将被判到10~12分。从20分到10分,这中间直坠的10分可能直接导致考研最终失利,全年备考功亏一篑。审题风险和后果是其他科目无法比拟的——"一念之间,10分之差"。因此,在有限的备考时间内,请大家高度重视写作审题立意。

二、审题立意"八原则"

首先要明确审题和立意的区别:审题,指根据材料确定话题;立意指基于审题所确定的话题,提出自己的观点。也就是说,审题是理解题意,立意是确定观点。两者关系图如下:

$$原文材料 \xrightarrow{审题} 确定话题 \xrightarrow{立意} 自己论点$$

换言之,审题就像做翻译题,要把命题人的意图全面、准确地体察到。立意就是立论,接着审题确定的话题提出自己的观点。审题有全面不全面、准确不准确之分。立意有深刻不深刻、新颖不新颖之别。审题是个翻译、还原的过程,是个理解命题人意思,揣度命题人意图的过程。审题之后的立意,就有深刻不深刻的区别。有人从原文中得到的感悟浅,有人从原文中得到的感悟深。这就在深刻度上有差别。有人给出的观点很新,也就是我们常说的标新立异;有人给出的观点老生常谈,让人没有阅读兴趣,这就是新颖不新颖的区别。

2007 年 1 月联考真题

根据下述材料,写一篇论说文,700 字左右。

电影《南极的司各脱》,描写的是英国探险家司各脱上校到南极探险的故事。司各脱历尽艰辛,终于到达南极,却在归途中不幸冻死了。在影片的开头,有人问司各脱:"你为什么不能放弃探险生涯?"他回答:"留下第一个脚印的魅力。"司各脱为留下第一个脚印付出了生命的代价。

本题最佳立意：勇于追求人生价值；

其余可选立意：勇于探索、敢为人先(满足原则四)；

应当改进立意：敢于做第一个吃螃蟹的人(违反原则五)；

跑题偏题立意：量力而行(违反原则二)、坚持、执着(违反原则三)。

对于审题，有以下八个要点，我们称为"审题八大原则"：

> (1) 要紧密围绕考题；
>
> (2) 要看命题人态度；
>
> (3) 要抓住材料主干；
>
> (4) 要追求稳妥好写；
>
> (5) 尽量不使用套语；
>
> (6) 卡住要及时转换；
>
> (7) 可降维但不升维；
>
> (8) 该取舍时要取舍。

1. 要紧密围绕考题

请考生切记，论说文是给题作文，不能随意表达。整篇作文必须围绕试题材料和主题，否则都可能被认定为不切题或脱离材料等严重错误。例如 2017 年试题，情景对象为一家企业，试题特定问题为保守与冒险的选择。但许多考生不顾一家企业这个对象，漫天论述，分论点从国家到个人依次展开，天马行空，不着边际，通常被判为偏题(15分)。还有许多考生看到"创新"这个词，就不顾原题核心为权衡利弊，转而大谈特谈创新的意义、方法、必要性，好像试题是"论创新"似的，同样导致偏题。

扫码回复 07
看审题八大原则

考生写作时必须围绕试题特定的矛盾、特征、问题和情景，切忌抱有"会写什么写什么，沾边就行"的心态。下笔作答不紧密围绕试题和材料这个问题在 2018 年、2017 年管理类联考中被集中而严重地暴露出来，对许多考生的分数产生严重制约。请务必高度重视，主动养成围绕试题写作的习惯。

2. 要看命题人态度

所谓"审"题，就是研判命题人意图。例如上题，命题人显然希望考生探讨"勇于探索""勇于追求"这样的话题。考生要能够分析到命题人的意图，命题人通常不会明说。换言之，审题就是分析命题人的"言下之意"和"话外之音"，找到命题人最终想要考生写作的内容。例如，2018 年试题，看似材料为人工智能技术，实际上探讨的核心是该技术的利弊影响，而非技术本身。

请注意：考生不能根据自身喜好、价值观或者心情任意写作，所以才叫命题人定观点。例如上题，考生可能不认同司各脱为探险事业献身的做法，可能认为司各脱傻，但不能把这个想法落在考卷上。有考生立意为"做人要量力而行"或"凡事都得悠着点"或"人生选择应考虑家庭因素"等。这些观点不能说不对。在考试以外，每个人都有发表自己观点的权利。但在考试中，这些不是命题人想传达的意思，只是考生自己读完的感受。我们必须以命题人意图为立意，而非以自己感受为立意。写"做人要量力而行"至少扣减 5 分，即正常分 18 分，该类试卷只有 12~13 分。

3. 要抓住材料主干

命题人借助试题材料来传递想考的话题，而材料里可能还会涉及诸多信息。这时考生就必须分清，哪个是命题人的意图，哪个是周围的"噪音"。通常，材料的主干是命题人的意图。所以，审题立意必须抓住材料主干。例如上题，显然命题人想与考生探讨关于"面对理想与危险时的人生选择"话题，是选择冒险追求自己的理想，还是在危险前放弃？但试题材料中不免也有其他主题夹杂其中，例如"坚持、毅力、执着"等。

这时就必须考虑，从整体看这个材料，命题人是在突出"坚持"这个品质呢？还是在突出"人生选择"的价值观？经过反复细读，考生应该能判断出，命题人想突出这种人生选择的价值观。最重要的提示是，考题中有一个"托儿"的角色出场，那个"有人问司各脱"问的是关于他为什么去的"动机"问题，而没有问司各脱如何成功的"品质/精神"问题。也就是，问的是"Why"，而没有问"How"。考题中刻意安排的这个"有人问司各脱"紧紧地锁定了主干。如果仅看"历尽艰辛"等词语，就会产生偏差，以为应该写"坚持"。考生切记，面对考题必须有思考能力，不能随意见到某个意思就确定写作主题。写作主题必须是材料的主干。

4. 要追求稳妥、好写

审题立意遵循"稳妥、好写"原则。

先说"稳妥"。稳妥意味着求稳、求正确，尽量不要冒险。新颖和跑题往往很难把握。所以，建议考生找到正确立意即可下笔，不必再寻求深刻度或新颖度。

再说"好写"。这也是重要因素。"稳妥"意味着正确。正确当然重要，是前提，不正确的立意再会写也不行。但同样是正确的立意，也必须考虑哪个会写，哪个好写。例如上题，如果考生觉得"追求人生价值"这个不好写，实际考场中也可退而求其次，写"敢为人先"。同样是"正确"，这个"好写"很多。即使后者层次略低，但更有利于考生发挥，最终分数高低可能相差不大。反倒是只顾"正确"，不顾"好写"，可能造成"前途是光明的，道路是没有的"。

5. 尽量不使用套语

审题立意最后通过"全文论点"表现出来。全文论点的基本要求是含义清晰、态度鲜明的陈述句。因此，全文论点不能是态度模糊的话语。有时考生喜欢用含义不明确的套语。所谓"套语"指的是成语、俗语、谚语、歇后语、流行语等。考生读题后，可能很容易想到某句套语，但建议慎重使用，尽量不使用。套语不适宜作为全文论点。例如上题，"敢于做第一个吃螃蟹的人"完全可以写为"勇于尝试"或"敢为人先"。后者这样的句子,语义清晰,适合做论点。前者这样的句子,不是最好的论点选择,但可以作为文章标题。

6．卡住要及时转换

（1）如果碰到"对而不会写"怎么办？——应及时转换

此处通过 2011 年管理类联考试题讲解本原则,请考生先审读本书第十二章试题。

这个题目立意比较难。根据题意,正确的立意应该是"大力增加冒尖人才"或"建立鼓励人才冒尖的长效机制"。这些立意都很对,但请问怎么写？谁会写？若非人才工作专家,谁又能轻易写的出来？所以,出现"正确但不会写"的情况时,应该考虑转换角度,看是否还有其他可写。

"大力增加冒尖人才"这是站在哪个角度说的？——管理者角度。那么倘若转换角度呢？——试着站在籍籍无名者的角度应该怎么办？——应该主动冒尖,即人才不能坐等拔尖,而是如文中所说,通过奋斗、取得成就而主动冒尖。如果写"通过奋斗冒尖",这就简单许多,只要把奋斗的事例稍作改动,突出其成名前并没有谁给机会,也就是没有被"拔",奋斗后成功实现冒尖,自然就可以应用到本题,问题也就迎刃而解。这就告诉我们,立意时既要考虑正确,又要考虑会写,否则立意过难,等于给自己出难题、上枷锁。

（2）如果碰到"对的不会写,会写的又不对"怎么办？——务必考场现写

这个现象是指,考生审题后,发现立意正确的主题自己不会写（考前没准备）,同时自己准备的若干作文套到这个题目上,明显又不对,这该怎么办？这是个关键的选择,这样办：

第一步：请考生不要慌张,再次认真分析题目,确认是否真是两难选择,是否可以找到合适的关联,过渡过来。有时出现这样的情况是由于考虑不周全。考生应当再思考：①所谓正确的立意是否还有别的同样正确而稍微好写的立意可以替代。②已准备的话题是否可以变换说法从而恰当地、毫无违和感地套用？考生应避免人为地误设两难境地。

第二步：如果考生经过冷静思考,确认真的遇到"准备的没考,考的没准备"的情况,考生要坚决舍弃提前准备的内容,立即考场现写,千万不可生搬硬套。因为考生根据本书所讲套路模板,结合本书的 2~3 个事例将文章现场写完,只要不跑题,通常有 18 分以上。而如果强拉硬套导致跑题,分数直坠到 10 分,考场上虽然写得"痛快",但结果将会"痛苦"。

7．可降维但不升维

此处通过 2016 年管理类联考试题讲解本原则,请考生先审读本书第十二章试题。

当遇到思辨关系型试题后,通常要论述两者关系,但有时时间紧、难度大,两者关系不好写。此时,在这样的背景下有一个方法亦可尝试,那就是"降维"写作。例如 2016 年试题关系为多样性与一致性,当考生实在作答有困难时,可考虑弃卒保车,即只写多样性,而不写多样性与一致性,或主要写多样性,仅在文章偏末尾处简单写一致性。这等于将二维的关系型话题降低为一维的单话题。

再如,2011 年的冒尖与拔尖,同时写作较难,那就降维只写冒尖或主写冒尖,从而避开两者关系;再如,2015 年的为富与为仁,两者不像其他考题属于有侧重关系,两者关系同等重要,就不能像前面简单地做"侧重式降维"。不过我们还是可以抓住两者关系核心是富仁兼得,改为集中论述"兼得",这样也一定程度地把两者关系降维到一个点上,也实现了降维处理,这可以称作"转移式降维"。由此可见,面对试题,考生是有一定的操作和处理空间的,关键是要在符合要求的情况下充分地拓展思维。

不过要注意,降维处理必须符合考题要求,不能变成转移论题,这个尺度把握对于考生来说也是挑战,稍有不慎,亦可能由于降维不当造成跑题、偏题。而且有时降维本身已经意味着考生主动调低了作文的起评分,只是用此换来了容易动笔而已。因此,在考场上要谨慎使用降维,降维有时是特效药,但不是万能药。降维有时只是断臂求生、弃卒保车的权宜之计。

那么,何时可以降维呢? 偏重型话题比较容易降维。例如 2016 年的多样性与一致性,显然多样性更加核心。再如拔尖与冒尖,显然偏重冒尖怎么解决问题。所以,此时有偏重的,比较容易降维。其余情况,则需要具体问题具体分析,没有统一标准。

此外,建议考生面对试题,结合自身实力,尽量不要升维。如 2013 年管理类联考试题,飞机厂商合作。此题可以写为"合作"主题,例如懂得合作、重视合作等,也可以写为"竞争与合作"主题。此时,面对可以写为合作主题,考生若主动给自己加码,写为竞争与合作主题,就属于升维处理。

固然,写竞争与合作立意更深刻,起评分更高,但关键也要看考生写得怎样。升维后写得不好,反而分数未必好。其实笔者清楚,对于此题,很多考生并非有意升维,而是无意中给自己升了维。希望考生通过此处学习,明白降维、升维的道理。除非水平过硬,否则建议多数考生都不要把考题升维。当能够降维时,可以降维,当然也非必须降维,降维只是一种妥协策略,但通常不要主动升维。

降维方法为田然老师独家技巧。经过深入研究命题及答案后老师发现,这个方法有时虽然主动放弃几分,好像并不光彩,但这样可以降低试题难度,提升文章质量,最终达到相对较好的分数。这不是也很好吗? 而且很实用。这是经过深入研究才提出的独家技巧,在其他辅导书中没有,请考生不要错过,认真研读。

8. 该取舍时要取舍

近几年观点分析型试题越来越多,这就需要考生准确分析两方观点利弊,该取舍时果断而明确地取舍。但考生通常都害怕做选择,因为害怕选错,知道选错后果严重,故而"宁当骑墙派,也不做选择",说白了就是"宁愿等死,也不愿送死"。但须知,不做选择也是选择,也将面临选错的后果,同样会分数不佳。

例如 2017 年试题,选择保守维持,还是冒险研发? 试题陈述已经倾向研发,而且语言表述"究竟是……还是……"表示了必须二选一。但是,相当多的考生就是不敢取舍,甚至两者都要,写成既要维持利润,又要选择研发。更有甚者变向两者都要,写为"因为资金有限,先生产再研发"。这等于变向改变了考题。结果与选错无异,同样属于偏题。同样事例还有很多,2016 年不敢重点写多样性为主,2011 年不敢重点写冒尖,2008 年不敢重点写坚守原则,2005 年不敢写保护密码,等等。

当断不断,反受其乱。既然考题设下这个两难判断,必然评分标准早就制定好了对待骑墙态度试卷的扣分规则。因此,考生必须注意本书这个提醒,当观点分析型或思辨关系型话题需要取舍时必须敢于取舍,考试考的就是这个判断能力,这时"不舍"就跟"错舍"没有差别。

三、审题立意方法——PAY 审题法则

很多辅导书给出五花八门的审题原则,但多数都不实用,只是标准,没有可操作步骤。本书提出一种简单、可操作的审题立意公式——PAY 法则,见表 8-1。学完立即就可以应用到审题中。

PAY 审题法则,每个字母代表一个单词:Problem、Attitude、Key Word。这三个单词代表审题时要考虑的三个方面:**痛点、态度、提示词**。

扫码回复 08
看审题 PAY 公式

表 8-1 PAY 审题法则总结

PAY	核心含义	出现频率	以 2015 试题举例
Problem	材料引发的痛点	几乎每年	为富与为仁都需要,但又看似矛盾。难道致富必然不仁不义吗?
Attitude	命题人潜在态度	多数年份	命题人有态度,偏向不支持
Key Word	有助审题和找到论点的原文词语	多数年份	古代当时社会上、两者之间关系

下面根据 2015 年试题来解读:

2015 年 1 月管理类联考论说文真题

根据下述材料,写一篇 700 字左右的论说文,题目自拟。

孟子曾经引用阳虎的话:"为富,不仁矣;为仁,不富矣。"(《孟子·滕文公上》)。这句话表明了古代当时社会上对"为富""为仁"现象的一种态度,以及对两者之间关系的一种思考。

Problem 痛点

Problem 指试题经常给出的两难处境、观点争论、事物矛盾。这些困难、争论、矛盾总

是令人头疼,是亟待解决的问题。举例说,2016 年的 Problem 是"一致性与多样性"这个矛盾怎么处理;2015 年的 Problem 是"为富与为仁"这个矛盾怎么处理;2014 年的 Problem 是雌孔雀既想后代健康,又不想"中年丧偶"这个难题怎么处理。总之,历年试题通常含有考验智慧的难题和麻烦,这些统称为"痛点",即 Problem。

为什么会这样出题呢?研究生考试重在考查分析能力、思辨能力、说理能力,因此需要通过设置矛盾、两难来考查相应能力。如果天下太平、世界和谐,那怎么考察考生的分析能力、思辨能力、表达能力呢?尤其近几年,考题不再让考生单纯歌颂"梦想、道德、专注"这样的主题。因为这样的主题除了比拼唱赞歌,没太多考察思辨能力的空间。相反,近几年试题加入了思辨关系和矛盾因素,对考生的分析能力和思维水平提出了更高要求。

在考题中"Problem 痛点"几乎每年都有,只有少数年份除外。而且,用"Problem 痛点"确定立意是最准确的,即有 Problem 存在的地方,才是能找出正确立意的地方,这个经过了历年试题的检验。因此,"Problem 痛点"是我们拿到考题首要思考的角度。

Attitude 态度

Attitude 指的是通过试题文字表现出来的命题人的潜在态度,可能是支持,也可能是反对。例如 2007 年考题"司各脱南极探险",原文使用"历尽艰辛""不幸冻死"等字眼描述司各脱探险南极。那么,命题人的潜在态度当然是支持司各脱。所以如果立意为"凡事量力而行"就明显跑题。

再如 2008 年考题,原文表述原则,说原则是"规矩、准绳"。这显然是褒义词。本来我们对原则这个话题应该两面辩证看待,但命题人在该年试题里已有明确态度——通过陈述坚守原则的益处提倡坚守原则。那么,在该年试题的正确立意就是"牢守原则",而非"面对原则要懂得灵活"。每年 1/3 考生对该试题审题为"既要原则,又要变通"。这都是只考虑你自己认为什么对,不考虑命题人认为什么对。这些前车之鉴也印证了我们在第一节所讲的审题立意原则二:要看命题人态度。

"Attitude 态度"并非每年都有,例如 2013、2014、2018 年试题就没有。但多数年份,命题人还是表现出了潜在的态度。

Key Word 关键词

Key Word 指试题材料中能够直接帮助考生找到正确立意的原文关键词。Key Word 指关键词,许多考生经常把它与主题词相混淆。请看 2015 年试题,有这样的话——这句话表明了古代当时社会上对"为富""为仁"现象的一种态度,以及对两者之间关系的一种思考。

那么请问什么是关键词呢?很多同学找"富与仁",说"富与仁"是关键词。请注意,"富与仁"是主题词,不是关键词。这里"Key Word 关键词"指的是能够帮我们得出立意的词语,而非关于哪个话题。这里 Key Word 是"当时"和"两者之间关系"。

Key Word"当时"表明了命题人暗示考生原题的论断是古人当时的看法,并非现在的权威观点,相当于偷偷地划清了界限,提供了批驳的可能。"当时"已暗示现在可能已经不同。所以"当时"是 Key Word。

Key Word"关系"表明了考生不能只写"富与仁"的某一个,而是必须两者都写,而且着重写两者之间的关系。所以主题"将仁装在心中""为仁可富""弘扬仁德"这类的单方面论点都属于偏题,只有"富与仁可以兼得"这类的全面阐述两者之间关系的立意才正确。所以"关系"是 Key Word。可以看出,Key Word 不是指话题是什么,话题是什么很容易分辨,那样这个 Key Word 就没有单独的意义,Key Word 指帮我们正确审题的原文关键词。

Key Word 有时一年考题会同时出现多个,其判断准确性小于 Problem,而且如果跟 Problem 相悖,要以 Problem 为准。"Key Word 关键词"不是每年都有,多数年份会有。

> 田然敲黑板
>
> Problem最终指向正确答案

PAY 审题法则使用原则

PAY 公式有以下三个使用原则,请考生务必牢记:

(1) PAY 法则三个角度应当依顺序分析,先分析 Problem,再分析 Attitude,最后分析 Key Word,顺序不能随意、不能颠倒。因为三者的作用和准确度 Problem 最大,Attitude 次之,Key Word 偏小(因为有时有多个,指向模糊)。

(2) PAY 法则三个角度不是每年都出现齐全,例如,可能某年没有 Attitude,也可能某年没有 Key Word。但 PAY 法则整体是通用的,每年都可以用。

(3) PAY 法则三个角度可能出现矛盾,例如 Problem 指向 A,而 Key Word 指向 B,此时要以 Problem 为准,Key Word 只作参考。审题时 Problem 是最准的,历年试题都印证了这个判断。

第二节　审题真题精讲

2018 年 1 月论说文真题解析

57. 论说文:根据下述材料,写一篇 700 字左右的论说文,题目自拟。

有人说,机器人应该帮助人类完成一些繁琐的工作,而不是取代人类。技术的发展会夺取一些人低端的工作岗位,同时也会创造出更高端、更舒适的工作岗位,例如历史上铁路的出现让挑夫消失,但同时创造了千百万铁路工人的岗位。人工智能技术的变革,同样会推动人类社会的发展与进步。有人却不以为然。

✎ 审题过程

审题立意思维过程	
Problem 痛点	人工智能帮助人类、推动进步的意义很大,但短期内可能带来失业等社会问题,利弊之间应如何看待?
Attitude 态度	根据基本判断能力,可推断应支持人工智能技术变革
Key Word 关键词	"有人却不以为然",强调看法不统一 两次出现"同时",强调利弊共存
审题结果	辩证看待,积极迎接

✎ 不当立意

不当立意	不当原因解析
单纯阐述人工智能等技术变革的积极意义	本题核心是探讨人工智能等技术变革的长短期利弊影响,而非单纯呼吁技术变革的意义。这么写等于把原题思辨性抹杀,变为单纯歌颂,故为偏题
我们个人应积极适应	该观点可作为文中分论点之一,在文章的中后部提出。但是不可作为全文核心议题,否则为跑题作文,因为变成了探讨个人性质的话题

✎ 深度讲解

有人认为本题考查人工智能,这实为误解。人工智能叫作试题材料,如何看待人工智能带来的利弊影响叫作试题主题。试题材料为表面,试题话题为根本。我们备考侧重准备话题,而非材料,否则备考写作等于大海捞针。反过来,需强调的是,考生切不可因为2018年考试考察该题,就把备考写作思路改为大量阅读时事话题。因为试题"材料"只是载体,是变化多端的,无论是人工智能,还是大数据、云计算、工业4.0,都只是载体;而试题"主题"才是本质,而主题数量是有限的,基本全部涵盖在《素材范文宝典》60个主题中(本题就是利弊话题)。因此,备考要围绕"常考主题"准备,提升思辨能力,而非比拼各个领域知识。当然,田然老师会在考前大招课为考生串讲时事热点,作为背景知识补充,考生个人不要走错备考方向。

2017年1月论说文真题解析

57. 论说文:根据下述材料,写一篇700字左右的论说文,题目自拟。

一家企业遇到了这样一个问题:究竟是把有限的资金用于扩大生产呢,还是用于研发新产品?有人主张投资扩大生产,因为根据市场调查,原产品还可以畅销三到五年,由此可以获得可靠而丰厚的利润。有人主张投资研发新产品，因为这样做虽然有很大的风险，但风险背后可能有数倍于甚至数十倍于前者的利润。

✍ 审题过程

审题立意思维过程	
Problem 痛点	扩大生产和冒险研发的艰难抉择
Attitude 态度	偏重冒险研发
Key Word 关键词	"究竟是……还是"说明必须二选一，"虽然……但"和"数倍、数十倍"说明倾向态度
审题结果	着眼长远、舍短为长、敢冒风险、勇于创新
立意把关	着眼长远与舍短为长意思相同；勇于创新涵盖敢冒风险。本题立意有多种组合方法，各突出不同侧重，都可选择
终得论点	着眼长远、勇于创新

✍ 不当立意

不当立意	不当原因解析
既要扩大生产，又要投入创新	考生注意，这里有"有限的资金"和"还是"这些词，指的是"or"的关系。所以，本题肯定不能写成"既要扩大生产，又要研发新产品"。这样"骑墙派"和"和事老"的做法是不行的。骑墙派文章，属于偏题作文，在15分上下
单纯写"创新"	本题虽有创新元素，但核心是选择和取舍，而非创新。所以创新仅是构成正确立意的元素之一，而不是核心元素。只写创新同样偏题，不高于15分

✍ 深度讲解

2017 年试题属于较为特殊的考题，特点为试题涵盖多个写作元素，既有利弊取舍，又有稳健与风险，还有短期与长远等三对关系，这在其他年份很少如此，相当于扩大了写作的多元性，增加了写作余地，避免千篇一律。

而且这些主题元素间环环相扣：取舍面对着稳妥和风险两种选择，其背后是短期利益和长期利益的轻重权衡，而正确地取舍需要长远眼光这种品质，且所取对象又是创新这个热点主题，不能不顾。所以，本题不能再像往年选择一个主题写作，而必须尽量涵盖以上主题元素，恰当合并，切中重点。不过，多元素也不能面面俱到，毕竟只有700字，应着重写最重要的两个方面。具体到本题，合并方法为：着眼长远保留，这是取舍的核心标准。敢冒风险与敢于取舍先合并，再与创新合并，整合为"敢于创新"，这里的"敢"既有敢于冒险的意思,又有敢于取舍的意思。所以最佳立意是——着眼长远、勇于创新。

2016 年 1 月论说文真题解析

57. 论说文:根据下述材料,写一篇 700 字左右的论说文,题目自拟。

亚里士多德说:"城邦的本质在于多样性,而不在于一致性。……无论是家庭还是城邦,它们的内部都有着一定的一致性。不然的话,它们是不可能组建起来的。但这种一致性是有一定限度的。……同一种声音无法实现和谐,同一个音阶也无法组成旋律。城邦也是如此,它是一个多面体。人们只能通过教育使存在着各种差异的公民,统一起来组成一个共同体。"

✍ **审题过程**

审题立意思维过程	
Problem 痛点	一致性与多样性看似矛盾的关系如何统一
Attitude 态度	更加着重多样性
Key Word 关键词	"本质在于多样性"
审题结果	多样性与一致性关系、多样性
立意把关	写两者关系应当分数更高
终得论点	一致性基础上的多样性

✍ **不当立意**

不当立意	不当原因解析
求同存异	使用"求同存异"由于套用成语,看似高明,但其实求同存异重在劝人求同,而试题材料重在劝人求异,所以即使套用也应该说作"求异存同"。求同存异普遍分数在 15~16 分,比正确审题少 3~4 分
重视教育发展教育等	本题末尾突然出现"教育"。但考生如果牢守 PAY 法则,不可能跑题到"教育"。因为教育不是 Problem。本题 Problem 是多样性与一致性的矛盾,Attitude 是宣扬多样性的意义,这些维度都在说多样性话题,最终怎么能立意为"教育"呢?可见不用 PAY 法则分分钟乱套

2015 年 1 月论说文真题解析

孟子曾经引用阳虎的话:"为富,不仁矣;为仁,不富矣。"(《孟子·滕文公上》)。这句话表明了古代当时社会上对"为富""为仁"现象的一种态度,以及对两者之间关系的一种思考。

审题过程

审题立意思维过程	
Problem 痛点	为富与为仁看似矛盾,但人心普遍想兼得——既想致富又想兼顾仁义
Attitude 态度	命题人用"当时社会"字眼提示考生区分古代与当下,潜在态度是反对,至少不够支持
Key Word 关键词	"当时社会""两者之间关系"
审题结果	富与仁的话题,写两者关系,暗示当下并非矛盾
立意把关	"两者不矛盾"或"两者可兼得",经比较后者更好
终得论点	富与仁可以兼得

不当立意

不当立意	不当原因解析
"为仁可富"亦或"为富可仁"	考题明确要求探讨富与仁两者的"相互"关系。所以倘若只说其中一面,无论哪面都缺乏全面性
做人要仁	有的考生以为写作文就要"高大上""假大空",只写"应为仁",不敢写"可为富",缺乏两者关系的论述

2014 年 1 月论说文真题解析

57. 论说文:根据下述材料,写一篇 700 字左右的论说文,题目自拟。

生物学家发现雌孔雀往往选择尾巴大而艳丽的雄孔雀作为配偶,因为雄孔雀的尾巴越艳丽表明它越有生命活力,后代的健康越能得到保证。但是这种选择也产生了问题,孔雀尾巴越艳丽越容易被天敌发现和猎获,生存反而受到威胁。

审题过程

审题立意思维过程	
Problem 痛点	雌孔雀看似正确的选择背后也有负面的影响,如何破?
Attitude 态度	命题人没有明确态度
Key Word 关键词	"这种选择",即"选择"

审题立意思维过程	
审题结果	(1) 两面性、有失有得、一分为二看问题 (2) 危机共存、福祸共存、切勿忽视风险、敢于承担风险 (3) 抓住事物要点
立意把关	第一类最好写,但深度较浅;第二类难度加大,深浅与难易相对均衡,属于较好选择;第三类更深刻但难度最大。考场中选第一类亦可接受,选后两类更好但难度更大
终得论点	(依据个人实力选择)

✍ **不当立意**

不当立意	不当原因解析
做人应当低调	这个立意属于跑题。(1)题目讲选择的问题,不能转移为做人的问题,审题是发现论题而非捏造论题。(2)审题多了会发现,考题通常只考做事道理和哲学道理,不考人生经验。这种偏鸡汤的立论与命题思路格格不入

2013 年 1 月论说文真题解析

57. 论说文:根据下述材料,写一篇 700 字左右的论说文,题目自拟。

20 世纪中叶,美国的波音与麦道两家公司几乎垄断了世界民用飞机的市场,欧洲的制造商深感忧虑,虽然欧洲各国之间竞争也相当激烈,但还是争取了合作的途径,法国、德国、英国和西班牙等决定共同研制大型宽体飞机,于是"空中客车"便应运而生,面对新的市场竞争态势,波音公司和麦道公司于 1997 年一致决定组成新的波音公司,以此抗衡来自欧洲的挑战。

✍ **审题过程**

审题立意思维过程	
Problem 痛点	竞争激烈,竞争压力大
Attitude 态度	命题人没有明确态度
Key Word 关键词	"合作""深感忧虑""应运而生""面对态势"

续表

审题立意思维过程	
审题结果	(1) 竞争与合作、懂得合作 (2) 积极应对变化
立意把关	"竞争与合作"虽然正确却不好写,考场应谨慎选用;"懂得合作"虽然寻常但稳当且好写;"积极应对变化"属于深刻立意,想出来的考生极少。应对变化是合作现象背后的本质。考场上求稳可放弃该立意
终得论点	懂得合作或积极应对变化

✍ 不当立意

不当立意	不当原因解析
做企业要有胸怀	2013 年试题容易入手但不易写好。审题起点低,跑题者极少。笔者遇到某学生,审题立意如左侧所示。其理由是没有胸怀和放下身段,这些大企业不可能合作。此话甚对,但属于舍近求远。合作是近,胸怀是远。再说合作是否因为胸怀也未必,可能只是因为保命的需要。该立意跑题。给我们的警示是立意不需要联想太多、畅想太远

2012 年 1 月论说文真题解析

57. 论说文:根据下述材料,写一篇 700 字左右的论说文,题目自拟。

中国现代著名哲学家熊十力先生在《十力语要》(卷一) 中说:"吾国学人,总好追逐风气,一时之所尚,则群起而趋其途,如海上逐臭之夫,莫名所以。曾无一刹那,风气或变,而逐臭者复如故,此等逐臭之习有两大病:一是个人无牢固与永久不改职业,遇事无从深入,徒养成浮动性。二是大家共趋于世所矜尚之一途,则其余千途万途,一切废弃,无人过问。此二大病,都是中国学人死症。"

✍ 审题过程

审题立意思维过程	
Problem 痛点	逐臭恶习,中国人跟风从众现象严重,怎么破?
Attitude 态度	反对、批评逐臭恶习
Key Word 关键词	弊病是"逐臭",所谓逐臭就是跟风、从众,其危害是"无从深入""其余千途万途一切废弃"

续表

审题立意思维过程	
审题结果	既然是反对,答案应该是危害"逐臭"的反义词,应为独立、专注等主题
立意把关	专注相对好写,独立相对不好写,当然因人而异,考生根据自身选择
终得论点	学会专注、懂得专注、做事需要专注

2011 年 1 月论说文真题解析

57. 论说文：根据下述材料,写一篇 700 字左右的论说文,题目自拟。

众所周知,人才是立国、富国、强国之本,如何使人才尽快地脱颖而出是一个亟待解决的问题。人才的出现有多种途径,其中有"拔尖",有"冒尖"。"拔尖"是指被提拔而成为尖子,"冒尖"是指通过奋斗、取得成就而得到社会的公认。有人认为我国当今某些领域的管理人才,"拔尖"的多而"冒尖"的少。

✍ 审题过程

审题立意思维过程	
Problem 痛点	急需人才,两大渠道中拔尖的多、冒尖的少
Attitude 态度	命题人没有明确态度
Key Word 关键词	通过奋斗、取得成就得到认可就可以算冒尖
审题结果	人才问题亟待解决、大力增加冒尖人才、建立鼓励冒尖人才的体制机制
立意把关	三个都很对,但大多数考生不会写
立意转换	遇到对但不会写的情况,不要强行动笔,应仔细审视是否还有其他角度可以切入。此时要学会转换角度。本题三个结果都是从管理者角度出发,那么从人才角度出发呢? 可以是通过奋斗勇于冒尖,这就转到奋斗的话题了。奋斗话题考生普遍都会写,稍作修改就是"通过奋斗而冒尖"
终得论点	勇于冒尖

✍ **不当立意**

不当立意	不当原因解析
鼓励"冒尖" 减少"拔尖"	该立意属于严重理解偏差。原文已说人才急缺且出现途径包括冒尖与拔尖。那么,这就已经肯定拔尖这个途径的必要性。本文痛点在于冒尖少怎么办,而不是拔尖多怎么办。如果冒尖问题没解决,还把拔尖打击了,那么亟待解决的人才问题不是更没着落了吗?
冒尖少、拔尖多 自有其道理	个别考生认为存在的就是合理的。长期以来拔尖多、冒尖少那么自然有其道理。这里并非让考生论证其如何有道理,而是请考生分析如何解决人才问题。明显的,拔尖已经很多,冒尖明显较少,自然应该得到鼓励冒尖的立意

2010 年 1 月论说文真题解析

57. 论说文:根据下述材料,写一篇 700 字左右的论说文,题目自拟。

一个真正的学者,其崇高使命是追求真理。学者个人的名利乃至生命与之相比都微不足道,但因为其献身于真理就会变得无限伟大。一些著名大学的校训中都含有追求真理的内容。然而,近年学术界的一些状况与追求真理这一使命相去甚远,部分学者的功利化倾向越来越严重,抄袭剽窃、学术造假、自我炒作、沽名钓誉等现象时有所闻。

✍ **审题过程**

审题立意思维过程	
Problem 痛点	当下部分学者的功利化严重影响追求真理的使命
Attitude 态度	命题人持反对功利的态度
Key Word 关键词	功利
审题结果	反对功利、拒绝功利、脚踏实地等
立意把关	这两个都对,后一个是正向陈述,更加好写
终得论点	脚踏实地

✏ 不当立意

不当立意	不当原因解析
学者应追求真理（单写追求真理跑题，结合反对功利与追求真理不跑题，注意区别）	每年都有同学跑题为"追求真理"，列举写爱迪生、诺贝尔、居里夫人等追求真理的可歌可泣的感人故事，倡导热爱真理、追求真理。这样的跑题属于审题想当然，缺乏认真思考。材料表面上是追求真理的话题，但并非讨论该不该追求真理，而是针对追求真理过程的功利化严重的特定问题询问考生怎么办。追求真理仅是载体，重点在讨论功利化

2009 年 1 月论说文真题解析

以"由三鹿奶粉事件所想到的"为题，写一篇 700 字左右的论说文。

✏ 审题过程

本年试题属于命题作文，是考试大纲规定的两种形式之一，但实际出现较少。对于命题作文，由于没有试题材料，所以可以不用 PAY 公式。本题可以立意为"诚信经营""经商有道""加强食品安全监管"等立意。这些立意都对，但并非都好写，要择优使用。

"诚信经营"最好写，可以作为首选，对应论点"诚信是企业经营之本"。

"经商有道"这个立意比较隐晦。这个有道，就不仅是诚信之道，还可以扩展到其他以消费者为核心、兼顾商业利益与社会意义等更加深刻的内涵。因此，如果写好分数可以更高。考生应根据自身情况考虑。

"加强食品安全监管"这个立意变换了主题视角，从企业转到政府，也切合话题核心，对应立意可以是"用制度防止悲剧再次发生"等。但其偏向公共政策和行业监管，具有较强政策性。如果考生不熟悉这种宏观论述，应该放弃。

本题再次告诫我们，即使面对容易的题目，也不要高兴过早，而是要从题目发散思考，尽快形成最好下笔的正确立意，而非仅是得到正确立意便沾沾自喜，不要"抱在一棵树上吊死"，即明明不会写还不转换思路。请记住，立意时转换要比下笔后拐弯容易得多。

2008 年 1 月论说文真题解析

"原则"就是规矩，就是准绳。而在日常生活和工作中，常见的表达方式是："原则上……但是……"

请以"原则"与"原则上"为议题写一篇论说文，题目自拟，700 字左右。

✍ **审题过程**

审题立意思维过程	
Problem 痛点	原则有积极作用(规矩、准绳),但生活中执行有偏差,变成了有条件地适用原则
Attitude 态度	命题人反对"原则上"
Key Word 关键词	"规矩、准绳"属于对原则的褒奖,"而"显示出对后面"原则上"的批评
审题结果	坚守原则
立意把关	该结果既稳妥又好写,可以使用
终得论点	坚守原则

✍ **不当立意**

不当立意	不当原因解析
既要原则 又要变通	这个立意错误就在于拍脑袋、想当然,以为面对题目,想怎么写就怎么写。错了! 所谓审题,重要原则是"要看命题人态度"。命题人此处讨论执行原则打折扣的问题,考生怎么能写原则与变通的辩证关系呢? 这么写当然是跑题。请注意,论说文并非任意书写,而是要按照命题人要求写。写作基调由命题人决定,而非考生任意表达。面对题目,应该想"命题人想让我写什么",而不是"我想写什么"
要学会变通	这是完全审题反向。少数考生理解命题者的转折句是在肯定、认可生活中的"原则上"。这是重大理解偏差。这种错误在于不熟悉考试,没有从日常生活中脱离出来,把职场经验直接搬过来,想当然

2007 年 1 月论说文真题解析

根据下述材料,写一篇论说文,700 字左右。

电影《南极的司各脱》,描写的是英国探险家司各脱上校到南极探险的故事。司各脱历尽艰辛,终于到达南极,却在归途中不幸冻死了。在影片的开头,有人问司各脱:"你为什么不能放弃探险生涯?"他回答:"留下第一个脚印的魅力。"司各脱为留下第一个脚印付出了生命的代价。

✍ 审题过程

审题立意思维过程	
Problem 痛点	追求理想与面临危险的矛盾
Attitude 态度	从用词看出支持司各脱
Key Word 关键词	历尽艰辛、终于、不幸,这些词表示支持
审题结果	试题材料可以看出以下三个方面: 第一个:勇于探索/敢为人先 第二个:执着/坚持 第三个:勇于追求人生理想/勇于实现人生价值
立意把关	第一个立意就题论题,正确地看到表面,可以算合格;第二个立意来自司各脱"历尽艰辛"等表述,但本题重点显然不在对坚持和执着的赞扬,因此审题为执着、坚持偏题,应当放弃;第三个透过现象看本质,最好
终得论点	勇于追求人生理想/实现人生价值

✍ 不当立意

不当立意	不当原因解析
凡事量力而行	很多考生错误地带着社会经验,觉得司各脱这么做不值,觉得没必要,有点犯傻。可是,审题重在分析命题人想让我们写什么,而非考生想写什么。即使读者心里想"如果我是司各脱,我不去",但在文中也应该论述追求人生价值的主题,因为这是考题要求的。 不要受"代价"这个词的影响,"代价"代表追求理想有牺牲,但揭示有牺牲未必意味着反对

2006 年 1 月论说文真题解析

根据下述材料,围绕企业管理写一篇论说文,题目自拟。700 字左右。

两个和尚住在东、西两座相邻的山上寺庙里,两山之间有一条清澈的小溪。这两个和尚,每天都在同一时间下山去溪边挑够一天用的水,久而久之,他们就成为好朋友了。

光阴如梭,日复一日不知不觉已经过了三年。有一天,东山的和尚没有下山挑水,西山的和尚没有在意:"他大概睡过头了。"哪知第二天,东山的和尚还是没有下山挑水;第三天、第四天也是如此。西山的和尚担心起来:"我的朋友一定是生病了,我应该去拜访他,看是否有什么事情能够帮上忙。"于是他爬上了东山去探望他的老朋友。到达东山的寺庙,看到他的老友正在庙前打太极拳,一点也不像几天没喝水的样子,他好奇地问:"难道你已经修炼到可以不用喝水就能生存的境界了吗?"东山和尚笑笑,带着他走到寺庙后院,指着一口井说:"这三年来,我每天做完功课.都会抽空挖这口井。如今终于挖出水来了,我就不必再下山挑水了。"西山和尚不以为然:"挖井花费的力气远远甚于担水,你又何必多此一举呢?"

✍ 审题过程

审题立意思维过程	
Problem 痛点	东山和尚有行动、西山和尚没行动
Attitude 态度	无态度
Key Word 关键词	"不以为然""何必",注意当年试题有"联系企业管理"这个字眼(现在已没有)
审题结果	第一个: 企业经营应勇于创新 第二个: 企业经营应思虑长远
立意把关	前者是两个和尚的行为差别(现象),只肯定了挖井和尚,未揭示两人差别本质,只属于合格立意。后者揭示了导致行为的思维差别(本质): 一个有长远眼光,一个只是对比当下累不累,没有长远眼光。显然两个立意后者更深刻
终得论点	企业经营应考虑长远

✍ 不当立意

不当立意	不当原因解析
学会坚持	"坚持"不是好立意。第一,该立意只抓住细节而没抓住重点。第二,两人都在坚持,文中并未体现打水和尚有做事半途而废的问题,因此两人差别不在于坚持,差别在于思维。原文写三年打出井只是为了叙事真实,而非暗示主题是"坚持"

✍ 深度讲解

题干要求围绕企业管理,这是当年 MBA 联考时期的产物,随着 2010 年 MBA 联考取消,取而代之变为管理类联考,今后不会再以企业管理作为强制要求。

请注意,论说文题目的任何话语都不是无关的。本题最关键的,命题人给过提示。本题结尾,西山和尚有句话摆在那里——"挖井花费的力气远远甚于担水,你又何必多此一举呢?"由此可见,纵然东山和尚把自己的做法、目的都坦诚相告,但西山和尚还是不理解、不认可,认为"多此一举"。所以本质上,他不是没有机会,而是缺乏对长远的考虑,目光短浅、安于现状、思维局限,只看到挖井花费力气比挑水大,但没看到一旦挖通水井带来的长远价值。所以,两个和尚差别的本质不在创新,而在思维和眼光。

2005 年 1 月论说文真题解析

根据下述内容,自拟题目写一篇短文,评价丘吉尔的决策,说明如果你是决策者,在当时情况下你会做出何种选择,并解释决策依据。700 字左右(40 分)。

二战期间英国首相丘吉尔曾做出一个令他五内俱焚的决定。当时盟军已经破译了德军的绝密通信密码,并由此得知德军下一个空袭目标是英国的一个城市考文垂。但是,一旦通知这个城市做出任何非正常疏散和防备都将引起德军的警觉,使破译密码之事暴露,从而丧失进一步了解德军重大秘密的机会。所以丘吉尔反复权衡,最后下令不对这个城市作任何非正常的提醒。结果考文垂在这次空袭中一半被焚毁,上千人丧生。然而通过这个密码,盟军了解到德军几次重大战役中兵力部署情况,制订了正确的反应战略,取得了重大军事胜利。

✎ 审题过程

审题立意思维过程	
Problem 痛点	既想保住密码,又想保护生命的权衡与抉择
Attitude 态度	命题人支持丘吉尔,因为末尾说"重大战役"的"重大军事胜利",这些词意在说明结果是"获得大于失去"
Key Word 关键词	重大战役、重大军事胜利、决定、反复权衡
审题结果	支持丘吉尔,作为决策者选择保护密码
立意把关	选择保护密码比选择保护生命更好写,而且更安全,毕竟命题人已经站在肯定丘吉尔的角度,所以冲着安全和好写,我们应该选择保护密码
终得论点	支持丘吉尔,作为决策者选择保护密码

✎ 深度讲解

请注意,当年的原题是案例分析题,即要求对丘吉尔的决策进行评价,原文也说到写一篇短文,而非必须为论说文,所以本题与其他年份试题均有不同,现在已无这种题型。事实上这种决策评价的考试形式在当年 MBA 联考也仅出现过一次。同时,本题是 40 分,除 2004 和本年以外,其余年份论说文都是 35 分。

这个材料有些关键词能帮我们准确把握作者意图,包括"五内俱焚的决定",说明决策之痛苦、艰难;"反复权衡"直接明说"权衡"这个核心;"重大军事胜利"等说明在得失之间,得大于失。可以看出,本题的焦点是权衡,从文中倾向可以看出,丘吉尔舍小为大、权衡利弊,在两难情况下做出利弊权衡取其重的决定,并且从结果角度看是正确的。

2004 年 1 月论说文真题解析

根据下述材料,自拟题目撰写一篇 600 字左右的议论文。(30 分)

一位旅行者在途中看到一群人在干活,他问其中一位在做什么,这个人不高兴地回答:"你没有看到我在敲打石头吗？若不是为了养家糊口,我才不会在这里做这些无聊的事。"旅行者又问另外一位,他严肃地回答:"我正在做工头分配给我的工作,在今天收工前我可以砌完这面墙。"旅行者问第三位,他喜悦地回答:"我正在盖一座大厦。"他为旅行者描绘大厦的形状、位置和结构,最后说:"再过不久,这里就会出现一座宏伟的大厦,我们这个城市的居民就可以在这里面聚会、购物和娱乐了。"

✍ **审题过程**

审题立意思维过程	
Problem 痛点	同样的事情,不同的态度
Attitude 态度	命题人无态度
Key Word 关键词	三个人分别是"不高兴""严肃""喜悦",可以看出态度不同,这个不同的原因就是本题核心
审题结果	结合三人的话可以看出,由于他们做事目的不同,所以态度不同,初步结果为"看法决定态度"或"目的决定态度"
立意把关	上述立意满足既稳妥又会写原则
终得论点	看法决定态度

✍ **不当立意**

不当立意	不当原因解析
态度决定成功	该立意非常常见,但是不对。第一,本题不是态度决定什么,而是因为他们什么不同,才决定态度。态度在这里是被影响的因素,而非影响因素。第二,这里没有成功这个概念,又没说谁升职、谁加薪,所以没有谁成功、谁不成功问题。这个立意是爱写成功这个词的惯性毛病

第三节　审题精练反思

请考生充分重视以下真题价值,切忌光看不练,应该拿起笔,实际独立运用 PAY 法则,针对每道题拟定论点。只有带题训练,才能真正学会使用 PAY 法则。习题说明：本节从早年1月联考、10月联考及近年经济类联考中精选试题。对于已不适合当前管理类、经济类联考命题思路的试题,选择时予以放弃,故本节试题年份并不连续。

一、审题立意精练真题

1. 2001年1月MBA联考真题

根据所给材料写一篇600字左右的议论文,题目自拟。(20分)

1831年瑞典化学家萨弗斯特朗发现了元素钒。对这一重大发现,后来他在给他朋友化学家维勒的信中这样写道:在宇宙的极光角,住着一位漂亮可爱的女神。一天,有人敲响了她的门。女神懒得动,在等第二次敲门。谁知这位来宾敲过后就走了。她急忙起身打开窗户张望:"是哪个冒失鬼?"啊,一定是维勒!"如果维勒再敲一下,不是会见到女神了吗?过了几天又有人来敲门,一次敲不开,继续敲。女神开了门,是萨弗斯特朗。他们相晤了,"钒"便应运而生!

拟定的全文论点为:

_____

2. 2000年1月MBA联考真题

根据所给材料写一篇500字左右的议论文,题目自拟。(20分)

解放初期,有一次毛泽东和周谷城谈话。毛泽东说:"失败是成功之母。"周谷城回答说:"成功也是失败之母。"毛泽东思索了一下,说:"你讲得好。"

拟定的全文论点为:

_____

3. 1999年1月MBA联考真题

根据所给材料写一篇500字左右的议论文,题目自拟。(20分)

一位画家在拜访德国著名画家门采尔时诉苦说:"为什么我画一张画只要一天的时间,而卖掉一张画却要等上整整一年?"门采尔严肃认真地回答说:"倒过来试试吧,如果你用一年的时间去画它,那么只需要一天的时间就能够把它卖掉。"

拟定的全文论点为:

_____

4. 2012年10月在职联考真题

论说文:阅读以下文字,写一篇论说文,题目自拟,700字左右。(35分)

2012年7月6日《科技日报》报道:我国主导的TD-LTE移动通信技术已于2010年10月被国际电信联盟确立为国际4G标准。TD-LTE是我国自主创新的第三代移动通信技术TD-CDMA的演进技术。TD-CDMA的成功规模商用为TD-LTE的快速发展奠定了坚实的基础。目前,TD-LTE已形成由中国主导、全球广泛参与的产业链,全球几乎所有通信系统和芯片制造商都已支持该技术。

在移动通信技术的 1G 和 2G 时代，我们只能使用美国和欧洲的标准。通过艰难的技术创新，到 3G 和 4G 时代，中国自己的通讯标准已经成为世界三大国际标准之一。

拟定的全文论点为：

---

5. 2011 年 10 月在职联考真题

阅读以下报道，写一篇论说文，题目自拟，700 字左右。

2010 年春天，已持续半年的干旱让云南很多地方群众的饮水变得异常困难，施甸县大亮山附近群众家里的水管却依然有清甜的泉水流出，他们的水源地正是大亮山林场。乡亲们深情地说："多亏了老书记啊，要不是他，不知道现在会是什么样子。"

1988 年 3 月，61 岁的杨善洲从保山地委书记的岗位上退休，婉拒了省委书记劝其搬至昆明安度晚年的邀请，执意选择回到家乡施甸县种树。20 多年过去了，曾经光秃秃的大亮山完全变了模样：森林郁郁葱葱，溪流四季不断；林下山珍遍地，枝头莺鸣燕歌……

一位地委书记，为何退休后选择到异常艰苦的地方去种树？

"在党政机关工作多年，因工作关系没有时间去照顾家乡父老，他们找过我多次也没给他们办一件事。但我答应退休后帮乡亲们办一两件有益的事，许下的承诺要兑现。至于具体做什么，考察来考察去，还是为后代绿化荒山比较现实。"关于种树，年逾八旬的杨善洲这样解释。

拟定的全文论点为：

---

6. 2010 年 10 月在职联考真题

阅读以下报道，写一篇论说文，题目自拟，700 字左右。

唐山地震孤儿捐款支援汶川灾区

2008 年 5 月 18 日，在中宣部等共同发起的《爱的奉献》抗震救灾大型募捐活动中，天津民营企业荣程联合钢铁集团有限公司董事长张祥青代表公司再向四川灾区捐款 7000 万元，帮助灾区人民重建"震不垮的学校"。至此，荣程联合钢铁集团公司在支援四川灾区抗震救灾中累计捐款 1 亿元。

"我们对灾区人民非常牵挂，荣钢集团人大多来自唐山，亲历过 32 年前的唐山大地震，接受过全国人民对唐山灾区的无私援助，32 年后为四川地震灾区捐款，回馈社会，是应尽的义务，我们必须做！"张祥青说。

张祥青在 1976 年唐山大地震时失去父母，年仅 8 岁的他不幸成为孤儿，他深深感受到来自全国四面八方的涓涓爱心。1989 年，张祥青与妻子张荣华开始了艰苦的创业历程，从卖早点、做豆腐开始，最后组建了荣钢集团。企业发展了，荣钢集团人不忘回报社会，支援汶川地震灾区是其中一例。

拟定的全文论点为：

---

7. 2009 年 10 月在职联考真题

根据以下材料,写一篇 700 字左右的论说文,题目自拟。

《动物世界》里的镜头:一群体型庞大的牦牛正在草原上吃草。突然,不远处来了几只觅食的狼。牦牛群奔跑起来,狼群急追……终于,有一头体弱的牦牛掉队,寡不敌众,被狼分食了。

《动物趣闻》里的镜头:一群牦牛正在草原上吃草。突然,来了几只觅食的狼。一头牦牛发现了狼,它的叫声提醒了同伴。领头的牦牛站定与狼对视,其余的牦牛也围在一起,站立原地。狼在不远处虎视眈眈地转悠了好一阵,见没有进攻的机会,就没趣地走开了。

拟定的全文论点为:

---

8. 2008 年 10 月在职联考真题

根据以下材料写一篇论说文,题目自拟,700 字左右。

南美洲有一种奇特的植物——卷柏。说它奇特,是因为它会走。卷柏生存需要充分的水分,当水分不充足时,它就会自己把根从土壤里拔出来,让整个身躯卷成一个圆球状。由于体轻,只要稍有一点风,它就会随风在地面滚动。一旦滚到水分充足的地方,圆球就迅速打开,根重新钻到土壤里,暂时安居下来。当水分又一次不充足,住得不称心如意时,它就会继续游走,以寻求更好的生存环境。

难道卷柏不走就不能生存了吗?一位植物学家做了一个实验:用挡板圈出一块空地,把一株卷柏放到空地中水分最充足的地方,不久卷柏便扎根生存下来。几天后,当这里水分减少时,卷柏便拔出根须,准备飘移。但实验者用挡板对其进行严格控制,限制了它游走的可能;结果实验者发现,卷柏又重新扎根生存在那里;而且在几次将根拔出又不能移动的情况下,便再也不动了;并且,卷柏此时的根已经深深扎入泥土,长势比任何时期都好,也许它发现,根扎得越深,水分越充分……

拟定的全文论点为:

---

9. 2007 年 10 月在职联考真题

阅读以下材料,写一篇 700 字左右的论说文,题目自拟。

著名作家曹禺先生说过这样一段话:我看,应该给“眼高手低”正名。它是褒义词,而不是贬义词。我们认真想一想,一个人做事眼高手低是正常的,只有眼高起来,手才能跟着高起来。一个人不应该怕眼高手低,怕的倒是眼也低手也低。我们经常是眼不高,手才低的。

拟定的全文论点为：

10. 2006 年 10 月在职联考真题

根据以下材料，围绕企业管理写一篇论说文，题目自拟，700 字左右。

20 世纪 80 年代，可口可乐公司因缺少发展空间而笼罩在悲观的情绪之中：它以 35% 的市场份额控制着软饮料市场，这个市场份额几乎是在反垄断政策下企业能达到的最高点；另一方面，面对更年轻、更充满活力的百事可乐的积极进攻，可口可乐似乎只能采取防守的策略，为一两个百分点的市场份额展开惨烈的竞争。尽管可口可乐的主管很有才干，员工工作努力，但是，他们内心其实很悲观，看不到如何摆脱这种宿命：在顶峰上唯一可能的路径就是向下。

郭思达在接任可口可乐 CEO 后，在高层主管会议上提出这样一些问题："世界上 44 亿人口每人每天消费的液体饮料平均是多少？"答案是："64 盎司。"（1 盎司约为 31 克）"那么，每人每天消费的可口可乐又是多少呢？""不足 2 盎司。""那么，在人们的肚子里，我们市场份额是多少？"郭思达最后问。

通过这些问题，高管和员工们关注的核心问题不再是可口可乐在美国可乐市场的占有率，也不再是在全球软饮料市场中的占有率，而变成了在世界上每个人要消费的液体饮料市场中的占有率。而这个问题的答案是：可口可乐在世界液体饮料市场中的份额微乎其微，少到可以忽略不计。高层主管们终于意识到，可口可乐不应该只盯着百事可乐，还有咖啡、牛奶、茶甚至水，而这一市场的巨大空间远远超过人们的想象。

拟定的全文论点为：

11. 2005 年 10 月在职联考真题

根据下面这首诗，写一篇 700 字左右的论说文，题目自拟。

> 如果你不能成为挺立山顶的苍松，
>
> 那就做山谷一棵小树陪伴溪水淙淙；
>
> 如果你不能成为一棵大树，
>
> 那就化作一丛茂密的灌木；
>
> 如果你不能成为一只麝香獐，
>
> 那就化做一尾最活跃的小鲈鱼，享受那美妙的湖光；
>
> 如果你不能成为大道宽敞，
>
> 那就铺成一条小路目送夕阳；
>
> 如果你不能成为太阳，
>
> 那就变成一颗星星在夜空闪亮；
>
> 不可能都当领航的船长，

还要靠水手奋力划桨；

世上有大事、小事需要去做，

最重要的事在我们身旁。

拟定的全文论点为：

---

12. 2004 年 10 月在职联考真题

根据以下材料，题目自拟撰写一篇 700 字左右的论说文。

在滑铁卢战役的第一阶段，拿破仑的部队兵分两路。右翼由拿破仑亲自率领，在利尼迎战布鲁查尔；左翼由奈伊将军率领，在卡特勒布拉斯迎战威灵顿。拿破仑和奈伊都打算进攻，而且，两个人都精心制订了对各自战事而言均为相当优秀的作战计划。但不幸的是，这两个计划均打算用格鲁希指挥的后备部队，从侧翼给敌人以致命一击，但他们事前并没有就各自的计划交换意见。当天的战斗中，拿破仑和奈伊所发布的命令又含糊不清，致使格鲁希的部队要么踌躇不前，要么在两个战场之间疲于奔命，一天之中没有投入任何一方的作战行动，最终导致拿破仑惨败。

拟定的全文论点为：

---

13. 2002 年 10 月在职联考真题

中国古代的易经中说，"穷则变，变则通"。这就是说，当我们要解决一个问题而遇到困难无路可走时，就应变化一下方式方法，这样往往可以提出连自己也感到意外的解决方法，从而收到显著的效果。

请以"穷则变，变则通"为话题写一篇作文，可以写你自己的经历、体验或看法，也可以联系生活实际展开议论。文体自选，题目自拟，不少于 700 字。（25 分）

拟定的全文论点为：

---

14. 1998 年 10 月在职联考真题

用下面的一段话作为一篇议论文的开头，接下来完成一篇立论与它观点一致的议论文。字数要求 500 字左右。题目自拟。（20 分）

投下一着好棋，有时可以取得全盘主动。但是，光凭一着好棋，并不能说有把握最后胜利，还必须看以后的每着棋下得好不好。

拟定的全文论点为：

---

15. 2015 年经济类联考真题

根据下述材料，写一篇 600 字左右的论说文，题目自拟。（20 分）

孔子云:"求其上者得其中,求其中者得其下,求其下者无所得"。由此得出如何确定你的人生目标?

拟定的全文论点为:

---

16. 2014 年经济类联考真题

根据下述材料,写一篇 600 字左右的论说文,题目自拟。(20 分)

我懂得了,勇气不是没有恐惧,而是战胜恐惧。勇者不是感觉不到害怕的人,而是克服自身恐惧的人。——南非前总统纳尔逊·曼德拉

拟定的全文论点为:

---

17. 2013 年经济类联考真题

根据下述材料,写一篇 600 字左右的论说文,题目自拟。(20 分)

被誉为清代"中兴名臣"的曾国藩,其人生哲学很独特,就是"尚拙"。他曾说"天下之至拙,能胜任天下之至巧,拙者自知不如他人,自便会更虚心。"

拟定的全文论点为:

二、审题立意精练参考答案

1. 2001 年 1 月真题参考答案

【参考立意】

立意 1:锲而不舍;

立意 2:做事要有坚持精神。

【过程解析】

凡是有两个人、两件事、两个对象的都要注意寻找两者差别。此处暗示维勒接近发现钒元素在先,但功亏一篑、仅差一步,并且指出了原因是没有坚持下来。相反,萨弗斯特朗就反复尝试、锲而不舍,最终获得成功。

本题 Problem 是两者一得一失;Attitude 并不明显;Key Word 是"如果维勒再敲一下""(萨弗斯特朗)一次敲不开,继续敲"。我们看到本题使用 Key Word 关键词一个维度就可以拿下审题。相对"坚持"这个词,使用"锲而不舍"表达效果更好。

2. 2000 年 1 月真题参考答案

【参考立意】

立意 1:戒骄戒躁、保持进取;

立意 2:辩证看待成功失败/成功失败可相互转化。

【过程解析】

本题 Problem 在周谷城的话。Attitude 显然对周谷城的话是支持的,因为毛主席都说"你讲得好"。Key Word 是"之母",代表着成功也是失败的起因和起点。此外,本题还有个隐蔽的 Key Word 不易发现——"解放初期"。这个词通过交代背景信息给我们以提示,解放初期我党已获得武装斗争的胜利,此时需要戒骄戒躁,保持进取,不忘初心,继续前进,建设好国家。

"成功是失败之母"这句话是警示世人,面对阶段性成功或哪怕是全局成功,仍然都要保持长期奋斗、不断进取的态度,否则将不进则退,可能被趋势淘汰。因此,本题可以立意为"戒骄戒躁,保持进取"。

有考生想立意为"成功失败可相互转化"。这里就涉及到审题立意八大原则的"可降维,不升维"原则。成功失败相互转化这个立意找的很对,但是不好写。相对前个立意,这个立意需要半数文字写失败到成功的励志事例,半数文字写成功到失败的警示事例,对考生素材储备、文字驾驭能力要求颇高。降维必须在有侧重的关系中,本题显然侧重"成功是失败之母"这个新角度,题干叙述"失败是成功之母"更多是为了引出此句而已,题干并未暗示必须写两者关系。所以,本题可以降维处理,只写戒骄戒躁,保持进取。

3. 1999 年 1 月真题参考答案

【参考立意】

立意 1:脚踏实地做事;

立意 2:厚积薄发;

立意 3:慢工出精品、欲速则不达。

【过程解析】

本题也有前后两种情况的对比。那么还是要抓住两者差异。Problem 痛点还是两者差异;Attitude 态度支持门采尔。因为从道理上门采尔说得对而且门采尔是被请教者。Key Word 关键词无。考生注意,关键词是指题目里可被直接使用立意的词,PAY 三个维度并非必然同时出现。当然,这个限定并不严格,考生把一天、一年这些词划为关键词亦可,只要达到辅助思考的效果就好。

前者画一天卖一年,后者画一年卖一天,这个道理大家都懂,就是嘴边不好表达。白话说就是"脚踏实地,一分努力一分收获"。更提炼的说法是"厚积薄发"。但其略有瑕疵。厚积薄发原意是充分积累,慢慢释放。所以薄发本意不是"喷发",而是"缓发"。不过考场能想到这个词已属不易,使用亦可。因此,既精练又准确的说法应该是慢工出细活(精品),欲速则不达,这两句概括最佳。

注意,这里使用了套语作为论点。审题立意原则说"尽量不要使用套语",这样要求是因为很多考生无法准确使用套语。本题由于所述道理如果用白话描述确实没有合适的词,故使用了套语,在一般情况下,还是应当尽量不用套语。

4．2012 年 10 月真题参考答案

【参考立意】

坚持创新、勇于创新、创新才有持续发展。

【过程解析】

本题本质立意就是创新,以上三个只是表述不同,本题不再区分一般立意和最佳立意,创新即是最佳立意。本题没有明显的 Problem 痛点。Attitude 态度是支持创新,赞扬创新。Key Word 关键词"通过艰难的技术创新",这里命题人已经直接给出"创新"这个词。本题审题几乎毫无难度。

5．2011 年 10 月真题参考答案

【参考立意】

立意 1：践行承诺；

立意 2：乐于奉献。

【过程解析】

本题指向较为明显,几乎用不到 P 和 A。老书记承诺要为村民做事,后来践行承诺,兑现承诺,原文有 Key Word"许下的承诺要兑现"。因此践行承诺是第一个合适的立意；老书记承诺的荒山种树行为本身是奉献社会与乡亲父老,因此还可以立意为乐于奉献或甘于奉献。考生可以发现,10 月试题原材料带有 Key Word 的比率高于 1 月试题。

6．2010 年 10 月真题参考答案

【参考立意】

懂得回报,回报他人。

【过程解析】

本题较为简单,几乎用不到 P 和 A。Key Word 关键词是"荣钢集团人不忘回报社会"。所以,本题可以立意为回报社会、回报他人。本题这个立意"回报"在 1 月联考中出现的概率极小。1 月联考通常不考跟"做人"有关的品质,只有 10 月联考偶尔会考。所以本题仅作为审题练习,不作为备考话题的方向指标。

7．2009 年 10 月真题参考答案

【参考立意】

团结互助。

【不当立意】

敢于直面困难/挑战；

懂得合作。

【过程解析】

本题 Problem 痛点是两个情境下牦牛群做法不同。不同做法带来不同结果。注意,如

果考题出现对比，要么两者有相同点，要么两者有不同点，无论哪个，都是答案之所在。Attitude 态度是支持这种团结互助做法。本题 key Word 关键词为"提醒同伴、围在一起"，结合这些词，总结出"团结互助"这个立意。

本题有两个不恰当立意。第一是部分考生立意为"直面困难或直面挑战"，理由是牦牛群第一次逃避狼群，第二次直面狼群。此立意只看到了故事的表面差异，没有结合牦牛群这个主体，也枉顾了"提醒同伴""围在一起"等 Key Word 关键词。"直面挑战"这个立意突出的重点不是命题人要突出的重点。第二是立意为"合作"。这个立意不准确。"合作"指发挥各自特长，共同完成事情。"团结"指共同贡献力量。两者侧重点不同。本题侧重团结，而不侧重合作。当然合作需要团结，两个词有关联，但毕竟有区别。"合作"没有"团结互助"准确。

8．2008 年 10 月真题参考答案

【参考立意】

学会深入，勇于扎根，做事要求深入。

【不当立意】

坚持、专注。

【过程解析】

本题类似 2012 年 1 月真题"十力语要"。Problem 痛点是总挪窝的卷柏没有不挪窝的卷柏吸收水分多。Attitude 态度是反对挪窝，鼓励扎实深入。Key Word 关键词是"根扎得越深"，等于直接给出立意用词——深入、扎根等。所以，本题立意应该是深入扎根或做事力求深入。

本题立意为坚持和专注不够准确。因为坚持未必是深入，也可能是原地踏步。专注侧重对应有意识地选择。这里"深入"更加准确。

（当然，仅从本题事例就得出"做事要深入"的结论其实有些偏颇，毕竟这是强行把卷柏固定在一处水源充足的地方。如果其他卷柏效仿，扎根在缺水的地方还玩命地深入呢，那不是找死吗？所以作为独立思考的学生，大家应该知道本题这个实验其实得不出指导我们生活的结论。但作为考题，不应想这么多。）

9．2007 年 10 月真题参考答案

【参考立意】

提升视野、提升眼界。

【过程解析】

Problem 痛点是人们都误解眼高手低。Attitude 态度是鼓励眼先高，眼高能带起手，眼低手自然低，属于支持眼高。Key Word 关键词是"只有眼高起来……"

那么考生需要做的就是把"眼高"转化为一个词，眼高应该是视野高、眼界高。所以本题立意为提升视野、提升眼界。

10．2006 年 10 月真题参考答案

【参考立意】

立意 1：转换思维；

立意 2：革新观念；

立意 3：准确定位。

（本题三个立意都很准确，考生写哪个看自己的素材准备情况。）

【过程解析】

Problem 痛点是主管、员工普遍思维僵困，Attitude 态度是肯定郭士达，Key Word 关键词是原文"观念的革新""重新定位"等。可以看到，有 Key Word 几乎就可以直接得出立意。很多时候 Key Word 确实可以帮考生"抄近道"。

不过，Key Word 和 Problem 结合使用才能保证最佳效果，否则可能出现误判。例如，2016 年 1 月管理类联考真题出现"教育"这个所谓的 Key Word，但实际上该题并非谈论教育话题，如果单写教育将会出现跑题。再如 2013 年 1 月管理类联考真题，考题有"合作"这个所谓的 Key Word，但"合作"只是合格立意，而非最佳立意。可见，单纯以 Key Word 判定是有风险的，Key Word 和 Problem 结合使用才最妥当。Key Word 明显，但有时又可能成为陷阱。相反，Problem 隐蔽，但几乎不会出错。

11．2005 年 10 月真题参考答案

【参考立意】

从平凡做起，从小事做起。

【过程解析】

面对本题，大致有两种立意：

立意 1：正确定位；

立意 2：从平凡做起，从小事做起。

Problem 痛点是大事不可能人人做。Attitude 态度通过 Key Word 关键词反映出来——"大事、小事需要去做，重要的事在我们身旁"。由此句结合原文那么多举例可以看出，命题人意在引导考生从小事做起，从身边的事情做起。

如果考生审题为"一屋不扫何以扫天下"，基本准确。但审题立意原则写到"通常不使用套语"。这类套语不宜作为全文论点，可以作为一句名言放在文中。

12．2004 年 10 月真题参考答案

【参考立意】

合作需要良好的沟通。

【过程解析】

面对本题，大致有以下四种立意：

立意 1：学会沟通；

立意 2：学会合作；

立意 3：沟通才能有合作，合作需要良好的沟通；

立意 4：沟通的重要性。

本题 Problem 痛点是兵分两路且各自精心制定作战计划，但最终惨败。那么这个痛点指向的问题肯定就是正确立意。Attitude 态度是反对这样各自为战。那么正确立意应当是合作需要良好的沟通。因为原文奈伊和拿破仑是合作关系，而失败原因是缺乏沟通。所以正确立意应该是合作与沟通都涵盖更好。

13. 2002 年 10 月真题参考答案

【参考立意】

变通谋发展、学会变通等。

【过程解析】

本题的特点是命题作文，这类作文话题已经明确，发挥空间较小，直接立意为"变通谋发展"或"学会变通"等立意皆可。

请注意，同样是坚守和变通话题，2008 年 1 月考题"原则与原则上"强调坚守原则，所以审题为"变通"跑题。换做本题因为强调变通，同样的"变通"就切题。跑题还是切题完全因试题而异，故审题立意原则就是"听命题人的意思，以命题人意思为准"。审题立意并非允许考生独立思考或任意发表个人意见。几乎所有年份考题命题人都会"定调"。考生应抓住这个基调。忽视基调或者抓反基调则南辕北辙，跑题在所难免。

14. 1998 年 10 月真题参考答案

【参考立意】

一着赢先机，一盘看全局。

【过程解析】

本题 Problem 痛点是一着棋与一盘棋的关系，这个关系是一着棋既有重要作用，但又不能赢取全盘。Attitude 态度是支持辩证看待这个关系，而非只强调某个方面。Key Word 关键词在本题文字位置很多，几乎句句都有关键词。把它们串起来就能看出命题人态度。（Attitude 态度常常通过 Key Word 关键词展现。）

本题的本质是哲学上局部与整体的关系，考生可以参考本书第十三章第二节"部分与整体"话题。本文必然要说清一着棋与一盘棋的关系。这个关系说得越深、越准，分数越高。应当注意的是，本题不能使用降维处理。因为本题没有侧重，而是必须兼顾论述一着和全盘各自作用和特点，所以无法降维。所以，请记住，能否降维也要根据题目特点。

15. 2015 年经济类联考真题参考答案

【参考立意】

人生应立志高远。

【过程解析】

本题 Problem 痛点,没有。Attitude 态度支持立志高远,因为引用的是孔子且无批评含义。Key Word 关键词是"人生目标"四个字。如果不注意这四个字,可能立意为做事相关道理,例如"敢做大事"。但原文明确有"人生目标"四个字,应当以人生这个宏大的整体角度看待孔子这句话,表达这句话在人生目标的对应含义。本题下笔亦不难,立志高远属于传统话题。

16. 2014 年经济类联考真题参考答案

【参考立意】

真正的勇气是战胜恐惧。

【过程解析】

本题只要应用 Key Word 关键词即可。通过识别关键词可以知道,考题定义的真正勇气是能够识别恐惧且战胜恐惧,照着这个意思写作即可。本题甚至可立意的更文艺些：知恐而胜为真勇。

本题可以联系 2007 年 1 月管理类联考真题"司各脱上校南极探险"。虽然司各脱上校最终不幸冻死,但显然他行前是知道危险的,探险中亦努力战胜危险,虽然最终只差一步,但田然老师认为他亦属于真正的勇敢者。

17. 2013 年经济类联考真题参考答案

【参考立意】

立意 1：脚踏实地做事；

立意 2：扎实认真做事。

【不当立意】

谦虚使人进步、谦虚等。

【过程解析】

本题 Problem 痛点是拙与巧的关系,Key Word 关键词已表明"至拙可胜至巧",故 Attitude 态度为弘扬"尚拙"。尚拙指扎实、认真地做事。曾国藩带兵打仗是有名的"扎硬寨、打呆仗"。他毕生倡导的尚拙指的是老实认真地做事。

本题出现词语"谦虚",但"谦虚"不是本题正确立意。曾国藩的整个逻辑是：拙者更会虚心,所以拙者更容易进步,所以拙者最终更容易成功。曾国藩说到"虚心"是在论述"尚拙"的好处,是用来向读者证明和说服读者相信"尚拙"的。所以,本题核心还是尚拙,而非虚心。这时咱们的 PAY 法则就显示出独特的价值。PAY 法则的使用要求说过 Problem 是核心,当 Key Word 与其相悖时,以 Problem 为准。本题立意为"谦虚"的同学,还是忘记了本题有 Problem,明显在讨论拙与巧的辩证关系,所以,显然本题尚拙是核心,而非谦虚。

试问,本题立意为"谦虚"与 2016 年 1 月管理类联考试题立意为"教育",在跑题的死法上有什么区别吗？考生不还是同样地被考题最后突然冒出来的一句话带跑了吗？不还是不吸取教训、重蹈覆辙吗？故考生务必吸取教训，老实认真地使用 PAY 法则，不要靠语感和瞎蒙。跑题拉下来的这 10 分可能改变考生的人生轨迹，不可不重视！

三、写作四大致命陷阱

这四种致命陷阱，每个都足以断送整年的备考，断送考生的前程，太多人折戟写作，太多人从头再来或者灰心离场。这些人写作跑题，无不因为这四大陷阱：

1. 误把思辨当颂扬

近五年来，命题人都围绕观点分析型或思辨关系型方向命题。无论是哪种，都需要考生充分分析话题的两种观点，或两种关系。最大的忌讳，就是把这样的思辨性、分析性试题，硬生生地当作单纯歌颂某种东西的考题。

比如 2018 年"人工智能技术利弊"，2017 年"企业面临的两难选择"，都是分析正反两种观点、两种方案各自的利弊影响。许多考生误写成歌颂技术变革带来的美好生活，或者创新的意义，就属于把利弊分析当作单纯歌颂，反而突显考生缺乏思考能力，低分也在所难免了。所以，若为此类题型，务必抓住思辨分析点，给予充分分析，而不能图一时省事，变成歌颂某种内容。

2. 沾边就想往上套

几乎是所有考生，都有一种共同的思维，就是任何时候看到考题，都会头脑中本能地联想"这是我背过的哪篇作文主题，是不是可以套上？"可能这是本能，也是人性。谁不想套上图省事呢？但是，这也是写作最大的坑。太多人都折戟在把无关主题作文套到考场这点上了。考前押题准备作文是为了有所准备，但必须有个度，必须改掉凡题就要套的毛病。有的题能套，有的不能。尤其是近几年考题，直接套用的空间几乎没有了。考题会把情景和问题设置的非常具体，都是分析某个具体问题，而非分析某个宏大话题，这就几乎断送了提前备好的可能。因此，考生务必吸取前车之鉴，改掉这个本能习惯。

咱们准备作文，更多地是为了提升分析能力，最多是为了万一可能套得上。但决不能认为写作可以不扎实学，到时考场上套一篇作文就行。历年考生前赴后继这样做，导致分数惨不忍睹，望来者引以为戒。

3. 生活经验难自拔

MBA 考生具有多年工作经验，自身经历和看法对审题很难说没有影响。带有自己的思考并非不好，但要正确地应用到考试。很多考生面对试题时没有考虑考试特征，简单粗暴地将生活经验移入审题立意，导致跑题。

例如 2014 年真题"孔雀择偶"。有人直接联想到"树大招风"的古训，立意为"做人要学会低调"，导致严重跑题。

再如 2008 年真题"原则和原则上"。考生看到关于原则的话题，可能是受多年工作经验的影响,知道在职场中没有变通就"吃不开""混不好",所以想当然地认为应当写"学会变通"。但是,审题要义在于分析命题人想让我们写什么,而非我们自己想写什么。此处命题人让我们写原则的正面意义及松懈坚守原则的危害。考生若忽视命题人意图,就像在单位忽视领导意思,必然"没有好果子吃"。所以,我们面对考题务必揣摩命题人意图,而非自己想写什么就写什么。

再如2007年真题"司各脱探险"。考生看到司各脱探险不幸丧命的话题,加上结尾命题人说司各脱"付出了生命的代价",所以时常有人立意为"做人不能理想化""做事量力而行"这样的论点。这些都是过多带入生活经验和个人处世哲学的跑题立意。

我们要知道,论说文并非"生活杂谈",也非"感想讲堂"。论说文是说理文体,重在论证普遍存在的事物道理,说服阅读者相信并行动。有太多"潜规则""心灵鸡汤"并不适用于考试。

4. 慌不择路入迷途

备考有两大敌:其一是没有方法,胡干;其二是考场临时抛弃方法,蛮干。本书技巧实用、完整,但最怕考生因为临场慌乱而抛弃技巧乱想乱答。考试时间非常紧张,该到论说文时通常仅剩20分钟。在此种紧张情况下,考生时常慌不择路,快速看过试题,别说推敲,甚至连细读都没有,就立即下笔。此时什么方法、技巧、原则都可能被考生抛到脑后。

例如2016年试题"多样性与一致性"。不少考生由于时间紧张,看到题干结尾有句话"人们只能通过教育使各种差异的公民统一起来",立即以为应该审题为"教育",也不管什么PAY法则,提笔就写。请考生用PAY法则好好想想,怎么可能写成"教育"呢?

有的考生说:"没有时间啊"。可是,使用PAY法则分析,能用得上1分钟吗?本质还是考生对方法不够重视,学习不够扎实。也有考生因为考前复习时觉得写作科目没什么了不起,所以不认真听,导致虽然知道PAY法则,但是应用不熟练,遇到紧急情况就忘得一干二净。

在错误的方向奔跑,越跑越远。这里说句真心话:"宁停三分、不抢一秒"。根据评分规则,审题正确但没写完普遍比跑题且潦草写完分数高。所以宁愿少写些字,也必须确保审题正确。因为阅卷重在立意,立意正确是第一位的。即使最后没有时间,也要先保审题,而非仓促动笔。无论论说文所剩时间多少,3分钟审题立意时间必须保证!如果担心写作时间不足,那就考前制定好策略。

第九章　谋篇布局　写作模板

关于结构模板,首先回答几个考生普遍关心的问题:

1. 模板是否可以在考场使用,使用是否会导致低分?

这里需要修正某些传言。写作模板可以在考场使用,使用模板不会导致低分。结构模板是成熟、规范的论说文结构。论说文属于规范文体,不像散文那样给予作者较大的发挥空间。论说文使用规范结构是应当被鼓励的。考生可以放心使用作文模板。当然,模板也不是得高分的保证,不是用了模板就会得高分,模板只是基本要求,还要求内容有深度,语言有力度才能获得高分。

2. 模板应该照搬使用,还是灵活使用?

这个问题因人而异,照搬标准模板可以,适当微调、改动亦可以。每年很多考生直接照搬本书模板,论说文成绩都不错,因此不必担心直接使用。当然,如果想得到更高的分数,考生应该考虑灵活使用模板,展现不同特色,即根据自身的习惯和特长,对模板某些段落梢作替换或增删以避免雷同。总体来说,"适当变动"更好,既避免了无模板,又避免了脸谱化。本章第三节独家传授的"随心配"结构就属于动态模板,给出了十余种组合变化。

3. 各种结构,例如并列式、递进式之间,有无优劣之分,有无推荐?

这个问题几乎年年被问到。本章给出并列式、递进式等多个结构模板。这些结构模板没有优劣之分,使用哪个模板都可得高分,关键还是要适合自己。如果擅长发散性思维,可以选择并列式;如果擅长辩证性思维,可以选择递进式。此外,结构选择还要依据考题特点,有的考题更适合递进式,有的考题更适合并列式。

那么,田然老师推荐使用哪种模板?笔者推荐掌握所有的模板,然后根据考题灵活应对。这样考题无论如何出,都能从容应对。另外,推荐重点掌握田然老师主打的"随心配"结构,易学、灵活、好用。

第一节　经典写作结构

第一式:并列式

所谓并列式,是指将文章分为平行并列的三个层次,通过逐个论证分论点达到论证总论点的目的。并列式写作结构的特点如表 9 - 1 所列。

表 9-1 并列式写作结构的特点

优 点	缺 点	适宜人群
形式整齐,结构突出	不易想到三个分论点, 不易写出深度	发散思维型考生

论说文核心目的为令人信服,所以三个分论点都围绕论证"为什么"这个问题,着重论证总论点的"意义""作用"和"好处"。

常见表现形式为"××能够……""××能够……""××能够……"。

"匠心"可通"创新"

这段时间,很多媒体都在寻找"大国工匠",寻找一丝不苟、精益求精、追求极致的态度。不过,在一些人眼中,所谓的"工匠精神"却是因循守旧的代名词。这样的论点,只是着眼于短期利益,并没有看到"匠心"与"创新"的息息相通。

首先,"工匠精神"不但不阻碍创新,还能有助于创新。大量看似重复的劳动或许不免枯燥,却绝非没有意义,而是在探索着各种可能。创新可能有灵光一闪但意想不到的惊喜,也往往会随着技艺的进步慢慢浮现。"高铁体检师"张华对每种车型多达上百张的电气原理图都了然于胸,凭着这股子"工匠精神",他改进工装设备、优化作业流程,取得了一系列创新成果。正是不放过对每一个细节的把握,才能在"无他,但手熟尔"的高超技艺基础上,实现新的突破与超越。

而且,在新时代"工匠精神"本就包含着创新的"时代要求"。在全球范围,第四次工业革命早已蓄势待发。德国的"工业 4.0"、美国的"先进制造业国家战略计划"……在这样的时代,"工匠精神"绝不止于一砖一瓦的手艺,更不意味着效率低下的作坊,这样的理解是对"工匠精神"片面、甚至是错误的解读。

其实,追求极致的工艺和追求突破的创新,往往可以相得益彰。"技可进乎道,艺可通乎神。"离开了对一种技艺的不断磨炼,对一个行业的执着坚守,对一个领域的扎实钻研,很多发明、创造也就无从谈起。"器好学,心难修",摒弃投机取巧、急功近利,拥抱脚踏实地、专注持久,从本质上看,就是对创新最好的"加持"。

当然,要有匠心,而不能有匠气,孔子说:"君子不器",正是这个道理。既着力"大刀阔斧"的创造,又不忘下"绣花针"的功夫,才能最终小大结合、大小由之,让创新进入一个新的境界。

有时,为利于阅卷者快速阅卷,还可以将三个分论点形成"组合款",也就是三个分论点通过整齐的语言形式,形成鲜明的组合特征,让阅卷者明显地看出关联性,这样的分论点水平更高,例如下文:

空谈无益,实干兴邦

春播一粒黍,秋收万担粮。几分耕耘,几分收获。世上的事情都是干出来的,不是说出

来的。空谈无益,实干兴邦。(引)

花园荒芜,大家都想修整。但众人各持己见,争论不休,而没有一个人真正去实践,所以最终花园依然荒芜。试想,哪怕其中一个人按照自己的方法去真正付诸实践,花园也不至于毫无改观(假设)。所以,实干才是落脚点和根本点。(议)

只有实干,才能取得成就。人生的确如此,梦想并不会因为你的空谈而实现。只有拥有实干的精神,用自己的打拼、自己的奋斗,才能得到丰硕的果实(条件句)。莫言的成功,不仅得益于魔幻现实主义的巧妙运用,更离不开他实干的精神。他扎根高密乡村几十年,致力于打造乡土题材作品,写下了源于生活又高于生活的佳作。如果莫言的作品脱离了现实,毫无根据地高谈阔论,还能拥有这么大的魅力吗?(假设句)

只有实干,才能回击质疑。俗话说:"站在岸上学不会游泳。"(名言)袁隆平叮嘱学生"仅仅埋在实验室里种不出庄稼"。自己就是实干最好的例证。杂交水稻初期遇到过失败,实验之初"稻谷减产了15%,稻草反而增长了70%。"有些空谈之人奚落袁隆平:"可惜啊,人不吃草,不然你这个杂交稻就大有前途。"他用实干回应了这种空谈——埋首田地,躬耕陇亩,刚领过奖金,又深入泥土。(对仗句)空谈当然轻松,但成绩不会凭空降临。一切都是干出来的。几十年过去了,袁隆平广受敬仰,而空谈者消失在了历史中。

只有实干,才能安国兴邦。如果只是高谈阔论,不脚踏实地,终将误国。(反向证明分论点三)翻开史册,类似事例不胜枚举。赵括纸上谈兵,断送40万赵军将士性命。马谡痛失街亭,拱手让出北伐希望。正如奥朗德所说,"改变,就是现在"。当下中国,最需要真抓实干之人。我们的确需要仰望星空,但更需要脚踏实地。我们的确需要沟通协调,但更需要真抓实干。(分论点三带出联系实际)

这道理,那道理,实干才是硬道理;说一千,道一万,不如实际干一干。只有实干,才能收获丰盈充实的人生,开创无限生机的未来。(总)

【及时解惑】

问:老师,我听说设置分论点有个 MECE 原则?感觉不好做到。

答:MECE 是分类思考时的通用原则,指分类要穷尽且不重复。有的辅导书教大家分论点要如何如何分类。但是考场时间非常紧张,能够凑齐三条分论点已经不易,再苛求分论点穷尽且不重复的话要求过高,给自己画地为牢。所以,真正符合实战的是只要三个分论点各自能说得通,能证明总论点即可,分类是否穷尽且不重复都为锦上添花。

第二式:分层式

分层式写作结构的特点如表9-2所列。

表9-2　分层式写作结构的特点

优　点	缺　点	适宜人群
容易下笔,简单易学	有模板痕迹, 部分主题不适用	基础偏差或只求过线的考生

前面并列式依靠提出三个理由支持总论点。这里分层式依靠提出三个人群支持总论点,通常为个人、企业、国家。这种写法好处是容易下笔,适合分数要求不高的考生。但有一定的模板痕迹,很难得高分;而且,有时该结构有局限性,毕竟不是每个主题都可以分为个人、企业、国家这样的不同层次,例如"专注"主题,试问个人、企业可以专注,国家怎么专注?

求踏实,戒浮躁

哲学家维特根斯坦说:"我贴在地面步行,不在云端跳舞。"地面步行,此为踏实之风;云端跳舞,此为浮躁之气。从哲学家的名言可以看出,我们无论做什么事情,都要求踏实,戒浮躁。

当今社会浮躁之风盛行,能在"云端跳舞"成了众人趋之若鹜的目标。于是乎花钱发表论文者,抵押房屋炒股者,破坏环境换取GDP者……诸如此类,层出不穷。殊不知越是浮躁,反而离成功越远——沽取虚名者成为丑闻笑谈,博弈求富者倾家荡产,急功近利者受到大自然的惩罚。

一个人有了求踏实、戒浮躁的作风,才会学有所成。三国时管宁和华歆同席读书,管宁能够踏踏实实静心学习,不为外界所扰;而华歆却十分浮躁。有位达官显贵坐着豪华的轿子从外面路过,管宁置若罔闻,照旧专心致志;而华歆却面露羡慕之色,立刻跑出去看。管宁于是割席而坐,与其绝交。最终管宁成为德高望重的大学问家,而华歆在学术上却碌碌无为。

一支军队有了求踏实、戒浮躁的作风,才会战无不胜。早年曹操曾率领军队将张绣打得落花流水,胜利之后,曹军得意洋洋,上至主帅,下到士兵,都显得十分浮躁。结果在第二次征讨张绣时,损兵折将,一败涂地。反观张绣,在失败之后能踏踏实实地蓄积力量,谋划方案,所以最终打了胜仗。曹操和张绣,一胜一负,不正是对求踏实、戒浮躁重要性的最好诠释吗?

一个国家有了求踏实、戒浮躁的作风,才能繁荣富强。建国初期,中华大地百废待兴。许多人企望一蹴而就,急功近利,于是有了"三年赶英,五年超美,十二年实现共产主义"这样不合实际的目标口号;于是有了大伐森林、大炼钢铁的激进场面;于是有了"一个萝卜千斤重,两头毛驴拉不动"这样荒唐的"硕果"。结果浮躁的"大跃进"运动不仅没有大跃进,反而让中国经济走向了"大倒退"。

踏实之风,犹如山巅松柏,风吹不动,雷打不惊;浮躁之气,如同墙头野草,风来则枯,雨淋则倒。在云端跳舞，虽然曼妙，却易跌落；贴地面步行，虽然平淡，然而稳重。我们何不求踏实，戒浮躁，走好自己的人生之路呢？

精神的力量

精神的力量尤为强大，无论是团体还是个人都需要有精神的力量。无论是不畏艰险、不惧挫折的"长征精神"，还是不抛弃、不放弃、奋力拼搏的"女排精神"，都足以见得精神力量是走向成功的重要因素。

<u>精神的力量是个人走向成功的重要因素。</u>伟人们的丰功伟业都少不了精神力量做支撑。年轻时的司马迁立志要写一部"藏之名山，传之其人"的史书，正是有这种追求理想的精神力量，使他在酷刑之下依然没有放弃，最终铸就了"史家之绝唱，无韵之离骚"的千古佳作。三十多岁的李安一无所成，但他却依然热爱电影事业，正是凭借着这股热爱的精神力量，使他最终获得了奥斯卡小金人的崇高荣耀。可见，精神的力量对个人成就至关重要。

<u>精神的力量是团体走向成功的重要因素。</u>德国男足自成立以来，一直秉承"严谨"的精神，他们的战术布置、球员风格无不彰显"严谨"精神，正是拥有严谨的精神力量，使德国男足多次屹立到世界足球之巅。"岳家军"之所以所向披靡、战无不胜的原因正是他们军内有着"服从军纪，保家卫国"的精神力量，如人们所说："撼山易，撼岳家军难"。可见，精神的力量对团体来说尤为重要。

<u>精神的力量是企业走向成功的重要因素。</u>在当今电子产品盛行之风下，苹果公司之所以能拥有霸主地位，是因为创新的精神力量所推动。在已有产品和规模上进行不断创新，正是这种创新的精神力量，使苹果公司遥遥领先其他同行。格力公司之所以能在中国乃至世界上拥有一席之地，得益于从成立之初，格力便秉承专注的精神，专注于打造中国一流电器，正是凭借专注的精神力量，使格力在电器行业中经久不衰。可见，精神的力量也是企业成功的宝贵文化。

没有精神力量的个人犹如行尸走肉，难以实现个人价值；没有精神力量的团体犹如乌合之众，难以发挥能量。没有精神的力量，企业难以经营长久。

所以，无论是个人还是整个国家民族，都需要有精神的力量，而精神的力量也是取得辉煌成就的重要因素。

第三式：递进式

递进式写作结构的特点如表9－3所列。

表9－3 递进式写作结构的特点

优 点	缺 点	适宜人群
结构标准 高手可写出深度	速览下识别难， "是什么"和"怎么办"不好写	基础好且思辨 能力强的考生

"递进式"有时又称为"逻辑式",还俗称为"是什么—为什么—怎么办"式。该结构需要较好的论述功底和思维能力,并非适合所有考生。另外,这个结构虽然内在逻辑清晰,但外在样式有时不易识别,导致在快速阅卷状态下经常无法清晰辨识该结构。因此,对策是在每段首句突出本段在讲哪个,以清晰凸显结构。或者,还可以采用设问法,将"是什么—为什么—怎么办"通过反问句表达出来,以达到引导阅卷者辨识的目的,如下文。

谈毅力

人们都希望实现心中的梦想,获得事业的成功,但是梦想的实现和成功的获取不是凭空而来的,最重要的是克服困难,不断前行。这就需要毅力。有毅力才能成功。

什么是毅力? 毅力是对信念的执着,是对困难的克服,是对自身的挑战。邹市明依靠顽强的毅力,战胜强大的竞争对手获得世界冠军;任正非依靠惊人的毅力,没有被职场和生活的失意所打倒,在很多人已经放弃对生活抗争的年龄,创办了华为并带领华为成为世界最大的通信设备制造商。由此可见,没有毅力,任何突出的事业都无法完成。

为什么毅力如此重要? 如果目标简单到唾手可得,自然用不到毅力。但是,每个让我们渴望和激动的目标或事业,无疑都在远方,都需要积年累月的付出才能达到。这时毅力就能帮你克服险阻,战胜困难。李时珍读了八百多种古代医学书,游历了七个省,收集了成千上万个单方,终于写成了《本草纲目》。越王勾践为了灭吴兴越,卧薪尝胆艰苦奋斗了二十年。正所谓"骐骥一跃,不能十步;驽马十驾,功在不舍"。这个不舍,就是为目标坚持奋斗的毅力。

如何才能做到有毅力? 毅力的核心作用显而易见,为什么成功者只是少数? 因为做到有毅力知易行难。毅力需要诸葛亮六出祁山之志,需要杨丽萍为舞蹈献出毕生之爱,需要王献之用尽十八缸水习字之专,需要司马迁玉汝于成之忍。毅力不能靠说教和利诱,只有发自内心的热爱和心甘情愿的付出,乃至有所牺牲和放弃,才能具备实现成功所需之毅力。

当然,毅力无法实现不切实际的目标,也不能不顾客观规律。各民族中,中华民族几乎是最崇尚"精诚所至,金石为开"的。但是毅力不是成功的唯一要素,毅力之外还有方向和理智。迷失方向,毅力越大则距离越远;缺乏理智,忽视客观规律,毅力也只能是徒劳。

目标是我们选择的远方,毅力是风雨前行的脚步。既然我们选择了远方,便只顾风雨兼程。

工匠精神

我国历史上能工巧匠辈出,"工匠精神"薪火相传,留下了数不胜数的传世佳作和灿烂的物质文化遗产。如今机器大生产代替了手工劳动,有人会问工匠精神是否已经过时? 事实上,新时期我们更加需要工匠精神。"工匠精神"历久弥新,引领我们精益求精,脚踏实地地做事情。

什么是工匠精神呢? 工匠精神就是"摒弃浮躁、宁静致远"的淡泊,就是"追求卓越、精益求精"的极致,就是"脚踏实地、专注于一"的执着。通俗地讲,工匠精神就是:做电饭煲的,能让煮出来的米饭粒粒晶莹不粘锅;做吹风机的,能让头发吹得干爽柔滑;做保温杯的,能让每一个出行者在雪地中喝到一口热水。

在机械自动化程度如此高的今天,为什么还需要工匠精神呢? 科技快速进步,经济飞速发展,人心却变得越来越浮躁。很多人跳入了"短、平、快"的思维怪圈,贪图"短、平、快"所带来的即时利益,于是市场上充斥着各种粗制滥造品。国人纷纷拿着钱上日本买马桶盖,上韩国买电饭煲。是我们真的生产不出来吗? 显然不是。而是我们缺乏精益求精、脚踏实地的"工匠精神"。只有具有精益求精的"工匠精神",我们才能做到人有我优;只有具有脚踏实地的"工匠精神",我们才能远离浮躁、喧嚣,静下心来认真做事;只有具有把品质从"99%做到99.99%"的工匠精神,我们国家才能从制造业大国变为制造业强国。

俗话说:知易行难。怎么才能具有"工匠精神"呢? 那就要抱着不糊弄、不凑合的心态做事情,把每一件小事做到最好,把每一个细节做到极致。正如"大国工匠"胡双钱,"在35年里加工过数十万个飞机零件,在这里面没有出现过一个次品"。正是抱着不糊弄、不凑合的心态,胡双钱才能注意到每一个细节,才能达到百分之百的合格率。不糊弄、不凑合,才能远离粗制滥造,才能精益求精。

一个人,具有"工匠精神"才能踏实专注,精益求精。一个企业,具有"工匠精神"才能戒骄戒躁,远离粗制滥造。一个国家,只有具有"工匠精神"才能在激烈的全球竞争中,屹立不倒,早日实现民族复兴的伟大梦想。

第四式:问题对策式

问题对策式写作结构的特点如表9-4所列。

表9-4 问题对策式写作结构的特点

优 点	缺 点	适宜人群
对于反面问题 适用性强	有局限性, 只适用于反面问题	所有考生 (当面临反面问题时)

"问题对策式"先写危害,然后写原因,最后写怎么办,类似由反而正。该方法适用于试题材料探讨某个危害或弊病,考生顺势从危害入手写作。这时使用问题对策式比其他结构(例如逻辑式)更加顺畅。因此,问题对策式在某些考题下非常适宜。不过,该结构适用范围有局限性,即试题材料如果不是某个危害或弊病,该结构就变得难以适用。因此,该结构有特定的适用范围。

牢守"原则",拒绝"原则上"

孔子所言"七十则随心所欲不逾矩"乃是阅尽世事千般才达到的境界,已经达到"随心所欲"但是还要"不逾矩",可见做人要牢守原则。

但是,在日常生活中,原则已经有所异化,变成了"原则上",这是放松了原则,更有甚者变为根据需要或利益选择性地适用原则。这就失去了原则作为规矩和准绳、约束和规范的本来作用。所以,"原则上"无疑已经破坏了原则。古语有云"心似平原放马,易放难收",规则但凡稍有突破便如决堤之水,日积月累将造成大患。刘志军、谷俊山等腐败官员,瘦肉精、地沟油等食品隐忧,无不是忽视规则,突破规则,最终践踏规则。高官腐败动辄上亿,毒奶粉、地沟油破坏成千上万家庭的健康,造成亲人永远的伤痛。

什么造成了对规则的破坏?如果我们的文化中轻规则,重结果,将导致铤而走险者破坏原则,不择手段。"成王败寇"的观念让我们经常为胜利者欢呼,鲜少为守规者点赞。当竞争达到某个程度,无法仅通过正常渠道取胜时,如果没有对规则的尊重,只有对结果的推崇,就会导致参与者失去原则,不择手段。当然,除却文化因素,法制环境亟待完善也是原因之一,同样是华人社会,新加坡、中国香港等地的破坏道德、原则的情况就较少发生,部分原因也是法制更加完善,监督和惩戒更为严厉。

要想减少流于形式的"原则上",就必须破除唯成功论,弘扬诚信之风,加强社会运行的监督与法制。唐骏的学历事件致使其事业受阻,风光不再。我们在为这位经理人惋惜的同时也欣喜地看到,国人不再以成败论英雄,而是注重是否坚守诚信这个做人的基本原则。因此,我们的社会需要更加弘扬规则意识,加强法制监督,让"原则上"无从遁形。

当然,遵守原则并非墨守陈规,并非不顾情理,并非不顾变通;变通可以,但是以谋取私利、危害他人为目的的"原则上"是坚决不能有丝毫通融的。

文有定法,律有常规,牢守原则,坦荡做事。

第二节　思辨专用结构

思辨型关系涉及两者关系,而非单个话题,故而模板架构有所不同。此处读者可先研习第十章。该章对思辨关系型试题进行了详细的讲解。看过第十章,就会熟悉以下三个模板。当我们遇到思辨关系型试题时,可以使用这些模板。

第一式:正向结构(大家好式)

正向结构是分别阐述话题的两个方面:A和B各有意义和价值,然后阐述A和B辩证共存或相互促进才是正确处理之道,口诀为"A好,B好,A+B最好",简称"大家好式"。

一致是船,多样是帆

亚里士多德的话揭示了多样性与一致性的关系和内涵,即城邦既需要一致性为基础,又追求多样性共存。因此,一致性与多样性辩证统一,相生共存。

一致性是基础。没有一致性,多样性就是一盘散沙。事物的多样性必须建立在一致性的基础上。无论是城邦,还是团队,没有一致性作基础,那么很难形成团体。例如唐僧西天取经,一行四人的性格和能力各不相同,团队构成充分多样,但整个团队拥有共同目标——求取真经。正是这个目标使得团队面对苦难、分化时最终紧密团结,战胜险阻。(A 好)

多样性是根本。城邦之所以建立,在于成员的互助、互利、共存、共生。一致性是基础,但不是目的。一致性最终为了实现多样性。只有不断发展多样性,群体才能朝着更加有利的方向发展。所谓和谐,即是指不同音符的恰当共存,最终形成和谐的韵律。倘若只有一个音符,那么便没有和谐这个概念。因此,真正的和谐并非只有一致,而必须是一致基础上的多样体。(B 好)

一致性与多样性需要相生共存。要想形成和谐的多面体,就要在一致性引领下实现多样性发展,在多样性发展中维护一致性方向。正如中华民族拥有 56 个不同民族,才有丰富的历史文化,共同构成完整的国家。但同时,56 个民族又要不断地巩固共同的文化认同基础,维护国家的和谐稳定。因此,要实现一致与多样的统一必须坚持求同存异、兼容并包,做到增进一致而不强求一律,包容多样而不丧失基础。(A+B 最好)

一致性与多样性并非天然和谐存在,人们常常要么过于追求一致,要么过于偏重多样。因此,必须通过各种手段引导群体中的个体保护一致性基础,维护多样性特质,通过正确处理两者关系,达到群体的和谐。(补充或兜底论述或联系现实)

一致是船,是个体共存的坚实基础;多样是帆,是群体更好共存的力量源泉。只有协调好一致与多样,才能创造群体的和谐。

第二式:反向结构

反向结构是分别阐述 A 和 B 都不能单独存在,阐述单独存在的弊端或后果,进而证明只有 A+B 共存才是正确处理之道,相当于把正向结构反过来,口诀为"单 A 不行,单 B 不行,A+B 才行"。

坚守与变通

坚守即一种执着,它是《孙子兵法》"以不变应万变"的冷静,而变通则是《易经》"穷则变,变则通"的智慧。生活中的事物不会总是一成不变。正如艾子所说:"通也智哉,使复如执子之认真,一勺水吾将不得吞矣。"因此,我们要在坚守中学会变通,让变通来实现坚守。

只有坚守的人生是单调而清苦的,守得云开见月明的日子遥遥无期。飞蛾扑火,九死一生,在光与热将对生命顶礼膜拜的灵魂吞噬后,留给我们的除了可敬,还有什么?蜂死瓶底,气竭力尽,在冷笑的透明魔鬼将"坚守"的信仰捏个粉碎之后,留给我们的除了感喟,还有什么?(两个反问,气势非凡,突出"变通"的重要性)没有变通的坚守,是作茧自缚,自关成功的门。(单 A 不行)

只有变通的人生是摇摆蹉跎的,朝秦暮楚可能碌碌一生。"学会变通"经常成为逃避的借口,做不好这个做那个,"此处不留爷自有留爷处"。如果一味强调变通,也就会失去

对事业的执着和坚守,甚至流于跟风和炒作。所以,人生不能没有坚守,变通虽好,但不能成为全部。(单 B 不行)

坚守是变通的前提,变通是坚守的途径。两者的关系看似对立,实则统一,内在的坚守和外在的变通,目的的坚守和手段的变通,匠心的坚守和形式的变通。只有将两者结合,才是正确之道,孤立地看待任何一者,都有失偏颇。勾践的坚守是复国,勾践的变通是委身吴国。没有变通屈服强敌,他可能已经身首异处;没有坚守复国理想,他可能只是苟活到老。所以,坚守与变通,缺一不可(A+B 才行)(辩证地分析"坚守"与"变通"的关系)

所以,真正的智者应当摒弃对立的思维,学会辩证统一地看待两者,将坚守与变通灵活而不极端地处理,才能做到处世游刃有余。

第三式:综合结构

很多时候,考题涉及的思辨关系并非简单清晰地可以这样正向或反向论述,而是关系比较复杂交织,这时就需要使用综合结构。综合结构没有具体公式,以通过三个分论点把关系论述清楚为准。

富仁兼取,既仁可富

"为富"和"为仁"之间,历来有两种观点,一是认为富和仁彼此矛盾,只能取其一;二是认为富和仁相互促进,可以兼得。在当今社会,我更认同后者的观点——为富与为仁可以兼取。

"为富不仁"和"为仁不富"是在当时生产关系和时代条件下做出的判断。时过境迁,在当今时代的体制、技术、环境条件下,我们不能再囿于对立的思想藩篱,既要传承仁义之风,又要鼓励合理创富。所以,当下时代需要富仁兼取的正确观念。

富仁兼取,辩证统一。富和仁辩证统一并非当代独有的观点。古代墨子即主张"贵义"和"尚利"的统一。究其根本,富是做事目的之一,仁是做事重要手段,两者不是非此即彼,而是手段与目的的关系。只要合理处之,可以兼得。中华老字号同仁堂,恪守"炮制虽繁必不敢省人工,品味虽贵必不敢减物力"的传统古训,以"货真价实"享誉海内外,就是仁和富兼得的范例。(分论点一)

先仁后富,以仁为先。荀子主张"先义而后利者荣,先利而后义者辱"。孔子说"见利思义""义然后取"。只有先义才能有正当之利、长久之利。由此可见,无"仁"则无"富",不义则不可利。东方如此,西方亦如此。《圣经》中记载犹大因为银币出卖耶稣。犹大富在仁先,追求不仁之富,故遭受世人唾弃。(分论点二)

既仁可富,取利有道。我们要追求重仁尚礼,但也要通过奋斗实现富裕生活。不能让割裂"富"和"仁"的观念使中国人"勤劳而不富有"。在为仁的前提下,应该弘扬既仁可富,取利有道。袁隆平为农业做出杰出贡献,虽富而无人嫉妒;莫言为中国拿到首个诺贝尔奖,虽贵而无人嘲讽;华为作为民营企业做到世界最大通信设备商,虽强而无人不满。由此

可见,只要以光明正大的方式,通过努力取得成功,就会受人尊敬,就应成为楷模。(分论点三)

新时代呼唤正确的富仁观念,呼唤富仁兼取的时代风气。

第三节　独创主打结构

教写作这些年,考生始终在抱怨没有顺手好用的写作结构。田然老师经过多年教学摸索,在 2019 版《田然讲写作》正式提出一种独创的关于结构的思维。这种写作结构,本质是一种思维方式,也是对写作结构的全新认识。这种结构思维称作"随心配"。

这个"随心配"来源于以往版本《田然讲写作》称为"正反式"的写作结构。往年,书中只介绍"正反式",却不介绍"随心配"思维(留在考前大招课密训传授)。今年,田然老师经过考量,决定把这个压箱底的思维秘籍拿出来,从 2019 版开始公开写入本书,以帮助和造福更多考生。只要更多考生受益,就是值得的。故此次书中将"正反式"创新升级,加入"随心配"这种动态模板思维,给予考生诸多可选段落,考场自由搭配作文结构。因正反两段属于基本段落,故本结构又可称为"正反随心配",简称"随心配"。

扫码回复 09
看随心配讲解

> 田然敲黑板
> "随心配"不只是一种模板,而更是一种思维

通常叫作"正反式"的结构就是"随心配"诸多变化中的一种而已。故本书除并列式、分层式、递进式、问题对策式以外,还介绍这个"正反式"。只是本书将它合并在一种更高层次的"随心配"思维中讲解,不再单独罗列。

总结前面所讲的写作结构,"并列式"本质是写三个不重合的"为什么"。"递进式"本质是写"是什么—为什么—怎么办"的逐步推进。"问题对策式"本质是写"会怎样—为什么—怎么办"。

其实,说来说去,似乎不同结构虽然名称和顺序不同,但核心段落却有不少重合。这些核心段落才是关键。某某结构,无非就是对这些段落的一种固定组合而已。那么,既然如此,为什么不可以自己组合呢?当然可以,这就形成了核心段落按需搭配的理论基础,也就是"随心配"的理论来源。

如果要搭配核心段落,首先要知道核心段落到底有几个。通常,我们使用以下八个核心段落:

一、"随心配"八大段落

1. 段落构成

"随心配"八大段落的构成如表 9 – 5 所列。

表 9 – 5 "随心配"八大段落的构成

可选段落	段落名称	段落功能
1	议	议论材料/事件,解释论点来由
2	正	阐述正面好处/意义
3	反	阐述反面坏处/危害
4	析	剖析反面危害成因 给予批驳,揭示后果
5	疑	质疑这么做的必要性、困难或恶果, 然后或让步或剖析、批驳,最终说服
6	做	阐述正确做法 (或批评错误做法)
7	联	联系实际/呼吁倡议
8	兜	兜底勿非此即彼, 兜底需其他条件

2. 使用规则

(1) 8 个段落通常选择 4 个,构成作文除开头结尾外的 4 个主要段落;

(2) 8 个段落应从上到下选取使用,根据题目需要和个人擅长,从中自主挑选,因此叫"随心配"。这就避免了传统固定结构会出现某段不会写但又不得不写的问题(比如想写递进式,但不会写其中"是什么"段)。

(3) 正反两段通常建议考生选用,因为正反对比分析本身就属于较为透彻的分析方法,且对于近年常考观点分析型试题,正反分析又刚好照顾到正反两方。故"正反随心配"结构既简单好用,又刚好适合当下考试。

3. 常用搭配

以下几个搭配,经过多年实战检验和锤炼,较为成熟好用:

(1) 正—反—做—联(或兜)

(2) 正—反—疑—做(或联,或兜)

(3) 正—反—析—做

（4）议—正—反—做

（5）议—正反—析—做(或联,或兜)

考生看罢以上组合可能会发现,其实只要打开这种组合搭配的思维,能够组合的方式真是层出不穷,随手就可以写出十余种,甚至几十种。考生可先熟悉下面范文里的三种组合方式,待熟练后,再根据自己的特长,锻造属于自己的独特模板。这也正是"随心配"的另外一个重要意义:去除"模板化",不再千人一面,而是每个考生形成属于自己的模板,每个人看似结构相近,但每个人各有不同。

4. 话题举例

表 9-6 通过列出三个常见话题——创新、合作、理想,帮助考生加深对"随心配"八大段落的理解。建议考生备考时把第十三章的 13 个核心话题的八大段落都写出来,达到锻炼思维能力的目的。

表 9-6 三个常见话题"随心配"八大段落的理解

		创　新	合　作	理　想
1	议	议论材料,就题论题		
2	正	创新可以立于不败,可以弯道超车	合作可以发挥各自的优势,形成更强大的力量	理想可以引领我们不断前进,理想可以激发斗志,可以抚平伤痛,可以战胜挫折,找回信心
3	反	不创新就会被淘汰	不合作就会封闭落后	失去理想就会过一天算一天地混日子
4	析	骄傲、满足产生懈怠	自大认为不需要合作或狭隘,不愿共享利益	太现实,太物质
5	疑	创新可能有风险啊?当然,但……	有人担心,合作可能降低效率啊?合作也要制定合作机制,而且也要寻找合适伙伴	追求理想可能会有牺牲和损失啊? 是的,可能会有,但……
6	做	积极探索,不怕失败,始于继承,保留精华	分享利益,与人为善,善选伙伴,强大自己	勇于尝试,大胆实践
7	联	大众创业,万众创新	一带一路,同舟共济	中国梦

		创　新	合　作	理　想
8	兜	（非此即彼类）当然，创新并非抛弃现有，推倒从来（其他条件类）当然，创新的前提是拥有一定继承	（非此即彼类）当然，合作并非失去自我，一味忍让（其他条件类）当然，合作的前提是拥有一定实力	（非此即彼类）当然，理想也不是忽视行动、空想、幻想（其他条件类）当然，理想也需要时机，也需要资源，也需要行动

5. 本质总结

所以，到这里，考生应该能够大大提升一个思维层次，应该能够认识到，所谓写作结构，无非是他人提前搭配好的某种段落组合而已。其核心是各个功能段。那么，考生必须使用他人搭配好的结构吗？我们不可以根据试题和自己的习惯搭配吗？"正反随心配"就是这样一种思维，一种认识，而非一种固定结构。它是一种对写作结构的重新认识，一种看透写作结构本质的思维认知。

所以，自此之后，我们就拥有了两个层次的思维：基础层次，我们可以使用前人固定的写作结构：并列式、递进式等等；高级层次，我们将根据试题，根据考场实际，自由组合段落，以求扬长避短，最快地形成作文。哪些段落会写，就写哪些段落；哪些段落适合写，就写哪些段落，不再因为固定结构而硬写不可。所谓写作结构，无非像饭馆里的套餐，提前被搭配好，但套餐里总有你不爱吃的。而"随心配"就像单独点菜，点出自己最爱吃的组合。

考生可能有两个疑问：一、自己搭配，会不会搭配得不合理？二、自己搭配，阅卷老师会不会认不出我的结构？首先，随心配不是胡乱配，段落搭配当然有一定逻辑，这点就需要考生不断地练笔摸索，逐步搭配出合适的组合，田然老师也将在课程里详细指导。其次，不必担心阅卷人看不懂，那样就低估了阅卷人的水平。另外，不必担心规范性问题。阅卷人想要的是思路清晰的行文结构，而非必须某种固定的写作结构。考试大纲的表述是"结构合理"。所以，只要考生搭配的段落结构清晰顺畅，就是符合考试要求的。相反，虽然使用经典模板简单易行，可保基本分，但因为套路痕迹偏重，难以获得高分。

二、"随心配"常用结构

"随心配"本质属于一种思维，通常正反两段作为必选，故又经常称作"正反式"。可以理解为"正反式"结构是其表象，"随心配"思维是其本质。以下讲述三种最常用的正反式结构。其余诸多变化，考生可逐步摸索；而且，按照"随心配"理念精髓，这三种结构亦可随时打散，搭配使用。

正反式1：正—反—做—联

品味专注

(引/材料)哲学家熊十力在《十力语要》中说"吾国学人有逐臭之习"，而"逐臭之习是中国学人死症"。正是逐臭之习，导致学者失去专注，变得浮躁，进而无所成就。这番话告诉我们：为学做人都需要专注。

(正/意义)专注能使人集中精力与才华、智慧与热情。"世事洞明皆学问，浅尝辄止无所成"。如果说积累相当于分子，领域相当于分母，那么成就就是结果。越专注积累越多，越专注领域越专，则最终成就越大。童话大王郑渊洁将毕生事业投入到创作童话与儿童教育当中，成为令人敬仰的作家和教育家；毕生可谓时间长，童话文学，可谓领域专。当然郑渊洁成功有诸多因素，但是不可否认专注是核心因素。

(反/危害)反之，失去专注，将有限的精力投入到无限的事情当中，注定只能失败。任何事业都有其门道、要害，也需要积累和持续改进，如果没有专注，就无法取得突破，也就无法企及突出的成就。

(做/做法)既然如此，为什么有人能长久专注，有人却无法抵御诱惑？专注最重要的是需要有坚定的志向和信念。有了坚定不移的志向，才能避免"无从深入"，才能避免"共趋一途"，才能坚持不懈，才能抵御寂寞的煎熬和他人成功的诱惑，坚持自己的领域和事业。玄奘赴西域取经，期间历经磨难和诱惑，为何还能专注于遥远的目标？因为他有弘扬佛法、普度众生的宏愿。它的志向是斧正意念的守则，克服困难的利器，抵御怀疑的法宝。所以，要想专注，可以从立志、守志做起。有了专注的志，才有专注的行动。

(联/实际)专注岂止是做大事的必需？每个普通人，哪怕只是要做好本职工作，哪怕只是履行承诺责任，都必须具有专注的品质。专注，贯穿在为人处世的方方面面。要想成为一个有成就的人，最宝贵的财富就是我们的专注精神。

为了社会的进步，为了更美好的明天，更需要我们去专注地做一件事。

正反式2：正—反—疑—兜

主动应对变化

(引/材料)有句名言"世界唯一不变的就是变化"。现代企业所处的商业时代和产业环境都在迅速变化中，只有关注趋势，应对趋势，才能最终乘势而上并取得成功。因此，企业应该主动应对变化。

(正/意义)主动应变意义重大。因为变化是无法躲避的，任何企业和个人都无法独善其身。先动者占据先发优势，后动者只能勉强跟随，稍有不慎还可能惨遭淘汰。只有主动应变，才能使赶超者弯道超车，使领先者立于不败之地。材料中无论是欧洲厂商主动抱团取暖，还是波音公司放下老大的"骄傲"与麦道合作，都是主动应对竞争变化，争取竞争优势的高明之举。

(反/危害)反之，如果忽视变化，或者怀有侥幸心理，无论是产业巨头还是市场翘楚都可能江河日下,快速消亡。诺基亚曾是手机领域的巨无霸,柯达曾是胶卷相机时代的巨擘,由于忽视产业变化,最终导致快速失去市场,经营濒临破产。

(疑/必要)也许有人会说,公司取得成功就是依靠现在的模式,为什么要冒险改变呢?这些都不是忽视变化的理由。技术在变,消费者在变,过去的成功不能代表未来。腾讯QQ是国内最大的即时通信软件。但是腾讯仍然对技术和趋势保持敏感并主动创新,2011年推出“微信”,继续引领行业。腾讯没有因为成功而忽视产业创新方向的萌芽,没有因为坐拥庞大用户而妄想与产业升级对抗。没有因为QQ在电脑端的既有成功经验禁锢了研发微信的思维模式。虽然微信短暂影响了QQ,但是整个腾讯乘势而上,取得了比以前更大的成就。由此可见,主动应对变化是唯一的选择。

(兜/极端)当然,应对变化也不可盲目,不能失去自己的坚守。变化亦有趋势与技术、风气与心态之分。面对趋势和技术应当紧随变化。面对浮躁的风气和心态,应当坚守主业、以质量为本。

在众多企业口号中,有家银行的口号让人印象深刻,叫作“因您而变”。我想,只有主动改变这种意愿,才能应对未来可能的无数种变化吧。

正反式3：正—反—析—做

成功为基,再攀新峰

(引/材料)毛泽东和周谷城谈到成功与失败的关系时,都认为“成功是失败之母”。(析材料)由此可以看出,成功后若麻痹大意,可能由于成功而导致失败。(出论点)因此,我们要保持进取,继续前进。

(正/意义)保持进取,继续前进可以实现更大的成就。(解释句)任何卓越都是由多个阶段性成功组成的。面对成功,只有继续前进,才能不断突破超越,取得更大的成功。(举例句)清华大学教授颜宁,在2014年当选“长江学者奖励计划”教授后,她戒骄戒躁,踏踏实实搞研究,用出色的才华获得了“国际生物物理奖”这一光辉的奖项。(分析句)正是由于她的平常心,让她能够沉下心来继续搞研究;也是她成功后的自我鞭策,让她走得更远。

(反/危害)反之,若成功之后就高枕无忧、骄傲自满,那么,这种所谓的成功不会长久。(解释句)时代在进步、形势在变化。成功只是历史,却未必是未来。如果跟不上时势,跟不上竞争,那么,早晚还要被时代所淘汰,这是显而易见的道理。

(析/根源)可是,为什么总有人面对成功,折戟沉沙,重蹈覆辙呢?关键在于面对成功失去了前进的动力。(解释句)因为成功会带来掌声和鲜花、荣誉和富贵。而这些会继而给人带来满足,甚至是迷失。(推导句)此时,如果不能正确地对待成功,为既有的成绩所累,那么这些过去的成绩也无异于枷锁和羁绊,阻碍你获得持久、更大的成就。

(做/做法)因此,我们必须摒弃自满和骄傲的心态,倡导持续奋斗、不断前进的精神。正所谓,中流击水,奋楫者进。我们必须放下光环,重新出发,百尺竿头,更进一步。(联系材料)只有这样,才能改变“成功是失败之母”的断言,才能以终点为起点,冲击更大的成功。

(总/结尾)所以,让每个人共同践行"不忘初心,继续前进",以成功为起点,创造更好的未来。

第四节　作文标题写法

标题是文章的眼睛。正所谓"题好一半文",说的就是标题的重要性。好标题可以激发阅卷者的兴趣,有助于给阅卷者在快速阅读时留下良好的印象。对于备考时间短,写作功底弱的考生,花些时间研究拟标题,在考试时花些心思在题目上,确实有"四两拨千斤""一美遮百丑"的效果。

一、拟题须知

1. 题目通常需要自拟

根据《考试大纲》要求——"论说文的考试形式有两种:命题作文和基于文字材料的自由命题作文。每次考试为其中一种形式"。考生应该首先识别考题类型。如果是命题作文,即考题表述为"以……为题",则考生不要自拟题目。如果是材料作文,即考题表述为:"根据下述材料,写一篇700字左右的论说文,题目自拟。"那么,考生需要自拟题目。论说文考试除2009年以外均是自拟题目的材料作文,尤其是合并成管理类联考以后,多年来始终只考查材料作文。可见,材料作文是重中之重。

2. 漏拟题目将扣2分

《考试大纲》的评分标准明确写道:"漏拟题目扣2分"。所以,标题是占分的,考生切忌遗漏。有人觉得,这还能忘吗?确实,每年都有考生考试后发现漏拟题目,主要原因是考场时间太过紧张。请考生平常养成好习惯。无论是愿意先拟标题再行文,还是先行文后拟标题,都可以。不过,请养成检查标题的习惯。

3. 标题位置居中或空四格皆可

经常有考生问,"标题应该居中还是空四个格"。这个问题《考试大纲》并未强制要求,根据作文文法来说,两种方法都可以。所以,考生选择居中和空四个格都可以。一般来说,如果字数少,例如《选择》和《富仁兼得》这样的标题可以直接居中,比较好看,如果空四个格,缺少美感、不够美观;如果字数多,例如《擦亮选择的双眼》和《富仁兼顾,以仁为先》,考生不方便数清格子,那么可以空四个格开始写,这样节省时间,亦符合要求。

二、拟题套路

拟定标题方法多种多样,粗略算也可以归纳出十余种,不过多则散,少则精,有些辅导书罗列诸多拟题方法,考生感觉看完后什么都记不下来。这里只介绍三种简单易学的方法。第一种属于基本方法,适用于所有人,要求所有人掌握。第二、三种属于进阶方法,适用于少数有能力又想得高分的考生。建议大家结合自身情况使用。

1. 照搬论点作标题

论点是全文的中心。为了突出论点、清晰指明观点,论说文可以用全文论点直接作为标题。用论点做标题的好处:一是简单,论点和标题合一,在考试时间紧张的情况下,不必单拟标题;二是清晰,直接告诉阅卷者全文的论点,通过看标题即知论点。

如果以论点做标题,直接把论点搬到标题位置即可。例如2015年试题材料引出富与仁的话题,如果全文论点是"富与仁可以兼得",那么标题可以相同——《富与仁,可兼得》。同样,2014年关于孔雀择偶的材料,如果全文论点是"一分为二看问题",那么标题可以直接拟为《一分为二看问题》。这里不必担心重复。相反,重复有助于让阅卷者清晰地看到论点。如果论点较长,可以适当缩短字数。

说段题外话,"照搬论点作标题"这种方法在实际生活中极其普遍,尤其畅销书和鸡汤文最喜欢这样拟标题。例如:《你的孤独,虽败犹荣》《你只是看起来很努力》《拆掉思维里的墙》《不要让未来的你,讨厌现在的自己》《把时间当作朋友》《不畏将来,不念过去》《喂养你的梦想,直到你的梦想能喂养你》等等。看看这些书名,是不是这种拟题方法变得"秒懂"?

2. 加工论题作标题

注意,前一种是"照搬论点",这里是"加工论题"。这些名字容易混淆,需要看清。文章论题是关于讨论什么话题的概括。例如,2015年论题是"富与仁的关系",如果采用"加工论题作标题",则标题应该是"浅论为富与为仁"、"为富与为仁今析"等;如果采用上面的"照搬论点作标题"则应该是"富与仁,可兼得"。总之,论题是关于话题的概括描述,而论点是关于观点和态度的概括描述。请分清论题与论点的区别。论说文不但论点可作标题,论题亦可作标题。

如果论题作为标题,可以直接把论题放在标题处,也可以加上动词或副词,形成完整的题目。例如,如果直接把论题放在标题,就是《为富与为仁的辨析》,如果加上动词或副词,可以是:《重视合作》《辩证看待得失》《诚信之我见》《品味专注》。这些重视、辩证、品味等词语是经常用来点缀论题的动词、副词。"加工论题作标题"的方法在生活中亦非常普遍,这样的书通常相比畅销书或鸡汤文内容更有深度。例如,《思考,快与慢》《习惯的力量》《激荡三十年》《正能量》等等。

3. 修辞美化作标题

文章标题还可以通过修辞进行美化,这就是"修辞美化作标题"。这种方法可以使自己的标题与大多数考生不同,有新颖的效果。所谓修辞,可以有多种,例如比喻、拟人、对偶、顶针等等。考生对修辞分类不必细抠,重在启发思路,为阅卷者带来一阵"清风"。

（1）比喻：

2009 年三鹿奶粉，《点燃<u>诚信</u>的火焰》；

2004 年孔雀择偶，《<u>选择</u>的双刃剑》。

（2）拟人：

2014 年孔雀，《<u>孔雀</u>的智慧》或《辩证看待，带孔雀走出困境》。

（3）反问：

2010 年真理功利化，《真理岂容功利？》；

2009 年诚信，《无诚信，有未来？》。

很多图书拟题亦喜欢此法，例如《谁动了我的奶酪》《谁的青春不迷茫》。

（4）对偶：

2009 年诚信，《崩塌的诚信，凸显的问题》；

2014 年孔雀，《既求偶，便得失》；

2011 年拔尖冒尖，《拔不能少，冒还要多》《拔尖诚可贵，冒尖价更高》。

（5）对比：

2007 年两个和尚，《不同的思路，不同的出路》。

（6）回文：

2014 年富与仁，《富仁共存，共存富仁》《仁可为富，富可为仁》；

2012 年专注，《选择专注，专注选择》。

（7）顶针：

2007 年司各脱，《人贵有志，志在为先》。

考生对以上修辞拟题，可以用借鉴心态观之，具体的修辞名称不必硬背。只要今后面对试题材料，能用修辞的角度思考，就是本节学习的收获。表 9-7 列出了使用以上三种方法分别拟题的历年真题。

表 9-7 历年真题应用拟题手法汇总表

年份	材料话题	照搬论点作标题	加工论题做标题	修辞美化作标题
2018	人工智能的利弊	合理开发，拥抱变化	论人工智能的利弊	握好人工智能双刃剑
2017	当下利润与赢取未来	着眼长远，勇敢创新	论稳健与风险的抉择	稳健诚可贵，未来价更高
2016	一致性与多样性	一致性基础上的多样性	一致与多样的思考	一致是船，多样是帆
2015	为富与为仁	富与仁可以兼得	富与仁关系之我见	富仁共存，共存富仁仁可为富，富可为仁

续表 9 – 7

年份	材料话题	照搬论点作标题	加工论题做标题	修辞美化作标题
2014	雄孔雀择偶	一分为二看问题	选择的得与失	选择的双刃剑 孔雀的智慧 既求偶,便得失
2013	飞机厂商选择	主动应对变化	竞争与合作	在变化面前变化
2012	十力语要	学会专注	专注的价值	选择专注,专注选择
2011	拔尖与冒尖	主动冒尖	拔尖与冒尖	拔不能少,冒还要多
2010	真理功利化	脚踏实地 追求真理	功利问题 迫在眉睫	真理岂容功利?
2009	三鹿奶粉	(命题作文,不需要自拟题目)		
2008	原则与原则上	牢守原则 拒绝原则上	原则与原则上	一字之差,千里之缪
2007	南极的司各脱	坚定追求人生意义	司各脱的追求	人贵有志,志在为先
2006	东山西山和尚	思虑长远	不同和尚的启示	不同思路,不同出路 远虑方有远见
2005	丘吉尔两难	取重避轻,敢于抉择	选择的利弊	避轻就重,舍小为大
2004	三个工人	看法决定态度	看待态度	看法是因,态度是果

第五节　首尾中间写法

　　论说文的开头和结尾称作引论和结论,中间称作本论。论说文重在说理,本论是全文核心。所以,论说文备考没有必要在开头、结尾花费过多心思。本书列举了几种常见的开头、结尾写法供大家参考。

一、开头套路

　　论说文开头重在快速入题,切入分析。这里推荐两种开头方法,作文薄弱的考生推荐使用第一种;基础较好的考生可以考虑第二种。

1. 直入法

　　直入法由三句话构成,也可称为三步走:引述材料+分析事理+引出论点。

引述材料是指简单概括题干材料,或者直接援引材料话语。分析事理是指出背后所蕴含的哲理或者直接点明话题。引出论点是指简明指出全文论点。论点应是陈述句和单句。

例如:2012年《十力语要》范文开头:

哲学家熊十力在《十力语要》中说"吾国学人有逐臭之习",而"逐臭之习是中国学人死症"。(引述材料)正是逐臭之习,导致学者失去专注,变得浮躁,进而无所成就。(分析事理)这番话告诉我们:为学做人需要专注。(引出论点)

例如:2007年《司各脱探险》范文开头:

司各脱是英国著名探险家(引述材料),为了实现开拓者、探索者的人生意义,他不畏危险,探索南极。(分析事理)他不幸死于归途,但是他用宝贵的生命启示我们,要勇于追求人生的意义。(引出论点)

直入法是比较推荐的方法,好处是简单明晰,缺点是单调寻常。

2. 曲入法

曲入法又称为引入法,即先援引其他内容,再引出论点。

援引的其他内容可以是设问、排比、比喻、诗句、名言等。曲入法如果运用得当可以展现文采,引起阅卷者的阅读兴趣。但需要考生对话题恰有储备。

例如:2014年《孔雀择偶》范文开头:

古书《世说新语》有云:"花开生两面,人在佛魔间"。意思是说,花开绚丽却分阴阳两面,人性也有善恶两端(援引其他内容)。这就如同,雄孔雀大而艳丽的尾巴可以吸引雌孔雀与之作配偶,却也同样容易被天敌发现反受其害一样。因此,我们行世为人应充分认识到事物的两面性(引出论点)。

例如:2006年《和尚挑水》范文开头:

在中国的历史故事中,充满了太多西山和尚的不以为然。蜩与学鸠嘲笑过鲲鹏,智叟嘲笑过愚公,少年李白嘲笑过磨针老太……但是无一例外地,后者最终成为我们学习的榜样(援引其他内容)。这些告诉我们:只顾眼前,必将失败;着眼长远,终能成功(引出论点)。

二、结尾套路

1. 回扣呼吁法

结尾建议采用回扣法,即回扣中心论点,适当呼吁或指明行动方向。例如,2014年《为富与为仁》范文结尾:

由此可见,新时代呼唤正确的义利观,呼唤以义谋利,义利兼扬的时代风气。

例如,2011年《拔尖与冒尖》范文结尾:

既然有才华,就应该主动贡献社会;既然是人才,就应该主动冒尖。

例如,2009年《由三鹿奶粉事件所想到的》范文结尾:

因此,经商立业应该以诚信为本,以久诚长信为贵。诚信是见利思义的准则,诚信是自律自强的意识,诚信是效力社会的承诺。只有以"三鹿奶粉"事件为戒,才能坚守诚信为本的经营之道!

例如,2008年《原则与原则上》范文结尾:

文有定法,律有常规,牢守原则,坦荡做事。

可以看到,范文结尾普遍短小精悍,这样更满足论说文的要求。行文到结尾,考生普遍已经打开了写作思路,所以结尾更多的是一气呵成,没有必要非学多少种方法。过多的方法只是中看不中用。不过关于结尾,有两点叮嘱:

(1)如果考试时间所剩无几,还有1~2分钟即将交卷,但考生还没写完,建议也要尽快结尾,而不是继续按原思路能写多少写多少。因为同样是字数不足700字,至少按照评分标准,有结尾的文章可以被评为结构完整,只是字数不足。这样比结构残缺得分更高。

(2)如果写完主要段落,该转入结尾,但突然发现字数差得比较多,需要凑字数。此时不建议用拉长结尾凑字数。因为这样会破坏结尾的简洁性。此时可以考虑"联系实际"与"兜底"这两种本来二选一的段落写法同时上阵。结尾还是该多短仍然多短。

三、主体段落模板

前面讲到篇章如何写作,有并列式、递进式,那么中间段落应该如何写作?如果前者是战略问题,那么后者就是战术问题。段落写作在不同段有不同的要求,例如开头、结尾段等。此处仅聚焦于写作难度较大的中间主体段落。

主体段落模板可以概括为"六句式"。这个六句式既可以应用于并列式的各个分论点,也可以应用于递进式中间的3~4个主体段落。还是强调,这里的主体段落指的是除开头、结尾以外的主体段落,而非必须每段都这样写;而且,各段并非必须是整齐的六句,例如正反式的反面论证,就通常短于正面论证,一般仅有两三句。这个六句式是标准的结构,可以灵活使用,适当缩减。

六句式段落,采用"总—分—总"为主要结构,具体可以分成六句话,按照举例或引名言是一个还是多个,分为两种情况(见表9-8)。

表9-8 六句式段落的两种情况

	第1句	第2句	第3句	第4句	第5句	第6句
单例情况	设问	观点	解释观点	简述事例	剖析事例如何揭示观点	总结
多例情况	观点	解释观点	事例1	事例2	事例3	剖析事例如何揭示观点

例段1:

① 知识为什么如此重要? ② 因为知识可以增加我们对世界的认知。③ 它蕴含着人

类的智慧,记载着人类对世界的认知。它是一把钥匙,可以帮我们打开认识这个世界的大门。④ 史蒂芬·霍金,被卢伽雷氏症禁锢在轮椅上 50 多年,全身能"活动"的,除了眼睛,只剩一根食指,但这并不影响他能够成为继爱因斯坦之后当代最伟大的理论物理学家、享有国际声誉的科学超人。⑤ 他的伟大之处就在于他为人类贡献了重大的天体物理发现——关于宇宙的奥秘、时空本质的知识和智慧。倘若缺少霍金贡献的这些知识,人类又如何能达到现在所掌握的对宇宙的认知? ⑥ 可见,知识的多少代表着认知的多寡,增加知识才能增加对世界的认识。

本段属于单例情况,参照表 9 - 8 的要求,分析如下:

① 设问。设问是在阅卷者快速阅读下巧妙通过反问句引出本段的要点。

② 观点。回答前面的设问句,直接给出鲜明的观点。

③ 解释观点。接着考生要对所提观点给予解释和分析。

④ 简述事例。解释后是列举单例,也可以是单个名言。解释后通过紧跟事例或名言,达到证明观点和解释的效果。注意事例应简述梗概,不宜过长。

⑤ 剖析事例如何揭示观点。将事例与观点相连,揭示事例背后蕴含的道理。

⑥ 总结。照应段首,照应论点,保持观点鲜明。

例段 2:

① 疑是思之始,学之端。② 科学上的重大突破,理论上的重大创造,往往是从疑开始的。③ "苹果为什么落在地上?" 这个疑对于探索 "万有引力" 的牛顿曾有极大的启示; ④ "挂灯摇摆幅度不论大小,为什么时间都一样?" 这个疑使伽利略发现了等时性原理。⑤ "看似柔嫩的草为什么可以将人刮伤?" 这个疑使鲁班发明了锯。⑥ 这些自然现象,皆是人们生活中惯常所见,然而寻常人熟视无睹,唯有具有探究精神的人对此才产生 "疑",努力探索,以至有所发现,有所发明,有所创造。

本段属于单例情况,参照表 9 - 8 的要求,分析如下:

① 提出论点;

② 解释论点;

③ 事例 1;

④ 事例 2;

⑤ 事例 3;

⑥ 总结原因,照应段首,照应论点,保持观点鲜明。

纵观以上两个结构,主体段落的通常结构为:先提观点,再解释观点,再举事例,再做分析,最后总结。这样几个步骤共同构成主体段落的写法。对于写作功底较好的考生,句子数量可以灵活变通;对于写作功底一般的考生,直接套用本节结构,按部就班地写出来。

四、主体段落要诀——议论说理

这里再次强调，论说文核心是议论说理，具体体现在对道理的分析和对事例的分析上面。

考生在初学论说文时会有两样东西留下深刻印象，一个是审题立意；另一个是事例素材。考生会感叹自己没有论据积累怎么办。但是，论说文就等于"观点+事例"吗？通常考生写论说文时，多数人都是提观点和摆材料，却唯独通篇没有自己的分析和认识。这类作文最终只能得到中下等的分数。因为，这些作文缺少论说文的灵魂——议论分析（即说理）。下面通过实例来看。

很多考生是这样写的。譬如，要写提倡创新精神，则马上就写"a 有创新精神，b 有创新精神，c 有创新精神，所以我们要有创新精神"。这样的写法司空见惯。但是，这样堆砌例子只能算"说"，而没有达到"论"的要求。这是以叙述代替论证。所以，毫不客气地说，观点+材料=失败的论说文，因为缺少议论。观点+材料+议论=合格的论说文。论说文不是 1+1 的结构，而是 1+1+1 的结构。

【例 1 原文】

自古才子出寒门

司马光出身贫寒；范仲淹两岁丧父，随母改嫁，幼时连稠一点的粥都难以喝到；明代龙图大学士宋濂家中一贫如洗；荷兰画家梵高也曾穷困潦倒，一文不名，生活上常靠着弟弟接济；苏联伟大作家高尔基曾经是个流浪儿；居里夫人刚满十岁就外出打工……可见，贫困也是一笔财富。

例 1 的优点是：观点明确，论据丰富。但缺点也很明显：论点和论据之间互相脱离，两者之间缺乏必要的连接桥梁，论点还是论点，论据还是论据；论据失去其应有的支持作用，论点也孤立无援。这种"只摆事实，不讲道理"的论说文，论点无论怎样正确，也不足以服人；论据无论怎样充足，也不过是一堆零碎材料。

纵观高分文章，大多数以说理议论见长。在文章中展开道理分析，可以增加论证的深度，更能显示出作者思维的缜密。也就是说，议论分析才是瞬间激活论据与论点，使整个论说文具备说理文章的最核心"要素"。

我们看修改后的文章，画线句为新增的议论分析。考生请看是不是因为有了这些议论，读者才有了对文章逻辑心悦诚服的认可。

【例 1 完善】

自古才子出寒门

司马光出身贫寒；范仲淹两岁丧父，随母改嫁，幼时连稠一点的粥都难以喝到；明代龙图大学士宋濂家中一贫如洗；荷兰画家梵高也曾穷困潦倒，一文不名，生活上常靠着弟弟接济；苏联伟大作家高尔基曾经是个流浪儿；居里夫人刚满十岁就外出打工。……这些都是幼时经历贫困而后来成为才子的非常之人。寒门是他们植根的土壤,也就是这块贫瘠的土壤使他们不断地发育、不断地成熟,塑造自我,完善自我,最终成为参天大树,开出灿烂之花。由此看来,贫穷并不可怕,可怕的是丧失摆脱贫穷的信心和斗志。穷则思变,就要奋发图强,越是贫困越激励人奋发上进。可见,贫困也是一笔财富。

为什么贫困可以成为财富?修改后的文章终于通过议论分析给出了答案:贫苦可以塑造、完善人,所以是财富。有了这样的议论,论据和论点之间建立了连接的桥梁。论据事例背后蕴含的道理,论点成立的原因也就同时被分析清楚了。读者可以再反复对比阅读是否有画线句的原文。是不是觉得没有画线句,原文的论证简陋、空洞呢?因为没有议论,怎么能知道那些人成功是因为贫困而不是其他原因呢?没有议论,怎么能展示作者得出结论的理由和思维过程呢?仅"粗暴"地罗列事例说服性很小,只有说清事情的道理,充分阐发议论,才能使人信服。由此看出,引用事例之后的议论分析不可或缺。我们再看一段文字:

【例2原文】

文学艺术的成功需要踏实。李贺作诗呕心沥血有了诗鬼盛名;曹雪芹悼红轩中批阅十载方成就千古奇书;齐白石老人印章的遒劲功底是从前不分昼夜千刻百磨练就的;蒙娜丽莎神秘的微笑其实背后有达·芬奇幼时画鸡蛋的刻苦。

【例2完善】

文学艺术的成功需要踏实。尽管艺术是情感的表达,是激情的释放,但是踏实的功底决定了表达的效果。李贺作诗呕心沥血有了诗鬼盛名;曹雪芹悼红轩中批阅十载方成就千古奇书;齐白石老人印章的遒劲功底是从前不分昼夜千刻百磨练就的;蒙娜丽莎神秘的微笑其实背后有达·芬奇幼时画鸡蛋的刻苦。大凡拥有极高艺术造诣的人,其出神入化的表现力皆来自踏实的功底。因此,可以说,艺术殿堂精美的纹饰是用踏实雕刻成的。

我们看例2修改完善版,主要从两点改善:一是对论点给予解释,为什么艺术需要踏实,难道不是需要才情吗?有观点解释句给予分析,给予解释,才能使人首先认可观点。这就是主体段落模板里的第二句是解释观点句的原因。二是在事例后增加分析议论句,这里主要是议论(例1完善版主要增加了分析句,例2完善版主要增加了议论句)。通过在事例后增加这两句议论,更加直接地概括三个事例反映的品质和道理。如果没有这些议论,事例展现的道理就比较隐晦,不够突出。论说文作为说理文体,应力争由作者自己说清、说透事物的道理,而不是单纯列举事例让读者去品味。

通过以上两段例文希望考生明白:外行看论说文以为谁提出的事例多、事例新,谁就是好;内行看论说文,会以谁的议论和分析更为严谨、合理作为评判标准,当然事例多和新是基础。所以,无论何时提出观点后,建议对观点有解释;无论何时列举事例后,建议对事例有分析,有议论。

第六节　提纲与批改技巧

一、构思提纲的意义

提纲是文章的梗概和脉络,既可以书写在纸上,也可以构思在脑中。备考时,可以多写提纲、少写全文,用写提纲练笔,既保证训练效果,又节省复习时间,可以练习更多主题;考试时,基本没时间写提纲,但建议在头脑中先草拟提纲,再动笔写全文。这样可以统筹写作思路和素材,均衡安排结构,避免跑题。

二、提纲模板举例

提纲写法并不固定,只要能够反映结构思路都可以。这里推荐一种笔者自编的简易提纲法:

(1) 标题:拟在提纲中央,不必缩减字数。

(2) 开头段:直接写本文论点,其他内容略去。

(3) 第二段:只写该段中心句,然后接所举事例的人名,然后加上"可见"两字,提醒自己务必点评事例。(只写事例人名,真正写作时自然可以想起来。)

(4) 第三段:写法同第二段,有事例写人名。

以下各段方法相同……

(5) 结尾段:空着不写任何内容,这样即提醒自己此处结尾,答卷时补全。

这就是一个比较简单的提纲写法,以下列举实例说明该方法:

破却功利　耐住寂寞

(1) 只有破却功利,耐住寂寞,才能收获事业建树。

(2) 踏实付出收获成功,钱钟书《管锥编》,可见,务实求理……

(3) 相反,急功近利,身陷囹圄,败坏名誉;

(4) 功利迫不得已? 拒绝浮躁来自热爱,航海瞿墨,所以……

(5) 各行各业莫不如此……

(6) ……

开头只写论点句,其余以后补充;中间每段只写段中心句,如有事例只写人名,其余以后补充;结尾段只标数字,显示结尾即可。

三、提纲练习方法

简写提纲代替书写全文是非常好的写作训练方法,既保证效果又节约时间,还能回避大多数考生对写作本能的排斥感。建议备考时多写提纲,适当少写全文,力争有限时间多练主题。建议考生练习方法如下：

1. 拿出 1 道题目；

2. 规定自己用 5 分钟写出提纲(可参考上面的范例)；

3. 分析提纲,是否满足基本写作要求(见下面的十条基本写作标准)；

4. 继续练习其他题目,增加对不同试题的审题、构思经验,如此往复；

5. 求过线类考生要将近十年的管理类联考真题写完提纲；求高分类考生要将本书所有管理类联考真题写完提纲。练习写作提纲后查漏补缺,分析审题问题、分析哪些话题经常缺乏素材,然后对应补充写作素材。

四、自助批改十步法

联考写作备考不像中学时可以随时找老师批改作文,多数考生几乎很难有机会得到作文批改。那么,是否有办法自己动手修改呢？本书提供一个简单易行的批改作文标准套路,共有十步(见图 9 - 1)。这十点是合格作文应该具备的要素。考生只要按照这十条标准检验,就可以快速发现文章的不足,在最短时间内达到合格作文的要求。需要说明的是,作文写法灵活多变,所以这个"十步法"(见表 9 - 9)只是帮助考生快速写出像样论说文的简易方法,并非只有满足这些标准才是优秀论说文。

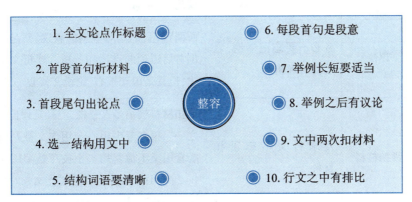

图 9 - 1　自动批改十步法

表 9 - 9　自助批改十步法

步　骤	检查位置	检查要点	检查说明或原因
第1步	标题	是否采用最简单的全文论点做标题	其他拟题方法亦可
第2步	开头	采取"直入法"开头,简单明晰	其他方法如比喻、排比等修辞开头亦可

步　骤	检查位置	检查要点	检查说明或原因
第 3 步	论点	论点要在最规范的位置——首段末尾	这个没得商量，就是首段尾
第 4 步	模板	检查的章是否套用某个固定模板	考生刚写作文时最大的问题是没有套路，随意瞎写，本条要求考生务必靠拢某个模板，按照模板规范写作
第 5 步	结构词	结构词语务必清晰	阅卷者浏览文章速度较快，清晰的结构词，便于阅卷者识别。例如"为何，那么，既然，不过"等结构词连读使用，则文章逻辑感"扑面而来"，用好结构词，四两拨千斤
第 6 步	段首句	段首句应是本段中心，反映本段大意	段首句是核心，不可随意，建议全部使用段中心作为段首句。这样结构非常规范
第 7 步	事例	举例是否规范，是否出现叙事过长的问题	人尽皆知的故事细节不必赘述。论说文核心是议论，不是叙述
第 8 步	议论	务必不要忘记举例，之后要有评析	所谓议论，并非对事例的叙述，而是叙述后对事例背后道理的点评和分析。评析文字虽少于叙述，但其是说理核心、论说文核心
第 9 步	紧扣材料	要求行文不忘紧扣材料	紧扣材料被很多人忽视，但其是评价文章的要点之一。很多考生担心套用作文被判低分。如何既套用又不像套用？小技巧是套用作文时加入 1~2 次回扣试题材料，这样作文顿时显得如当场作文一般
第 10 步	论证力度	要求考生尽量论证有力，可以使用各种论证方法。最简单的，排比	文章要写得好，本书中提供的六种论证方法、六种语言技巧必不可少。但是这些要靠平常的积累和训练，非短期能够提高。最简易的提升文章门面的方法就是排比句。所以提醒大家，无论在开头、结尾，还是中间，争取能顺势而为运用一次排比句式，提升文章气势

第十章　关系型题　专项破解

第一节　思辨关系型试题洞悉

一、思辨关系型试题解析

关系型试题,是与传统的单个主题试题相对应的概念。后者指全文论述某单个道理,例如"专注""诚信""理想"等等,全文只围绕这一个概念论述。关系型试题是指考题具有两个或两个以上概念构成话题的考题。例如"多样性与一致性""为富与为仁""仰望星空与脚踏实地""继承与创新"等等。这种关系型试题提高了对写作的要求——必须兼顾话题构成的各个概念,行文时需要说清概念之间的关系。显然,关系型试题要更难。

二、常见思辨关系类型

1. 对立统一关系

各要素单一来看是对立矛盾的,但实质上又相互依存、相辅相成、和谐统一。例如2015年考题"为富与为仁",看似矛盾,实则辩证统一。没有仁义,很难做到光明正大和持久的富裕;没有富裕,宣传仁义亦显得空洞苍白。如果为仁必然无法致富,那么仁也很难得到世间的认同和普及。所以为仁与为富不可偏废,既要为富,又要为仁。

再如"平凡与伟大",从一定意义上讲,这个话题可理解为:没有"平凡"也就不会有"伟大"。还可理解为:平凡蕴育伟大;伟大源自平凡;我们只有从平凡的点滴小事做起,才能构筑伟大人格的大厦。

2. 并列共存关系

即指构成话题的诸要素之间存在着一种平等并列的关系,几个要素可以同时共存。前一种对立统一关系与这个并列共存关系的共同点是:两者论述的方向都是论述既要A,又要B,即不是择一,而是兼顾;两者区别是:前者对立统一关系中两者相互之间有作用力,相互有影响力量;后者并列共存关系中两者共同构成完整生态,但是两者之间并无相互影响力量。

并列共存关系典型的有2016年考题"多样性与一致性"。显然,两者并非取舍,而是必须兼顾。但是两者关系不像"为富"与"为仁"的关系那样有相互作用力。多样性与一致性相互之间没有相互作用和影响力量,只是不可偏废,双剑合璧方才完整。再例如2011年考题"拔尖与冒尖"。"拔尖"与"冒尖"两者不能偏废,但是两者并无相互作用的力量,只是需要共存共生而已。

3. 是非(利弊)取舍关系

是非(利弊)取舍关系,指话题关系之间是一是一非或有利有弊的取舍关系,不能共存,而是要做选择。例如 2008 年考题"原则与原则上"。仅凭这两个词,不能认定取谁、舍谁,但结合当年试题提示语,可以知道命题者在该题中支持"原则",反对"原则上"。所以在该特定试题情况下形成了是非取舍关系,考生应当理解为"牢守原则,拒绝原则上",而不是兼顾二者,更没有对立统一。

取舍对于考生很困难,考生通常怕做取舍,害怕"选反"。选择是有风险的,但若考题强制要求考生选择,那也必须选择,否则得分严重受影响。例如 2017 年考题"企业选择保守维持还是冒风险创新",题干已经写成了"一家企业遇到了这样一个问题:究竟是把有限的资金用于扩大生产呢,还是用于研发新产品?"这个"究竟是、还是"显然必须二选一,但很多考生还是写兼顾两者,做骑墙派。经过复盘,这类骑墙派观点均在 15 分上下,属于偏题。

4. 条件影响关系

所谓条件,指一个成为另一个的前提;所谓影响,指构成话题的要素存在着某种关系或作用。如"痛苦与成功",可理解为"成功来自痛苦的磨砺"。但痛苦之后不全是成功,成功也不全要源自痛苦。这两者就可以归类为条件影响关系。再如"名师与高徒",可理解为"名师出高徒",也可理解为"名师未必出高徒"或"高徒未必出自名师"。两者之间有条件和影响关系,但并非决定关系。

表 10 - 1 列出了思辨关系型试题常见的话题。

表 10 - 1　思辨关系型试题常见话题

关系名称	关系解释	关系本质	关系举例	题频/难度
1. 对立统一关系	两者并列 有相互作用	既要 A, 又要 B	自由与纪律 为富与为仁 继承与创新 位置与价值	常考/最难
2. 并列共存关系	两者并列 无相互作用		个性与共性 勇与畏 忘记与铭记	常考/较难
3. 是非利弊取舍关系	两者互斥	只要 A,不要 B	自信与自负	少考/不难
4. 条件影响关系	可能双向影响, 可能单向影响	有 A, 可能有 B, 可能无 B	名师与高徒, 痛苦与成功, 过程与结果	少考/较难

三、关系型试题误区陷阱

误区一：抓住一点，不及其余

关系型话题最重要的就是围绕话题两个概念的相互关系写作。考生在审题时最容易犯的毛病恰恰是割裂两者的联系，在行文时大谈其中之一，却对另外一点置之不理，以致造成偏题、跑题。例如2015年"为富与为仁"。考生普遍觉得考试嘛，不敢说真话，不愿意去论述"为富"，觉得讨论"为仁"安全，心想："照着高调写呗"，结果只写为仁，没有为富，缺少半壁江山，导致分数不高。所以，关系型试题写作务必照顾到概念之间的相互关系。命题人恰是要通过关系型话题考查考生分析和论证概念相互间联系的能力。因此，偏论一个方面肯定无法达到考试要求。

误区二：泛论关系，不见重点

关系型话题作文要善于敏锐地捕捉重点，敢于突出重点，做到两点论与重点论的统一。例如2011年话题"拔尖与冒尖"，根据提示语"显然目前拔尖多而冒尖少，如何增加冒尖是亟待解决的问题"。所以行文时应当说明两者的关系，但更加应当重点论述"冒尖"方面。再如2016年试题，命题人明显强调多样性，因此考生应当在说清一致性与多样性关系的前提下，重点论述多样性。再如2015年"为富与为仁"，考生可以在论述"富"与"仁"关系的基础上，重点论述仁对富的条件作用。再如2017年试题，题干已经提示"风险背后可能有数倍于甚至数十倍于前者的利润"，显然承担风险创新要好于保守不变。关系型话题既不能不见关系，又不能单纯泛泛而论。考生应该仔细研判试题，确定是否要有侧重地论述。

误区三：另起炉灶或偷换话题

另起炉灶、偷换话题就是避开关系型话题本身，转而论述其他话题。或者把关系型话题硬当成其他非关系型话题作答。普遍来说，联考写作如果出现关系型话题，那么正确立意比较集中，即关于题干的那组核心关系的阐述是正确立意。如果出现关系型试题，随意写关系以外的其他细节均属于偏题。例如2016年试题"多样性与一致性"，亚里士多德的话语涉及"教育"这个概念。许多考生抛弃"多样性与一致性"的关系，只写"教育"，造成偏题。凡是关系型话题，都不能撇开关系而改论其他，否则都属于跑题，切记。

第二节　思辨关系型话题对策

针对关系型话题的特点，再对审题、结构分别强调如下：

一、思辨关系型话题审题立意

任何试题的审题方法都是PAY法则，这点毫无疑问。当考生通过PAY法则认定该年试题为关系型话题后,立意除了原有"既稳妥,又会写"原则外,还要注意,关系型试题要先明确两者是哪种关系,再根据不同类型确定立意。

(1)如果是对立统一、共存共生的关系,可以立论为:"A 与 B 辩证统一""A 与 B 互促共生""既要 A,更要 B";总之,对立统一、共存共生关系的立意是此类"既要 A,又要 B"的话语。

(2)如果是是非(利弊)取舍关系,应认真辨别要哪个,不要哪个,在立意中说清,可以立论为:"要 A,不要 B"。例如,"坚守原则,拒绝原则上"。

(3)如果是条件影响关系,由于此类关系很多,需要具体话题具体分析,这里不再给出固化公式,避免错误套用。考试时确认两个关系词语后,详细分析两者之间的主要关系,以主要关系立意。

二、思辨关系型话题结构模板

表 10-2 列出了思辨关系型话题的两种对策。

表 10-2　关系型话题两种对策

写作方案	方案解释	具体结构	写作套路
方案一 降维打击	套用经典结构	见第九章	正反式、递进式等
方案二 正面迎战	套用专用结构	正向	先说 A 好, 再说 B 好, 最后 A+B 最好
		反向	先说单 A 不行, 再说单 B 不行, 最后 A+B 才行
		综合	分为三点,说清关系

第一种方案:"降维打击"

降维打击是科幻小说《三体》里面的一句话。所谓"降维打击",就是把这对关系作为整体展开写作,论述一个关于这对关系的整体观点,这个观点涵盖着对两者关系的正确论断。既然两者关系已成一个整体,那就简化为普通的单个话题了,可直接套用第九章各个模板。

例如 2015 年真题"为富与为仁"这个话题,可以把论点定为"为富与为仁可以兼得"。这句话是一个观点,讲述两者的整体关系("兼得"),那么论证这个观点,就是在论证两者的关系。具体提纲如下:

立意：为富与为仁可以兼得

结构：（套用正反式）

第1段：（引）为富与为仁可以兼得。

第2段：（正）为富与为仁兼得的好处和意义。举例：同仁堂富仁兼得。

第3段：（反）若偏取其一，则富或仁均无法长久。举例：三鹿乳业有富无仁，富不长久。

第4段：（疑）有人质疑，富与仁很多时候矛盾，怎么能兼得呢？这种矛盾只是表面矛盾，两者实质是手段与目的的统一。举例：马云、李嘉诚等。

第5段：（联）同样，富仁可以兼得无论做人做企业，哪个领域都适用。

第6段：（结）呼吁，结尾。

我们看到，明明"为富"与"为仁"是关系型话题，怎么直接用上正反式了呢？这是由于我们找到了两者的关系核心——"可以兼得"，然后把这个"可以兼得"当成一个论点，去论证为什么应该兼得，这就相当于把一个关系的两个概念变为一个概念，从二维神奇地降到一维，实现"降维打击"。这个"降维打击"适用于既要 A 又要 B 的对立统一关系和共存共生关系，这两种关系可以降维到论述两者的兼得上面，也适用于是非取舍关系。因为极为容易降维成论述"是"为正面，"非"为反面，从而套用正反式结构。唯独条件影响关系话题采用"降维打击"方法有点难度，需要具体问题具体分析，有些也可以使用。

第二种方案："正面迎战"

正面迎战指的是使用本书为思辨关系话题专门准备的结构，思辨关系专用式范文已呈现在第九章第二节，此处再回顾一下这三种主要写法。

考场采用"降维打击"还是"正面迎战"要看考生哪个思路顺畅。降维属于偶尔为之。使用思辨关系专用式正面迎战是主要做法。

例1：正向结构

（方法讲解：先论述 A 好，再论述 B 好，最后论述 A+B 最好）

第1段：（引）为富与为仁可以兼得。（既要 A 又要 B）

第2段：（正）理论论述，为富与为仁并非矛盾。

第3段：（分论点一）为富是人的本能追求。（A 好）

第4段：（分论点二）为仁是人的道德要求。（B 好）

第5段：（分论点三）既为富又为仁，方为高明。（A+B 最好）

第6段：（结）呼吁，结尾。

例2：反向结构

（方法讲解：先论述单 A 不行，再论述单 B 不行，最后论述只有 A+B 才行）

第1段：（引）为富与为仁可以兼得。（既要 A 又要 B）

第2段：（正）理论论述，为富与为仁并非矛盾。

第 3 段：(分论点一)富而不仁,富不长久。(单 A 不行)

第 4 段：(分论点二)仁而不富,仁无信众。(单 B 不行)

第 5 段：(分论点三)富仁兼得,可成久远。(只有 A+B 才行)

第 6 段：(结)呼吁,结尾。

例 3：综合结构

(方法讲解：分为三个分论点,说清两者的关系)

第 1 段：(引)为富与为仁可以兼得。

第 2 段：(正)理论论述,为富与为仁并非矛盾。

第 3 段：(分论点一)富仁兼取,辩证统一,例：同仁堂。

第 4 段：(分论点二)先仁后富,以仁为先,例：犹大求富不仁出卖耶稣。

第 5 段：(分论点三)既仁可富,取利有道,例：袁隆平、莫言等人。

第 6 段：(结)呼吁,结尾。

(全文见第十二章 2015 年 1 月管理类联考真题范文)

第三节　观点分析型话题解析

观点分析型试题,又称为利弊分析或选择分析,是指原题面对某种选择或者两种方案,要求考生分析如何看待利弊或者如何选择方案。考生应充分阐释利弊的本质,揭示问题的核心,例如指出选择的本质是风险与收益、短期与长期、局部与整体等。越能揭示选择的本质,文章水平越高。同时,应深入分析正反两方。无论支持哪种观点,都应该充分对两方展开分析,陈述各自的利弊,各自有道理之处,阐述权衡的思考过程,越能深入全面地看待两方,文章越好。

文章是否需要考生表明自己的选择方案呢？试题通常不会在题干中明确要求考生必须亮明选择。但实质上,考生应当有明确的选择态度。没有态度的文章,即使写得再好,也只能算勉强合格,得到基本分,更无缘高分。因为如果一个人面对选择,拿不定主意,没有主见,那就还是未能洞悉问题本质或未能给出解决方案,那么说到底,水平还是不够。所以,没有态度的文章,不会得高分。当然,如果选错方向,分数会更低。所以,考生普遍感觉此类试题难度较大。

扫码回复 10
看观点分析精讲

针对观点分析型试题,本书在原有审题和写作原则基础上,特别提出观点分析型试题的"四项基本原则"：

1. 应紧扣原题做两面分析,切忌套用和空谈,切忌单面歌颂

写作必须紧扣材料,这是通行要求,对观点分析型试题要求更甚。因为此类试题的核心就是对原题两难的剖析和选择。如果抛弃论题的两难，大谈空谈，那就等于偏离了原题考查考生分析决策能力的本意。

例如 2017 年试题：企业求稳扩大生产与冒险创新研发。考生写作必须结合企业这个主体，结合企业短期和长期发展需求，替企业分析，帮企业决策，而不能大谈创新如何好，创新如何伟大。试题的本质不在创新的意义，而在创新与风险的权衡。如果只鼓吹创新的意义，等于偷换了主题，把权衡选择，变成了单面歌颂。

再如 2018 年试题：人工智能技术对社会带来的利弊影响。考生写作不能大谈特谈人工智能有多大意义，有多么无限的前景。这非命题人本意。人工智能的大话题下，命题人实质要考生具体分析如何看待人工智能可能带来的失业问题，并进而分析为什么人们对待人工智能的观点还有分歧。这里才是真正的命题点。如果只谈人工智能的好处，等于又是将辩证分析偷换为单面歌颂。

早年的试题还有些许"考前准备，考场套用"的机会，但近年来观点分析型试题大增，此类试题最忌讳套用考前准备的文章。因为千准备万准备，都不可能准备到一个一模一样的具体的权衡分析问题。此类试题，考生只能全心投入，临场分析，就事论事，快速组织文字，而不能绞尽脑汁地生搬硬套，怎么套都不会合适的。但咱们教过的各种写作结构，如"随心配"的八大段落等，都可以使用。也就是说，考生可以套结构段落，但不能套整篇作文。

> 田然散黑板
>
> 观点分析考题最忌讳
> 单谈某面，必须正反利弊都谈

2. 应对正反观点都有解析，最好有对比分析，切忌对某面不问不理

此类试题涉及正反两种观点和看法，而且正反两面不是简单的对错关系。既然是观点或选择的权衡，那么必然两面各有道理，而非简单的一对一错，即使最终选 A 不选 B，也不意味 A 对而 B 错，而是权衡之下的取舍。所以，考生应该客观公允地分析正反两方的看法。即使认为 A 观点更佳，但对 B 观点也要该承认的承认，该让步的让步，只是最后可以将 A 与 B 进行对比，说明 A 更佳的原因，并相较之下做出选择即可。

例如本书 2017 年真题范文，就对正反观点都做出分析。高分就来自于对正反利弊的充分合理的分析：

案例中的企业目前利润可观，有人认为不必冒险。其实，这颇为短视。创新并非只在逆境中产生，顺境中同样需要创新。企业经营良好时，如果主动创新，更能占据先发优势，赢取未来利润，形成良性循环。反之，利润稳定时如果停滞不前，未来市场稍有变化，企业可能面临经营艰难和被迫创新的双重压力。企业经营不能只安稳满足于三五年的舒坦。即使有三五年的稳健，可三五年之后呢？企业要的是基业长青，而不是一时的安稳。

3. 应综合命题人的态度和常识，表达自己的态度

此类试题虽未明确要求考生亮出支持哪方的观点，但从试题的本质和考生得分情况看，只有那些既有分析，又有态度的考生，才能获得高分。如果只有分析，然后写出两不得罪的骑墙派作文，通常分数较低。考场如此阅卷，还是合理的。没有态度，就还是没有看透本质的智慧。

考生普遍担心站错队、选错边。权衡确实有风险，选错边分数更低。因此，这就需要考生重视写作，重视审题，跟随老师，加强训练。针对近年常考观点分析型试题的趋势特点，田然老师将推出"审题特训营"，其使命之一就是强化训练这种新题型，考生复习时也要特别留心这种题型。

那么，最重要的，在两难权衡中如何选择己方的观点呢？我们给出四条标准：其中前三条更重要，咱们再总结一遍：

（1）哪个观点符合普遍常识、社会趋势、国家政策；

（2）哪个观点更有智慧，益处更大，长远或全局结果更好；

（3）哪个观点更符合命题人潜在的态度；

（4）哪个观点对考生来说更加好写。

2017 年试题很典型。该年试题最终选择支持企业冒风险研发新品，而非求稳扩大生产。主要考虑以下三个因素：

（1）创新精神符合当下国家大政方针；

（2）命题人字里行间透露出支持冒险研发的态度；

（3）支持创新研发观点更容易写满 700 字。

比如 2018 年试题，显然支持理性而谨慎地发展人工智能技术才是当下社会潮流，也符合实际趋势。比如 2014 年试题，雌孔雀选择尾巴漂亮的雄孔雀虽有风险，但自然界里孔雀的真实做法就是选择漂亮尾巴的配偶，考生作答不能不顾客观实际。比如 2011 年试题，"拔尖"与"冒尖"显然对于人才选拔都需要，但考虑人才急缺和只"拔"不"冒"的当下实际，考生就应该知道应鼓励"冒尖"，而非否定"冒尖"。再比如 2005 年试题，我们应该支持丘吉尔权衡之下选择保护密码，因为权衡之下，这样利处最大，结果更好。因此，考生做选择观点这个重要判断时，应综合考虑以上四条标准。

4. 正反两面都应该公允充分地分析，切忌偏颇偏袒

反面观点自然也有其合理的地方，否则还叫什么两难选择？这点考生必须知晓。既然如此，此类试题就不是简单地一褒一贬，而应深入分析权衡。通常正反两面应该是各有利处，也各有弊端，只是利弊有大小之别。所以，对反面有道理之处，应理性对待，客观分析，充分重视，适当承认；对正面有弊端之处和对正面的质疑，应坦诚对待，敢于承认，充分对比，给予回应。

例如，本书 2018 年真题范文，回应了反面失业潮担忧，作了深入分析。反面失业潮疑

虑是有一定道理的。那么该承认的必须承认。既然是权衡,必然反面亦有道理,只要指出跟正面的相对利弊大小,那么放下反面观点就顺理成章了。此处通常采取"让步—分析—说服"的三个步骤:

(分析承认反面疑虑)有人担忧随之而来的失业浪潮。确实,人工智能将部分替代人类的低端劳动,这不能回避,也不应回避。(让步)但是,替代低端、解放人类,这不正是人工智能的部分意义所在吗?对于这个新挑战,我们不该简单畏惧或担忧,而是应该从整体、从长远看待其中的利害关系。低端岗位失业可能是短暂的、局部的,但人工智能对人类发展的推动作用是整体的、长期的、巨大的。(分析)而且,从历史看,局部群体通常无法抗拒社会发展趋势,技术进步的脚步也很少因某个国家或某个人群的忧虑而放缓。(说服)

(回应对正面的担忧)更深层的,人们对人工智能的担心,是担心机器人未来将学会像人类一样思考和适应,最终反客为主,甚至取代人类。这样的失控确实是可怕的。(让步)但这不仅是人类应用人工智能可能面临的问题,也是历史上引入任何技术都可能出现的问题。试想,大到核能,小到刀具,哪个不是有益于人类但又可能伤害人类的呢?难道因为可能的威胁就弃之不用吗?(分析)在历史上,人类还是凭借着高超的智慧,通过合理开发、有序利用、共同制约,达到了让核能等技术服务人类而非毁灭人类的结果,人工智能技术也应如此。(说服)

第十一章 论证方法 语言锤炼

第一节 论证方法

论说文在文体上就是中学学过的议论文，只是在考试侧重上有所不同。那么，议论文的基本概念"三要素"对于论说文就同样适用。议论文三要素"论点、论据、论证方法"，第八章审题立意针对论点，第十三章素材事例针对论据，本节即对应论证方法。本书主要讲述六种论证方法。前四种中学学过，后两种为额外补充。这六种论证方法如果能够多加运用，对提升文章质量大有帮助。

一、例证法

【方法解读】

例证法又叫事实论证，是通过列举典型事例来证明观点。所谓事实胜于雄辩，列举事实对于论证有强烈的支持作用。

【使用说明】

例证法在举例时既可以采取提及多个事例的多例法，也可以采取叙述单一事例的单例法。如果头脑里储备事例较多或只知道事例梗概，无法叙述详细，适宜使用多例法。多例法的好处是能展现充足的素材储备和知识功底，也因为事例多，通常比较有说服性；如果头脑里储备事例较少或对某单个事例了如指掌，适宜使用单例法。单例法的好处是可读性强、故事性强，也具有较强的说服性。

实践中多例法的优点往往被考生的爱迪生、爱因斯坦、司马迁、李时珍等过气事例所摧毁。相反，讲述一个事例，反而更有可读性。当然，单例法更不能使用烂大街的事例，否则更加凸显考生的素材匮乏。综上，看到话题，如果例子多，采用多例法排比举例；如果例子少，则采用单例法把某个事例概述清楚。

【范例举例】

① 多例式：两正一反

例：我们相信自己时，也要相信别人。这是由事物的多变性和自我的局限性决定的。唐太宗接纳魏征等人的进谏，于是有了开明盛世；朱元璋接受了朱升"高筑墙、广积粮"的建议，于是国泰民安。相反，那顽固的马谡置王平的忠言不顾，自认为"熟读兵书"，结果痛失街亭，丢掉性命。别人的意见取其精华，弃其糟粕，唯明智之举。

② 多例式：三正

例："不积跬步，无以至千里；不积小流，无以成江海"。凡立功名于世者，无不是从小处做起，注意点点滴滴的积累，有意识地培养自己的品德才能，不断自我完善的。若无每日闻鸡起舞坚持不懈的毅力,那么祖逖又怎能北伐中原而名垂千古!若无长年笔走龙蛇墨染池水的工夫,那么王羲之又怎能挥毫盖世被尊为书圣呢?若无半生钻研演算草稿盈筐的血汗,那么陈景润又怎能摘取明珠享誉世界呢?

③ 单例式

例:语言,有时是化解误会的良药。它使许多误会得以消除,使不少心灵的隔阂被冲破。赵国大将廉颇妒忌被赵王器重的蔺相如,扬言要使他难堪,而相如却处处避免与之发生冲突,众人不解,相如一句"先国家之急而后私仇也"道出用意。这句话使廉颇瞬间消除了对相如的偏见,他负荆请罪,最终与相如成刎颈之交。正是因为相如的那句掷地有声的话化成了一座桥梁,使两位大臣的心得到了沟通,使廉颇了解到蔺相如的高尚人格,化解了误会。

多例法与单例法共同遵循的选择标准是:

首先,事例及人物知名度尽量高,这样更有说服力,尽量不使用阅读者不知道的事例。其次,事例尽量新颖,新颖的事例可读性更强。尽量避开人尽皆知的事例或没有储备的考生也会使用的事例。例如说到毅力,人人都会想到司马迁、李时珍、张海迪、陈景润等"俗套"事例,这些事例即使考生裸考也可以想得到。这种事例就尽量避开,否则就无法体现差别。考生可以选择打网球的李娜、背着妹妹上学的洪战辉等新鲜事例,让阅卷者能感受到一丝鲜活气息。

事例选择的最优标准是"熟人生事",或者叫"只知其人,不知其事"。例如王阳明,知道他名字的人多,真正知道他事迹的人少;例如褚时健,知道他名字和褚橙的人多,能给他一两句评价的人也多,而真正能讲出褚老经历和故事的人却少之又少。"熟人"体现了前面说的知名度要求;"生事"体现了前面说的新颖度要求。阅卷者看到"熟人生事",人知道,事不知道,会感觉阅卷不仅不是负累,反而激发好奇心,对试卷留下良好印象。

凭借着多年模考阅卷经验,笔者告诉大家,阅卷者看到陈旧事例几乎都是一见人名,一眼带过,具体故事通常看都不看。但是如果遇到感兴趣的新鲜事例,则会停下扫读已久的眼睛,哪怕耽误两分钟,也逐句读完,甚至略做思考和评价。那么哪些事例能引起阅卷者的兴趣呢?通常熟悉的人陌生的事最容易。如果是"生人",阅卷者也懒得知道他是谁。如果是"俗套"事例,阅卷者能比考生把这个故事讲得更清楚。这样的"生人生事"阅卷者会有好印象吗?

关于优质事例,田然老师已经建立了完整的素材体系。首先,本书第十三章备有40个常考话题的100多则素材。其次,"田然考研"微信公众号从每年9月起,每日推送写作素材。考生按部就班地跟着阅读,利用碎片化时间储备素材。

二、喻证法

【方法解读】

喻证法指比喻论证,是通过使用具体、生动、形象的事物作比喻来证明较抽象道理的论证方法。喻证法的作用是深入浅出、形象生动。

【使用说明】

喻证法遵循以下四步：提出观点—建立比喻—分析异同—得出结论。喻体的选择必须合适，性质要切合本体，这样才能有说服力。下面先从考试之外看一个经典的比喻论证案例：

【范例举例】

例文1：鲁迅，《未有天才之前》（画线部分为比喻论证）

天才并不是自生自长在深林荒野里的怪物，是由可以使天才生长的民众产生、长育出来的，所以没有这种民众，就没有天才。有一回拿破仑过阿尔卑斯山，说，"我比阿尔卑斯山还要高！"这何等英伟，然而不要忘记他后面跟着许多兵；倘若没有兵，那只有被山那面的敌人捉住或者赶回，他的举动和言语都远离了英雄的界线，要归入疯子一类了。所以我想，在要求天才的产生之前，应该先要求可以使天才生长的民众。——譬如想有乔木，想看好花，一定要有好土；没有土，便没有花木了；所以土实在比花木还重要。花木非有土不可，正同拿破仑非有好兵不可一样。

然而现在社会上的论调和趋势，一面固然要求天才，一面却要他灭亡，连预备的土也想扫尽。举出几样来说：其一就是"整理国故"。他们说，"中国自有许多好东西，都不整理保存，倒去求新，正如放弃祖宗遗产一样不肖。"抬出祖宗来说法，那自然是极威严的，然而我总不信在旧马褂未曾洗净叠好之前，便不能做一件新马褂。就现状而言，做事本来还随各人的自便，老先生要整理国故，当然不妨去埋在南窗下读死书，至于青年，却自有他们的活学问和新艺术，各干各事，也还没有大妨害的，但若拿了这面旗子来号召，那就是要中国永远与世界隔绝了。倘以为大家非此不可，那更是荒谬绝伦！

作者和读者互相为因果，排斥异流，抬上国粹，哪里会有天才产生？即使产生了，也是活不下去的。这样的风气的民众是灰尘，不是泥土，在他这里长不出好花和乔木来！

还有一样是恶意的批评。大家要求批评家出现，也由来已久了，到目前就出了许多批评家。可惜他们之中有不少是不平家，不像批评家，作品才到面前，便恨恨地磨墨，立刻写出很高明的结论道，"唉，幼稚得很。中国要天才！"到后来，连并非批评家也这样叫喊了，他是听来的。其实即使天才，在生下来的时候的第一声啼哭，也和平常的婴儿的一样，决不会就是一首好诗。因为幼稚，当头加以戕贼，也可以萎死的。我亲见几个作者，都被他们骂得寒噤了。那些作者大约自然不是天才，然而我的希望是便是常人也留着。

恶意的批评家在嫩苗的地上驰马，那当然是十分快意的事；然而遭殃的是嫩苗——平常的苗和天才的苗。幼稚对于老成，有如孩子对于老人，决没有什么耻辱；作品也一样，起初幼稚，不算耻辱的。因为倘不遭了戕贼，他就会生长，成熟，老成；独有老衰和腐败，倒是无药可救的事！我以为幼稚的人，或者老大的人，如有幼稚的心，就说幼稚的话，只为自己要说而说，说出之后，至多到印出之后，自己的事就完了，对于无论打着什么旗子的批评，都是可以置之不理的！

鲁迅的这篇文章就是经典的比喻论证的范例。可以看出，我们所学论证方法在实际写作中应用广泛。下面看一篇考场作文：

例文2：① 一个个体难成气候，只有放到广大的群体中才更容易发挥价值。② 譬如娇艳美丽的牡丹，一枝独放不是春天，百花齐放才是春色满园；譬如傲然挺立的苍松，一株独秀难起作用，成行成排才能遮风挡沙；譬如整装待发的帆船，一船独行不算风景，千帆竞发才显气势壮阔。③ 对于个人也是一样，个体的力量毕竟有限，尤其是完成艰巨的任务和宏大的事业时，个体力量独木难支，只有群体力量的汇集才能聚沙成塔，集腋成裘。④ 所以，我们时刻要保持合作意识，团结志同道合的各方力量。

本段即是按照上述喻证法应该遵循的四步展开的：

①提出观点；②建立比喻；③分析异同；④得出结论。请考生使用以上两个事例揣摩喻证法的使用方法。

三、引证法

【方法解读】

引证法是引用经典著作中的精辟见解、古今中外的名言警句以及人们公认的定理公式等来证明论点。由于引述的内容都是被人们公认的道理或是被客观实际证实的科学结论，因此具有理论的权威性、思想的深刻性和难以辩驳的说服力。

【使用说明】

引用道理论据时尽量写清出处，这样更加体现出作者的水平。此外，可以给著作名称加上书名号"《》"，这样更容易让阅卷者发现。这样准确指明出处的引用可以迅速提升文章的格调。例如，有 A、B 两位考生：

A 考生写："正所谓没有规矩，不成方圆"；

B 考生写："正如《孟子·离娄上》章句所言，'不以规矩，不能成方圆'"。

两者相比较，读者觉得以上哪位考生应该功底更强？显然是 B 考生。所以，注明出处有助于提升引用质量，添加书名号有助于阅卷者识别加分。

【范例举例】

例文1：坚持的意义（画线句为引用论证）

为什么"坚持"如此之重要呢？因为在追求事业的过程中总会遇到各种各样的艰难险阻，而且我们要成就的事业越大，这种艰难险阻也就越大。这就如王安石在《游褒禅山记》中所领悟到的："夫夷以近，则游者众；险以远，则至者少。而世之奇伟、瑰怪、非常之观，常在于险远，而人之所罕至焉。"这就是说，只有坚持不懈的精神和毅力，才能领略到人生"奇伟、瑰怪、非常之观"，才能取得一项事业的辉煌成就。

例文2：团结的力量

个人的力量毕竟是微弱的，而集体的力量却是无穷的。俗话说："众人拾柴火焰高。"一个人即使手再勤、腿儿再快，柴也有烧尽的时候，而只有大家都来捧柴，火焰才不会熄灭。正如古人所说："众志成城。"只要万众一心，就会筑成一堵不可摧毁的钢铁长城。由此可见：团结就是力量。

例文3：正确对待名利

名利看起来多么诱人，可我们一旦沉湎其中，就如同鸟儿的翅膀上系上了眩目的黄金，难以展翅高飞了。俗话说："非淡泊无以明志，非宁静无以致远。"这句话说得非常有道理，只有那些淡泊于名利的人才能攀登到科学的顶峰，才会创造出辉煌的业绩。不是吗？居里夫人曾把自己获得的奖品给她的小女儿当玩具，她如此看淡荣誉，她成功了，再次获得诺贝尔化学奖。而瓦特发明蒸汽机后，便沉溺于其中，以后再也没有取得什么成就，落得个江郎才尽的结局。由此可见，一个人要进步要发展，就必须正确对待名利。（本段同时运用引证、喻证、例证、正反对比论证等4种方法，已分别画线标示，请反复研读）

例文4：志向是走向成功的保证

唐初四杰之一王勃有这样一句名言："穷且益坚，不坠青云之志。"他正是以此为座右铭，才终成大器的。大凡古今中外的仁人志士，无一不是以"志"为精神动力，才最终事业有成的。由此可见：志向是我们走向成功的根本保证。

四、正反对比论证法

【方法解读】

正反对比论证法是将两种性质截然相反或有差异的事物进行比较。这种方法有两种情况：一种是将发生在同一时期、同一区域的两种性质截然相反的或者有差异的事物进行比较。通过这样的对比，对错误的或者差的事物予以否定，对正确的或者好的事物进行肯定。这种对比叫作"横比"；另一种是将同一事物在不同的时间、地点的不同情况进行比较。这种对比叫作"纵比"。

论说文写作时，运用正反对比论证法使得肯定什么、否定什么、提倡什么、反对什么显得格外分明。具体地说，就是在论证过程中既要正面说理，又要反面阐述，在对比分析中表明正确的观点，从而达到说服的目的。

【使用说明】

正反对比论证法既可以体现在段落的句与句之间，也可以体现在文章的段与段之间。简单地说，就是"正面说了反面说"或者"反面说了正面说"。这种方法对于议论的深入、论点的突出、说服力的增强都有莫大裨益。但应注意两个问题：

第一，围绕中心论点选择比较材料，确定对比点。所选对象必须是两种性质截然相反或有差异的事物，论证时要紧扣文章中心。

第二，正反对比论证应有主有次。若文章从正面立论，则以正面论述为主、反面论述为辅；若文章从反面立论，则以反面论述为主、正面论述为辅。

【范例举例】

例文1：

沉稳从无欲而来。孟子曰："无欲者，可王矣。"无欲就是没有私欲，做大事者，不能因蝇头私利而毁坏全局,只有这样才能练就出沉稳的性格,赢得最终的胜利。如来佛祖抛除私欲,性格沉稳,终修成正果,普度众生,诸葛孔明淡泊明志,宁静致远,终运筹帷幄,功成名就。有了私欲,心中自然无法沉稳下来,遇事则慌,处事则乱。霸王以一己私欲,赶走亚父,气走韩信,终被困垓下,遗憾千古,长使英雄泪满襟。霸王之败,后人哀之。后人哀之而不鉴之,则必使后人而复哀后人矣。

例文 2:

让纪念闪耀理性光芒。二战中犯下滔天罪行的德国在战后用一切方法来弥补他们的罪过——修建集中营纪念馆,全力处理战后的善后问题;更有德国总理在犹太人纪念碑前的惊世一跪!然而同样在那幕惨剧中扮演了不光彩角色的日本,战后的纪念却是如此这般:右翼势力大肆鼓吹"中国威胁论",妄图为二战罪行翻案;不顾史实修订历史教科书,文过饰非,美化侵略罪行;更有首相一年一度的靖国神社祭拜……

同样作为二战中的侵略国家,德国人在不断地反思,不停地纪念,用理性的力量向世人展示他们虔诚的忏悔的灵魂,从而赢得世人的尊敬。而日本人这种一意孤行偏离理性的"纪念"遭到各国人民的一致谴责。有句话说得好:"跪着的德国人比站着的日本人更高大!"可见,理性的纪念才是正确的纪念,理性让纪念闪耀出人性的光辉。

例文 3:

从容是面对得失时坦然置之的豁达。2000 年悉尼奥运会上,面对枪靶,44 岁"高龄"的王义夫一枪失准,最后关头的二次举枪显示出过人的老练,终于用金牌洗雪了亚特兰大奥运会的遗憾。而在今年的北京奥运会上,美国步枪选手埃蒙斯在倒数第二轮领先将近 4 环、金牌几乎唾手可得的情况下,却重演了雅典的严重失误,最后一轮仅打出了 4.4 环,又一次与金牌擦肩而过。

同样是一流高手,结果却大相径庭,究其原因是个人的心理素质起了关键的作用。王义夫能沉着冷静从容面对失利,所以在一枪失准的情况下,能迅速调整心态,重整旗鼓,打出最好的成绩,最终赢得金牌。而埃蒙斯却没能让自己的从容状态保持到最后,心理上再次崩溃,留下了终身的遗憾。因此,不管在什么时候,我们都要从容地面对一切。

五、因果论证法

【方法解读】

在自然界和社会中,因果联系是事物的普遍联系之一。没有一个现象不是由一定原因引发的;而当原因和一切必要条件都存在时,结果就必然产生。根据揭示客观事物之间具有的这种普遍和必然的因果联系来展开论证,就是因果论证。

因果论证就是因果分析。很多考生反映随着年龄增大,相比中学时候的自己,在头脑中搜寻事例和名言变得比较困难。但是随着年龄增长,我们的因果分析能力也在加强,这时就要扬长避短,可以相比中学议论文减少事例和名言使用(避短),同时增加因果分析等多种论证方法的使用(扬长)。

【使用说明】

因果论证有原因分析和结果分析两种。因果论证单独使用略显单薄,常与其他论证混合使用。以下对原因分析和结果分析分别举例,请体会因果论证的效果。

【范例举例】

例文 1:原因分析

为什么说毅力是成功的保证呢?因为做任何事情都不会一帆风顺,会遇到许多困难和挫折,它们都是我们前进道路上的绊脚石,我们只有以顽强的毅力才能征服它,才能摘取成功的果实。因为有了毅力,就有了与困难作斗争的勇气;有了毅力也就有了恒心。狄更斯说得好:"顽强的毅力可以征服世界上任何一座高峰。"由此可见,毅力不可缺少。

例文 2:原因分析

有时候磨难恰恰能够历练人生,绽放光彩。贝多芬双耳失聪,却能在这样的磨难下创造出不朽的交响曲,撼人心灵,那是因为他不屈服命运的压打,顽强地抗拒厄运,才谱出了人类的心灵之歌;司马迁遭受腐刑,却能在这样的耻辱中写成《史记》,汗青溢光,那是因为他有坚定如山的信念、刚毅如铁的意志,于诽谤讥嘲中坚持自己的志向,才突围成为"史圣";一代体操王子李宁泪洒汉城黯然退出体坛后,却又另辟天地开创了自己的事业,让李宁牌系列运动用品风靡中国的体育用品市场,那是因为他懂得承受失败,不为失败所吓倒,才能在失败中开拓出一条新路。磨难,是祸,又是福。它对于意志坚强者,只不过是人生路上的一帘风雨,只要勇敢地走过去,前方是另一片蓝天。

例文 3:结果分析

有了坚忍不拔的毅力,付出了艰苦的劳动,洒下了辛勤的汗水,总有一天我们会取得成功。俗语说:"种瓜得瓜,种豆得豆。"有了春天的耕耘,怎么会没有秋天的收获呢?所以,只要有毅力,必然能带来为之付出的成果。

当然,结果分析也要避免犯"推断不出"的论证缺陷,所推断的结论要恰当合理,避免简单绝对化。如果想得出较为肯定性的结论,前提务必设置周全。

六、假设论证法

【方法解读】

假设论证法是针对论据或结论进行反面假设,假设没有会怎样,指出反面的问题、危害,进而发现原有结论的必要性、决定性,从而论证观点的论证方法。

【使用说明】

假设论证法比较容易上手,可以简单理解为反面假设。推荐的假设词包括:假如、如果、倘若等。如果能排比,论证效果更好。

【范例举例】

例文 1:

创新对于企业不可或缺。因为产业环境在不断升级,技术革新在不断涌现,如果没有创新,就不可能跟住,甚至引领趋势,企业也不可能持久经营。格力电器以"一个没有创新的企业是一个没有灵魂的企业"为座右铭,以"格力,掌握核心科技"作为最主要的企业名片,累计拥有数千项发明专利,是唯一不受制于外国技术的家电企业。试想,如果没有技术创新,一个身处家电红海市场的企业如何能"掌握核心科技",从而实现快速增长、产品远销国际? 如果没有创新,无法打破技术限制,格力又如何在已经渐渐失去成本优势的中国保持持续增长? 所以,在当下国内产业环境下,只有尽早加强技术创新,才能为企业发展注入不竭的动力。

例文 2:

相信自己,是对自己的充分肯定,是对自己能力的赞同。当自己有着清醒理智的认识时,就应当"走自己的路,让别人去说吧"。中国女排主教练陈忠和在当初改组女排时,压力很大,任务很重,许多人劝他以"保险"为好。然而他力排众议,相信自己,大胆起用冯坤等新秀,最终改组成功,夺回了失去 17 年的世界杯,登上了奥运会的最高领奖台。假如当初他采纳别人的建议,不相信自己,那金牌奖杯还有谁拿? 正是陈忠和关键时刻相信自己,取得了骄人的成绩。

例文 3:

贝多芬 28 岁那年得了耳病,到 57 岁逝世,中间 20 多年的岁月,都是在与可怕的聋疾苦战。但是贝多芬没有向命运屈服,他凭着顽强的意志与病魔做斗争,终于在逝世前几年写成了一生中最著名最富有战斗力的作品《第九交响曲》。

试问,是什么使贝多芬走向了成功? 是顽强的意志和不屈的奋斗精神。试想,如果贝多芬在厄境中缺少了顽强的意志,还会成为世界上最伟大的音乐家吗? 显然,答案是否定的。所以我敢肯定地说,只有有了顽强的意志,才可能征服世界上的任何一座高峰。

第二节　语言锤炼

管理类、经济类联考论说文对文章语言要求不高。文章语言力求严谨、流畅、精炼。各个方面对于分数影响的比重大致如下:

审题立意占 40%,篇章结构占 20%,素材事例占 20%,论证方法占 10%,语言锤炼占 10%。

对于求过线的在职考生来说,语言锤炼是选修课,毕竟备考时间非常有限。应先做好审题立意、篇章结构、论证方法的复习提升,语言锤炼不必强求。

对于拼高分的在校考生来说,语言锤炼是必修课。这两类考生在审题、结构这两方面要求相当。差别主要来自素材事例、论证方法和语言锤炼,只有提升这三方面,才能拿下所有得分空间。具体而言,就是素材事例要更加恰当和新颖,论证方法要更加多样和有力,语言表达要更加严谨和精炼。

联考论说文的语言锤炼不是要达到高考满分作文的语言华丽程度,而是要在力所能及的范围内提升语言质量。本书提出六种主要技巧,可以概括为六句话:

> 准确精炼易说理,
>
> 排比对仗壮士气,
>
> 比喻形容化生动,
>
> 褒贬鲜明增力道,
>
> 逻辑连接显辨析,
>
> 旁征博引添精彩。

更加简单来说,这六句话就是——提升语言的简洁概括性;插入排比句式增加气势;使用比喻句增加生动性;运用鲜明的褒贬词表明态度;使用逻辑连接词帮助阅卷者理清文章的逻辑;力争多用诗词、名言提升文采,但不强求。

一、准确精炼易说理

准确性和概括性是论说文语言表达的两大要求。准确简洁的语言可以使思维进入逻辑性和思辨性的语感体系中,脱离记叙文、散文的记叙、抒情特征。考生在行文中语言应力求准确、简洁、理性。下面举例说明:

……文学家司马迁在遭受宫刑之后,将耻辱关在门外,而隐忍苟活发愤著书,终写成流传千古的《史记》;科学家霍金在瘫痪失语之后,将绝望关在门外,努力练习抬头,勤奋阅读,终诞生了《时间简史》;运动员桑兰在比赛中摔成高位截瘫之后,将痛苦关在门外,调整心态,顽强求学,加入记者行列,终实现了"残缺也可创造精彩"的梦想……

可以看到,该文语言精练,叙述故事几乎没有废话,字数虽少,但既简短,又清楚。清晰地罗列了谁遇到什么境况、怎么处理,最终取得了什么成就。此外,几个事例按照同样的句式书写,清晰易读,充分体现了语言的简练性和概括性。

如何能做到呢? 关键还是靠多练笔、多修改。没有人能一开始就语言精练、准确,只能多写、多改。这里,多改尤其重要。只有不断修改,才能将已写成的文字不断凝练,文字越改越精,下次再写时语言能力自然将有提高。如果不做修改,一味地新写习作,帮助不大。所以考生复习时务必重视文章的批改和完善。

二、排比对仗壮士气

排比句、对仗句所产生的气势和说服力度毋庸讳言。要想用好排比、对仗,需要考前不断练笔,否则很难找回往日的功力。另外,考场上也要尽量兴奋起来,充分调动思维和激情。

排比句、对仗句使用位置并不局限,可以是开头、中间、结尾的任何地方,可以说,哪里文思如泉涌,哪里就可以使用排比句。排比句既可以是几个单句形成排比,也可以是几个复句形成排比。例如下面第一个例子,采用较长句子作为排比,而第二个例子则体现对仗句的风采。

这里还有个概念是事例的排比与语句的排比的关系。事例排比指列举事例素材时连续列举多个形成排比句;语句排比是叙述或议论语言形成排比句。前者是后者的特殊形式,语句排比中经常含有事例排比(如下面第一个例子)。无论使用事例排比,还是语句排比,都可以增加文章的质量。

磨难,能历练人生

有时候磨难恰恰能够历练人生,使人生绽放光彩。贝多芬双耳失聪,却能在这样的磨难下创造出不朽的交响曲,震撼心灵,那是因为他不屈服命运的打压,顽强抗拒厄运,才谱出了人类的心灵之歌;司马迁遭受腐刑,却能在这样的耻辱中写成《史记》,汗青溢光,那是因为他有坚定如山的信念、刚毅如铁的意志,于诽谤讥嘲中坚持自己的志向,才突围成为"史圣";一代体操王子李宁泪洒汉城,黯然退出体坛,却又另辟天地开创了自己的事业,让李宁牌运动用品风靡中国体育用品市场,那是因为他懂得承受失败,不为失败所吓倒,才能在失败中开拓出一条新路。磨难,是祸,又是福。它对于意志坚强者,只不过是人生路上的一帘风雨,只要勇敢地走过去,前方是另一片蓝天。

上例就是复句构成的排比,每个排比句比较长,都是若干个小短句组成的复句,然后各个复句再形成排比。这种排比句难度最大,但气势和文采也最好。考生如果较难模仿上例,也可采用简单的单句排比。

把握分寸

在处理事情的过程中,我们要把握分寸。分寸是合适的鞋,不大也不小;分寸是春天的风,不冷也不热;分寸是知时节的雨,不迟也不早;分寸是烹调名师放的盐,不咸也不淡。触龙说赵太后,说话说得恰到好处,不差毫厘,分寸拿捏极为精准;烛之武退秦师,游说委婉又切中要害,态度谦逊又不卑不亢。他们都取得了最佳的效果。在我们的学习、生活中,说话、做事也要力求把握分寸,恰到好处,要知道率性而为不可取,急于求成事不成,心慌难择路,欲速则不达。

这里我们能共同感受到考生的文采。该文段将对偶运用得淋漓尽致,合适的鞋、春天的风、知时节的雨,这是一个系列;不大也不小、不冷也不热、不迟也不早,这又是另一个系列。由此可见,如果考生发挥自己的文字功底,亦可以为文章添姿增色不少。但别忘此前的提示,论说文是说理文体,这里的文字必须是议论语言,绝不能是抒情语言。

三、比喻形容化生动

运用比喻句可以使议论语句变得生动活泼,把深奥的道理说得通俗易懂。

批评和自我批评

毛泽东

有无认真的自我批评,是我们和其他政党相互区别的显著标志之一。我们曾经说过,房子是应该经常打扫的,不打扫就会积满了灰尘。脸是应该经常洗的,不洗就会灰尘满面。

我们同志的思想,我们党的工作,也会堆积灰尘的,也应该打扫和洗涤。"流水不腐,户枢不蠹",是说它们在不停的运动中抵抗了微生物的侵蚀。对于我们,经常地检讨工作,在检讨中推广民主作风,不惧怕批评和自我批评,实行"知无不言,言无不尽""言者无罪,闻者足戒""有则改之,无则加勉"。这些中国人民的有益格言,正是抵抗各种政治灰尘和政治微生物侵蚀我们同志的思想和我们党的肌体的唯一有效的方法。

双赢,你我共辉煌

自私利己,愚者之见;打造双赢,智者之举。双赢,那是信心的基点,那是力量的源泉,那是开启人生的明灯,那是打开成功的金钥匙。双赢,使你我共辉煌。

第一篇文字通过把思想比喻为房子和脸,论证及时"打扫"思想的必要性。第二篇文字同时运用排比和比喻(功力更高),把双赢比喻为基点、源泉、明灯、金钥匙。这两段文字都是通过比喻手法的使用,让我们感受到更加生动的表达和更加形象的论证。

四、褒贬鲜明增力道

论说文的定义特征中就有"鲜明地陈述'肯定什么、否定什么,宣扬什么、摒弃什么'的要求"。所以,在论说文中鲜明的褒贬态度很重要,考生态度不能模棱两可。支持什么、反对什么必须非常清晰,不可模糊。

鲜明地陈述态度可以依靠鲜明的褒贬词汇让文章摆脱众多雷同平庸之作,脱颖而出,绽放异彩。注意要做到两点,一是要有明确的观点;二是要运用恰当的词汇。当然也要避免两点:一是不能偏激过火;二是不能自相矛盾。

从谏如流

商纣王自高自大,一意孤行,最终落得个葬身火海;唐太宗虚心纳下,开创了贞观之治的太平盛世;楚怀王闭目塞听,弃屈子的忠言于不顾,客死他乡;齐威王善于纳谏,门庭若市,赢得诸侯朝拜。这样的事不胜枚举。可见,"从谏如流"势在必行。

我们可以看到,作者很善于运用褒贬词汇,"一意孤行""闭目塞听"这些贬义词以及"虚心纳下""善于纳谏"这些褒义词充分地运用到每个事例中,使得态度异常鲜明,论述非常清晰有力。

五、逻辑连接显辨析

论说文,就是要提出和论证观点,使人信服。提出观点要靠思维水平,论证观点要靠逻辑表达能力。如何做到文章逻辑表达好?简单的办法就是多用逻辑连接词,以鲜明地体现逻辑关系,实现论点和论据间的明确论证推导关系。常用的逻辑连接词有:不仅……,而且……;虽然……,但是……;只要……,就……;只有……,才……;既要……,又要……;与其……,不如……,等等。下面举个选段:

在纷繁复杂的社会发展形势下,竞争不仅是社会趋势,而且是进步需要。与其心生恐惧而逃避,不如乐观面对而自强,在竞争中活出自己的精彩。没有天敌和竞争的世界虽然让沙丁鱼高枕无忧,但是这也消磨了它们的斗志,使它们更快地走向死亡。在生活中,如果没有竞争,我们就会丧失上进之心。只要稍不留意,我们可能就因为竞争而被甩下。只有当我们为了不被超越,不断努力之时,才能竭尽所能,爆发潜力,更好地实现自己。由此可见,竞争是现代社会的必然,只有主动面对竞争,才能占据主动。

通过充足的逻辑连接词,可以很容易地看到文章所有推论之间的取舍、共存、条件等逻辑关系。这些逻辑连接词很清晰地展现了作者的逻辑思维和表达能力。

六、旁征博引添精彩

论说文中的旁征博引应该是力所能及、水到渠成的,不需要强求,也不比高考程度,主要表现在两个方面:一是在原本平凡的叙述中适当加入诗词佳句,二是将原来举例的排比句用诗词代替描述,例如:

选择的真谛

选择是李白"安能摧眉折腰事权贵,使我不得开心颜"的毅然决定;选择是文天祥"人生自古谁无死,留取丹心照汗青"的舍生取义;选择是岳飞"壮志饥餐胡虏肉,笑谈渴饮匈奴血"的尽忠报国。

所谓旁征博引,跟考生对于特定话题的熟悉程度和素养积累相关性很大,能做到固然好,做不到也不强求。

总之,以上六种语言锤炼的方法可以给予考生六种思路,用以改善语言表达水平,在审题、结构完善的基础上,进一步提升写作分数。论说文想达到 25 分以上,语言锤炼不可或缺。但在考场上时间紧张的考生也应认清审题和结构的基础作用,不可舍本逐末。可以说,审题和结构是雪中送炭,语言锤炼是锦上添花,考生必须搞清楚自己处于哪个阶段,对应地、有侧重地提高和完善。

以下为历年真题范文,请考生仔细阅读、揣摩范文,用范文综合加深对前面的审题立意、篇章结构、论证方法和语言锤炼等章节的理解。这些范文应该是对以上所有技巧的综合实践。

另外,建议考生学习本节时搭配《素材范文宝典》中的真题范文学习。限于篇幅,本书针对每年真题只给出了一篇范文,而《素材范文宝典》还会针对每年真题再给出两篇范文,即每年真题合计三篇范文。考生可合并研习,看同一个题目下如何写出不同结构和风格的优秀作文。

2018 年 1 月管理类联考论说文范文

57. 论说文:根据下述材料,写一篇 700 字左右的论说文,题目自拟。

有人说,机器人应该帮助人类完成一些繁琐的工作,而不是取代人类。技术的发展会夺取一些人低端的工作岗位,同时也会创造出更高端更舒适的工作岗位,例如历史上铁路的出现让挑夫消失了,但同时创造了千百万铁路工人的岗位。人工智能技术的变革,同样会推动人类社会的发展与进步。有人却不以为然。

合理利用,造福人类	
随着备受世界瞩目的人机大战以阿尔法狗获胜告终,人们对人工智能技术话题的争论也进入了白热化,人类既想享受人工智能带来的好处,又担心同步而来的威胁。我认为,人类应该共同努力,合理开发,让人工智能造福人类。	简练点评材料 鲜明表达观点
人工智能可以为人类创造出非常可观的经济效益,BAT 等科技巨头已经纷纷布局人工智能,科大讯飞在语音识别方面也取得了不小突破。人工智能可以做大量人类不想做、不敢做、不能做的工作,而且机器精准度高、成本低、可持续工作,这就极大地解放了人类,并提供出人工劳动原本无法提供的产品和服务。	正面 既然支持,需先立住正面意义
有人担忧随之而来的失业浪潮。确实,人工智能将部分替代人类的低端劳动,这不能回避,也不应回避。但是,替代低端、解放人类,这不正是人工智能的部分意义所在吗?对于这个新挑战,我们不该简单地畏惧或担忧,而是应该从整体、从长远看待其中的利害关系。低端岗位失业可能是短暂的、局部的,但人工智能对人类发展的推动作用是整体的、长期的、巨大的;而且,从历史看,局部	反面 直接摊开失业问题,深入分析该怎么正确看待(全局、远见)

群体通常无法抗拒社会发展趋势,技术进步的脚步也很少因某个国家或某个人群的忧虑而放缓。

更深层的,人们对人工智能的担心,是担心机器人未来将学会像人类一样思考和适应,最终反客为主,甚至取代人类。这样的失控确实是可怕的。但这不仅是人类应用人工智能可能面临的问题,也是历史上引入任何技术都可能产生的问题。试想,大到核能,小到刀具,哪个不是有益于人类但又可能伤害人类的呢?难道因为可能的威胁就弃之不用吗?在历史上,人类还是凭借着高超的智慧,通过合理开发、有序利用、共同制约,获得了让核能等技术服务人类而非毁灭人类的结果,人工智能技术也应如此。

所以,面对人工智能技术,对于个人,应该顺应趋势,积极学习适应技术发展;对于我国,应积极推进"中国智造2025",在该技术上保持国际竞争力;对于整个人类,应该发挥共同智慧,加强研究磋商,制定发展规划和原则,做到既积极利用新科技,又始终确保良性发展。

只要合理开发,正确利用,我们就能借助人工智能技术推动社会进步,并享受随之而来的巨大益处。

(827 字)

> **深度剖析**
> 原文有"不以为然",本段深入剖析分歧根源。但本段较难,需有一定的知识面,考生若无,可将上段对利弊辩证思维的分析拆分并作为本段
>
> **怎么做**
> 本段指出怎么做 + 联系实际

文章点评

本年的试题确实属于近年较难试题,第一,利弊分析试题本身就比较难;第二,人工智能技术需要考生具有背景知识才会写得更顺手,更有深度。

审题立意方面,本文支持继续研究和应用人工智能,观点清晰。

结构方面,运用正反式,先是正面意义+事例,然后反面剖析+反驳;接着回应质疑,承认弊端和风险,通过阐述应用原则来打消潜在的顾虑;最后提出有效的具体思路并充分联系当下现实,体现文章的现实意义。

论证方法和语言方面,第2段有短句连排,有 BAT 和科大讯飞的举例论证;第3段有反问句式;第4段有假设论证,质疑非常有力度,同时又有列举核能和刀具的举例论证。

总体来看,本文属于考场限时写作下的优秀作文,可评为一类文。

2017 年 1 月管理类联考论说文范文

57. 论说文:根据下述材料,写一篇 700 字左右的论说文,题目自拟。

一家企业遇到了这样一个问题:究竟是把有限的资金用于扩大生产呢,还是用于研发

新产品？有人主张投资扩大生产，因为根据市场调查，原产品还可以畅销三到五年，由此可以获得可靠而丰厚的利润。有人主张投资研发新产品，因为这样做虽然有很大的风险，但风险背后可能有数倍于甚至数十倍于前者的利润。

着眼长远，勇敢创新

一边是扩大生产，收获几年可观的回报；一边是投资研发，虽有风险却可能收获远大于前者的利润。面对两难抉择，我认为：企业应当着眼长远，勇敢创新。	简练点评材料鲜明表达观点
案例中的企业目前利润可观，有人认为不必冒险。其实，这颇为短视。创新并非只在逆境中产生，顺境中同样需要创新。企业经营良好时，如果主动创新，更能占据先发优势，赢取未来利润，形成良性循环。反之，利润稳定时如果停滞不前，未来市场稍有变化，企业可能面临经营艰难和被迫创新的双重压力。	写作务必紧扣材料，通过分析让观点站稳
着眼长远，赢在长远。企业经营不能只满足于三五年的舒坦。即使有三五年的稳健，可三五年之后呢？企业要的是基业长青，不是一时安稳。技术领先的机会稍纵即逝，行业前行的脚步不会停歇。面对当下和未来这个选择，企业必须着眼长远，谋划未来，只有这样才有长久的生命力和持续的竞争力。华为从创立之初就高额投入技术研发，没有计较短期业绩，通过几十年努力，技术才达到国际领先水平，回过头来又赢得了更多的利润和尊敬。	本文共三个要素，短期长期间抉择、面对风险和敢于创新，三个方面分别成为分论点。
认清风险，理性冒险。既然着眼长远，创新当属必然。创新的风险是可能失败，可能损耗利润。然而，创新之路，面对失败是必修课。创新意味着试错，意味着挑战，但也意味着机会。苹果手机之前，世界上没有智能手机，诺基亚安稳于现有产品，倒是挣足了当下利润，没有承担风险，但却被苹果"弯道超车"。可见，守得住三五年的利润，未必守得住企业的未来。	本题案例核心痛点在风险，本质由于风险带来这个抉择。
勇于创新，善于创新。创新不但需要眼光，更需要勇气。企业创新的风险如同航海途中的风浪。畏惧风浪无法出海，畏惧风险无法创新。当然，创新需要勇气，也需要技巧。企业应增强风险的控制力、极端损失的把控力，提高研发创新的胜算。	上段和本段都有过渡句，可注意体会过渡句。本段有比喻论证，除举例外，应学会多样的论证手法（名言、比喻、正反对比等）
其实，企业在实际经营决策时会面临比案例中更多的变量。因此，企业应当全面评估风险程度、竞争强度和技术难度，经过审慎充分地判断和评估，最终做出理性周全的决策。	

　　无论从行业规律，还是社会环境方面来说，当下的中国企业都应当奋发进取、科学决策、控制风险、勇敢创新，这是经营的需要，也是时代的要求。

（777 字）

文章点评

　　本文结构为关系题型专用的综合结构（详见第十章第二节）。本题的痛点在抉择，短期、长期的抉择，稳健、冒险的抉择。这个抉择的核心是有没有长远的眼光，也就是着眼长远，故为第一个分论点。其次，着眼长远就必须冒险，必须论述风险，故为第二个论点。最后，既然选择冒险，就要结合创新，提到创新要素，因为创新本身也是本年热点话题，故明显地单独探讨更好。

　　倒数第二段兜底，通过该段避免偏颇，构筑严密周全的观点并显示考生对待管理决策有实践经验，属于点睛段落。最后一段适当升华，提升作者的见地档次。

　　考生注意，大家普遍忽视结合材料作答，往往要么写选择，要么写创新，天马行空，侃侃而谈，好似没读过原题一般。大量这样的作文得分不超过 15 分，属于偏题作文。田然弟子务必都要注意，考试大纲要求围绕材料写作。这一点恰被他人忽视，反而是我们得分之处。今后大家写作务必紧扣主题，紧扣材料。

2016 年 1 月管理类联考论说文范文

　　57. 论说文：根据下述材料，写一篇 700 字左右的论说文，题目自拟。

　　亚里士多德说："城邦的本质在于多样性，而不在于一致性。……无论是家庭还是城邦，它们的内部都有着一定的一致性。不然的话，它们是不可能组建起来的。但这种一致性是有一定限度的。……同一种声音无法实现和谐，同一个音阶也无法组成旋律。城邦也是如此，它是一个多面体。人们只能通过教育使存在着各种差异的公民，统一起来组成一个共同体。"

致是船，多样是帆

亚里士多德的话揭示了多样性与一致性的关系和内涵，即城邦既需要一致性为基础，又追求多样性共存。因此，一致性与多样性辩证统一，相生共存。	点评材料 引出论点
一致性是基础。没有一致性，多样性就是一盘散沙。事物的多样性必须建立在一致性基础上。无论是城邦，还是团队，没有一致性做基础，那么很难形成团体。例如唐僧西天取经，一行四人性	本段结构清晰，段首句是中心句，接解释句，再举例，最

247

格、能力各不相同,团队构成充分多样,但整个团队拥有共同的目标——求取真经。正是这个目标使得团队面对苦难、分化时最终能够紧密团结,战胜险阻。

> 后点评事例,可模仿

多样性是根本。城邦之所以建立,在于成员的互助、互利、共存、共生。一致性是基础,但不是目的。一致性最终为了实现多样性。只有不断发展多样性,群体才能朝着更加有利的方向发展。所谓和谐,即是指不同音符的恰当共存,最终形成和谐的韵律。倘若只有一个音符,那么便没有和谐这个概念。因此,真正的和谐并非只有一致,而必须是一致基础上的多样体。

> 上段论述一致性,本段论述多样性,分工明确

一致性与多样性需要相生共存。要想形成和谐的多面体,就要在一致性引领下实现多样性发展,在多样性发展中维护一致性方向。正如中华民族拥有 56 个不同民族,才有了丰富的历史文化,共同构成完整的国家。但同时,56 个民族又要不断地巩固共同的文化认同基础,维护国家的和谐稳定。因此,要实现一致与多样的统一,必须坚持求同存异、兼容并包,做到增进一致而不强求一律,包容多样而不丧失基础。

> 提出做法:求同存异,兼容并包

一致与多样并非天然和谐存在,人们常常要么过于追求一致,要么过于偏重多样。因此,必须通过各种手段引导群体中的个体保护一致性基础,维护多样性特质,通过正确处理两者的关系,达到群体的和谐。

> 本段回应试题,提到一致和多样的统一必须经由教育的途径,当然这个是广义的教育

一致是船,是个体共存的坚实基础;多样是帆,是群体更好共存的力量源泉。只有协调好一致与多样,才能创造群体的和谐。

(702 字)

文章点评

本文结构为关系题型专用的正向结构,首先说一致的作用,再说多样的作用,最后说一致和多样合并的作用。这个结构属于典型的把关系分别论述,然后向一个最终方向聚拢的写法。

本题要写好,最关键是审题准确,认识到命题人对一致和多样的定位(一致是基础、多样是根本)。只要审题准确,定位准确,写作分数将有基本保障。同时,要想写好,需要熟悉关系型试题的专用写作结构。这类关系型试题近两年炙手可热,本书亦设置第十章进行专门讲解,请考生予以足够重视。

2015 年 1 月管理类联考论说文范文

57. 论说文：根据下述材料，写一篇700字左右的论说文，题目自拟。

孟子曾经引用阳虎的话："为富，不仁矣；为仁，不富矣。"（《孟子·滕文公上》）。这句话表明了古代当时社会上对"为富""为仁"现象的一种态度，以及对两者之间关系的一种思考。

富仁兼取，既仁可富	
针对"为富"和"为仁"，历来有两种观点，一是认为"富"和"仁"彼此矛盾，只能取其一；二是认为"富"和"仁"相互促进，可以兼得。在当今社会，我更认同后者的观点——"为富"与"为仁"可以兼取。	点评材料 引出论点
"为富不仁"和"为仁不富"是在当时生产关系和时代条件下做出的判断。时过境迁，在当今时代的体制、技术、环境条件下，我们不能再囿于对立的思想藩篱，既要传承仁义之风，又要鼓励合理创富。所以，当下时代需要富仁兼取的正确观念。	评论材料，阐发议论，提出观点
<u>富仁兼取，辩证统一</u>。"富"和"仁"辩证统一并非当代独有的观点。古代墨子即主张"贵义"和"尚利"的统一。究其根本，"富"是做事目的之一，"仁"是做事的重要手段，两者不是非此即彼，而是手段与目的的关系。只要合理处之，可以兼得。中华老字号同仁堂，恪守"炮制虽繁必不敢省人工，品味虽贵必不敢减物力"的传统古训，以"货真价实"享誉海内外，就是"仁"和"富"兼得的范例。	分论点一 着重整体关系 （段结构：论点—议论—举例）
<u>先仁后富，以仁为先</u>。荀子主张"先义而后利者荣，先利而后义者辱"。孔子说："见利思义""义然后取"。只有先义才能有正当之利、长久之利。由此可见，无"仁"则无"富"，不义则不可利。东方如此，西方亦如此。《圣经》中记载犹大因为银币出卖耶稣。犹大富在仁先，追求不仁之富，故遭受世人唾弃。	分论点二 着重次序轻重先说仁 （段结构：论点—引名言—举例）
<u>既仁可富，取利有道</u>。我们要追求重仁尚礼，但也要通过奋斗实现富裕生活。不能让割裂"富"与"仁"的观念使中国人"勤劳而不富有"。在为仁的前提下，应该弘扬既仁可富，取利有道。袁隆平为农业做出杰出贡献，虽富而无人嫉妒；莫言为中国拿到首个诺贝尔奖，虽贵而无人嘲讽；华为作为民营企业做到世界最大通信设备商，虽强而无人不满。由此可见，只要以光明正大的方式，通过努力取得成功，就会受人尊敬，就应成为楷模。	分论点三 说完仁，再说富 （段结构：论点—议论—排比）
新时代呼唤正确的富仁观念，呼唤富仁兼取的时代风气。	
（708 字）	

文章点评

本文结构为关系题型专用的综合结构。

好文章之所以好,首先是立意正确,结构顺畅,这些是大家看到的基本功。其次,本文语言也较为考究:一是语言有对仗风格,如第二段;二是通过较多逻辑连接词体现论述的逻辑感,例如"所以""究其根本""只有……才……""由此可见""不……则不……""在……前提下"等,请大家再回到原文把这些词画出来并揣摩;三是适当运用排比句,体现文采,提高质量。本文有面儿,也有里儿,请大家时常将自己的习作与范文进行对比,找找差距,以便着实提升。

2014 年 1 月管理类联考论说文范文

57. 论说文:根据下述材料,写一篇700字左右的论说文,题目自拟。

生物学家发现雌孔雀往往选择尾巴大而艳丽的雄孔雀作为配偶,因为雄孔雀的尾巴越艳丽表明它越有生命活力,后代的健康越能得到保证。但是这种选择也产生了问题,孔雀尾巴越艳丽越容易被天敌发现和猎获,生存反而受到威胁。

花开生两面

《世说新语》有云:"花开生两面,人在佛魔间",意思是说:花开绚丽却分阴阳两面,人性也有善恶两端。这就如同雄孔雀尾巴大而艳丽可以吸引雌孔雀,却也同样容易被天敌发现反受其害。事物两面性处处可见,我们行为为人应充分认识。 | 引用名言连带材料,既秀功底"肌肉",又守行文"规范"

很多事物都具有两面性,必须全面地看待,不能只看到其一。蛇毒足以致人死地,却可以制成中药,救人性命;核能可以制造武器,威胁人类安全,但也可以提供能源,造福人类;摩擦能够消耗能量,减小速度,但也能提供抓力,产生热量。由此可见,事物通常不是单一的利与弊、好与坏,而是像硬币的两面,包含着对立共存的不同特性。我们需要客观、全面地看待。 | 正面论证 排比式举例显功底

反之,如果忽视两面性,就会草率地得出偏颇的结论。如果以此指导我们的行动,不但不能达到效果,还可能适得其反。内蒙古草原一度狼患猖獗,影响了牧羊的安全和牧民的收入,人们随即大肆捕杀。后来狼患虽除,但是由于羊群缺少天敌,过度繁殖导致草场退化,问题更加严重。可见,事物两面性忽视不得。 | 反面论证 反面无事例亦可

既然两面性如此重要,那么如何能够认识它?认识两面性要求我们换角度看待问题,换位置思考问题。鲨鱼没有鱼鳔,游起来不能停歇,应该说是最"可怜"的动物。从鲨鱼角度看确实不幸。但是客观地看,由此导致鲨鱼只能不停游动反倒造就了它强壮的体魄,成了海洋霸主。古代的仲永年少时出口成章,从父母位置看确实高兴,但是如果换位到仲永本人看,这可能会导致孩子忽视勤奋和积累,影响未来的成就。所以,要想认识两面性务必深入思考、适当转换角度、转换位置看待问题。

> 本段写法可以二选一,本文选择"怎么做"写法,亦可选择"回应质疑"写法,见第九章

孔雀事例虽然是动物界的现象,但是两面性的规律却存在于生活的方方面面,所以我们在分析孔雀的同时,也要分析我们自身。发现生活中、工作中事物的两面性,积极地全面看待。

认识两面性,全面地认识我们的世界。

> 联系实际
> 本话题不宜选兜底,不好写

(713 字)

文章点评

本文结构应用正反式。

本文语言相对朴实,并无较多精彩,但是也满足考纲的"语言流畅"要求。语言层面,考场中写成这样即可,这对于许多 MBA 等离开校园多年的考生可谓好消息。不过,MPAcc 考生仍然应当不断练笔,不断批改,以求短期提升语言水平,冲击高分。本文优点:首先严格按模板写作,比较规范;其次事例丰富,对观点支撑有力;再次行文清晰,虽然没有华丽辞藻,但是说理简明扼要。

2013 年 1 月管理类联考论说文范文

57. 论说文:根据下述材料,写一篇 700 字左右的论说文,题目自拟。

20 世纪中叶,美国的波音与麦道两家公司几乎垄断了世界民用飞机的市场,欧洲的制造商深感忧虑,虽然欧洲各国之间竞争也相当激烈,但还是争取了合作的途径,法国、德国、英国和西班牙等国决定共同研制大型宽体飞机,于是"空中客车"便应运而生,面对新的市场竞争态势,波音公司和麦道公司于 1997 年一致决定组成新的波音公司,以此抗衡来自欧洲的挑战。

主动应对变化	
有句名言"世界唯一不变的就是变化"。现代企业所处的商业时代和产业环境都处于迅速变化中,只有先观势而变,再顺势而动,最终才能乘势而上。因此,企业应该主动应对变化。	(引)点评材料 引出论点
主动应变为什么如此重要?因为变化是无法躲避的,任何企业和个人都无法独善其身。先动者占据先发优势,后动者只能勉强跟随,稍有不慎还可能惨遭淘汰。只有主动应变,才能使赶超者弯道超车,使领先者立于不败。材料中无论是欧洲厂商主动抱团取暖,还是波音公司放下老大的"骄傲"与麦道合作,都是主动应对竞争变化,争取竞争优势的高明之举。	(正)正面说重要性,语言注意节奏(先发优势、勉强跟随、惨遭淘汰) 点材料,显贴合
反之,如果忽视变化,或者怀有侥幸心理,无论是产业巨头还是市场翘楚都可能江河日下,快速消亡。诺基亚曾是手机领域的巨无霸,柯达曾是胶卷相机时代的巨擘,由于忽视产业变化,最终导致快速失去市场,经营濒临破产。	(反)反面可不举例,若举例也推荐如此般简述
也许有人说,现在的成功就是靠过去的模式得来的,为什么还要变?现有的成功代表过去,并不保证未来。所以,这不是忽视变化的理由。主动应变是为了赢取未来。QQ早就是国内最大的即时通讯软件,但腾讯仍然对技术和趋势保持敏感并主动创新,2011年推出"微信",继续引领行业。腾讯没有因为成功而忽视创新的萌芽。虽然微信短暂影响QQ,但整个腾讯乘势而上,取得了比以前更大的成就。由此可见,主动应变是唯一的选择。	(疑)回应质疑+再举事例,加深观点
环境和产业变化涉及各行各业,主动应变不仅是科技企业的信条,也是所有企业认同的通行准则。每个个人和企业,都需要考虑应变,学会应变,主动应变。	联系实际且紧扣"应变"
在众多企业口号中,"因您而变"令人印象深刻。我想,那是因为只有主动改变,才能更好地应对未来吧。	
(652 字)	

文章点评

　　本文正反式应用得非常标准,是学习正反式的好范本。本文作者是经管背景,文史事例不多,主要采用企业案例,行文顺畅,可作为MBA同学的重要参考。同时,本文对于语言比较雕琢,通过对仗句,使得文章节奏感强。

　　本文另一特点是紧扣材料和主题,第二段出现试题材料,全文多次提到应变、趋势、变化等主题相关词。紧扣材料和主题更容易获得高分,因为这同时达到"紧扣话题,观点鲜明"等重要评分标准。建议大家行文时紧扣材料和话题,这样全文"写什么",阅卷者就会印象清晰。

2012 年 1 月管理类联考论说文范文

57. 论说文:根据下述材料,写一篇 700 字左右的论说文,题目自拟。

中国现代著名哲学家熊十力先生在《十力语要》(卷一)中说:"吾国学人,总好追逐风气,一时之所尚,则群起而趋其途,如海上逐臭之夫,莫名所以。曾无一刹那,风气或变,而逐臭者复如故,此等逐臭之习有两大病:一、个人无牢固与永久不改职业,遇事无从深入,徒养成浮动性。二、大家共趋于世所矜尚之一途,则其余千途万途,一切废弃,无人过问。此二大病,都是中国学人死症。"

品味专注

哲学家熊十力在《十力语要》中说"吾国学人有逐臭之习",而"逐臭之习是中国学人死症"。止是逐臭之习,导致学者失去专注,变得浮躁,进而无所成就。这番话告诉我们:为学做人都需要专注。

专注能使人集中精力与才华、智慧与热情。"世事洞明皆学问,浅尝辄止无所成"。如果说积累相当于分子,领域相当于分母,那么成就就是两者相除的结果。积累越多,领域越小,则最终成就越大。童话大王郑渊洁将毕生精力投入到童话创作与儿童教育当中,成为令人敬仰的作家和教育家;毕生可谓时间长;童话文学,可谓领域专。当然郑渊洁成功有诸多因素,但不可否认专注是核心原因之一。

反之,失去专注,将有限的精力投入到无限的事情当中,注定只能失败。任何事业都有其门道、要害,也需要积累和持续改进,如果没有专注,就无法取得突破,也就无法企及突出的成就。

既然如此,为什么有人能长久专注,有人却无法抵御诱惑?专注最重要的是需要有坚定的志向和信念。有了坚定不移的志向,才能避免"无从深入",才能避免"共趋一途",才能坚持不懈,抵御寂寞的煎熬和他人成功的诱惑,坚持自己的领域和事业。玄奘赴西域取经,期间历经磨难和诱惑,为何还能专注于遥远的目标?因为他有弘扬佛法、普度众生的宏愿。它的志向是斧正意念的守则,克服困难的利器,抵御怀疑的法宝。所以,要想专注,可以从立志、守志做起。有了专注的志,才有专注的行动。

首段是经典的引材料—评材料—出论点三句式

第 2 段结构:先段中心—再解释议论—再举例—再总结,即"总分总"结构

第 2 段加引号的"诗句"是自编的,考场上若有文采在嘴边,可以"就地成诗"

第 2 段第 3 句是比喻论证,该手法学会很好用,可穿插应用

请注意第 4 段回扣了材料,行文时都要有回扣材料,无

专注岂止是做大事的必须？每个普通人，哪怕只是要做好本职工作，哪怕只是履行承诺责任，都必须践行专注的品质。专注，贯穿在为人处世的方方面面。

要想成为一个有成就的人，最宝贵的财富就是我们的专注精神。为了社会的进步，为了更美好的明天，更需要我们去专注地做好一件事。

（700 字）

> 论在前后哪个位置。同时，本段用排比句增强了气势

文章点评

本文有若干亮点：一是举例恰当，郑渊洁、唐玄奘，既陌生又熟悉，既不烂大街，又不会无感。二是应用比喻论证手法，这在其他文章没用。因为专注这个话题比较俗，所以运用比喻论证比较清新。三是第 4 段应用排比句增加气势。

正如我们讲正反式时所说，倒数第 2 段既可以"联系实际"也可以"兜底"，本文哪个都行。若改用"兜底"，则可以说："当然，专注也不是万能药，还需要客观条件、团队合作等诸多因素……"考试时选择哪种要看哪种顺手。

本文结尾是"升华倡议"手法，其他范文基本都是"回扣主题"手法。两者皆可，无好坏之分。想用升华倡议手法的，可以参照本文。

2011 年 1 月管理类联考论说文范文

57. 论说文：根据下述材料，写一篇 700 字左右的论说文，题目自拟。

众所周知，人才是立国、富国、强国之本，如何使人才尽快地脱颖而出是一个亟待解决的问题。人才的出现有多种途径，其中有"拔尖"，有"冒尖"。"拔尖"是指被提拔而成为尖子，"冒尖"是指通过奋斗、取得成就而得到社会的公认。有人认为，我国当今某些领域的管理人才，"拔尖"的多而"冒尖"的少。

人才当冒尖

人才是富国、强国之本，为了更好地服务社会，人才不能坐等选拔，而应该以自身主动冒尖，发挥自身价值，做出贡献。

什么是冒尖？冒尖是通过自身奋斗，主动脱颖而出，主动实现自身价值。国家建设和发展需要人才，个人生命光阴会有竟时。要想在有限的生命中发挥最大的价值，就不能坐等机会，被动地等待拔尖。只有树立勇于、善于冒尖的自强氛围，才能缓解当下选拔人才的难题。那么，怎样才能敢于冒尖、善于冒尖呢？

> 本段是"是什么"段，要说清冒尖的含义、必要性和重要性

冒尖要有奋发有为、敢于当先的锐气。冒尖不是件容易的事，必须具有雄心壮志。如果意识里想都没想过，也就不可能有敢于当先的行为。当然，光有雄心不够。要出类拔萃，做出不凡的业绩，只能通过锐意进取、艰苦奋斗。天上永远不会掉馅饼。成功只属于那些勤奋、刻苦、敢闯、敢干的有志者，碌碌无为、明哲保身、安于现状、浑浑噩噩的人，是不可能成为拔尖人才的。具有昂扬的锐气，是冒尖的前提。

冒尖要有克服心理障碍、排除干扰的勇气。冒尖不能墨守成规、亦步亦趋，而要不囿流俗、大胆求异。我国传统文化向来推崇"中庸"之道，相对地排斥冒险，所以对冒尖也就多少有些回避甚至非议。古人有"木秀于林，风必摧之"和"枪打出头鸟"之说。反映到现实生活中，就是对冒尖者有些人说三道四，冷嘲热讽。因此，要想冒尖，还要从心理上战胜自己，有一股想干事、干成事、不怕事的勇气，集中精力，排除干扰，把自己想做的事做好。具有无畏的勇气，是冒尖的基础。

冒尖要有胜不骄、败不馁的志气。在通向成功的奋斗过程中，总会遇到这样或那样的困难。凡能胜利抵达彼岸者，莫不是能够经得起考验的人。遇到挫折时，不能失去信心，更不能轻言放弃；而在顺利的时候，更要保持清醒的头脑。应当认识到，冒尖是一个相对的概念，一方面冒尖了，不等于其他方面也冒尖了；一时冒尖了，也不代表永远都能冒尖。只有谦虚谨慎、不骄不躁，才能不断进步。如果满足、懈怠、停滞了，落后就是迟早的、必然的事。具有胜不骄、败不馁的志气，是冒尖的保证。

既然有才华，就应该主动贡献社会，既然是人才，就应该主动冒尖。

（829字，为保留原文全貌，未予过多删节）

感受下本段强烈的说理和议论语气，论说文应该戒鸡汤、戒抒情，强说理，强逻辑

引用论证

多连接词体现说理性：凡能……莫不是；不能，更不能，更要；一方面，一时；只有，才能；如果，就是等等

文章点评

本文结构应用并列式，但非常见的三个"为什么"的并列式，而是三个"怎么办"的并列式。有考生问，论说文不是必须写"为什么"吗？"为什么"很重要，但并非只能写"为什么"，这种"怎么办"结构亦可。

但是，如果上来就是"怎么办"则过于突兀，所以第二段论述"是什么"，当说清含义后，着重论述"怎么办"。当然，本文也可以写成"是什么、为什么、怎么办"的递进式。写成哪种结构主要看考生考试时哪种思路更加顺畅。

由于本文不是考场作文,而是改编自报刊文章。所以也有不标准之处,例如没有列举事例,这是报刊评论与考场论说文的小区别,但是瑕不掩瑜,其借鉴意义大于不似之处。考生可重点体会怎么办并列式和精辟的说理语言。本文通过大量逻辑连接词,体现了很强的逻辑性和说理性。请考生回读本文,画出这些词并体会如何通过行文加入逻辑词提升文章的"说理感"。

作者注:本文改编自赵安华,2003 年 6 月 23 日的《人民日报》第九版。使用该文也意在展示论说文学习的实用价值。此处仅对原文做了少数修改,由此可见,许多社论、评论,就是现在所学的论说文文体。为保留文章原貌,本文未过多删节,因此字数多于考试要求字数。

2010 年 1 月管理类联考论说文范文

57. 论说文:根据下述材料,写一篇 700 字左右的论说文,题目自拟。

一个真正的学者,其崇高使命是追求真理。学者个人的名利乃至生命与之相比都微不足道,但因为其献身于真理就会变得无限伟大。一些著名大学的校训中都含有追求真理的内容。然而,近年学术界的一些状况与追求真理这一使命相去甚远,部分学者的功利化倾向越来越严重,抄袭剽窃、学术造假、自我炒作、沽名钓誉等现象时有所闻。

抛却功利,踏实做事

树根在地下是黑暗寂寞的,但正是它在黑暗寂寞中吸收养料,才让大树枝繁叶茂。同样,学者格物致知的道路是枯燥的,枯燥中难免产生功利之心,但只有抛却功利,踏实做学问,才能收获事业建树,向社会贡献知识成果。

> 对比式开头,与其他范文不同,可体会之

古往今来,大凡有成就的人正是因为守住寂寞,抛却功利,实实在在付出才能收获真正的事业成功。钟钱书先生潜心编写《管锥编》,在十年"文革"动荡期依旧恬静淡泊,耐住浮躁与诱惑,学贯中西,游走古今。以他的名气,想要乘势而为、争名逐利不是没有机会,但是他选择抛却功利,务实求理,最终才获得如此辉煌的学术成就。

> 钱钟书的《管锥编》,正好符合熟人生事原则

与此相反,总有许多浮躁的学者,"身在曹营心在汉",受到利益、名声的刺激与驱使,胡乱造假、东拼西凑、急功近利,不仅没有真正的有益成果,而且早晚陷自身于图吾,更有甚者败坏整个领域或国家的荣誉。

有人说,守住寂寞太难了,功利之举也是迫不得已。这是借口和狡辩。真正的学术大师和成功人士能拒绝浮躁,源自于他们对自己所投身事业本身的挚爱。他们付出的原动力不是出名,所以不需炒作;他们付出的原动力不是暴利,所以不会造假。只有真心热爱自己事业的人,才会拒绝功利,甘心寂寞,脚踏实地。中国无动力帆船航海第一人翟墨心怀梦想,独自一人耐住旅程中的寂寞与艰辛,完成自驾帆船环球航海一周壮举。奋斗的历程是充满寂寞与艰苦的,唯有耐住寂寞,才能迎来收获的硕果。

> 回应质疑法
> 回应文字务必有力些,否则反而让人感觉己方理屈词穷

各行各业莫不如此。塞林格坚守寂寞,著出《麦田里的守望者》,令人敬佩;莫言坚守寂寞,成为中国首位诺贝尔文学奖获得者,令人景仰;罗阳坚守寂寞,托起航空母舰载机歼-15,令人动容,各行各业普通劳动者,亦莫不如此……

> 排比句式联系实际,由此可见,排比可用在任何位置

面对喧嚣浮华的社会,我们应该拒绝浮躁,拒绝功利,像"深深扎进地层的树根"一样,抛却功利,脚踏实地做学问、做事情。

(719 字)

文章点评

本文结构应用正反式,但在各个位置的写法特意与其他范文不同,起到全面给考生展示正反式各种用法的意义。例如对比式的开头,回应质疑式的写法,排比句作联系实际等等。

2009 年 1 月管理类联考论说文范文

以"三鹿奶粉事件所想到的"为题,写一篇 700 字左右的论说文。

由三鹿奶粉事件所想到的

三鹿集团等企业在生产婴幼儿奶粉时人为添加对人体有害的"三聚氰胺",使嗷嗷待哺的无辜婴儿失去生命,毁掉了本该幸福的家庭。"三鹿事件"酿造了让人失声落泪的悲剧,引人深思。无论是经商还是做人,都应奉行诚信之本。

是的,细观中外,凡是优秀的企业都将诚实经营、信守承诺作为企业发展之道。民族企业同仁堂把行医卖药作为济世养生、效力社会的高尚事业来做,使品牌历经三百年而不衰;海尔集团坚持

做到货真价实、童叟无欺,在国内外均享有很高的声誉;通用电气公司坚持依靠员工的诚信作为公司的第一道防线,成为美国最受赞赏的公司。这些企业的成功就在于坚持诚实守信的经营理念,使企业品牌赢得了广泛赞誉。

排比事例法

排比时既可以排比语句,也可以排比事例

然而,三鹿奶粉事件所暴露出的严重问题就是某些企业在经营中丧失了诚信之本,他们的行为既违背了诚实经营的准则,也没有信守对食品安全的经营义务,其后果直接导致了百姓受害、企业破产。这种重效益、轻诚信的企业行为不仅需要食品行业反思,也应敲响各行各业的警钟。

古人云:"诚者,天下之道。"这句话说得非常有道理,每一个享有盛誉的优秀企业,都有着诚信为本的经营理念,只有商家坚持以诚为本、信守诺言,才会创造出优秀的企业品牌。

把名言引用突出出来,不失为好做法。为了突出,记得放在段首,再加个"古人云",醒目

那么,三鹿是自开始就无视诚信、罔顾道德的吗?显然不是。那么,它最终为什么走上舍本逐末的歧路呢?诚信,不难在知晓,而难在坚持。企业为了打开市场都能做到货真价实、质优价廉。但是往往当成为优秀品牌,驰名商标后,容易忽视了底线和原则,淡漠了诚信之本,最终落得前功尽弃、毁于一旦的下场。

因此,经商立业应该以恪守诚信为本,以坚持诚信为贵。诚信是见利思义的准则,诚信是自律自强的意识,诚信是效力社会的承诺。只有以"三鹿奶粉"事件为戒,才能坚守诚信为本的经营之道!

最后用排比,也是不错的位置,阅卷者重视首尾,放在结尾也容易被看到

(711 字)

文章点评

本文展现了事例的排比写法;展现了排比句放结尾的写法;展现了对标准结构灵活变通的写法(中间稍加改造,增加一段)。这些都与前几年真题范文形成良好补充。各年范文请大家参阅时紧密联系、对比。

2008 年 1 月管理类联考论说文范文

"原则"就是规矩,就是准绳。而在日常生活和工作中,常见的表达方式是:"原则上……但是……"请以"原则"与"原则上"为议题写一篇论说文,题目自拟,700 字左右。

牢守"原则"，拒绝"原则上"

　　孔子所言"七十则随心所欲不逾矩"乃是阅尽世事千般才达到的境界，已经达到"随心所欲"但是还要"不逾矩"，可见做人要牢守原则。 | 引用名言式开头

　　但是，在日常生活中，原则已经有所异化，变成了"原则上"，这是放松了原则，更有甚者变为根据需要或利益选择性地适用原则。这就失去了原则作为规矩和准绳、约束和规范的本来作用。所以，"原则上"无疑已经破坏了原则。古语有云："心似平原放马，易放难收"，原则但凡稍有突破便如决堤之水，日积月累造成大患。刘志军、谷俊山等腐败官员，瘦肉精、地沟油等食品隐忧，无不是忽视原则，突破原则，最终践踏原则。高官腐败动辄上亿，毒奶粉、地沟油破坏成千上万家庭的健康，造成亲人永远的伤痛。 | 本文结构属于"问题对策"式 / 本段阐述危害

　　什么造成对规则的破坏？——我们的文化轻规则，重结果。这导致了铤而走险者破坏原则，不择手段。"成王败寇"的观念让我们经常为胜利者欢呼，鲜少为守规者点赞。当竞争达到某个程度，无法仅通过正常渠道取胜时，如果没有对规则的尊重，只有对结果的推崇，就会导致参与者失去原则，不择手段。当然，除却文化因素，法制环境亟待完善也是原因之一，同样是华人社会，新加坡、中国香港等地的破坏道德、原则的情况就发生较少，部分原因也是法制更加完善，监督和惩戒更为严厉。 | 本段剖析原因 / 本段议论程度相比其他范文更深刻，这是问题对策式特点，喜欢这种写法同学亦可参照本文

　　要减少流于形式的"原则上"，就必须破除唯成功论，弘扬诚信之风，加强社会运行的监督与法制。唐骏的学历事件致使其事业受阻，风光不再。我们在为这位经理人惋惜的同时也欣喜地看到，国人不再以成败论英雄，而是注重是否坚守诚信这个做人的基本原则。因此，我们的社会需要更加弘扬规则意识，加强法制监督，让"原则上"无从遁形。 | 提出解决办法

　　当然，遵守原则并非墨守成规，并非不顾情理，并非不顾变通，变通可以，但是以谋取私利、危害他人为目的的"原则上"是坚决不能有丝毫通融的。 | 兜底，避免极端

　　文有定法，律有常规，牢守原则，坦荡做事。

（748字）

文章点评

　　本文结构应用问题对策式。本文长处：一是紧扣主题，短短748字作文，"原则"与"原

则上"合计出现20次。二是文字考究,有理有节,既痛陈说理,又避免过激。可见,论说文并非不顾语言,而是要展现说理议论语言,而非抒情、描写、记叙语言。三是道理论据(引用名言)两次出现,体现素养。引用名言容易被大家忽视,大家都是喜欢举事例,不过名言能有还是尽量要有。

2007 年 1 月管理类联考论说文范文

论说文:根据下述材料,写一篇700字左右的论说文,题目自拟。

电影《南极的司各脱》,描写的是英国探险家司各脱上校到南极探险的故事。司各脱历尽艰辛,终于到达南极,却在归途中不幸冻死了。在影片的开头,有人问司各脱:你为什么不能放弃探险生涯?他回答:"留下第一个脚印的魅力。"司各脱为留下第一个脚印付出了生命的代价。

坚定追求人生意义

司各脱是英国著名探险家,为实现开拓者、探索者的人生意义,他不畏危险,探索南极,却不幸死于归途。但是,他用宝贵的生命启示我们,人要努力追求人生意义。

努力追求人生意义,是对如何度过生命的价值取向,是追求自我实现的坚定声音,是不要虚度生命的人生宣言。岳飞以精忠勇武报效国家,诸葛亮以鞠躬尽瘁匡扶汉室,司马迁以坚忍著述弘扬史学。他们都是通过自身的不懈努力,不畏困难,甚至是不畏威胁,勇敢追求人生意义和价值的典范。 *(排比句位置很灵活,本文又放在第二段段首,比较突出)*

反之,如果没有追求人生意义的理想,即使手握实现价值的机遇,也会纵身声色犬马,追悔莫及。臧克家在《有的人》一诗中写道:"有的人活着,他已经死了;有的人死了,他还活着。"就是告诉我们,如果漠视人生的意义,那么可能枉过此生。

有人说,过好自己的生活不好吗,为什么非要追求人生意义?确实,意义并非与生俱来的,也不是谁强加于你的。就像司各脱选择探索南极是他自己的选择,不但没有人强迫,甚至有人提醒他危险。但是,人生匆匆数十年,对于有志者来说,不仅是生活,也是对世界有所贡献的唯一机会。只有抓紧人生,立志追寻和实现某种人生意义,才能做成或大或小的事业,留下生命的痕迹,贡献独特的价值。(疑/必要性) *(本文为田然老师亲手所写,我笔真实写我心。意义确实不是与生俱来,也没人强加,就是自己本能地希望实现它。这是我对意义的看法)*

毕淑敏说过:"人生本来没有意义,但是每个人都要为它赋予意义。"是的,对于有志者来说,对于不愿糊涂度过人生者来说,努力追求人生意义就是人生内在的组成之一。

当然,追求人生意义并非必然伴着死亡,只是极端时为意义而献身的人们更加令人敬仰。同时,"我是个普通人"不是忽视人生意义,只求安稳度日的借口。任何人只要立足岗位,拿出做事的决心,都能实现或大或小的成就,实现或多或少的人生意义。

不忘人生意义,才能不枉人生百年。

（690 字）

兜底与联系实际两段相结合

文章点评

本文结构应用正反式。司各脱的故事,有人看到了探索和敢为人先,这些都对。在老师看来,更加深刻地立意是探讨人生意义和价值。这个立意才是高分立意。此外,本文紧扣主题,结构清晰,语言精练准确,是一篇从多方面综合来说很好的范文。

2006 年 1 月管理类联考论说文范文

论说文:根据下述材料,写一篇700字左右的论说文,题目自拟。

两个和尚住在东、西两座相邻的山上寺庙里,两山之间有一条清澈的小溪。这两个和尚,每天都在同一时间下山去溪边挑够一天用的水,久而久之,他们就成为好朋友了。

光阴如梭,日复一日不知不觉已经过了三年。有一天,东山的和尚没有下山挑水,西山的和尚没有在意:"他大概睡过头了。"哪知第二天,东山的和尚还是没有下山挑水;第三天、第四天也是如此,西山的和尚担心起来:"我的朋友一定是生病了,我应该去拜访他,看是否有什么事情能够帮上忙。"于是他爬上了东山去探望他的老朋友。他到达东山的寺庙后,看到他的老友正在庙前打太极拳,一点也不像几天没喝水的样子,他好奇地问:"难道你已经修炼到可以不用喝水就能生存的境界了吗?"东山和尚笑了笑,带着他走到寺庙后院,指着一口井说:"这三年来,我每天做完功课,都会抽空挖这口井。如今终于挖出水来了,我就不必再下山挑水啦。"西山和尚不以为然:"挖井花费的力气远远甚于担水,你又何必多此一举呢?"

智者远虑

在中国的历史故事中,充满了太多西山和尚的不以为然。蜩与学鸠嘲笑过鲲鹏,智叟嘲笑过愚公,少年李白嘲笑过磨针老太……但是无一例外地,后者最终成为我们学习的榜样。这些事例告诉我们:只顾眼前,必将失败;着眼长远,终能成功。

开头通过举例秀文史功底

人不是朝生夕逝的虫豸。漫漫人生路，如果淡然一弈，沉迷于暂时的得失，极易一着不慎，满盘皆输。西山和尚有水便不愿意打井，这样的"今朝有水今朝吃"不就等同于"今朝有酒今朝醉"吗？如果没有准备和积累，如果他日干旱，或体力不敷，或要事缠身，西山和尚是不是吃水就会受影响？所以，只有着眼长远，才能安稳无虞。

豸(zhì)

本段紧扣材料

吃水与喝酒的类比是类比论证兼名言引用的合体

为什么会出现这种"短视"的现象？——因为，短视者只看得到当下，看不到今后。西山和尚即使听了东山和尚的忠告，还是不以为然道："挖井更费力气，多此一举"。可见，他不是不懂，而是不认可。他没有看到今后的形势、需要和变化，仅以当下的安稳和平衡为满足。这样的安稳是沙中之塔、海中之楼。一旦环境出现变化，就会措手不及。

自问自答式容易抓住阅卷者快速浏览眼球

远虑不易，能达者稀。如何能做到着眼长远？一是要树立目标。东山和尚正是有了"不必再下山挑水"的目标，才有了日日持续挖井的行动。二是要拓展视野。只有眼光不仅局限于当下、眼前、身边，才能做到为长远谋、为后世谋。三是要有耐心毅力。着眼长远必然难以同时获得即期回报。西山和尚做出"多此一举"的结论是因为他只是比较了当下有付出、没收获。但是，倘若他看到未来可以不再挑水的长远好处，那么他就不会再这么算一时的投入和回报的"小账"了。

考究语言放在段首更容易被发现

本段围绕怎么办

远虑对于事业来说实在是太重要，无论是企业经营还是金融投资，无论是做人还是做事，只有有了远虑，才能统筹考量，才能用更清晰的眼光去做对的事情。

"风物长宜放眼量"，着眼长远，无论你做什么，都可以让自己更接近成功。

(714 字)

文章点评

本文应用"随心配"思维，各段根据试题和特长搭配，为"议—析—做—联"，析指的是分析反面成因，即为什么会造成短视。语言方面，是否感觉本文语言很精彩？这种精彩是考生模仿学习的方向，但不必叹息难以达到。这篇文章，老师亦是闭关雕琢许久才原创出来。使用这篇范文是为大家树立榜样，但临场习作做不到也是常事，应当分清，莫误解灰心。

2005 年 1 月管理类联考论说文范文

根据下述内容,自拟题目,写一篇短文,评价丘吉尔的决策,说明如果你是决策者,在当时情况下你会做出何种选择,并解释决策依据。700 字左右。

二战期间英国首相丘吉尔曾做出一个令他五内俱焚的决定。当时盟军已经破译了德军的绝密通信密码,并由此得知德军下一个空袭目标是英国的一个城市考文垂。但是,一旦通知这个城市做出任何非正常疏散和防备都将引起德军的警觉,使破译密码之事暴露,从而丧失进一步了解德军重大秘密的机会。所以丘吉尔反复权衡,最后下令不对这个城市作任何非正常的提醒。结果考文垂在这次空袭中一半被焚毁,上千人丧生。然而通过这个密码,盟军了解到德军几次重大战役中兵力部署情况,制订了正确的反应战略,取得了重大军事胜利。

放弃考文垂的艰难决定

面对通知考文垂还是保护破译密码的秘密,丘吉尔选择了后者。我认为他的做法理智且正确。如果我是决策者,我也会做出与丘吉尔一样的决策:放弃考文垂,保护破译密码的秘密。

首先,决策行为必须为最终目标服务。二战中,最终目标是要最大化破译密码价值,更好地为军事胜利服务。破译绝密通信密码是极其困难的。因此,必须保护所破译的密码并尽力使其发挥最大效能。但是,现在要牺牲的是平民百姓的生命。所以,这个保护就不再是简单的某个艰巨目标,而是决策者将面临的两难选择。面对两难选择时,首要的是明确最终目标并坚定以实现目标,实现最大价值为原则,而不能感情用事,道德用事。

其次,决策面对两难必须质疑是否有取舍之外的有效办法。面对两难不能草率决定,而要分析是“真两难”,还是“假两难”。许多时候,两难问题可以通过统筹安排或其他办法解决。不过,题目已经说明当时的情境——“任何非正常疏散或防备都将引起德军警觉,使破译密码之事暴露”。这个“任何”就杜绝了采取其他隐蔽或变通手段通知考文垂疏散的可能。因此,这个两难必须做出取舍。

最终,如果决策面对两难,只能选择利重害轻而从其一。面对保护考文垂和保护密码这个重大的两难决定,必须权衡利弊轻重。考文垂市居民性命宝贵,战场将士作为赢取胜利的关键,生命同样万分珍贵。面对这个两难抉择,权衡标准只能是“两利相衡取其重,两害相衡取其轻”。保护破译的密码可以歼灭敌人的有生力量,减少我军将士伤亡,其对早日获得战争胜利,尽早停止战争对无辜生命的摧残的意义和作用更为重大。所以,作为决策者,只能舍小为大,放弃通知考文垂,隐藏破译密码的机密,将其用于最重要的战役,给予德军致命一击。

决定是艰难的,生命是平等的,但是如果作为战争中的统帅,只能当机立断,正确决策,才能真正不枉牺牲。

(731 字)

文章点评

本文结构应用并列式。

该年作文考查形式为"决策评价",并非"论说文"。该形式现今已不再使用。范文按照题干要求,仍使用该形式作答,先指出自己若是丘吉尔会做出哪种决策,然后列举支持决策的三个理由进而构成全文的主体结构。

由于当下《考试大纲》已明确考查论说文,不再考查决策评价,因此考生仍应将精力花在论说文备考方面。本文仅是展示当年试题及范文。

2004 年 1 月管理类联考论说文范文

论说文:根据下述材料,写一篇 700 字左右的论说文,题目自拟。

一位旅行者在途中看到一群人在干活,他问其中一位在做什么,这个人不高兴地回答:"你没有看到我在敲打石头吗?若不是为了养家糊口,我才不会在这里做这些无聊的事;"旅行者又问另外一位,他严肃地回答:"我正在做工头分配给我的工作,在今天收工前我可以砌完这面墙。"旅行者问第三位,他喜悦地回答:"我正在盖一座大厦。"他为旅行者描绘大厦的形状、位置和结构,最后他说:"再过不久,这里就会出现一座宏伟的大厦,我们这个城市的居民就可以在这里面聚会、购物和娱乐了。"

认识决定态度

材料中三位工人对待事情有不同的认识,有人看到了无奈,有人看到了职责,更有人看到了意义。认识的不同,导致了不同的态度。材料给我的启示是,认识决定态度。

是的,认识决定态度。我们每个人对待不同事情,会有不同态度。这态度是外在表现,其内在源于对事物的不同认识在起作用。认识是我们看待世界的方式。积极的认识,看到的是善与美;消极的认识,看到的是假与恶。如果我们全面而深入地看待工作或从

朴素的开头

"分析材料—得出论点"式

本文特点在于处处紧扣原文材料分析展开

事的事业,我们就会像第三个工人那样,不仅看到"养家糊口",还看到工作带给他人、带给社会的意义和价值。

反之,如果我们认识事物片面或肤浅,就会像第一个工人那样,只看到"养家"和"无聊",那么我们对待工作的态度无论如何无法积极起来。

有人说,每个人都有选择自己如何看待问题的权利吧。不错,这是每个人的自由。但是,积极的认识能够建立乐观的态度,帮助我们拥有幸福、成功的人生。美国总统罗斯福的家中被盗,面对朋友,他说:"值得庆幸的是,做贼的是他,不是我"。爱迪生面对实验失败,他说:"这不是失败,这只是告诉了我又一种材料不行而已"。罗斯福的认识,重点不在物品的得失,而是品格的得失。爱迪生的认识,重点不在成败,而在向着目标前进。正是有这种不平常的认识,才有了超越常人的态度,才使得罗斯福带领美国人民在艰难的二战岁月,乐观顽强地战斗,才使得爱迪生不畏上千次失败,最终发明了电灯。

同样的道理,不仅是对工作、事业,还有对待感情、自然、命运等等也是这样。只有我们抛弃"理所当然"的认识,看到感情的珍贵、自然的恩赐、命运的垂青,我们才能不抱怨和不消极,乐观地面对世界。

认识决定态度,态度决定行为,行为决定结果。千里之行,始于对待事物的认识。

(693 字)

旁注：

若考生缺少事例储备,这不失为好办法

语言对仗,显出节奏和力度

考生可考虑本段这种两个事例交叉使用的写法。本段两个事例均由叙述、评价、分析组成(试着画出来),且交叉写作也算有特点的写法,类似歌唱时的二重唱

文章点评

本文结构应用正反式,没有多么精雕细刻的语言,也没有旁征博引的叙述,而是充分运用手头道具——试题材料和考生自己的两个事例,充分挖掘,文章亦显得很充实。有考生问:试题材料可以作为一个事例吗?可以,但不要因此养成惰性思维,写作文就仅用试题材料,最好还是要再加入 1~2 个自己的事例。

第十三章　写作素材　充足便捷

第一节　核心话题类

话题1：理想/奋斗

李安：你要记得心中的梦想

1978年，年少的李安报考美国伊利诺伊大学戏剧电影系，但遭到父亲的强烈反对。但李安为了圆他的电影梦，依然一意孤行。大学毕业后，他才明白父亲为何如此反对。因为在美国电影界，一个没有任何背景的华人要想混出名堂来，谈何容易。

从1983年起，他经过了6年多漫长而无望的等待。现实虽然残酷，李安仍旧怀着一个质朴而真实的电影梦。他不停寻找剧场，却一次又一次遭到现实无情的打击，困顿窘迫无时无刻不缠绕着他，可他内心的梦想从未破灭，内心的色彩从未黯淡。很长一段事件，家里只靠妻子的收入维持。后来，李安想，要不上个计算机班转行吧，这时他的妻子对他说："安，你要记得你的梦想"。最终，李安坚持了下来，《断背山》的成功上映，让他一举成名。身戴枷锁，勿忘初心。只要心中有梦，无论多难一定要坚持，坚持你的梦想永远不要放弃，梦想终有一天会成为现实。

鲁迅的唤民救国之志

青年时期的鲁迅，曾到日本仙台医学专科学校学医，希望以医救国。在第二学年里，有一次放映有关日俄战争的纪录片，画面上出现很多中国人围观一个被说成是俄国间谍的中国人，这个人将被砍头示众，周围人却在看热闹，画面上的中国人体格强壮而精神麻木。

鲁迅深受刺激，心情十分痛苦。他深深感到，学医在当前并不是一件要紧的事，思想愚昧、精神麻木的人们即使体格再健壮，也只能被示众或作看客。最紧要的是改变他们的精神。而善于改变精神的是文艺。于是，他毅然弃医学文。终于成为我国现代伟大的文学家、思想家、文化运动的先驱和旗手。

莱特兄弟的飞行梦

一次莱特兄弟的父亲给他们带回了一个飞螺旋。兄弟俩惊讶地发现，除了鸟、蝴蝶之外，人工制造的东西也可以飞上天。于是，从这以后，他们就萌发了制造出一种能飞上天的东西。1899年，莱特兄弟观察鸟飞翔的样子并结合前人的研究，做出了第一架滑翔机。可是滑翔机飞了大约一米高，很快就降落了。当时许多学者都不认为莱特兄弟可以成功，他们认为这种单靠机动力量的飞行是不可能的。但是莱特兄弟并没有为流言所影响，仍旧一心一意地研究自己的发明，面对无数次的失败，他们都没有气馁，而是总结原因并且不断改进。

最终在 1903 年,莱特兄弟成功创造出世界上第一架飞机,首创了让飞机能受控飞行的飞行控制系统。此项技术至今被应用于所有飞机上。而载人飞行的试飞成功,也为航空技术的发展奠定了基础。几百年来,人们梦想能飞上天空,但最后都失败了。而莱特兄弟通过不断实践,不为流言所动,对于梦想持之以恒,永不言败,终于将梦想变成了现实。

话题 2:奉献/公益

冰桶挑战

2014 年,在全世界,"冰桶挑战"成为网络和报纸的火爆词。众人在观看明星"挑战冰桶"的娱乐之时,对"渐冻人症(ALS)"及各种罕见病人的关注也随之日渐升温。当冰水从头顶浇下,人们感受的不是寒冷,而是高涨的公益热情以及不断蔓延开来的温暖。

"冰桶挑战"是一场娱乐化的爱心接力,那冰桶里寒气彻骨,但参与者的心中却流淌着炽热的善和爱。"冰桶挑战"由于名人效应而轰动世界,从总统到老板,再到大牌明星,这些人的加入使得这场爱心接力的影响效应如滚雪球一般越来越大。可见,慈善的形式可能未必是一成不变的,有影响力以及带有娱乐性的慈善可能会给慈善事业带来更新鲜的血液。

大爱 C 罗,慈善无价

C 罗是葡萄牙著名足球运动员,曾多次将欧冠赢得的奖金捐献给慈善机构,包括给 10 岁的小球迷脑部手术捐赠超过 8.3 万美金,捐款超 16.5 万美金给一家救治过母亲的葡萄牙癌症中心。C 罗还利用自己的名声,为许多慈善事业代言,包括饥饿儿童、肥胖和生物多样性。对于 C 罗这些高调的慈善行为,有媒体质疑他是在作秀。但 C 罗对这些质疑声一点也不在意,他坦言:"如果帮助别人是一场秀,那我希望这场秀永远不要停止。"这位倾心慈善的葡萄牙球员用他的实际行动诠释了大爱无疆,慈善无价。

南丁格尔的主动奉献

19 世纪中叶的英国,护士地位低下,出身名门的南丁格尔决心改变现状,自愿当了一名护士。南丁格尔亲自奔赴前线,替伤员清洗、消毒、包扎、换药。她经常跪在地上擦洗地板,洗涤带血的衣裤。她每天晚上都要提一盏油灯,在 4 公里的巡诊线上,挨个查看伤员病情,给伤员唱歌,送去安抚和爱心,从无间断。为此,她经常连续工作 20 小时以上,累得头发掉光仍坚持不懈。由于她的努力,伤员的死亡率从 60% 降为 0.3%。

后来,直到英、俄停战,最后一名士兵离开战场,她才回到家乡。回国后,她又把英国人民为奖励她而募捐的 5 万英镑如数拿出,创办了世界上第一所护士学校,并著书立说,为现代护理学的创立做出了惊人贡献。有鉴于此,世界红十字会在她逝世后,将她的生日——5 月 12 日定为"国际护士节"。英国人民为她立起了手持油灯的巨型铜像,"提灯女郎"南丁格尔被称为"英国历史上最伟大的女人"。

话题 3：仁义/胸怀

百年同仁堂

北京同仁堂是著名的老字号,创建于清朝康熙八年(1669 年),自雍正元年(1723 年)正式供奉清朝皇宫御药房用药,历经八代皇帝,长达 188 年。历代同仁堂人恪守"炮制虽繁必不敢省人工,品味虽贵必不敢减物力"的传统古训,树立"修合无人见,存心有天知"的自律意识,确保了同仁堂金字招牌的长盛不衰。其产品以"配方独特、选料上乘、工艺精湛、疗效显著"而享誉海内外,产品行销 40 多个国家和地区。

同仁堂的价值取向源于"可以养生,可以济人者惟医药为最"的创业宗旨。它所体现的正是儒家思想的核心"仁、德、善"。因此,"患者第一,顾客至上"始终是同仁堂追求的最高境界。同仁堂经营理念是"诚信为本,药德为魂"。具体体现是以患者为中心的"以义取利,义利共生"的行为理念。它所形成的是"德、诚、信"的思想和诚信文化。

孙杨的大将之风

2017 年国际泳联游泳世锦赛在 7 月 23 日决出游泳项目首枚金牌。中国选手孙杨以 3 分 41 秒 38 获得冠军,成就世锦赛该项目三连冠。2016 年奥运会,澳大利亚游泳选手马克·霍顿曾攻击孙杨,他指责孙杨是"嗑药骗子"。在 2017 年世锦赛前,霍顿再次炮轰孙杨。然而,孙杨最终以优异成绩碾压他的老对手——里约奥运会冠军得主霍顿,夺得冠军!随后孙杨在颁奖仪式上主动与霍顿握手,并大度地表示,未来有可能会与霍顿成为朋友。这展现了孙杨能以宽容的态度忽视对手的人身攻击,能够忘记对手的不当言论。这样的孙杨,让人敬佩,这就是孙杨,彰显了中国泳坛王者大将的风范。

任正非的胸怀

李一男曾担任华为副总裁,为华为的发展立下过汗马功劳。之后李一男出走创业与华为竞争。创业失败后,李一男又回到华为。任正非以大度和包容接纳了他,并发表讲话说:"如果华为容不下你们,何以容天下,何以容得下其他小公司"。任正非的讲话安抚和鼓励了李一男的团队甩掉思想包袱,继续前进。任正非的胸怀使公司更具有凝聚力,展现了过人的管理能力、胸怀和格局。

话题 4：原则/坚守

安达信的覆灭

曾为世界五大会计师事务所之首的安达信事务所因安然事件覆灭。安达信后期对利润的追求使它放弃了身为会计师的原则,在 16 年的审计中闭目为盲,无视安然公司造假,最终也导致了自身的毁灭。

然而,早期的安达信并非如此。早在 1914 年,一家芝加哥铁路公司要求安达信认可其一笔有争议的交易,以达到降低费用、提高收益的目的。尚不满周岁且缺少现金支付工资的安达信却坚决地回绝了该公司的要求。安达信创始人坚信："即使倾美国全部之财富，也难以诱我让步。"其结果不难设想，安达信立刻失去了一个审计客户。然而，数月后该铁路公司就陷入破产。该事件为安达信赢得了会计师事务所应有的声望。故而，坚守原则，不越雷池，是企业长存的前提。

许衡的内心准则

《元史》载，宋元之际，世道纷乱。学者许衡外出，天气炎热，口渴难忍。路边正好有棵梨树，行人都去摘梨止渴。唯许衡不为所动。有人问："你为何不摘梨呢？"许衡道："不是自己的梨，岂能乱摘？"那人笑他迂腐："世道如此纷乱，管他谁的梨？ 它已没有主人了。"许衡说："梨虽无主，但我心有主"。一个人生活在这个世界上，随时随地都会面临选择。做人能做到不人云亦云、随波逐流，本是非常宝贵的一种品格。能做到不为物役，不被金迷，非常难得。

让校规看守哈佛

当年，哈佛牧师立遗嘱时，把他的一块地皮和250本书遗赠给了现在的哈佛大学。哈佛大学一直把这批书珍藏在一个图书馆内，并规定学生只能在馆内阅读，不能携出馆外。

1764年一天深夜，一场大火烧毁了哈佛大学的图书馆，很多珍贵的古书毁于一炬。一名普通学生违反图书馆纪律，悄悄把哈佛牧师捐赠的一本书《基督教针对魔鬼、世俗与肉欲的战争》带出馆外，准备阅读完后再归还。突然之间，这本书成为稀世珍本。该学生怀着不安的心敲开了校长办公室的门，说明理由后郑重地将书还给了学校。校长先是表示感激，并对学生的勇气和诚实予以褒奖，然后就把他开除出校，一点也不拖泥带水。

霍里厄克校长感谢那位同学，是因为那位同学诚实；开除他，是因为有校规（"书出馆，人出校"）。哈佛的理念是：让校规看守哈佛的一切，比让道德看守哈佛更安全有效。

话题5：远见/眼光

马云的远见

马云的成功源于他非凡的远见卓识。早在第一批互联网在中国兴起时，马云就看到了互联网的发展前景，抓住了机遇，成为中国最早的互联网公司之一。在国内投资商和公众还在将注意力放在门户网站上时，马云却在这时建立了电子商务网站，这个在国内逆势而为的举动，开创了一种崭新的模式，被国际媒体称为继雅虎、亚马逊、eBay之后的第四种互联网模式。再后来，马云又率先提出了支付宝作为网络转账平台中间人的概念，支付宝取得了巨大成功。而现在，马云还在不断拓宽业务范围，加强技术创新，续写商业传奇。马云成功核心的原因在于他有远见。他的远见指引了他迈往成功的方向，使他在互联网这个快速迭代、竞争激烈的行业里立于不败之地。

隆中对

东汉建安十二年，诸葛亮的好友徐庶向刘备推荐了诸葛亮。而此时刘备正依附于荆州牧刘表门下。但刘备作为一代枭雄并不甘心寄人篱下，急切地盼望壮大实力，以求能实现其逐鹿中原的大志。刘备对诸葛亮其人是早有所闻，因此当徐庶力荐诸葛亮时，47岁的刘备便迫不及待地冒着隆冬的严寒和大雪，三往隆中，向年方27岁的诸葛亮请教统一天下的大计。

在《三国演义》中，罗贯中将"三顾茅庐"描述成了一段十分精彩的故事。诸葛亮认为刘备是与他志同道合，可以信赖的明主，便把自己对当时社会形势的观察与分析和盘托出，并且针对刘备的处境，向刘备提出了一套完整的三分天下、建基立国和北伐中原的战略方针，这便是著名的《隆中对》。

孟母三迁

孟子小时候家离墓地很近，就常常玩办丧事的游戏，他母亲说："这不是我可以用来安顿儿子的地方。"于是，孟家搬迁到集市旁边，孟子又玩商人卖东西的游戏。他母亲说："这也不是可以安顿儿子的地方。"，又搬家到学堂旁边。于是，孟子就做些拱让食物的礼仪的游戏，他母亲说："这里可以安顿我的儿子。"他们就在那里住了下来。孟母择邻，为孟子从小的教育提供了良好的外部环境，加之自身努力，孟子终成大器。孟母从游戏中能够推想到孩子未来的教育远见，为后世所称道。

话题6：创新/变通

袁隆平与水稻

袁隆平，中国杂交水稻育种专家，中国工程院院士，被誉为"杂交水稻之父"。袁隆平院士半个世纪以来带领团队一直在追求着"发展杂交水稻，造福世界人民"的目标，从未停止过改革创新的步伐。2017年，87岁的袁隆平再次取得了两个巨大的突破。一是海水稻测产打破世界纪录，他希望通过耐盐碱杂交水稻（俗称"海水稻"）的研发和推广让盐碱地像普通耕地那样造福人类。二是水稻亲本去镉技术获突破，此项镉元素剔除技术将扭转我国部分农作物重金属含量超标的趋势，这样不仅解决了人类"吃得饱"的问题，还解决了人类"吃得安全"的大难题。

王麻子剪刀与瑞士军刀

王麻子刀剪创始于清朝顺治八年，至今已有350多年历史，曾长期占据了大半个刀剪市场。特别是王麻子创造的"铁夹钢"工艺迄今为止仍是世界上最好的刀剪制造工艺。遗憾的是，王麻子刀剪300多年来基本上是一副老面孔，因为产品跟不上时代、假货泛滥、缺乏营销进取意识等原因，2003年向法院申请破产。

瑞士军刀举世闻名，100多年来仍沿用代代相传的家族式管理，传统工艺被高质量地保持下来。瑞士军刀始终处于改进和创新中，总是能根据市场需求的变化，不失时机地改进军刀的款式、功能、包装、销售网络等，使瑞士军刀持久地扬名天下。瑞士军刀的安身立命之道正是持之以恒的技术创新。目前瑞士军刀的品种有几百种，每年还不断地有新的款式面市。

共享单车的横空出世

随着时代发展,大城市中短距离出行一直困扰着大众。于是,共享单车应运而生。共享单车出现不仅将移动互联网和自行车结合了起来,还对原有自行车构造有较大创新。有些厂商使用了封闭式轴传动取代了传统的链条传动,避免了掉链子和意外卷进衣服的尴尬。有些厂商采用实心内胎加专业凯夫拉防爆层的设计,在免维护的基础上降低了骑行过程中的颠簸。这些措施使得许多年没有变化的自行车行业完成了科技创新的升级改造,方便了人们短距离出行。共享单车的横空出世,开辟了一个新的市场,也利用其创新之处给人们带来了便捷。

山西票号的没落

山西票号是晚清至新中国成立前一种介于钱庄与银行之间的旧式金融组织,因其执事者中山西人居多,故称"山西票号"。由于商业资本与金融资本的结合,山西商人曾经成为当时国内商业和金融界一支举足轻重的力量。然而,由于晋商的继承人缺乏学习意愿,而文化水平高低又决定了认识水平的高低。在面对体制变革时,山西票号选择了守旧。当时,慈禧逃亡回山西,回京以后她递了两次橄榄枝给晋商。1903 年,她派袁世凯在天津开办一家新式银行,满心希望山西票号能积极参与,但山西票号拒绝了;1904 年,户部尚书鹿钟霖奉命组建大清户部银行,也盛情邀请山西票号入股,票号总经理墨守成规,毫无远见,最终错失良机。后来,辛亥革命爆发,晋商的 21 家票号倒了 18 家,想改变也为时已晚。山西票号倒闭的主要原因在于未能认清行业发展趋势并顺势而为,以致固守传统形式逐渐被消费者和时代所抛弃。

话题 7:权衡/取舍

比尔·盖茨辍学创业

比尔·盖茨是美国微软公司联合创始人,曾蝉联全球首富多年。1973 年,盖茨进入哈佛大学法律系。原本他应该在 1977 年毕业,但是在 1975 年,也就是他大学三年级时,盖茨做出了一个惊人的决定:辍学创业!盖茨和好友保罗·艾伦成立了一家电脑公司,即后来的软件巨头微软公司,并在 31 岁成为有史以来最年轻的靠自力更生成功的亿万富翁。因为对个人爱好与理想的追求,比尔·盖茨放弃了令人羡慕的哈佛学位,对于一个大学生,也是一个极其重要的抉择,但面对热爱的事业和难得的时代机遇,他经过抉择转而投向创业浪潮。事实证明他的选择符合他个人的特长,也为计算机革命做出了很大的贡献。

刘翔跳高转跨栏的故事

刘翔是中国田径队 110 米栏的运动员,被誉为"亚洲飞人"。刘翔自小本来接受的是跳高训练,100 米短跑则是辅助项目。但后来在骨骼测试中发现他成年后的体格未必能让他成为出色的跳高运动员。因此,在自己对未来体育事业追求和体育学校的教练建议下,刘翔于 1998 年开始转为接受跨栏训练,从原本熟悉的跳高转向充满未知与可能的跨栏运动。

选择面前需要权衡,可能有新收获,但也需要舍弃已有的东西。这正是取舍之难。刘翔勇敢果断地走出了这一步。也正因为如此,才成就了世界的"亚洲飞人"。从 2000 年至 2012 年,刘翔参加了超过 48 场世界级重要田径赛,获得过 36 次冠军,1 次跑平世界纪录,1 次打破世界纪录,5 次打破亚洲纪录,3 次打破亚运会纪录。刘翔放弃了原本一直以来熟悉的项目,而选择了更适合自己、也能有更大突破的跨栏,使得自己有了新的机会,最终铸就了人生的辉煌。

王石的取舍

万科董事会主席王石对于取舍二字,用万科的经历作了详尽的注释。在王石看来,能有所放下才能有所坚持。

1983 年,王石 33 岁,当过兵,做过工人,在政府机关工作了三年,有阅历,有信心。那时的他不甘平庸,有野心。1983 年 5 月 7 日,王石坐火车抵达深圳,丢下过去,准备开始一番全新的事业,这是王石的第一次放下,舍弃了稳定的工作,选择了到深圳打拼。

直到 1988 年,他有了人生的第二次放下——在推动完成了万科进行股份制改革后,他放弃了自己的个人股份,纵观改革开放 30 多年,这样的人少之又少。

第三次放下是在 1993 年 5 月 28 日,万科发行 B 股。紧接着的 6 月,中国的宏观调控随之展开。当时房地产市场的大环境极端不好,各个公司为了存活,都尽力抓住所有可能的业务机会。而万科选择了聚焦和定位,专攻住宅市场,而非所有的房地产开发领域。这在当时,意味着放弃了很多赚钱的机会,也增加了生存的风险。需要很大的魄力。但是,万科也因为聚焦,发展出了自己的优势和特色,成了令人尊敬的房地产公司。

话题 8:辩证/程度

《汴河怀古》

隋炀帝在历史上是暴君,他开凿大运河给人民带来了沉重负担和深重灾难。可是唐代诗人皮日休却在《汴河怀古》中冷静地评价:"尽道隋亡为此河,至今千里赖通波。若无水殿龙舟事,共禹论功不较多。"

客观地说,也应当辩证地看待隋炀帝开凿大运河。虽然大量征集民工,劳民伤财,给人民带来了苦难,但这个工程本身却也是一项伟大的工程,促进了南北经济发展,后世亦享用至今。另外,我们还可以联系到秦始皇建万里长城。这两件事情告诉我们,看待任何问题,都不能或因为情感,或因为狭隘而只看一面,必须学会辩证地看待事物,这样才能做到全面、客观。

话说回来,这首怀古诗让我们看到秦、隋亡国的真正原因。两国的灭亡并不在于开凿大运河和建设万里长城,而在于国君"水殿龙舟事"的源头——践踏民生的"独夫"之心。

臭氧的两面性

对地球来说,臭氧层可以吸收紫外线,保护地球生物,如果人为破坏臭氧层,导致紫外线辐射增加,造成全球气候变暖,海平面上升,将严重影响地球生物的生活环境。同时,臭氧由于没有二次污染,消毒无死角、广泛杀菌等优势,被用于生活中。但是,任何事物都有两面性,臭氧浓度过高对人体是有危害的。因此,复印件高压产生的臭氧、空气净化器放电产生的臭氧都要尽量回避。

鲨鱼的例子

锋利的牙齿,敏捷的身手,强壮的身体,所有这些优势使鲨鱼成了海洋领域当之无愧的霸主。然而,鲨鱼却是海洋里唯一没有鱼鳔的鱼。缺少了鱼鳔,鲨鱼不能任意地在水中上浮和下沉。因此,鲨鱼只有靠不停地游动才能保证自己的身体不沉到水底。也正是由于不停地游动,鲨鱼造就了一身强健的体魄,成了鱼类中的最强者。可以说,没有鱼鳔的鲨鱼是不幸的,因为这种身体上的劣势,鲨鱼随时有可能无法在海洋中生存下来。然而鲨鱼又是幸运的,由于这种先天的劣势,鲨鱼在艰苦的环境下,不断地改变自己,不仅摆脱了劣势,而且成了海洋的霸主。

把握度的诸多事例

孔子说:"过犹不及",辩证唯物主义讲量变引起质变。服药治病,剂量必须适当,量小治不了病,量大又会造成中毒。一根弹簧在其弹性限度以内,怎么拉都行,一旦超过了这个度,弹簧就无法复原了。日常生活中的"度",几乎处处可见。对人怀仁慈之心,做事行善良之举,的确是人的美德;但是,恰到好处才是善。父母对子女的真爱应该是教人自立,激人自强。过度的爱反而会害了子女。行善的范围也要讲究度,岂能像唐僧那样对妖怪讲慈悲?岂能像东郭先生那样对恶狼讲善良?岂能像《伊索寓言》里那位农夫对毒蛇讲怜悯?对恶人的善良也是犯罪。

杨修未能把握尺度

杨修可谓才华横溢,可是因为没有把握好尺度,恃才放旷,身为谋士却不时以放肆狂妄去挑战曹操的威严,结果被曹操怒而杀之。而曹操却对人生的尺度拿捏得恰到好处,孙权曾多次向他提出称帝之事,他却总是一笑而不答。因为他知道处于人臣之极的自己若有称帝的意念定会引起众人的不满。杨修和曹操一个没有把握好分寸,一个把握好分寸,结果是天差地别。可见,尺度把握得好将减少坎坷,把握得不好将招致灾祸。

话题9:主动/冒险/勇气

Facebook 在移动互联网时期主动变革

2011 年前后,移动互联网兴起,Facebook 也面临着从桌面端向移动端的考验。然而当时公司内部许多人不以为然,没有意识到这个转型的需求有多么紧急。一些员工在开发移动端产品时,还在钻研桌面产品能推出什么样的新功能。但扎克伯格认为:"如果不能完成这次向移动时代的转型,Facebook 就不存在了。"扎克伯格没有被动等待市场的转变,而是主动应对这场变革。为了更平稳地度过转型期,扎克伯格制定了严格的计划。

最终,Facebook 没有在这次转型中迷失自己,而是斩获了更大的成功。正是由于 Facebook 面对市场的危机没有坐以待毙,没有因循守旧,而是主动应对,积极寻求变革,使得 Facebook 公司最终得以存活,并取得了更大的成功,拥有了超过 20 亿活跃用户,市值 5000 亿。

同样的,还有中国的猎豹,在桌面端做浏览器没有获得很大成功,几度陷入经营危机。2010 年傅盛接手猎豹 CEO,带领公司在移动端和海外市场发力,实现弯道超车,成功逆袭为一线网络公司。

摩拜单车创始人胡玮炜尝试"让骑行回到城市"

摩拜单车创始人胡玮炜曾经是一名汽车记者,后来转行做科技报道。无论是在北京还是上海,胡玮炜都买过属于自己的自行车,但结果总是:要么被偷,要么骑行起来非常不便。那时起她就有了要做一辆随骑随停的自行车的想法。直到 2014 年,在一次闲谈中朋友的一句话点燃了胡玮炜。她抱着"失败了就当做公益"的想法开始创办摩拜单车。当时身边的工程师们都在不断论证这个项目有多难,最后只有胡玮炜愿意做。4 月 22 日,摩拜单车在上海第一次发布并相继在各大城市密集投放,场面十分火爆。她因此被评为"新锐女性"和"全国创业好青年"。胡玮炜的成功在于,面对风险她愿意去冒险和尝试,即使阻力重重也不畏惧失败,最终实现常人无法实现的梦想。

吴京勇于尝试新题材电影,成就《狼战 2》

吴京,1998 年因出演《太极宗师》而被观众所熟知。其自编自导的《战狼》在 2015 年上映并获得 5.45 亿票房。在拍摄《战狼 2》时有人曾建议吴京仍然坚持第一部的拍摄风格和方式,既保险又能省去许多精力,但吴京并不满足于此。《战狼 2》涉及外交、军事、国际救援等多个敏感题材,这样类型的影片在中国找不到参照物,审查上也格外严格。

但吴京说他就是要拍别人没有尝试过的、不敢拍的电影。《战狼 2》彻底颠覆了第一部的成功模式,并且在尝试"类型化超级大片"和"国际化"道路的努力上都取得巨大突破。吴京彻底征服了广大观众,《战狼 2》大获好评。尝试新题材电影无疑面临巨大的风险,但正是吴京这种敢于尝试、敢于挑战的精神才让他名利双收。

袁庚带领蛇口改革成功

1979 年的蛇口是一片荒山野岭,袁庚率领第一批创业者在这里迈出了改革开放的第一步:先后向中央建议设立蛇口工业区、创办招商银行、高智能的社区。他的新观念、新办法、新作风层出不穷。在他的带领下,蛇口迅速崛起,成为中国经济特区最闪光的亮点,他被称为中国改革开放探索者。敢试敢闯、"向前走、莫回头"的袁庚并没有因为毫无前车之鉴而放弃改革、放弃尝试。他凭借着自己敢冒风险、敢闯敢干的精神,成功地将蛇口工业区建设成为中国经济特区的典范。不惧风险、不畏艰难使得袁庚带领蛇口走向成功。

话题 10：合作/互补

跳棋的竞合

下过跳棋的人都知道，参与游戏的 6 个人各霸一方，互相是竞争对手，大家彼此都想领先别人一步，将自己的 6 颗玻璃球尽快移到预定地点。可是，这中间偏偏又需要配合。在竞争与合作中，就需要兼顾和平衡。如果你只讲求合作，放弃竞争，一味地为别人搭桥铺路，那别人会先到达目的地，你则会落后于人，最终落得个失败的下场。相反，如果你只注意竞争，而忽视合作，一心只想拆别人的路，反而延误了你自己的正事，还是不会获胜的。跳棋虽看似是最简单的游戏，但其中却蕴含着最深刻的竞合关系，值得人们深思。

蚂蚁的分工

蚂蚁是我们最常见的昆虫之一。在不大的蚂蚁家族中，却有着复杂而又严格的分工与合作。蚁后，也叫蚁皇，是一族之主，专管产卵繁殖，一般一群蚂蚁只有一个蚁后。雄蚁，专与蚁后交配，交配后即死亡。工蚁，是蚁群中的主要成员，专司觅食、饲养幼蚁、侍候蚁后、搬家清扫等勤杂工作。兵蚁，个头较大，两颚发达，是蚁群中的保卫者，担负着本蚁群的安全，如有外蚁入侵，或争夺食物时，必誓死决斗。蚂蚁家族中的每一个成员既不多做也不少做，缺了其中任何一个成员都不行。蚂蚁家族正是凭借每种成员的合作精神，才能生存下去。

小米公司的传奇团队

小米团队仅用一年时间便研制出第一款小米手机。这一切归功于一个传奇般的有高度凝聚力的团队。小米成立之前，雷军是金山软件的董事长，洪峰是谷歌的高级工程师，黄江吉是微软的首席工程师，周光平是摩托罗拉研发中心总工程师，这些人都已是 IT 行业中的高尖端人才。雷军将这群人召集起来，虽说团队里每个人都是精英，但对于一个团队来说，若不团结，任何力量都是弱小的。然而雷军懂得凝聚这个团队，使得这个团队有着共同的理念，他们互相信任，齐心协力。在一个团队里，如果成员没有团队意识，各行其是，那么团队的目标将无法实现。只有密切配合，团结协作，才能使企业焕发出生机和活力。

淘宝与苏宁的双赢

淘宝与苏宁曾为电商界竞争关系，但是两者最终却选择携手合作，这令很多人非常惊讶。但其实，二者合作会令多方实现共赢。通过合作，苏宁帮助阿里加速了渠道下沉，深化了其在三四线城市的品牌影响力。而淘宝则为苏宁注入了更多资源，吸引了更多流量。另外，消费者也因此有了更好的消费体验。阿里和苏宁的合作意识使双方的业绩都登上了新台阶，创造了多赢的局面。

腾讯与京东的双赢

腾讯总裁刘炽平与京东董事长刘强东联合宣布，腾讯支付 2.14 亿美元现金入股京东 15%，同时，京东保持独立。腾讯将 QQ 网购，拍拍的电商和物流部门并入京东。双方还将签署战略合作协议,其中,腾讯将向京东提供微信和手机 QQ 客户端的一级入口位置及其他主要平台的支持。双方还将在在线支付服务方面进行合作。京东通过与腾讯合作,将在互联网和移动端向更广泛的用户群体提供更高品质、更快乐的网购体验,同时迅速扩大京东自营和交易平台业务在移动端和电脑端的规模。同时,腾讯公司也快速增长了实物电商领域的影响力,也能够更好地聚焦即时通讯和社交娱乐的主业。在日新月异的市场环境下,正是由于两个企业选择合作共赢,优势互补、强强联手,最终才有可能使两个企业各自得到更好的发展,获得更大的竞争力。

话题 11：专注/匠心/执着

宫崎骏坚持手绘 30 年

宫崎骏,这位终生投入动画事业的动画人,继续以 75 岁高龄投身于动画制作的前线。30 年匠心,46 部漫画,终生童心! 他曾说道:"我不是艺术家,我只是手工匠"。宫崎骏坚持手绘,即使明知手绘的时代已经翻篇,他也匠心依旧。他的代表作《千与千寻》获得了极高的票房和口碑,荣获 2003 年奥斯卡最佳长篇动画奖,还是历史上第一部也是至今唯一一部以电影身份获得德国柏林电影节金熊奖的动画作品。2013 年,他荣获第 87 届奥斯卡金像奖终身成就奖。

在这个高科技的时代,这位动画电影导演用古老的方法创造出不可思议的作品。或许,正是由于对动画事业倾尽全力的专注,宫崎骏才会享誉世界。从宫崎骏身上,我们看到了在现代社会久违的"匠心"——把一件事做到极致,就能成就传奇。

日本秋山木工学校,8 年只教"匠人精神"

年近 80 岁的秋山利辉先生,为了培养出真正的匠人,27 岁时创办"秋山木工"学校。在学校里,学员一年上预科,四年学做徒,三年学带徒,八年后自立。从第九年开始,他们才能独立出去闯荡世界。在八年中,学员们每天都要背诵三四遍"匠人须知 30 条",八年下来就有一万遍。他让学徒留寸头、不让学徒用手机、绝对禁止谈恋爱。他总结到:有一流的心性,必有一流的技术。秋山利辉对学员的要求极为严格,以至于目前为止也仅仅培养出 60 余名工匠。

正是由于秋山先生对工匠精神的传授,才能诞生如此多的木工界的"超级明星",秋山木工才能在日本木工界享有很高的地位。手艺的传承,更是"匠人精神"的传承。8 年的修炼和苛刻的条件,一颗恒心更能考验匠者的毅力。

热爱科幻的刘慈欣

刘慈欣,祖籍河南,长于山西,是一名工程师,中国当代科幻文学的领军人物,从学生时代起就一直热爱科幻小说,曾多次投稿,但多次被拒。然而他仍然继续创作。在 1985 大学毕业后,于山西娘子关电厂任计算机工程师,由于工作环境安静,他又长期关注科幻,所以继续尝试写作,写作风格经过多次转变后,直到九十年代中期才逐渐定型,并开始赢得读者喝彩。

自 1999 年处女作《琼歌》问世以来,他发表短篇科幻小说三十余篇、出版长篇科幻小说六部。他的长篇作品《三体》创下从 1999 年至 2006 年连续八年荣获科幻最高奖"银河奖"的纪录。假如没有刘慈欣长达三十年对科幻小说的专注和笔耕不辍,又怎么会为他创作《三体》打下坚实基础,推动《三体》这部巨作的问世?没有这三十年的专注与孜孜不倦,又怎能对推动中国科幻小说的发展产生巨大的作用?

话题 12:责任/担当

德国与日本

同样作为第二次世界大战发起国,德国在战后积极反省和道歉,向被迫害的犹太人道歉、赔偿,向世界道歉,更是有首相威利·勃兰特在华沙犹太隔离区起义纪念碑前下跪,为在纳粹德国侵略期间被杀害的死难者默哀。德国因此获得了全世界的尊重。反观日本,不但不正视这段历史,还篡改教科书,意图否认战争事实,并无视首相参拜靖国神社的激进行为,多次试图修改宪法增加武装实力。像这样不敢承认历史,是缺乏担当的表现。

最美的逆行

在 2015 年 8.12 天津爆炸事故发生后,有一张图片在各大社交媒体上被疯狂转发和点赞,在慌忙逃窜的人流中,穿着厚重消防服的背影显得格外亮眼,他与人流背道而行,行往群众拼命逃离的地方。这张照片被网友们称作"最美的逆行"。可能感动人们的不只是这张背影,而是背影所代表着的消防员的责任,哪里有需要,就走向哪里,哪里有危险,就走向哪里,祖国和人民的利益高于一切。

范跑跑事件

2008 年汶川地震,"范跑跑"作为一名人民教师,在地震发生之时,没有保护和疏散学生,而是自己率先夺门而出,抢先逃跑,事后还将自己的事迹写在了个人博客上,称"求生"是本能,是人性,自己的行为无可厚非。他的行为立刻遭到了人们的唾骂,教师的责任难道仅仅局限于"传道、授业、解惑"吗?面对教室里 40 余名未成年人,他真的能够在危难关头依然无动于衷吗?在生死存亡的关键时刻,他抛弃了作为人民教师的担当和责任,才使他遭到批评,饱受争议。

钟南山的担当

钟南山,这位屡创医学奇迹的呼吸病专家,这位在天冷时要把听诊器焐热了才给病人诊听的仁爱长者,当致命疾病来袭,当民众谈"非典"色变时,毅然肩负起了这份责任,站到了抗击病魔的第一线。他曾经因为抢救病人、开会研究病情,一连 38 个小时没有合眼。作为广东省非典型肺炎医疗专家组组长,他参与会诊了第一批非典型肺炎病人并将这种不明原因的肺炎命名为非典型肺炎,并逐步摸索出一套行之有效的治疗方案,大大提高了危重病人的抢救成功率,降低了死亡率。67 岁的钟南山本来可以轻松地退休在家,是他的能力、他的担当,驱使他担起了这份攻克 SARS 难关的责任。

话题 13:思危/防患

叶志平:"最牛校长"

叶志平是一名默默无闻的四川安县桑枣中学的校长。四川省属于地震多发地带,叶志平为了加固桑枣中学的"豆腐渣"教学楼以确保学生安全,不厌其烦地向教育局申请教学楼改建资金。而且在任期间,叶校长常常组织学校师生进行紧急疏散演习。汶川地震发生时,叶校长没在学校,但全校师生按平时已经熟悉的演习方式进行紧急疏散。全校 2200 多名学生和上百名老师,从不同的教学楼和教室中仅用 1 分 36 秒就跑到操场集合。这次地震中,桑枣中学 8 栋教学楼受损成了危楼,但全校师生都紧紧挨着站在操场上,且无一伤亡。桑枣中学的奇迹与叶校长的努力是分不开的,正因为他有思危和防患的意识,才保护了两千多名师生的宝贵性命。

华为的冬天

华为是全球领先的信息与通信技术解决方案供应商。总裁任正非在华为大发展时期写出了著名的《华为的冬天》一文,用忧虑的口气来告诫他的员工,华为可能马上要进入冬天,以此来增加企业和员工的忧患意识。任正非说:"我天天思考的都是失败,对成功视而不见,失败这一天一定会到来,大家要准备迎接。"正是华为居安思危的管理理念,才使华为度过了一个又一个艰难险阻,成了真正国际化的通信供应商。企业管理者不仅需要居安思危,还要将这种危机意识灌输给所有员工,提高员工对危机发生的警惕性,使危机管理能够落实到每位员工的实际行动中,企业才会做到防微杜渐、临危不乱。

曲突徙薪的故事

古时候,有一个造访主人的客人,看到主人的炉灶的烟囱是直的,旁边还堆积着柴草,便对主人说:"重新造一个弯曲的烟囱,将柴草远远地迁移。不然的话,会有发生火灾的忧患。"主人沉默答应了,但却没有在意。不久,家里果然失火。这就是有名的曲突徙薪的故事。这个故事告诉我们,不能像房子的主人那样没有危机意识,在意识到潜在的祸患后也不及时铲除,不听取他人意见,任由祸患滋生,最终承受房子被烧毁的恶果。

第二节 思辨关系类

话题 1:过程与结果

关系 1:(尊重过程)凡事都有过程,做事必须按事物发展规律一步一步来,不能急于求成,不能好高骛远。俗话说"心急吃不了热豆腐""饭要一口一口地吃,路要一步一步地走",说的就是这个道理。"揠苗助长"中古人为追求禾苗快长的结果而人为地改变禾苗生长的过程,结果事与愿违,禾苗全都枯死了。

关系2:(认识过程)事物发展是动态变化的过程。畅销书《谁动了我的奶酪?》中最重要的思想就是"世界唯一不变的是变"这个哲学思想。我们现在拥有了奶酪并不等于明天还能拥有这些奶酪,因为世界每天都在运动变化中。我们要想持久地拥有新鲜的奶酪就只有不断地改变自己,以适应世界的变化。"刻舟求剑"中那个"可爱"的古人想以不变应万变,结果眼睁睁地丢掉自己的剑。《易经》有言:"穷则变,变则通,通则久。"谁要做守常者,谁就是失败者。马克思主义的精髓:"实事求是""具体问题具体分析",就是以此为哲学根据的。

关系3:(过程结果联系)什么样的过程产生什么样的结果。过程充实,结果也充实。事物发展过程的客观规律不能违背。谁违背,谁将受到惩罚。种瓜固然可以得瓜,种豆也固然可以得豆,但张三与李四的瓜豆收成却可能差别巨大。因为一分汗水,一分收获。投机的过程通常没有好结果。当然,这并不等于说达到结果的过程只有一个,没有捷径。捷径其实就是一种最符合规律的过程。

话题2:动机与结果

关系1:(合而观之)动机和结果的重要性之争由来已久。比如康德伦理学就是义务论的,强调一个行为的价值在于它的动机,好心办坏事也是好的。而边沁伦理学就是功利主义的,强调行为的价值在于结果,只要办了好事,好心还是坏心无所谓。古代墨子强调"合其志功而观之",即二者不可偏废。只强调动机,可能固步自封;只强调结果,可能不择手段。

关系2:(区别看待)有句名言:"百善孝为先,论心不论迹,论迹贫家无孝子;万恶淫为首,论迹不论心,论心终古少完人"。一个孝,一个淫,为什么标准截然相反?因为前者说的是"善",是公民行为的上限,所以只问动机,不问结果,若问结果,则所有人都流于虚伪,贫家子弟就不要讲什么孝了。后者说的是"恶",是公民行为的下限,所以只看结果,不问动机。若看动机,天下可能没有好男人。

话题3:目的与手段

关系1:(手段与目的关系)目的要通过一定的手段来实现,手段是达到目的的方式和途径。目的确定之后,选择适当的手段以实现目的,就带有关键性的意义。不同的目的需要不同的手段。不同的手段又将得到不同的结果。三国时,诸葛亮对南蛮孟获七擒七纵,战法不同往常,众将纷纷询问。这是因为诸葛亮要收服南蛮之心,而非取孟获之命。正因为目的与征讨曹魏不同,所以手段(做法)亦不同。

关系2:(手段对目的的影响)好的手段有助于较好地实现目的,差的手段将导致目的无法实现。北宋赵匡胤杯酒释兵权。赵匡胤的目的是消除众多功臣的兵权,这在历代都是最敏感的事情之一。但是他采取了巧妙的方法,从而收获了良好的效果。相反,明朝朱元璋希望控制官员腐败,制定了极为严苛的刑罚,哪怕是轻微的贪污,动则斩首。但是这样的刑罚最终也没有控制住腐败。这是由于加重刑罚这个手段,没有从制度上根本消除官员腐败的机会,也就是这个手段治标不治本,导致最终目的无法实现。

关系3:(实现目的不能不择手段)实现某种目的可以有多种多样的手段,手段的优劣,直接关系到目的的好坏、代价的多寡和道德的高低。所以,实现目的的手段,并不是随意选择的。一般地说,目的的实质支配着手段的选择,当然这样说也并不意味着为目的可以采取任何手段。目的是追求的目标和结果,手段是为达到目的而采取的措施和过程,是保证目的的重要形式。但如果仅仅强调手段的重要性,甚至手段变成目的,事情的性质就会发生变化,甚至本末倒置。

关系4:(为实现目的,手段可能不断变化)目的与手段之间,目的通常较为稳定,手段更加灵活多变。为实现目的,根据条件和境况的不同,手段可能不断变化。例如2013年1月管理类联考试题材料,飞机厂商面对激烈的同业竞争,美国波音与欧洲厂商相继选择合并或合作。这个事例中,合并或合作是手段,其背后企业生存和发展才是目的。当行业竞争激烈时,企业可以选择合并,那么当其他条件发生时,企业也有可能选择分拆。合并与分拆都是手段,手段变化频率通常高于目的。

话题 4:量变与质变

关系1:(量变引起质变)量变是质变的必要准备。量变才能引起质变。质变是量变的必然趋势和结果。"沉默啊沉默,不在沉默中爆发,就在沉默中灭亡!"爆发到灭亡,这是一种质变。引起这种质变的就是沉默的量变。"其实世界上并没有路,走的人多了,也便成了路"。成了路,这是质变,在此之前,则是一个漫长的量变的过程。为山九仞,功亏一篑。如果停止量变,哪怕只剩下最后一筐土,那也达不到九仞山的质变。

一位青年画家专程请教大画家阿道夫·门采尔:"我画一幅画只要不到一天,可为什么卖掉它却要等上整整一年?"门采尔笑着回答:"请倒过来试试吧。要是你花一年工夫去画,那么,只要一天工夫就能卖掉它"。青年画家接受了门采尔的忠告,回去后认真苦练基本功,深入搜集素材,经过周密构思,用近一年工夫创作了一幅油画。果然,这幅画不到一天就卖掉了。这就是由于投入程度的量变引起了画的质变。

关系2:(关键在度)度,是事物质和量的统一。度是事物质与量最佳的结合点。无论过,还是不及,事物都达不到最佳状态。儒家的中庸哲学讲究不偏不倚,其实就是在寻找事物的度。黑格尔曾说:"凡一切人间的事物、财富、荣誉、权力甚至快乐和痛苦等,皆有其确定的限度,超越这限度,就会招致毁灭。"这话不可谓不深刻!正所谓:"万事皆有度,唯度是艺术"。当然,不能超越限度并不是说我们不需要达到一个度。我们寻求一个度,也不等于折中主义、和稀泥,求得一团和气;度,不是两者相加除以二那么简单。

关系3:(重视量的积累)任何事物的发展都必须首先从量变开始,没有一定程度的量的积累,就不可能有事物性质的变化,就不可能实现事物的飞跃和发展。既然量变是质变的必要准备,质变依赖于量变,那么在学习和实践中就必须首先做艰苦的量的积累工作,要有脚踏实地、埋头苦干的精神,要一点一滴地做细小的事情,反对急于求成、立竿见影、揠苗助长,须知欲速则不达的道理。老子说:"为学日益,为道日损"。"日益"和"日损"都是量变的过程。

既然质变是量变的必然结果,是规律性的,那么,在进行量的积累时就要充满信心,不能因量变的漫长和艰辛而放弃,要相信规律、相信质变必然会发生。劳其筋骨、苦其心志的量变过程不是任何人都能坚持下来的,没有信念和毅力,量变常常半途而废。所以成功者毕竟是少数。

话题 5:必然与偶然

关系 1:(必然居支配,偶然会伴随)必然与偶然相互联系,不可分割。必然在事物发展过程中居支配地位,决定事物发展的方向。偶然伴随着必然,在一定程度上影响事物的发展。种瓜只能得瓜,得不出豆来,这体现着事物发展的必然。但种瓜没有得到瓜或得到的瓜太小(因为气候、土质、肥料等因素的影响),这体现着事物的偶然。"冬天来了,春天还会远吗?"雪莱的诗句包含季节更替的必然。如果今年的冬天一场雪都没下,那就是偶然。

关系 2:(偶然中有必然)偶然中包含必然因素,必然中也有偶然存在。在一定条件下,偶然和必然还可以相互转化。"无巧不成书","巧"就是偶然,但如果书中的某一情节"偶然"到与生活实际相悖离,那读者会说这书写得失真,因为偶然中缺少必然。

关系 3:(不能把偶然当必然)偶然性事件不是可持续的,不是必然的,不能把偶然当成必然。《韩非子》中守株待兔的故事,宋人正是把兔子偶然撞树而死当成了可能重复发生的规律,犯了把偶然当作必然的错误。

话题 6:内容与形式

关系 1:(不能只重形式)任何事物都是内容和形式的统一。有些领导大搞形象工程,走哗众取宠的形式主义,而不管实际内容,结果损害了国家和人民的利益。这就属于不顾内容,只重形式,通常无法长久。

关系 2:(相互作用)内容决定形式,反过来,形式也会反作用于内容。"东施效颦"中东施见西子捧心,自己也捧心,结果更丑。东施不懂内容决定形式的道理,如果说西子捧心这个动作甚美,也是因为西子本身美的缘故。换一个角度说,尽管西子"淡妆浓抹总相宜",但西子也要打喷嚏。"打喷嚏"这个形式就有损西子之美了。这是形式对内容的反作用。人靠衣装,这也是形式的反作用。

关系 3:(形式多样性)由于时间、地点、条件不同,同样内容也可以有多种不同的形式。同样一轮夜月,却有阴晴圆缺。这是时间不同导致的形式不同;同样一出《梁祝》,我们可以欣赏舞台上的、书上的、银幕上的。即便是舞台上的,也有昆剧、越剧、豫剧等不同的形式。这是地点方式不同导致的形式不同。同样是田然老师,他既是爸妈的儿子、孩子的父亲、妻子的丈夫,还是朋友的朋友、同事的同事、学生的老师。这是关系身份不同导致的形式不同。

话题 7:现象与本质

关系 1:(现象多变,本质稳定)现象富于变化,而本质相对稳定。我们要透过现象看本质。例如变色龙,现象上不断在变,但本质没有变。变化的现象有真相和假象。假象具有迷惑性,只有认清真相,事物的本质才容易被揭示出来。由于现象的错综复杂性,我们认识事物的本质需要一个不断反复、深化的过程。我们需要客观,需要理性,需要时间。

关系 2:(简单现象未必是本质)孔子的一位学生在煮粥时发现有脏东西掉进了锅里。他连忙用汤匙把它捞起来,正想把粥倒掉时,忽然想到一粥一饭都来之不易。于是便把它吃了。刚巧孔子走进厨房,以为他在偷食,便教训了那位学生。经过解释,大家才恍然大悟。孔子很感慨地说:"我亲眼看见的事情都不确实,更何况是道听途说的呢?"所以说,很多事情的真正本质只从表象上是看不出来的,需要我们自己去认真调查才能发现。

关系 3:(从主流现象抓本质)现象有主流现象和支流现象,支流现象不代表事物的本质和发展趋势。只有抓住主流现象,才能把握事物的本质。春天也有落叶的现象,但如果我们仅仅看见落叶,就说秋天已经来临,这便是荒唐。一种现象究竟是主流还是支流,这需要我们站到更高的位置上,要有整体的观念。

关系 4:(对现象的思考和研究才能到达本质)事物的本质需要有认识的过程。只有对现象加以思考和分析,才能到达本质。如果漠视现象,即使现象再常见,现象本身也不会直接揭示本质。阿基米德在洗澡时感到入水越深,身体也越轻,由于深入思考,才发现了阿基米德原理,解开了工匠在王冠里掺假之谜。再如,牛顿观察到苹果从树上掉下来,石头被抛向天空,必然落到地上。虽然人人都看到了这些现象,但正是在前人科学成果的基础上,经过艰苦的研究,牛顿才发现了地球引力作用的本质。所以说,现象并非必然带来本质,不是谁看到现象越频繁就越接近本质,而是只有对现象深入思考、研究,才能到达本质。

话题 8:主要与次要

关系 1:(主要矛盾居支配地位)在许多矛盾构成的矛盾体系中,各种矛盾力量发展是不平衡的。主要矛盾居支配地位,对事物发展起决定性的作用。"胳膊拧不过大腿",这句俗语形象地告诉我们矛盾对立面力量的不均衡性。力量强大的便是主要矛盾,决定着事物发展的方向。在一个复杂的矛盾体系中,我们要善于快刀斩乱麻,理出主要矛盾,把握事物发展的方向。矛盾抓错,危害严重。20 世纪五六十年代,我党错误地估计形势,提出"以阶级斗争为纲",结果,没有抓住主要矛盾——经济建设。十一届三中全会后,国家明确提出"以经济建设为中心",结果国家和人民开始富起来。

关系 2:(次要矛盾对事物有影响)次要矛盾对事物发展的影响也不能忽视。在一定条件下,次要矛盾会上升转化为主要矛盾。"塞翁失马,焉知非福。"这句成语就包含着主要矛盾与次要矛盾相互转化的哲学思想。在"失马"这件事上,祸,是主要矛盾,福是次要得不能再次要的矛盾。但当那匹失去的马带回许多野马的时候,祸和福就转化了,也就是说,主要矛盾与次要矛盾转化了。处于次要矛盾、处于弱势并不可怕,只要抓住主要矛盾,抓住强势的弱点,就能促使矛盾向反方向转化。楚汉相争初期,汉是次要的,是弱势力,但最终却使楚霸王落得乌江自刎的下场。国共两党也是如此,共产党处于次要地位,是弱势力,但得民心、得道,因此最终取得胜利。

关系3:(两点论与重点论统一)解决矛盾问题,我们要坚持两点论和重点论的统一,反对矛盾均衡论。解决矛盾问题,我们一定要把主要矛盾和次要矛盾都考虑到,但重点是考虑主要矛盾,这样才能最终很好地解决问题。如果不分轻重缓急,眉毛胡子一把抓,就会造成损失。失火了,我们应先救人,还是先救东西,还是先去打水,这是不言而喻的。当然,如果我们救出人后还可以再救物,但却不去救,那也不对。均衡地去抓或只抓一点,都是错误的。

话题 9:实践与认识

关系1:(实践是基础)实践是认识的基础,对认识起决定性的作用;而在认识中形成的理论对实践有指导作用。实践出真知,真知是实践经验的积累总结。没有下过水,不可能得到对游泳的科学认识。

关系2:(感性认识和理性认识统一)感性认识与理性认识辩证统一。感性认识是理性认识的基础和源泉,理性认识依赖于感性认识;理性认识是感性认识的发展和深入。凭借感官对事物表面现象的认识只是初级的认识,只有在此基础上理性分析,才能把握事物本质。

关系3:(认识要实事求是)在认识的过程中,情感、经验、他人的认识往往参与其中,关键是要实事求是。这些干预因素是双刃剑。诸葛亮错用马谡是因为情感的干预;曹操听蒋干一番话杀了蔡瑁、张允是因为他人认识的干预。因此,为得到正确的认识,应当学会认识干预因素,坚持实事求是,力求准确认知。

话题 10:部分与整体

关系1:(整体和部分互为条件)整体由若干部分组成,部分从属于整体。一切活动都应该有全局、整体或系统的观念。"全国一盘棋"就是全局观念的表现。整体中有主要部分和次要部分。主要部分不可或缺,甚至起决定作用。"一着不慎,满盘皆输。"其中的"一着"也是整盘棋局中最主要的,起决定作用的部分。

关系2:(部分对整体有反作用)有的局部破坏了,全局就有变化。例如,王昭君的人生改变仅仅因为一幅画。画师毛延寿因昭君没有贿赂他,在画像时给她点了一颗痣,以致昭君不能得到皇上临幸,最终"一去紫台连朔漠,独留青冢向黄昏"。

关系3：（整体大于部分之和）系统的整体不仅大于任何部分，而且大于部分之和，部分最优化能使整体效能最大化。三个和尚的故事里，三个人作为三个部分没有最优化配置，导致整体利益无法达到最大化。反观"三个臭皮匠，顶个诸葛亮"，指三个人形成一个科学的最优化的系统，使他们能够发挥出比每个个体或他们个体相加更大的力量。因此，我们需要团队精神。这种精神能使自己与整体保持和谐，发挥个体的最大功能。

话题 11：共性与个性

关系1：（共性个性互存）共性指不同事物的普遍性质；个性指单一事物区别于其他事物的特殊性质。共性和个性是一切事物固有的本性。每一个事物既有共性，又有个性。共性决定事物的基本性质；个性揭示事物之间的差异性。个性体现并丰富着共性。共性是绝对的，个性是相对的。共性只能在个性中存在。任何共性只能大致包括个性，任何个性不能完全被包括在共性之中。

关系2：（共性个性统一）个性包含共性，共性也包含部分个性。德国哲学家莱布尼茨曾经当过"宫廷顾问"。据说有一次他在宫廷讲学，说"天上人间到处都没有两个彼此完全相同的东西"。宫女们纷纷走进御花园去寻找两片完全没有区别的树叶，想以此推翻这位哲学家的论断。结果，她们都失败了。都是树叶，这是共性，但树叶各有不同，这是个性。任何一片树叶都是共性与个性的统一。

关系3：（共性个性转化）个性与共性可以相互转化。"数风流人物，还看今朝"。时代的风流人物，由于他们引领了潮流，所以他们的个性往往会被"追星族"所效仿，从而使个性转化为共性。以前，人人都着中山装，中山装是共性，现在已经基本没人穿了。如果偶尔有人着中山装，那便是个性。可见，彼时的共性可以转化为此时的个性。

话题 12：个体与集体

关系1：（个体需要集体）只有在集体中，个体才有真正自由、发展的空间。古希腊神话英雄安泰力大无比，据说这力量来自于生身母亲——大地。后来英雄赫拉克勒斯在与他格斗时看出他力量的源泉来自大地，就把他举起在空中扼死。这个神话寓意个体的力量源于集体，个体只有在集体中才能自由，才能发展。

关系2：（个体对集体有作用）集体依赖于个体而存在，个体具有相对独立性，对集体有影响作用。"西湖一勺水，阅尽古来人""弱水三千，只取一瓢饮""一滴水也可以折射太阳的光辉"，这些都说明集体中个体有相对独立性且具有集体的特征，有时甚至能够成为集体的代表。个体对集体的影响可以是积极的，也可能是消极的。一道菜肴，佐料如个体，倘若没有这些个体，菜肴的滋味就要大打折扣。如果佐料不佳，菜肴的滋味也要变化。

关系3：（冷静处理个体集体的矛盾）个体与集体的利益在根本上是一致的。个体利益与集体利益发生冲突时，要具体问题具体分析，看谁的利益更有价值，更有意义。皮之不存，毛将焉附？集体不存在，个体也无法存在。作为个体，应明白自身利益与集体利益的一致性。正所谓"没有国,哪有家?"如果为自己的利益而伤害集体或集体中其他个体的利益,最终也会伤害自己的利益。当然,强调集体利益并不等于不重视个体利益。当个体利益与集体利益冲突时,要冷静思考哪方的利益更有价值,不能盲从。

话题 13：个人与环境

关系 1：(个人受环境影响)人受一定社会环境的制约,不能完全脱离社会而存在。环境总要影响甚至改变人。"近朱者赤,近墨者黑",这便是强调环境对人的作用。环境于人是双刃剑,既可树人,也可毁人。孟子的母亲懂得这个道理,怕孩子受环境的不良影响而三择其邻,最后住到学堂旁,孟子才开始读书。由此可见,我们选择环境不可不慎,"与善人居,若入芝兰之室,久而不闻其香;与恶人居,如入鲍鱼之肆,久而不觉其臭。"

关系 2：(人有主动性)人有主观能动性,在一定条件下,个体的活动也反作用于社会。环境对人影响大,不等于人对环境束手无策。人有主观能动性,可以抵制环境的影响。歌德的《浮士德》就塑造了这样一个人物,魔鬼摩菲斯特设置种种极具诱惑的环境引诱浮士德博士,但浮士德博士凭借自己的主观能动性都战胜了魔鬼。

关系 3：(关键个体影响非凡)个体的活动于社会的反作用最大的莫过于第一流的人物,如苏格拉底、柏拉图、耶稣、释迦牟尼、拿破仑、毛泽东、荷马、鲁迅等。第一等人物对社会的反作用不仅表现在他们的具体功绩上,而且还表现在他们个体的人格魅力上。爱因斯坦在《悼念玛丽·居里》一文中写道:"第一流人物对于时代和历史进程的意义,在其道德品质方面的意义,也许比单纯的才智成就方面还要大。即使是后者,它们取决于品格的程度,也远超过通常所认为的那样"。

话题 14：内因与外因

关系 1：(内因外因辩证统一,必须同时考虑)外因是事物发展变化的条件,内因是事物发展变化的关键。一定温度下,鸡蛋可以孵出小鸡,但无论如何石头是孵不出小鸡的。因为鸡蛋有孵出小鸡的内因而石头没有。外因在一定条件下起作用,鸡蛋固然有孵出小鸡的内因,但如果外在的温度过高,那就只能吃熟鸡蛋。以前我们提出口号"十五年超英赶美"。历史证明,这只是一种无知的妄语。我们错在只考虑自身的内因,而没有看到客观的外因。

关系 2：(内因起本质作用)很多人把成功归因于机遇,而非努力。毕竟机遇只是事物发展的外因,在事物发展中不起支配和主导作用。主观努力才是内因,只有通过长期的主观努力,才能培养和具备善于捕捉和利用机遇的能力。在牛顿之前不知有多少人看见苹果落地,却没有发现万有引力定律;鲁班之前不知有多少人被草割破了手指却没有发明锯子。试想,弗莱明如果不是一个细菌学专家或他对葡萄球菌没有经历数年的研究,那他还能成为青霉素的伟大发现者吗?假如诺贝尔不是一个不怕被炸死的人,为了"驯服"烈性炸药曾数十次和死神擦身而过,他能获得成功并被人们誉为炸药工业之父吗?所以说,有时我们因为容易看到事物的外因,可能误以为外因是决定性因素,其实相较而言,内因才是根本原因。因此,正像法国生物学家巴斯德说的:"机遇只偏爱那些有准备的头脑。"

话题 15:精神与物质

关系 1:(两者相互影响)物质文明为精神文明的发展提供物质条件和实践经验,精神文明又为物质文明的发展提供精神动力和智力支持。二者是一种辩证关系。物质文明与精神文明就好像鸟儿的一双翅膀,折损一翼,鸟不得飞。一个国家,物质财富的充实固然好,但如果国民的素质、信仰、思想、道德等精神文明的因素不够充实,那么,这个国家的国民不过是一群生活在沙雕宫殿里的虫子,随时可以被消灭。所以从某种意义上说,精神文明的建设往往更重要。救治灵魂比救治肉体更有价值。当前,我国的大政方针是以经济建设为中心,根据实际国情有所侧重,这是甚为必要的。但是,有所侧重,决不等于只抓一手。所以邓小平提出:"两手抓,两手都要硬"。

关系 2:(两者应和谐发展)物质文明和精神文明和谐地发展,社会才能稳定、健康地发展进步。物质丰裕,民风淳厚,这便是理想的社会,自古及今,人们都在憧憬。陶渊明为我们描绘了一个桃花源,《镜花缘》中描绘了一个君子国。在这些虚构的社会中,物质文明与精神文明都和谐地发展着,因此,我们读来感觉甚为美好。就社会现实而言,这种和谐只能相对地存在着。

话题 16:感性与理性

关系 1:(感性先天,理性后天)感性是一种生而具有的判别外界事物的一种能力,它是纯粹的发自内心的对待外界事物的一种态度。相对的,理性是一种后天养成的能力,是指对外界事物的看法和处理会经过全面的思考和评判。理性是基于正常的思维结果的行为。反之就是非理性。

关系 2:(感性直接,理性间接)感性认识与认识对象之间的联系是直接的。理性认识与认识对象的联系是间接的。感性认识具有形象性。理性认识具有抽象性,从现象中揭示出本质,从偶然性中揭示出必然性。感性认识反映事物的具体特性、表面性和外部联系。理性认识反映事物的本质、内在联系和规律,两者有质的不同。所以,从感性认识上升到理性认识是认识过程中的一次飞跃。

关系 3:(理性认识依赖于感性认识)感性认识是认识的低级阶段,是理性认识的基础。理性认识能够可靠正是由于它来源于感性认识。否则,理性认识也就成了没有根据的认识。感性认识必须经过深化才能发展到理性认识。感性认识反映事物的现象和外部联系,而认识的根本任务在于揭示事物的本质和规律。认识的目的在于用获得的理性认识去指导实践。感性认识和理性认识统一于实践。感性认识向理性认识的过渡,也是最终在实践的基础上实现的。

话题 17：继承与创新

关系 1：（继承是基础，创新是发展）在生活中，要想获得成功，创新是必不可少的，但是，缺少继承，创新便会成为无源之水，无本之木。那样，便难以成功。创新并不是闭门造车，不是靠主观臆造去随意瞎编乱造，只有既懂得发扬特色，勇于创新，又善于继承前人成果，才会更容易成功。科学巨匠牛顿发现了万有引力定律和三大运动定律，他说："如果说我看得更远一些，那是因为我站在巨人的肩上"。如果没有伽利略夜观星空，如果没有第谷数十年如一日研究天体运行规律，那么牛顿想要总结出三大定律，似乎要更加费周折。可见，继承和创新是不可分的，只有在取其精髓、去其糟粕的继承中，创新才是可取的。

关系 2：（创新不可盲目）盲目的创新往往会弄巧成拙，让人传为笑谈。君不见"邯郸学步"的郑国人，总想学习别人的步法，以便自己跟本国人走路不一样，似乎是有创新，但是动机不纯，方法不对，不知继承，落得个爬回去的下场。赵丽蓉的小品《如此包装》也是这个道理。本来评剧便是一门值得继承的艺术，可是小品中那个总监非要进行"创新"，将原来风马牛不相及的流行音乐与民族艺术强行配伍，结果可想而知。创新若不得要领，便很容易犯同样的错误。

关系 3：（继承和创新是鱼与水的关系）没有继承如同只有鱼没有水，再好的创新也会成为空中楼阁，不会有长久的生命力；而只有水没有鱼似乎更表现出只继承没有创新的死寂，毫无生气。只有鱼和水统一在一起，才会变得有生气。只有创新和继承完美地结合，才会结出成功的果实。

话题 18：得与失

关系 1：（得与失辩证看待）有人"先天下之忧而忧，后天下之乐而乐"，有人"鞠躬尽瘁，死而后已"，虽然失去了个人的安逸、快乐和健康，但得到了天下百姓的安居乐业，社会的繁荣昌盛，后世的赞誉。不过，也有人以搜刮民脂民膏为荣耀，荒淫无度，纸醉金迷，致使社会动荡不安、连年战乱，民不聊生。"朱门酒肉臭，路有冻死骨"。得到的是个人暂时的快乐和享受，但失去了民心和江山，得到的是万世骂名。所以，得与失是辩证的，不要因为短暂的得而失去更多，也不要因为暂时的失，而放弃获得的机会。

关系 2：（对得与失的态度，体现悟性、思想、境界）有人以"得"为荣，有人则以"失"为乐，还有人"得"则坦然，"失"则豁达。因此，出现过舍生忘死的英雄，也出现过见利忘义的小人；出现过舍生取义的豪杰，也出现过贪生怕死的懦夫。对待得与失，直接体现了一个人的价值观，影响着一个人最关键的人生选择。如何在失去与得到中寻求平衡，就要看每个人所持有的思想与观念。能够从更远、更大处思考得失，才能获得更高的人生智慧和修为。

关系 3：（得与失要算大账）权衡利弊得失很考验一个人的智慧和眼光。有的人就看着鼻子底下的实利，算盘珠子拨得很精，看起来聪明，实际上常常因小失大。这样的人只会算小账，实际上看不清真正的得失。而那些会"算大账"的人，往往眼光比较长远，善于克服人性的弱点,从智慧角度思考得失,懂得"舍得舍得,不舍不得,有舍才有得",之所以选择"舍",为的是退而求进,以小舍换大得;以短暂当下的舍,换取未来长远的得;以局部、个人的舍,换取全局、集体的得。这样全盘考量下的得失,更加有智慧,这样的舍是为了更大的得。

话题 19:长与短

关系1:(每个人都有长处,应各展所长)"水行莫如用舟,陆行莫如用车"。每种人都有自己的长处。长处并非是某种人的特权。昔日孟尝君门客三千,每个人都有不同的长处,这才在危难时刻救孟尝君一命。有的长处容易被看到,有的长处不容易被看到。长处并非局限或固定的,而应该各尽所能,各展其长。古人云:"善用人者无弃人,善用物者无弃物。"

关系2:(长处也会带来短处)每个人身上可能有很多长处,也不可避免地存在短处。诸葛亮聪明过人,最大特长就是谨慎,但军事上过于谨慎,不敢用奇,从而失掉许多良机,用人上过于谨慎,又埋没了人才,使蜀中无人。所以,真正擅于运用长处之人,也是能够看到长处必然带来的短处之人。

关系3:(长处短处可以转换)长处与短处并非一成不变,而是根据条件、时间、场景不同可能发生转变。例如长枪适合远攻,但是贴身对决不如短刀,坦克适合平原,但在雨林和山地很难发挥作用。此时是长处,可能彼时就变为短处。长处与短处经常相互转换,并非一成不变。

关系4:(应该扬长避短,切忌以短补长)知道了人的长短,就要根据情况安排,用其所长,避其所短。在现实生活中要是只看短处,很容易埋没人才。无论是个人寻求发展,还是组织使用人才,都要发挥长处,利用长处,做出特色和成绩。同时,切忌跟短处较劲。既然每个人都有长处,那么就不可避免地有短处。人生短暂,如果非要补齐短处,甚至以己之短斗他人所长,那么就是自讨苦吃。所以,应将目光放在长处上,扬长避短而非以短补长。

话题 20:难与易

关系1:(难与易相对而言)难与易并非绝对的标准,可能发生转换,充满辩证色彩。清人彭端淑有言:"天下事情有难易乎?为之,则难者亦易矣;不为,则易者亦难矣。"所以,在难与易之间,人可以用主观能动性努力改造难易状况。

关系2:(勤则易)俗话说:"一勤生百巧。"勤学苦练,看起来困难的事情也会容易。郑板桥在一首题画诗中写道:"四十年来画竹枝,日间挥写夜间思。冗繁削尽留清瘦,画到生时是熟时。"这也说的是勤能生巧,化难为易的道理。如果想问难和易如何转化,最重要的是付出和勤奋。只要努力做,勤奋做,困难的事情也有机会变成简单的事情。

关系3:(难由易始)一屋不扫何以扫天下?打扫屋子是小事,但那些不屑于做小事的人,恐怕也难以胜任大事。任何大事都是由许多小事组成的。只有从小事开始做,才能慢慢去做大事。如果做不好前者,那么后者也就无从谈起。

话题 21：利与义

关系 1：（义与利可兼得）义与利并不矛盾，而是有机统一的。我国传统文化一向强调正确处理"义"和"利"的关系，突出"义"的价值。孔子说："君子义以为上"；墨子则提出"义，利也"，阐明"义"与"利"的统一性；孟子说："生亦我所欲也，义亦我所欲也；二者不可得兼，舍生而取义者也"等等。可以说，重义轻利、先义后利、取利有道，是中华民族数千年来一以贯之的道德准则和行为规范。例如 2015 年试题，考察为富与为仁，我们应当提倡富仁兼取，以仁为先的价值观。

关系 2：（义与利失衡危害极大）"君子喻于义，小人喻于利"。义字当头、重义轻利，可以说是中华传统文化的基因赓续至今。然而，在新的时代环境下，也有不少人在利益的潮起潮落中迷失。有的人心中只剩下一个利字，一味见钱眼开，对高尚嗤之以鼻；有的人以个人利益最大化为行事准则，满腹得失算计；有的人为谋取私利，不顾道德公义，甚至击穿底线……在朝着梦想进发的路上，每个人都离不开价值航标的指引。有人说，一个人最大的敌人往往不是别人，而是自己。校准错误观念，拿出实际行动，在义与利的天平上不断增添道义的砝码，我们破除的是困惑、纠结、愧疚的"心魔"，赢得的是有价值的人生、有希望的社会。

关系 3：（义与利必须正确处理）古人说得好，"君子义以为质""不义而富且贵，于我如浮云"。在义与利的坐标系中，"德"可谓最重要的价值原点。安徽桐城有条"六尺巷"，两户相邻人家最初因宅基问题起争执，后双方把围墙各退三尺，巷子因故得名。清代的这段故事，至今仍给人启示。对于个体而言，如果摆脱不掉义与利的纠结，不仅容易深陷名缰利锁的泥淖，更难走出一条宽广的未来之路。

话题 22：利与弊

关系 1：（利与弊通常共存）有利可能伴随着有弊，有弊也可以伴随着有利。尤其是后者，容易被大众忽视。例如，少年贫穷意味着失去很多同龄孩子拥有的物质享受。但另一方面，这往往能激发孩子向上的人生斗志，收获更多的成就与风景，正所谓"千金难买少年贫"。再如，汽车工业的飞速发展极大地满足了人们便利出行的需要，改善人们的生活。但是，有限的城市、过量的尾气排放、产生的拥堵和环境污染又使得人们的生存环境恶化。所以，利处可能隐含着弊端，二者经常相生相伴。再如，手机和网络等工具一方面给人们提供着沟通的便利，另一方面，不当或者过度使用又容易让人们沉湎其中，忽视身边人和现实生活。

关系 2：（利与弊应全面看待，切忌主观偏视）利与弊共存属于客观规律，不能因为主观好恶便只见有利之处，不见弊端之处。例如，汉朝"罢黜百家，独尊儒术"，一方面有利于统一全国民众的思想基础，有利于维护统治；但另一方面，结束了"百家争鸣"的文化繁荣，严重制约了文化多元性。再如三国赤壁之战，曹操连接战船，希望解决北方将士晕船问题。

连接的战船虽然稳当,可以抗击风浪、减少颠簸,但转向和分散不易,形成了易被火攻摧毁的致命弱点。此时,就需要全面地看待利弊,而不能只看一面。但曹操作为主帅,被有利方面冲昏头脑,失去了辩证看待的客观审视,忽视了弊端,最终导致全军覆没,失去了收复南方、统一全国的最佳机会。所以,切忌因为看到有利方面而忽视弊端方面,必须全面客观看待。

关系3:(利与弊的转化在于度和主观因素)首先,所谓过犹不及,有利之处也有限度,超过限度就是不利。程度在利弊转化之间起到重要作用。例如"苦难",不利之处很大,但亦有有利因素,重要的是程度。如果苦难程度过深,则很难产生正向有利影响,不但无法激励人,反而可能异化人。"度"是利弊转化的重要因素。其次,"主观因素"亦是驱动利弊转化的另一重要原因。例如刀具,作为工具必不可少,正常使用下,其有利之处远大于可能的弊端,但有人将其视作为非作歹的工具,杀人越货,这就是由于使用者的主观因素导致利弊发生的重大转化。此外,还有许多网络软件,有人因为贪念,拿来进行不当牟利,导致危害大众。可以看出,很多时候主观因素是导致利弊转化的重要因素。

话题 23:守与变

关系1:(守与变相互为济)守是指坚持、坚守。变是指改变、变通。两者缺一不可。没有改变的坚守可能成为愚昧。例如晚清的闭关锁国政策。没有坚守的变通,可能只是朝秦暮楚,在反复改变下,最终四不像,一事无成。守与变应该相互为济。例如瑞士军刀,守的是精工细作的精神和对刀具这个细分领域的专注,但是变的是不断与时俱进,推陈出新,从而始终保持强大的生命力。反观王麻子剪刀,一味只知道固守老工艺,结果被时代所淘汰。

关系2:(区分何时该守何时该变是智慧)人们会问,当我们真正面临决策时,什么时候该守,什么时候该变呢?这确实是非常考验的难题。该守与该变是极其考验智慧的难题。例如,当我们在坚守原则的时候遇到特殊情况,是应该特事特办,法中有情,还是坚守原则,毫无例外?我认为,该守与该变没有一成不变的原则或者放之四海而皆准的规律。按照哲学原理说,这属于具体问题具体分析。必须根据客观情况和具体问题本身,才可能有正确的判断。而这个判断是对智慧的极大考验。

话题 24:危与机

关系1:(危与机相伴而生)美国前总统尼克松曾经说过:"汉字用两个字符来书写Crisis(危机)这个单词。'危'字代表着危险的意思;'机'字则代表着机会的意思。身处危机中,意识到危险的同时,不要忽略机会的存在。"正所谓,"不入虎穴,焉得虎子",就是说风险与机遇的关系。两者往往共存。风险或危险的地方,常常也潜藏着更多的机会和收益;而特别的机会和收益也往往伴随着更大的风险。这个话题近年来经常考,2014年孔雀择偶的危与机、2017年企业经营策略的危与机、2018年人工智能技术发展的危与机等。

关系2：(不可因危畏机)中华民族历来有居安思危的传统意识，我们对"危"的认识更是刻骨铭心。与之相反，我们对危机中与"危"并存的"机"则常常是意识不够。要么急破其危，而忘取其机；要么为免一时之危，而放弃千载难逢之机。虽有"机不可失、失不再来"的古训，但只要与危相伴，或有危相随，即使机遇远大于风险，我们也常常会选择避而远之。其实，通常有危才有机，不懂与危相伴，看到有风险就二话不说跑掉的人或企业，很难抓住真正的机遇。例如2017年论说文真题，企业如果只看到研发新品的损失风险，看不到背后对未来长远的益处，就是因危忘机，错失发展机会。

关系3：(危可生机)实践证明，危与机是辩证统一的关系，危中有机，机中也有危。历次危机，均是传统发展方式之危，是科学发展方式之机。危机发生时，经济规律总会自动产生调节作用，新的机会也随之产生。1973年发生石油危机时，能源对外依存度超过97%的日本一度遭遇巨大打击。但也正是此次危机，推动日本企业潜心开发节能技术，节能降耗取得了很大突破，以汽车为代表的节能产品一举成为全球的抢手货，日本因而成为石油危机的赢家。这说明，危中有机，危后也有机，不要光看到危，看不到机。同样，2018年论说文真题，人工智能技术可能带来失业之危，但这是替代大量低端岗位，经过危机，人类将从事更多舒适而高端的岗位。

关系4：(降低风险，抓住机遇)面对风险与机会，我们应当学会化解风险，抓住机会。化解风险就是要充分做好功课和准备，提前做好预防和措施，争取将危险化解到最小。抓住机会就是评估风险可能带来的实际损失的真实大小。不要因为有风险而简单地否定，不要一见风险就摇头，而是将风险与收益通盘考虑，相互权衡，充分看到事物的两个方面，通盘权衡，仔细考量。例如，2017年试题，企业可以通过设置预案、加强管控减少风险。2018年试题，人类可以通过共同磋商，管控开发来确保人工智能技术良性发展。有危机不意味着无所作为。

话题25：知与行

关系1：(思考与行动缺一不可)思考与行动涉及两个方面，一个是主观创造，另一个是对客观的改造。一个是抽象思维，另一个是付诸实际。若想做成某件事情，通常两者缺一不可。没有思考的行动就是盲动，没有行动的思考就是瞎想。

关系2：(思考没有行动配合难有结果)爱思考是好事，但人生不能仅仅是思考而不付诸行动，否则人生就失去了意义。人生需要用实际行动去书写，去创造。不要拒绝思考，但永远不要忘了行动。不要再做思考的巨人，行动的矮子，必须学会将思考和行动实实在在地结合起来。

关系3：(过度思考影响付诸行动)通常处理不好思考与行动的关系并非缺乏思考便开始行动，而是过多思考而影响行动。《论语》曰："季文子三思而后行。子闻之，曰：'再，斯可矣'"。可见，孔子强调不应该过度和反复的思考，其背后也是对过度思考而影响付诸行动的担心。有时，我们习惯用思考作为借口来逃避行动，躲在思考的世界里，把思考作为借口。这对行动是有害的,并不是正确的思考与行动的关系。当行动时,则行动。

话题 26:规则与自由

关系 1:(规则有助自由,两者不可或缺)在规则中拥有自由,规则可以保护自由,没有规则的自由将是灾难。法国在自由、平等与博爱的口号下进行的法国大革命,很快就演化成了红色恐怖事件。因此,美国亨利·罗伯特将军在其《罗伯特议事规则》中说:"离开了规则,每个人都自由行事,结果就是每个人都得不到真正的自由。"

关系 2:(遵守规则并非无条件服从任何规则)强调公共规则,并不是说任何规则都要去遵守。如果不分青红皂白,是规则就都去遵守,那么,其实就等于无条件服从权力,放弃思考与选择,放弃改进社会的权利,而变成了唯权是从。这个时候对规则的遵守就很可能使人沦为奴才,很可能培养出唯唯诺诺的庸才。

关系 3:(规则可以改进)当然,规则也是可改进的。没有哪种具体的规则,一经制定出来就一定具有永恒的遵守价值,但是,即使改进规则本身也是需要规则的。美国以《权利法案》作为宪法,就是改进一切社会规则的规则,是整个美国社会的一切规则是否合理、是否合法的依据。

话题 27:稳与进

关系 1:(稳不能失进)只稳不进,固步则自封。倘若一心求稳,不掌握先机更进一步,而是以稳坐钓鱼台的心态只守不攻,那么求稳只会不稳。诺基亚是昔日手机领域全球老大,因手机性能稳定可靠而深受消费者喜爱,最终因智能手机产品跟不上潮流,系统跟不上时代,诺基亚王朝因此轰然倒塌。

关系 2:(进不能失稳)只进不稳,欲速则不达。倘若一味求进,不打牢根基稳定局势,而是以急功近利的心态妄想速成,那么求进便是冒进。乐视作为曾经创业板市值最高的企业,醉心于打造乐视生态圈,在视频行业还没做到稳如泰山时,就进军电视、手机、房地产、汽车等多个领域,最终因资金链断裂而走向衰败。乐视的案例警示我们,如果盲目求成,最终可能功败垂成。

关系 3:(稳与进相辅相成)"稳"与"进"有着内在联系。"稳"不是消极等待、无所作为,一味求稳未必得之,进攻有时就是有效防守。"进"也不是万马奔腾、不测深浅,盲目进击有时不进反退。正如"夜半临深",稳是必要前提:稳则定,改革发展有序推进;稳则实,脚不踏空、事不失手;稳则固,支点坚实发力集中;稳则妥,审时度势进退得当。进是应有状态:进必迎前,不能见着矛盾绕开;进必争先,抓住机遇绝不放过;进必向上,没有最好但追求更好;进必担当,不惧风险又容错纠错。总之,稳得有道理,进得有章法。

附　　录

附录1　常见标点符号的使用规则

1. 点号(句号、问号、感叹号、逗号、顿号、分号、冒号)都应在方格纸上占一格,写在方格的左方,不出现在一行之首。

1.1 句号、逗号、顿号约占四分之一方格,居左偏下。

1.2 问号、感叹号、分号、冒号约占二分之一方格,居左。

	逗　号	，	顿　号	、	句　号	。		
	分　号	；	冒　号	：	问　号	？	叹　号	！

2. 标号大致分为两类,一般都占两格。

2.1 引号、括号和书名号都是分为前后两个部分,分别标在文字的前后并各占一格,靠近文字约占二分之一格,引号、括号、书名号的前一半不出现在一行之末,后一半不出现在一行之首。

2.2 省略号的六个圆点、破折号的一个直横都占两个格,上下位置居中,中间不能断开。

	引　号	"	×	×	×	×	×	"	
	括　号	（	×	×	×	×	×	）	
	书　名　号	《	×	×	×	×	×	》	
	省　略　号	……							
	破　折　号	——							

3. 标点符号的转行

3.1 点号(逗号、顿号、句号、分号、问号、感叹号、冒号)的功能是表示语气和停顿,必须紧接在原语句后面,如已写到一行最后一格,应把标点贴着格的框线挤着写进去,紧靠文字,不能提行写在下一行开头。

3.2 引号、括号和书名号的前半放在一行开头(与字同格不单占),但不能放在上一行的末尾;它们的后半放在一行末尾(与字同格不单占),但不能放在下一行开头。

3.3 破折号和省略号可以在开头,但不可分开写在一行末尾和下一行开头两处。

								×	×	×	×	×,
								×	×	×	×	×、
								×	×	×	×	×。
								×	×	×	×	×;
								×	×	×	×	×?
								×	×	×	×	×!
								×	×	×	×	×:
								×	×	×	×	×"
								×	×	×	×	×)
								×	×	×	×	×》
							×	×	×	×	×——	
		——	×	×	×	×	×					
							×	×	×	×	×……	
		……	×	×	×	×	×					

冒号引号结尾时情况												
								×	×	×	×	×:
	"×	×	×	×	×							

4. 点号和标号合用一格的情况。其中,句号与后引号关系看引用是否为完整句以及引用句在全句中性质,有时句号在里,有时句号在外。

		×	×	×	:"	×	×	×	×	。"		
		×	×	×	,《	×	×	×	×	》,		

5. 数字占格问题

两个阿拉伯数字占一个格,例如 2008,占两个格。如果是三个数字,例如 315,占一个格。数字和后面百分号占一个格,例如 80%,占一个格。

	20	08		315		80%					

——本格式参照国家标准《标点符号用法》

294

附录 2 管理类联考答题卡写作稿纸样式

作文 56

100

200

300

作文 57

800